« Le mode d'être artistique d'une œuvre peinte est celui qu'elle tient de l'artiste et de l'art auxquels elle doit d'exister.
Le mode d'être esthétique d'une peinture est celui qu'elle tient de l'expérience par laquelle et dans laquelle elle est appréhendée comme œuvre d'art ».

Étienne Gilson de l'Académie française
fondateur de la collection

la philosophie des films

dans la même collection

Jacques AUMONT, *Le montreur d'ombre*, 160 pages, 2012.

Éric ALLIEZ, avec la collaboration de Jean-Clet MARTIN, L'*œil-cerveau. Nouvelles histoires de la peinture moderne*, 480 pages, 2007.

Laure BLANC-BENON, *La question du réalisme en peinture. Approches contemporaines*, 384 pages, 2009.

Alain BONFAND, *Histoire de l'art et phénoménologie. Recueil de textes 1984-2008*, 448 pages, 2009.

– *Le cinéma d'Akira Kurosawa*, 204 pages, 2011.

– *Le cinéma saturé. Essai sur les relations de la peinture et des images en mouvement*, 2e éd. revue et augmentée, Vrin, 300 pages, 2011.

Fabienne BRUGÈRE, *L'expérience de la beauté. Essai sur la banalisation du beau au XVIIIe siècle*, 208 pages, 2006.

Noël CARROLL, *La philosophie des films*, avant-propos et traduction par É. Dufour, L. Jullier, Aanna C. Zielinska, 2015.

Anne-Marie CHRISTIN, *Poétique du blanc. Vide et intervalle dans la civilisation de l'alphabet*, 208 pages, 2009.

Danielle COHEN-LEVINAS, *La voix au-delà du chant. Une fenêtre aux ombres*, 320 pages, 2006.

– *L'opéra et son double*, 448 pages, 2013.

Thomas DOMMANGE, *Instruments de résurrection. Étude philosophique de* La Passion selon saint Matthieu *de J.-S. Bach*, 384 pages, 2010.

Formalisme esthétique. Prague et Vienne au XIXe siècle, textes réunis et traduits sous la direction de C. Maigné, 288 pages, 2012.

Roman INGARDEN, *Esthétique et ontologie de l'œuvre d'art*. Choix de textes (1937-1969), présentation, traduction et notes de P. Limido-Heulot, 288 pages, 2011.

– *L'œuvre architecturale*, 1945, introduction, traduction et notes de P. Limido-Heulot, 126 pages, 2013.

G.E. LESSING, *Traités sur la fable*, précédés de la *Soixante-dixième lettre*, suivis des *Fables*, édition bilingue, avant-propos de N. Rialland, postface de J.-Fr. Groulier, 224 pages, 2008.

K. LÜDEKING, *La philosophie analytique de l'art*, introduction et traduction par J.-Fr. Groulier, 244 pages, 2013.

Jacques MORIZOT, *Goodman : modèles de la symbolisation. Avant la philosophie de l'art*, 240 pages, 2012.

Frédéric POUILLAUDE, *Le désœuvrement chorégraphique. Étude sur la notion d'œuvre en danse*, 432 pages, 2009.

Roger POUIVET, *L'ontologie de l'œuvre d'art*, 272 pages, 2010.

Patricia TOUBOUL, *Instruire par l'image. Fénelon et les arts du dessin*, 336 pages, 2012.

Eugène VÉRON, *L'esthétique*, 448 pages, 2007.

Lambert WIESING, *La visibilité de l'image. Histoire et perspectives de l'esthétique formelle*, traduction par C. Maigné, 288 pages, 2014.

Clélia ZERNIK, *L'œil et l'objectif. Psychologie de la perception à l'épreuve du style cinématographique*, 336 pages, 2012.

essais d'art et de philosophie

Noël Carroll

la philosophie des films

avant-propos et traduction par

É. Dufour, L. Jullier, Anna C. Zielinska

et J. Servois

conception graphique
malte martin, atelier graphique
avec laurent feneau

directrice de collection :
Jacqueline Lichtenstein

6, place de la Sorbonne, Paris Ve
ISSN 0249-7913
ISBN 978-2-7116-2601-4

avant-propos
noël carroll dans le champ des *film studies*

Même si aucun de ses livres n'avait été traduit en français avant cette *Philosophie des films*, Noël Carroll est, à l'échelle mondiale, un théoricien bien connu. Depuis *Philosophical Problems of Classical Film Theory*, en 1988, il a publié quantité de livres et d'articles, à part à peu près égales entre deux champs académiques qui ne se croisent pas si souvent, ceux des théories du cinéma et de l'esthétique analytique[1]. Sans doute son nom est-il plus familier des lecteurs français pour ses travaux dans ce dernier champ, qui lui ont valu de venir les présenter aux Universités de Paris I et de Nancy II. C'est aussi le cas aux Etats-Unis, puisqu'il a présidé l'American Society of Aesthetics, occupé la chaire Monroe C. Beardsley à l'Université du Wisconsin à Madison, et dirigé le *Journal of Aesthetics and Art Criticism*, cependant que

1. Pour un bon aperçu des débuts de sa carrière et un résumé de ses diverses prises de position, lire l'entretien qu'il a accordé en 2001 à la revue australienne *Senses of Cinema*, dont le titre même renseigne sur l'image de Carroll dans les *Film Studies* anglo-saxonnes : « The Strange Case of Noël Carroll : A Conversation with the Controversial Film Philosopher by Ray Privett and James Kreul », http://archive.sensesofcinema.com/contents/01/13/carroll.html.

sa *Philosophy of Art*[1] reste l'un des *basic books* des cursus d'esthétique. Cependant il ne faut pas attacher trop d'importance à la séparation que le monde académique entretient – surtout en France – entre ces deux champs, car quels que soient l'objet et la discipline, l'approche de Carroll est la même : elle se réclame en premier lieu des paradigmes grâce auxquels la philosophie analytique dissèque les opérateurs de classification et de classement.

Quand y a-t-il art ? Quelles conditions un objet doit-il remplir pour pouvoir être qualifié d'œuvre d'art ? Ou, pour ce qui nous concerne ici, y a-t-il des films qui exemplifient mieux que d'autres le dispositif cinématographique ? des films objectivement meilleurs que d'autres ? Telles sont les questions qui le préoccupent. Chaque fois il s'agit de « déterminer quelles sont les conditions nécessaires et suffisantes pour qu'un objet appartienne à une catégorie »[2]. Le lecteur comprendra vite, à cette simple énumération, qu'il a affaire ici à une réflexion « dirigée par les problèmes » (*problem-driven*) et haïssant plus que tout les « spéculations éthérées »[3] et autres libres-associations déguisées en analyses mais imperméables à tout faillibilisme[4].

Cela ne signifie pas, bien entendu, que la philosophie analytique du cinéma a seule le privilège d'interroger les concepts mobilisés par les outils mêmes dont les chercheurs se servent pour parler de cinéma, ni que la France est hostile à cette approche. D'une part, comme le signale d'ailleurs Carroll, le pionnier de la sémiologie du cinéma Christian Metz, lorsqu'il écrivait, mettait un soin tout particulier à définir précisément les concepts qu'il convoquait sans se réclamer le moins du monde de l'approche analytique[5]. D'autre part, comme le rappelle Dominique Chateau, Jean Mitry s'est servi au début des années 1960 de Russell et de Wittgenstein pour écrire son

1. N. Carroll, *Philosophy of Art : A Contemporary Introduction*, New York, Routledge, 1999. Quelques-uns des concepts exposés dans ce livre se trouvent dans « Quatre concepts de l'expérience esthétique », un article de Carroll traduit par J.-P. Cometti, dans J.-P. Cometti, J. Morizot, R. Pouivet (dir.), *Textes clés d'esthétique contemporaine. Art, représentation et fiction*, Paris, Vrin, 2005. Certains d'entre eux, également, sont étudiés par Roger Pouivet dans *Qu'est-ce qu'une œuvre d'art ?*, Paris, Vrin, 2007.

2. N. Carroll, *Philosophy of Art*, *op. cit.*, p. 7.

3. Introduction à *Post-Theory : Reconstructing Film Studies* (en collaboration avec David Bordwell), Madison, University of Wisconsin Press, 1996, p. XIII.

4. Si un chercheur X interprète tel film réalisé par Y comme l'illustration de telle théorie de Lacan, explique Carroll, alors le théoricien est plutôt Y que X (« Prospect for film theory : a personal assessment », in *Post-Theory op. cit.*, p. 43).

5. « Prospect... », *op. cit.*, p. 57.

Esthétique et psychologie du cinéma[1]. Mais la rage de clarifier les concepts est si essentielle à la démarche de Carroll qu'il nous semblait nécessaire d'en aviser le lecteur. En outre, cette rage a quelque chose de risqué, car la clarification systématique est le genre d'outil prompt à se retourner contre quiconque le manie. La circularité de la langue soulignée par Saussure, on le sait, fait qu'il est impossible d'interroger *tous* les concepts dont on se sert pour résoudre les problèmes de classification et de classement, dès lors que ces concepts s'expriment sous forme verbale. On donne ainsi à ses adversaires des bâtons pour se faire battre – c'est le cas dans le présent livre au dernier chapitre, par exemple, avec le concept de « catégorie » qu'utilise Carroll pour clarifier le concept de « qualité ». Conseillons tout de même au lecteur désireux de se lancer dans une discussion des thèses exposées ici de vérifier que Carroll ne les a pas déjà exprimées avec d'autres arguments – il revient en effet dans le présent ouvrage sur des thèmes qu'il a traités plus tôt dans sa carrière, comme l'amorçage au niveau des critères[2], la spécificité du médium cinématographique[3], ou encore les divers procédés de direction de l'attention spectatorielle, au premier rang desquels le modèle narratif érotétique[4].

Un second facteur de dépaysement pour le lecteur français, facteur qui découle du premier, est le dédain qu'affiche le présent livre pour ce qui reste le cheval de bataille d'une grande partie des études filmiques dans le monde académique français, la bataille pour la singularité. Qu'il s'agisse de la singularité d'un film, de celle d'un cinéaste ou de celle d'un courant stylistique, peu importe : Carroll la laisse aux jugements de goût des amateurs et des professionnels. Pour lui, « l'interprétation de films singuliers n'est pas de la théorie, quand bien même elle utiliserait un langage très technique ». Bien plutôt, c'est la recherche de points communs, de patterns et de caractéristiques transposables qui se trouve ici favorisée. La différence qui sépare cette théorisation de celle de l'interprétaion de films particuliers « est la même, mettons, que celle qui sépare le fait de découvrir une maladie virale et celui de découvrir qu'Henry l'a attrapée »[5]. Le présent ouvrage

1. D. Chateau, *Philosophies du cinéma*, 2e éd., Paris, Armand Colin, 2010, p. 118-119.
2. *A Philosophy of Mass Art*, New York, Oxford University Press, 1998, p. 262 *sq*.
3. *Theorizing The Moving Image*, Cambridge, Cambridge University Press, 1996, p. 1 *sq*.
4. *Theorizing*... *op. cit.*, p. 84 *sq*.
5. « Prospect... », *op. cit.*, p. 42. Carroll se méfie de la célébration de la singularité parce qu'elle risque toujours de dégénérer en exemplification par une utilisation abusive des ressemblances. Pour un

parle donc *de* cinéma ou *du* cinéma, non d'un film ou d'un auteur en particulier – ce qui a des chances de détonner un peu dans la patrie de la cinéphilie orthodoxe et du culte de la personnalité artistique.

Troisième facteur d'éloignement aux yeux d'un lecteur accoutumé à l'approche française des théories du cinéma : le côté apophatique de la démarche de Carroll est tourné grandement vers une opposition farouche (mais la plupart du temps implicite, du moins dans le présent livre) à la *Screen Theory*, dite aussi *SLAB Theory*, qu'il considère comme un « désastre intellectuel »[1].

La *Screen Theory*, du nom du mensuel anglais *Screen*, est un agglomérat de notions psychanalytiques, marxistes et structuralistes tirées de la « *French Theory* » pour être appliquées au cinéma ; *SLAB* est l'acronyme, proposé par David Bordwell, de Saussure-Lacan-Althusser-Barthes[2]. Bordwell et Carroll l'appellent aussi *Grand Theory*, à cause de ses prétentions holistes et de ses racines françaises, ou *Theory* tout court avec une majuscule, d'où le titre polémique de leur livre *Post-Theory*. Carroll y annonce clairement qu'après les dégâts provoqués par la *Theory*, « les études filmiques sont à reconstruire »[3] – et de préférence sur une base bien plus dialectique[4].

Or non seulement cette théorie s'est surtout épanouie dans les pays de langue anglaise, mais elle est désormais éclipsée par les *Cultural Studies* et leurs diverses déclinaisons – ce qui ne facilite pas la compréhension à demi-mots de certaines allusions. Il est certain, à cet égard, que le présent livre va à contre-courant des grandes tendances actuelles du champ des Sciences de l'Image Animée (*Moving Images Studies*), lesquelles, pour en rester aux grandes figures tutélaires importées de France, citent désormais plus souvent Michel De Certeau qu'Althusser ou Saussure[5]. Les temps

florilège d'exemples de généralisations abusives à propos de films, voir *Film Theory and Philosophy*, Richard Allen, Murray Smith (dir.), Oxford, Clarendon Press, 1997, p. 7-9. Les reproches sont les mêmes, par ailleurs, que ceux formulés par Jacques Bouveresse dans *Prodiges et vertiges de l'analogie : De l'abus des belles-lettres dans la pensée*, Paris, Raisons d'Agir, 1999.

1. *Theorizing... op. cit.*, p. 322.

2. Dans « Prospect... », Carroll ajoute à cette énumération Foucault, Deleuze et Derrida, et pour ce qui est du cinéma Raymond Bellour et Jean-Louis Baudry (*op. cit.*, p. 2).

3. Introduction à *Post-Theory*, *op. cit.*, p. XVII.

4. « Prospect... », *op. cit.*, p. 68. Les dernières lignes du deuxième livre de Carroll annonçaient déjà que tout était à refaire (« *We must start again* » : final de *Mystifying Movies : Fads and Fallacies in Contemporary Film Theory*, New York, Columbia University Press, 1988).

5. Seul Lacan traverse les modes, toujours très utilisé par les *Gender* et maintenant les *Queer Studies*.

académiques, en effet, sont plus propices à l'étude des lectures spectatorielles à rebrousse-poil, déviantes ou créatives, qu'à celle de la *lecture préférentielle*[1], lecture que favorise manifestement Carroll dans le présent ouvrage. Là aussi ce chemin théorique comporte un risque : celui de faire ressurgir l'épouvantail de la *boîte noire* béhavioriste, qui minimise les « interférences » susceptibles de se produire entre l'*input* (ici, les données audiovisuelles) et l'*output* (ici, la compréhension du film et les interprétations affectives qu'il suscite). Interrogé à ce sujet par nos soins, Carroll précise qu'à ses yeux les adeptes des *Cultural Studies* tournés vers la réception, comme Janet Staiger, parlent moins d'émotions que d'interprétations et de jugements critiques, et qu'en ce qui concerne les émotions qu'impliquent les films narratifs destinés au marché de masse on atteint un fort taux de prévisibilité[2].

En outre, le grand débat théorique entre les partisans de la *Screen Theory* et ses opposants en provenance du champ de la philosophie analytique n'a jamais eu lieu. Il y a bien eu quelques escarmouches, comme la descente en flammes de Laura Mulvey par Carroll et celle de Carroll par *Screen* – la revue a reproché à Carroll son côté « réactionnaire », qualificatif dont le manque de scientificité n'a pas manqué de l'exaspérer : « Puisque la *Grand Theory* est née sur les barricades, quiconque s'oppose à elle est immédiatement propulsé au rang de suspect politique – probablement un membre de la classe dirigeante, homophobe et misogyne »[3]. Mais nul morceau de l'espace public n'a jamais accueilli de discussion où chacun expose ses arguments, décortique ceux des autres et répond aux objections sur ses présupposés.

1. Terme de Stuart Hall (un chercheur du champ des *Cultural Studies*), désignant la lecture que *souhaitent* les producteurs du discours ; *cf.* « Codage, décodage », *Réseaux*, n°68, Paris, CNET, 1994.

2. Correspondance personnelle. Le reproche de béhaviorisme est, dans l'autre sens, un classique de la rhétorique déployée par l'*Analytic Film Theory* à l'encontre de la *Screen Theory* : ainsi Allen et Smith s'opposent-ils à l'idée selon laquelle le cinéma classique *imposerait* des constructions culturelles arbitraires à ses spectateurs (Introduction à *Film Theory...*, *op. cit.*, p. 8). Cependant, la réponse de Carroll se heurte à une distinction qu'il a lui-même exposée dans *Philosophy of Art* : « Le philosophe analytique cherche à établir *ce qui doit être le cas [what must be the case]* alors que le chercheur en sciences sociales regarde *ce qui est le cas la plupart du temps* » (*op. cit.*, p. 12). Force est de reconnaître que dans ce cas précis, où il parle de tendances majoritaires, Carroll s'éloigne du paradigme analytique de clarification des concepts.

3. « Prospect... » *op. cit.*, p. 44-45. *Screen* lui a refusé le droit de réponse, ce qu'il a trouvé « quelque peu stalinien » (*Theorizing... op. cit.*, p. 321), et a qualifié par ailleurs le duo qu'il forme avec Bordwell de « duo *good cop-bad cop* du cognitivisme »... Carroll y tiendrait le rôle du « vilain flic », celui qui distribue les claques quand l'autre donne les cigarettes (*ibid.*, p. 332).

L'incommensurabilité paradigmatique explique en partie cette absence de dialogue, qui a hélas pour résultat de faire des Sciences de l'Image Animée une discipline à la cumulativité faible (contrairement à ce qui se passe dans bien d'autres disciplines, des mathématiques à la philosophie). Le rapport à la praxis pourrait aussi convenir à l'explication de cette absence de dialogue constructif : les théoriciens auxquels s'opposent Carroll entendent utiliser leurs travaux comme des armes pour faire progresser des causes qui leur tiennent à cœur, ce qui à ses yeux présente le risque d'en gauchir la rationalité[1]. Mieux, Carroll suggère que la *Grand Theory* a moins fait avancer les études de cinéma qu'elle n'a permis d'ouvrir des départements de cinéma dans les universités, « l'obscurité de ses formulations étant susceptible de faire croire à tout administrateur qu'elle était du même niveau d'importance scientifique que la Théorie des Cordes »[2] ! Mais quelle que soit la bonne explication, le résultat est le même, une balkanisation du champ et un manque patent d'interdisciplinarité, particulièrement dommageable aux progrès de la connaissance dans le cas d'un objet aussi complexe et polymorphe que les récits audiovisuels.

L'interdisciplinarité est, en réaction, au cœur de la démarche de Carroll – d'abord parce qu'il ne veut pas remplacer la *Theory* par une autre grande théorie unifiée, mais par *des* théories ou, mieux, une *théorisation* de certains problèmes[3]. Ainsi combine-t-il la philosophie analytique à des éléments de psychologie cognitive – ce qui constitue un quatrième facteur d'étrangeté aux yeux du lecteur français. Cette façon de procéder relève d'une branche académique, dite *Cognitive Film Studies* ou pour marquer son ascendance darwinienne *Evolutionary-Cognitive Film Studies*, qui est en effet fort peu développée en France[4]. Les chercheurs en cinéma ont coutume d'y voir les dragons du positivisme et du scientisme, et continuent – pour le dire de façon un peu caricaturale – de préférer Bergson aux derniers traités de

1. D'où la phrase ironique dans l'Introduction à *Post-Theory* : « chez nous, il n'y a pas de ligne générale » (« *there is no Party Line here* », *op. cit.*, p. XIV).

2. « Prospect… », *op. cit.*, p. 2.

3. Introduction à *Post-Theory*, *op. cit.*, p. XIV.

4. Alors même que la France, au sortir de la Seconde Guerre Mondiale, avait eu des velléités de mêler psychologie et études filmiques : voir L. Jullier, « "L'esprit, et peut-être même le cerveau…" La question psychologique dans la *Revue Internationale de Filmologie*, 1947-1962 », *CiNéMAS*, vol. 19, n°2-3, automne 2009, « La filmologie, de nouveau », p. 143-168.

physiologie de l'œil quand il s'agit de parler de perception visuelle[1]. Précisons cependant deux choses. D'une part les Etudes Filmiques Cognitives ne constituent pas un bloc unifié de pensée[2]; d'autre part Carroll fait un usage parcimonieux et particulier, dans le présent ouvrage, des outils heuristiques que ce champ est susceptible de fournir. Il ne faudrait donc pas que le lecteur déduise de sa fréquentation de l'ouvrage qu'il connaît l'approche « cognitiviste » du cinéma, laquelle est bien plus complexe – même si certains collègues philosophes de Carroll persistent à classer celui-ci parmi les cognitivistes[3].

Prévenons enfin le lecteur peu familier des *Film Studies* américaines – et ce sera notre cinquième et dernière mention d'un « risque d'étrangeté » – que le style de Carroll sacrifie toujours la beauté de la phrase à la clarté du propos. Il « écrit de façon que chaque phrase soit impossible à interpréter de travers », comme dit de lui son collègue David Bordwell[4], ce qui bien entendu dans un pays de *belle-lettrism* comme la France a de quoi décontenancer[5]. Chez lui non plus, pas de *name dropping*, pas d'« appels à l'autorité [de Grands Hommes] qui intimident le lecteur et l'encouragent soit à l'acceptation non-critique soit au rejet sans raison »[6].

1. Pastiche de Carroll, qui écrit que la *Grand Theory* encourage ses adeptes, quand il s'agit de parler de perception des images, « à consulter à nouveau les énigmatiques considérations de Foucault à propos des *Ménines* plutôt que d'aller lire les traités de psychologie les plus récents » (« Prospect... », *op. cit.*, p. 40). Dans le même style, Carroll a tracé un parallèle méthodologique entre les interprétations psychanalytiques de films et l'astrologie (*Theorizing... op. cit.*, p. 327).

2. Ainsi Carroll s'oppose-t-il vertement à Torben Grodal, dont le livre *Moving pictures : a new theory of film genres, feelings, and cognition*, (Oxford University Press, 1999) est l'un des plus connus du champ.

3. Dans l'introduction à leur *Film Theory and Philosophy* (*op. cit.*, p. 3), R. Allen et M. Smith rangent Carroll en compagnie d'E. Branigan et de Gr. Currie du côté cognitiviste, et non du côté *Analytic Film Theory*. Warren Buckland le classe de la même façon dans *The Cognitive Semiotics of Film*, Cambridge University Press, 2000. Pour un aperçu des dernières tendances du champ des *Evolutionary-Cognitive Film Studies*, qui montre que Carroll s'en écarte assez notablement, voir la revue *Projections : The Journal for Movies and Mind* (http://www.berghahnbooks.com).

4. Bordwell, avant-propos à *Theorizing...*, *op. cit.*, p. XII.

5. On retrouve la vision de Bouveresse. Pour prendre un exemple français très connu, Pierre Bourdieu, qui lui aussi était coutumier de ce genre de sacrifices stylistiques, a régulièrement essuyé des attaques qui interprétaient la pesanteur de son style comme le signe de défauts dans sa pensée.

6. Bordwell, avant-propos à *Theorizing...*, *op. cit.*, p. XI. On trouve le même souci chez tous les chercheurs anglophones en cinéma utilisant la philosophie analytique, ainsi Ian Jarvie, qui n'hésite pas à employer le terme de *frenchspeak* comme synonyme de vocabulaire ésotérique ! « Je refuse d'obliger le lecteur à avoir lu ce que j'ai lu et vu ce que j'ai vu pour comprendre ce que j'écris », dit Jarvie (*Philosophy of the film/Epistemology, Ontology, Aesthetics*, Routledge, 1987, p. XII-XIII).

contexte philosophique

le cognitivisme

La perception de l'art n'a rien d'évident pour Noël Carroll. L'immédiateté de l'intuition n'est pas pour lui ce qui explique le fonctionnement des objets artistiques, elle ne devrait pas non plus être le premier guide dans la façon dont nous abordons l'art. Le cognitivisme dans la philosophie de l'art est effectivement lié à cette exigence : les objets artistiques peuvent être connus au même sens que sont connus les objets des sciences. Cette connaissance n'implique pas les mêmes exigences épistémologiques, demande un autre régime de rigueur, mais elle est fondée sur la conviction selon laquelle l'art n'est pas un domaine à part dans le royaume de la connaissance du monde. Le cognitivisme au sens large stipule que les choses que nous disons au sujet de l'objet de nos analyses, de nos observations, ne sont pas de simples expressions de nos sentiments. Ces choses sont, au contraire, susceptibles d'être vraies ou fausses ; elles ne le sont pas toutes, mais elles *peuvent* l'être. Cette position constitue un enjeu majeur aussi bien en éthique qu'en esthétique, domaines où, souvent dans la tradition philosophique, on ne cherche pas à décrire le monde, mais à exprimer nos sentiments à son égard[1].

Le cognitivisme n'est pas pour Carroll une position qu'il adopte de façon dogmatique, en s'appropriant un ensemble d'idées « cognitivistes » pour en faire usage dans ses études sur l'art. Il le décrit comme « tendance à chercher, à propos d'un nombre de questions qu'on soulève ou auxquelles on répond par les théories psychanalytiques du film, et qui concernent surtout la réception du film, des réponses alternatives au moyen de processus cognitifs et rationnels plutôt que d'en appeler à des processus irrationnels et inconscients »[2]. Il en est ainsi aussi parce que le cognitivisme n'est pas une position unifiée : « une fois que les cognitivistes arrêteront de se disputer avec les théoriciens de psychanalyse [dans les

1. Le paradigme de la position non-cognitiviste en morale et en esthétique a été formulé par David Hume au XVIIIe siècle. Selon le philosophe, la raison sert à découvrir la vérité et la fausseté des relations d'idées ou des questions relatives au monde. Les phénomènes de la morale en revanche (les passions, les volitions ou les actions) sont pour Hume des entités autonomes ; donc la raison n'a pas ici de matière à investigation, et elle n'a pas à les dire vrais ou faux, raisonnables ou non. *Cf.* D. Hume, *A* Treatise *of Human Nature* (1739), livre 3, chap. 1, § 1 (*La morale*, trad. fr. Ph. Saltel, Paris, Flammarion, 1997).

2. N. Carroll, « Prospects for Film Theory », *in* D. Bordwell, N. Carrol (eds), *Post-theory : Reconstructing Film Studies*, University of Wisconsin Press, 1996, p. 62.

études cinématographiques], ils en viendront à se disputer les uns avec les autres »[1]. Le cognitivisme correspond donc ici là plutôt d'un ensemble d'exigences qui sont souvent attribuées au courant analytique en philosophie contemporaine.

le naturalisme

Le rationalisme fait émerger dans la philosophie de Carroll une forme du naturalisme évolutionniste. Ce dernier permet d'introduire une réflexion sur la place de l'art dans la vie de l'homme en tant qu'être naturel. Sa position est toutefois éloignée de celle des naturalistes radicaux, car Carroll ne suggère pas que le rôle de l'art se réduise à être un simple produit de l'évolution. Il sort de la dichotomie entre la nature et la culture, en essayant de présenter l'art dans ce contexte unifié. Dans le cadre naturaliste, qu'il considère alors comme partiel mais malgré tout très intéressant, il s'intéresse notamment aux explications de l'apparition des effets de l'art, en se penchant sur la nature humaine. En effet, l'art semble être reconnu universellement, il concerne en conséquence l'homme en tant qu'espèce. Certes, nous ne sommes pas spontanément capables de reconnaître la richesse symbolique des œuvres d'art d'une autre culture, mais nous sommes probablement tout à fait capables de reconnaître que certains objets de cette culture sont des objets artistiques[2]. Et ici, le film constitue pour Carroll l'un des champs de recherche privilégiés pour étayer son point de vue évolutionniste sur la manière dont l'homme appréhende l'art, le point de vue qui selon lui enrichit l'approche culturaliste courante.

L'art de masse, tels le cinéma et la télévision, n'est pas pour Carroll un ensemble de produits relevant de la sélection naturelle, il est toutefois apparu pour servir un certain objectif social, celui d'entretenir des personnes de plus en plus nombreuses venant de différents contextes culturels[3]. Carroll maintient en effet que, pour être comprises, les images animées ne nécessitent pas la même formation que les images fixes ou que le langage. La compréhension des visages terrifiés ou amusés en gros plan et en mouvement se fait à l'aide de la grammaire plutôt universelle des émotions, celle qui semble être partagée par les bébés de la plupart des cultures. Le

1. *Ibid.*
2. *Cf.* N. Carroll, « Art and Human Nature », *The Journal of Aesthetics and Art Criticism* 62, No. 2 (2004), p. 95-107, p. 96.
3. *Ibid.*, p. 103.

critique Béla Balázs l'a déjà noté dans les années 1920 : par les gros plans du visage, le média nouveau s'offre un accès privilégié à l'âme[1]. Pour Carroll, bien que l'art soit probablement mieux compris à travers l'étude de son histoire, il se peut qu'une autre histoire, tout à fait pertinente, puisse en être faite par le prisme de l'étude « de la nature humaine et de l'histoire naturelle »[2].

l'anti-essentialisme

La façon dont Carroll présente sa philosophie est résolument anti-essentialiste. On le voit à différentes étapes de son travail. D'abord, il rejette l'idée d'une grande théorie du médium spécifique ; et ensuite, il propose d'évaluer les films non pas en vertu de leurs qualités intrinsèques, mais plutôt en les comparant les uns les autres dans des contextes pertinents. Ces deux gestes philosophiques forts s'inscrivent dans la continuité de la philosophie analytique, et plus particulièrement dans une tradition marquée par les écrits de Ludwig Wittgenstein.

C'est en effet chez Wittgenstein que se trouvent les deux intuitions philosophiques rencontrées ici. Premièrement, pour le philosophe autrichien, il n'y a pas de grands problèmes philosophiques qui, une fois résolus, nous donneraient quelque chose de philosophiquement stable et constant sur quoi nous pourrions appuyer nos jugements et actions futurs. En philosophie, nous devrons toujours nous attaquer à des petits problèmes concrets qui nous forcent à repenser à chaque fois les points parfois cruciaux de notre méthodologie. Deuxièmement, non seulement il n'y a pas de problème fondamental privilégié, mais encore les problèmes qui persistent ne pourront pas être résolus de façon définitive selon les critères préalablement établis par la philosophie.

Carroll semble nous proposer une perspective analogue dans son approche des images animées. Tout d'abord, l'entité « film » ou « le cinématique » n'existe pas, il n'y a pas d'essence de l'art cinématographique, ou du médium-cinéma. Ensuite, le problème crucial du discours sur le cinéma, celui de l'évaluation des films, ne peut pas espérer recevoir de grille d'évaluation des films en général, où les œuvres du cinéma seraient classées sur l'échelle générale de l'art cinématographique autonome. Et ainsi,

1. N. Carroll, « Art and Human Nature », *op. cit.*, p. 104.

2. *Ibid.*, p. 105.

les critères de résolution des « problèmes philosophiques » (*i.e.* de l'évaluation des films) dépendent de l'ensemble de critères comparatifs recueillis à plusieurs niveaux (*cf.* le chapitre 7). Il existe en effet plusieurs catégories des films qui forment les cadres de référence, paradigmatiques mais pas définitifs, permettant l'évaluation contextuelle. Qui plus est, ces catégories mêmes sont tout à fait ouvertes à l'évaluation plus générale, plus seulement esthétique, du point de vue du rôle social que jouent les films qui y appartiennent. Les critères d'évaluation ne sont donc plus purement « cinématographiques », car ce domaine n'a pas d'existence autonome, et s'inscrit dans la richesse du contexte social. Le cinéma (les images animées) doit être compris dans le cadre coactionnel, et non plus dans le cadre représentationnel. C'est l'usage de l'ensemble des moyens d'expression qui détermine l'appréhension d'une œuvre d'art, et non pas le médium qui a été utilisé pour la construire.

Ces trois éléments, le cognitivisme, le naturalisme et l'anti-essentialisme, doivent être pris en compte dans la lecture de cet ouvrage qui va de ce fait à l'encontre de ce que nous pensons habituellement d'une réflexion esthétique. Ainsi, l'approche de Carroll n'exalte pas les modes de perception particuliers qui dépasseraient la raison, mais crée un nouvel emploi pour cette dernière. Elle ne postule pas de monde à part, mais tente de trouver une continuité entre le naturalisme éclairé et l'esthétique. Enfin, contrairement à l'ambition classique des philosophes de trouver l'essence de choses examinées, l'auteur assume la complexité fondamentale de son objet de recherche.

la structure du livre et ses problèmes

L'ouvrage présenté ici se caractérise par une structure argumentative très claire et souvent convaincante, même si on ne peut pas s'empêcher de soulever, sinon des objections, du moins des questions. Il s'agit ici d'un livre de vulgarisation, grand public, dans lequel Carroll résume et synthétise des thèses qu'il a déjà développées ailleurs (voir les « conseils de lecture » sur lesquels se clôt chaque chapitre), relève d'un type d'investigation qui, s'il est relativement connu du public français pour ce qui est de l'art en général, ne l'est absolument pas en ce qui concerne le cinéma, à savoir celui de la philosophie analytique.

Le titre, *Philosophie des films*, pourrait induire en erreur, dans la mesure où on pourrait croire que, comme dans un *Dictionnaire des films*, l'analyse va porter sur des films particuliers qui s'insèreront dans une œuvre (celle d'un cinéaste) et dans un ensemble plus vaste (un mouvement, un genre, etc.). Chez Carroll, on parle certes de philosophie des *films*, au sens où *le* cinéma n'existe pas ailleurs que dans les films, mais c'est pourtant bien d'une philosophie du cinéma qu'il s'agit, au sens où les films ne l'intéressent qu'à titre d'exemple d'une réalité générique qui est celle *du* film ou *du* cinéma. Autrement dit, la question de Carroll et, plus largement, la question de la philosophie analytique est, relativement au cinéma (comme à l'art en général), une question ontologique. Carroll le développe explicitement dans le chapitre 3, lorsqu'il reprend la question de Bazin (*Qu'est-ce que le cinéma ?*[1]), auquel il renvoie (p. 53[2]; voir déjà p. 3), soulignant que la question importante est de déterminer les propriétés essentielles ou les conditions nécessaires et suffisantes du cinéma, c'est-à-dire encore d'en donner « une définition essentielle ou réelle »[3].

définitions

C'est pourquoi un moment essentiel de l'ouvrage consiste à cerner la spécificité du cinéma (dès le chap. 1 à travers la question de savoir si le cinéma est un art) et à distinguer le cinéma des autres arts (chap. 3), question qui n'est pas nouvelle puisqu'on la trouvait déjà dans l'esthétique classique où elle était celle, de Kant à Souriau en passant par Hegel, de la classification des arts. Carroll progresse lentement mais sûrement, chaque terme auquel il compare le film lui permettant de mettre en évidence une propriété cruciale. 1) La différence entre voir le Rick's Café et voir une image du Rick's Café consiste dans le fait que, dans le premier cas, je peux me situer par rapport à lui (il se tient dans le même espace que moi et je peux indiquer où il est) alors que ce n'est pas le cas dans le second, raison pour laquelle Carroll parle de « monstration détachée » (p. 57). 2) La différence entre un diaporama et un film constitué d'images fixes, c'est que quand je vois un film je m'attends à du mouvement (le mouvement est une possibilité du film), alors que ce n'est pas le cas quand je vois un diaporama (p. 60) (Carroll ajoutant que se demander pourquoi les personnages de telle photographie ou de telle peinture ne bougent pas, « c'est comme se demander pourquoi les araignées ne chantent pas *Tosca* », p. 61). C'est la raison

1. Rappelons que c'est sous ce titre, *Qu'est-ce que le cinéma ?*, qu'A. Bazin publia en quatre volumes ses articles sur le cinéma (Paris, Le Cerf, 1958).

2. Les références sont données dans la pagination du texte original.

3. Pages 54-55.

pour laquelle Carroll préfère parler d'image animée que de film (le terme « film » désignant un type de support de l'image animée : p. 3). 3) Il faut distinguer les formes d'art type (la peinture, comme par exemple *La Joconde* de Vinci dont il y a un seul et unique type, au Louvre) et les formes d'art à instances multiples (le théâtre, la musique, la littérature, le cinéma : tout exemplaire des *Bijoux indiscrets* de Diderot en est une copie, idem pour toute représentation du *Führer en folie*, P. Clair, 1974) (p. 65). Mais il faut derechef, dans le second groupe, distinguer d'un côté les occurrences générées par un type *b*, à savoir une interprétation du type *a* qu'il faut entendre telle une recette à réaliser (la partition dans la musique, la texte de la pièce au théâtre), les occurrences générées d'une manière totalement mécanique par des modèles qui sont eux-mêmes des occurrences (littérature, cinéma) (p. 66). Ainsi, la représentation de *Traviata*, le 3 mai 1955, à la Scala, n'est pas seulement une occurrence du type *a*, à savoir l'opéra (la partition) de Verdi, c'est aussi une occurrence du type *b*, à savoir l'interprétation musicale de Giulini et la mise en scène de Visconti, et on peut par exemple dire de cette représentation que la Callas y était moins bien qu'à la représentation précédente. Ce n'est pas le cas de la représentation à laquelle j'ai assisté hier de *J'ai rencontré le père Noël* (C. Gion, 1984), à propos de laquelle cela n'a pas de sens de dire que Karen Cheryl y était meilleure que dans une représentation antérieure. C'est aussi, note Carroll, la raison pour laquelle on n'applaudit pas une représentation cinématographique (p. 70). En ce sens, les occurrences d'un film ne sont pas des œuvres d'art à la différence des représentations théâtrales, et elles sont générées par des modèles qui sont eux-mêmes des occurrences, *i.e.* des copies, sans renvoyer à aucun type[1]. 4) Enfin, l'image animée est bidimensionnelle[2].

Au bout du compte, il apparaît que le cinéma, qui n'est pas un langage (toute une partie du livre retrouve la critique de la thèse du cinéma comme langage, qu'on trouvait déjà chez Mitry ou Deleuze) est le moyen, pour le cinéaste, de communiquer quelque chose, par la manière dont il dirige l'attention de son spectateur et suscite des émotions[3] en lui en présentant

1. Page 72.
2. Page 73.
3. Le chap. 6 commence par distinguer l'affect de l'émotion : l'émotion est un affect qui implique « une part de computation » (p. 152), c'est-à-dire des pensées et des croyances. Il est consacré à l'analyse des

quelque chose, en sélectionnant ce qu'il montre, l'échelle et la durée[1]. Dans le chapitre 5, Carroll approfondit ce point et reprend à sa manière ce qui a été développé depuis les premiers théoriciens du cinéma. C'est le cadrage variable[2], autrement dit la démultiplication des plans (changement de perspective et/ou changement d'échelle), fondement de construction de la séquence, celle-ci équivalant à une multiplicité de plans formant une unité[3], et reposant systématiquement sur : 1) l'indexation (le choix de ce qui est exhibé et que la caméra, pour ainsi dire, montre du doigt) ; 2) la délimitation de la frontière entre champ et hors-champ (l'indexation sélectionne, elle délimite un champ, à savoir ce qui est important, et fait par là même passer en dehors du cadre ce qui ne l'est pas ; ou bien elle renverse les rôles en faisant passer l'essentiel du côté du hors-champ) ; 3) les variations d'échelle[4].

Lorsqu'il s'agit, ensuite, de penser le rapport des séquences entre elles c'est-à-dire l'unification des séquences dans le tout qu'est le film, Carroll souligne qu'il y a autant de types de liaisons qu'il y a de types de films, et il ne développe que ce qu'il nomme la « narration érotétique », c'est-à-dire le mode de liaison « élémentaire de la narration cinématographique » (p. 134) qui, selon lui, fonctionne sur le modèle questions/réponses, avec un emboitement des structures : les micro-questions ponctuelles sont subordonnées aux macro-questions qui organisent un moment du film, et celles-ci sont elles-mêmes soumises aux macro-questions directrices, celles-ci organisant le film dans sa totalité[5].

Sur quoi sont fondées les structures fondamentales qui caractérisent le cadrage variable, donc les caractéristiques du découpage ? Carroll affirme qu'elles sont fondées sur une structure naturelle, innée, de notre appareil perceptuel et cognitif[6].

L'identification de ce qui m'est montré et de l'histoire qui m'est racontée, avec ses ellipses, voilà qui fait appel aux mêmes processus de raisonnement que ceux que nous utilisons dans la vie de tous les jours. L'histoire ne se

manières dont le cinéma suscite des émotions et examine les différentes hypothèses à ce sujet (identification, simulation, analogie, sympathie).

1. Page 122.

2. Page 124.

3. On caractérise généralement la séquence par l'unité de temps et de lieu.

4. Page 126.

5. Page 135-136.

6. *Cf.* ci-après, p. 122-124, 127, 189.

donne pas (au sens où elle ne se donne pas à voir), car le spectateur doit la (re)construire, ou bien, en d'autres termes, un film n'est pas lu, il est interprété : car « le flux d'informations qui nous est transmis par la séquence »[1] doit être interprété d'une part à partir du tout dans lequel il s'inscrit, et, d'autre part, à partir du type d'inférences du raisonnement ordinaire, c'est-à-dire en faisant appel à « nos concepts et croyances permanents »[2].

Si donc je reconnais spontanément ce qu'on me montre dans une séquence, si donc le film « fonctionne » c'est-à-dire que j'identifie immédiatement l'information qu'il veut me communiquer (auquel cas le film est « réussi »), ce n'est pas en vertu de l'apprentissage d'une langue ou même d'un code qui fonctionnerait d'une manière analogue (*i.e.* d'une manière conventionnelle)[3]. Pour fonder son hypothèse, Carroll évoque deux expériences, celle d'un couple de chercheurs sur leur enfant[4] et celle de « la tribu Me'en d'Ethiopie », où, une fois que les membres de la tribu ont compris ce qu'on leur demandait, « la grande majorité »[5] reconnaît l'objet de l'image sans apprentissage.

enjeux

Il y a trois points essentiels dans le livre de Carroll. Le premier concerne l'ontologie et cerne la spécificité du cinéma par rapport aux autres arts. Le deuxième s'intéresse au fonctionnement du cinéma c'est-à-dire à la manière dont sont articulés les plans dans la séquence et les séquences dans le tout du film – c'est-à-dire aux techniques par lesquelles le réalisateur gère l'attention du spectateur. Enfin, le troisième point concerne l'évaluation des films, c'est-à-dire la question normative dont, jusqu'ici, il a été fait abstraction.

Sur ce dernier point, il est tout à fait vrai que l'on ne saurait faire reposer l'évaluation sur un sentiment indicible et ineffable qui seul préserverait, pour parler en termes kantiens, l'irréductibilité du jugement de goût à un jugement logique, car l'évaluation présuppose effectivement une identification cognitive, relevant du travail de la pensée conceptuelle et donc de

1. Page 121.
2. Page 131.
3. Page 107.
4. *Ibid.*
5. Page 111.

catégories dans lesquelles on range le film. Si l'on croit qu'on va assister à une « comédie coquine » du type *Certaines chattes n'aiment pas le mou* (J.P. Fougea, 1976) lorsqu'on va voir *La Féline* (J. Tourneur, 1942), et qu'on confond Claudine Beccarie avec Simone Simon, on risque d'être fort déçu. Autrement dit, ce qu'on nomme le plaisir esthétique est sous-tendu par des normes et des éléments cognitifs qui fondent l'appréciation. Mieux, il faut totalement distinguer, selon Carroll, le sentiment qu'on éprouve face à un film du jugement qu'on porte sur lui et qui relève du seul intellect[1]. Bref, en termes kantiens, on dira que, pour Carroll, le jugement esthétique est un jugement logique.

Selon Carroll, l'évaluation repose sur deux moments. Le premier consiste à ranger le film dans la/les catégorie(s) qui lui correspondent. La plupart des disputes liées au film relèvent souvent d'un malentendu, nous dit-il, à savoir que tout mécontent s'attendait à autre chose et critique le film parce qu'il le range dans la mauvaise catégorie (je n'ai pas aimé *La Féline* parce que je m'attendais à voir un porno, *Mort à Venise* [L. Visconti, 1971] parce que je m'attendais à voir un policier). Selon Carroll, on ne dira pas : c'est un bon film, mais on dira : c'est un bon western, ou c'est un bon film expressionniste, ou c'est un bon film d'avant-garde coréen, etc. Autrement dit, dire qu'un film est bon, c'est l'estimer relativement à une (ou des) catégorie(s) : plus le film possède de propriétés qui caractérisent le catégorie, plus il est réussi dans cette catégorie. De même que, dans un concours félin, on évalue les candidats en les notant sur une échelle, on peut et on doit, selon Carroll, évaluer le film sur une échelle de 1 à 10 selon les mêmes critères[2].

Le deuxième moment concerne lui aussi une évaluation de 1 à 10, de sorte que le film, au bout du compte, reçoit une note sur une échelle de 20. Il n'est plus épistémologique, mais relève de l'examen des « intérêts que servent les différentes catégories de films »[3], c'est-à-dire concerne « le poids culturel » des différentes catégories, ou encore, si l'on préfère, les intuitions plus ou moins « nobles » véhiculées par celles-ci[4]. Les exemples sont clairs : il s'agit de la valeur morale véhiculée par le contenu des films en question. La hiérarchie des catégories et donc des films est fondée sur leur valeur formatrice ou édificatrice. La hiérarchie suggérée entre les catégories

1. Page 195.
2. Page 213.
3. Page 222.
4. Page 221.

redonne cependant un sens à l'évaluation des films du point de vue de leurs caractéristiques intrinsèques. Carroll permet au lecteur de n'être plus dans l'embarras du fait d'avoir mis au même niveau *Coup de foudre à Notting Hill* [R. Michell, 1999], une comédie romantique légère et bien faite, et *Time out* [A. Niccol, 2011], film apparemment plus sérieux, qui soulève des questions fondamentales concernant le développement possible d'une société de plus en plus divisée. Les deux excellent dans leurs catégories, mais les catégories elles-mêmes ne se valent pas pour autant. Pourtant, l'inégalité des catégories n'est plus une question proprement cinématographique, et ouvre la discussion sur le cinéma à d'autres enjeux, en se défaisant ainsi des clivages disciplinaires parfois inutiles.

É. DUFOUR, L. JULLIER, Anna C. ZIELINSKA

noël carroll

la philosophie des films

introduction
de la théorie du cinéma à la philosophie de l'image animée

1 | Quoique la philosophie du film – ou celle de l'*image animée*, un terme que je préfère – soit apparue dès le début du XXe siècle, probablement avec la publication en 1916 du *Photoplay* de Münsterberg (il était professeur de philosophie et de psychologie dans le département de William James à Harvard), elle ne s'est vraiment épanouie qu'à une date récente comme un véritable champ philosophique. Même si Ludwig Wittgenstein appréciait le cinéma au point d'y aller régulièrement – il aimait surtout les westerns – il ne l'a jamais pris comme objet philosophique. Cest récemment que la discussion du cinéma par les philosophes a pris des proportions considérables en termes de production[1].

Pour quelle raison?

Deux facteurs au moins ont joué, l'un démographique et l'autre intellectuel.

1. Voir par exemple la bibliographie réunie par Jinhee Choi dans *Philosophy of Film and Motion Picture*, N. Carroll, J. Choi (dir.), Oxford, Blackwell Publishing, 2006.

Le facteur démographique est le suivant : pour que la philosophie de l'image
animée prenne racine, il fallait d'abord que se constitue une population,
suffisamment grande pour que le débat ait lieu, de philosophes baignés par
le cinéma. Cela ne se produisit pas avant la fin des années 1960 et les années
1970. Ce n'est qu'à ce moment qu'une génération de philosophes ayant
grandi en fréquentant les salles de leur quartier apparut, bientôt suivie
d'une seconde, ayant eu accès, elle, par la télévision, à une grande part
de l'histoire du cinéma, avec ses traditions nationales et régionales. | C'est 2
ainsi qu'un beau jour, aux alentours de la fin du XXe siècle, il y eut assez
de philosophes possédant une connaissance suffisante du cinéma pour
discuter des films et affiner dialectiquement les positions que l'on pouvait
prendre à leur propos.

Le facteur démographique n'explique pas seulement l'émergence de ce nouveau champ, mais aussi le développement fulgurant, au sein de l'institution universitaire, des études de cinéma et d'audiovisuel et celui des études médiatiques en général. Cependant, alors que les premiers intellectuels de cinéma avaient marché sur les traces de grands théoriciens du film comme Rudolf Arnheim, Poudovkine, Bazin ou Kracauer (entre autres), les études filmiques prirent dans les années 1980, à l'instar d'autres branches des sciences humaines, le « tournant culturel » (ou le tournant social). Ce qui signifie que les universitaires de cinéma décidèrent de réorienter leurs préoccupations en direction de ce qui ne tarderait pas à être appelé les "études culturelles"[1]. Or en faisant cela, ils laissèrent en suspens un grand nombre des débats qui avaient embarassé, sans qu'ils réussissent à y mettre un terme, les premiers théoriciens du film.

Un vide intellectuel s'ensuivit. Et comme l'a remarqué Richard Allen, le directeur du département cinéma à NYU, les philosophes s'y engouffrèrent. Tout se passa comme si les professeurs de cinéma leur avaient sciemment cédé ce qui autrefois, avant le tournant culturel, était la partie centrale de leur champ.

Sans doute est-il inutile de préciser que cette appropriation, par les philosophes, de débats initiés par les premiers théoriciens du film, n'a rien d'une colonisation perpétrée par des étrangers au champ. Car la théorie du cinéma des débuts était intimement liée, déjà, à la philosophie. Par

1. Pour un panorama traduit en français de ce « tournant », voir *Cultural studies. Anthologie*, H. Glévarec, E. Macé, E. Maigret (dir.), Paris, Armand Colin, 2008 [N.D.T.].

exemple, décider si le cinéma relève ou non de l'art présuppose une philosophie de l'art. Les grands théoriciens du film, logiquement, ne se privaient pas d'aller chercher du renfort dans la plupart des branches de la philosophie. Donc, à cet égard, la philosophie de l'image animée constitue bien le légitime héritage de la théorie du cinéma, et non l'usurpation de ses anciennes prérogatives.

Bien des thèmes du présent livre – et particulièrement les questions qui s'y trouvent posées – reflètent cet héritage qu'a reçu de la tradition la philosophie contemporaine de l'image animée. Le premier chapitre traite la question de savoir si oui ou non le cinéma peut relever de l'art. Indubitablement c'est la question qui a préoccupé les théoriciens et les philosophes des premières décennies du XXe siècle. Comme nous le verrons, il y a récemment eu matière à raviver le débat en la matière, en l'occurrence par le biais de théories très sophistiquées élaborées à propos de la nature de la photographie. Mais comme par le passé, montrer que le cinéma *peut* être de l'art, nous obligera d'abord à regarder de près l'objet qui nous préoccupe et à mieux le définir. Et affronter l'objection selon laquelle il *ne saurait*
3 en être | nous fournira ensuite l'opportunité de comprendre plus intimement ce qu'est une image animée.

Le chapitre deux concerne ce que l'on pourrait appeler la « thèse de la spécificité du médium ». Cette thèse suppose que l'exploration artistique des possibilités de l'œuvre cinématographique doit impérativement suivre les directives implicites du médium qui l'actualise. Le médium en question, dans cette logique, est le film entendu comme un ensemble d'images animées de nature photographique ou fixées sur celluloïd. Il s'ensuivrait que cette nature entraîne des conséquences normatives, dictant aux cinéastes quelles directions ils doivent privilégier (ou éviter) quand ils pratiquent leur art. Tout simplement, si l'on en croit cette thèse, ils devraient s'échiner à être *cinématiques* et éviter comme la peste, en sens inverse, de tourner des plans *anti-cinématiques* – c'est-à-dire, souvent, des plans « théâtraux »[1]. Parce qu'elle a tenu lieu d'article de foi si longtemps au cours de l'histoire du cinéma et parce qu'elle est si séduisante a priori aux yeux du sens commun, cette thèse mérite un chapitre à elle seule.

1. « Cinématique » (*cinematic*) signifie ici « *purement* cinématographique », en référence aux manifestes en faveur du « cinéma pur » écrits en France dans les années 1920. N. Carroll a traité une première fois de cette thèse de la spécificité du médium dans *Theorizing the Moving Image*, New York, Cambridge University Press, 1996 [N.D.T.].

Le chapitre trois se concentre sur la question « qu'est-ce que le cinéma ? ». Une question qui bien entendu fait référence à André Bazin, l'un des théoriciens les plus célèbres qu'a connu l'histoire du champ des images animées, et à la collection légendaire de ses articles regroupés sous ce titre même. Qu'on le veuille ou non, il n'est pas un seul théoricien de cinéma majeur qui n'ait organisé sa pensée autour de cette question.

Dans ce chapitre, je défendrai l'idée selon laquelle on comprend mieux le cinéma en l'incluant dans la catégorie des *images animées*. Certes j'entends déjà l'objection : « images animées, par opposition à quelle autre catégorie ? ». Pour faire court, la réponse est : « par opposition à *film* » – c'est-à-dire, comme on l'a vu plus haut, par opposition à film constitué de photographies couchées sur celluloïd. Même si cette définition de « film », en effet, correspond historiquement à la plus importante des implémentations de l'image animée, puisque c'est ce que l'on voyait en « allant au cinéma », l'impression de mouvement (le mouvement sur l'écran mais aussi celui de la progression narrative) peut naître devant bien d'autres médias, du kinétoscope à la vidéo en passant par les retransmissions télé et les images de synthèse, sans parler des machines non encore inventées à ce jour. D'ailleurs le spectateur ordinaire ne se torture pas pour savoir si le « film » sur son DVD est ou n'est pas un *film* ; eh bien – du moins tenterai-je de le prouver – les philosophes devraient lui emboîter le pas.

Bien sûr il s'agit d'un problème conceptuel. Je n'ai aucune intention de prendre la tête d'une croisade de réforme linguistique ; ce serait donquichottesque. Dans le langage de tous les jours, le terme de « film » désigne toutes sortes de produits médiatiques – par exemple une vidéo haute définition peut être qualifiée de film... Dans le même ordre d'idées, on dit « un Kleenex » pour toutes sortes de mouchoirs en papier et « une fermeture Éclair » pour toutes sortes de fermetures à glissière. | Chaque fois c'est le 4
nom de la nouveauté la plus populaire qui devient le nom *commun* et, même si au pied de la lettre son emploi est abusif, désigne par extension les systèmes qui lui succèdent et lui font concurrence. Ce phénomène de primauté fait que nous appelons "film" ce qui relève de la cinématographie numérique alors même que nulle bobine de pellicule n'y est impliquée. Et cela ne produit pas, dans la vie courante, le plus petit scandale. En revanche, comme nous le verrons, cette indulgence n'est plus de mise quand on passe de la vie courante au champ philosophique.

Le chapitre quatre propose à nouveau de discuter de la nature d'un objet – cette fois ce ne sera plus le cinéma, mais l'image cinématique ramenée au simple *plan*. Evidemment, les deux discussions sont liées, ne serait-ce qu'à cause de la tentation, à laquelle on a quelquefois cédé au cours de l'histoire du cinéma, de considérer les photogrammes de la pellicule comme des photographies et, inversement, les photographies comme de possibles photogrammes [1]. Certains théoriciens, en effet, n'ont pas hésité à extrapoler la nature du cinéma *tout court** à partir de la nature photographique du photogramme isolé. On ne voit donc pas comment le philosophe de l'image animée pourrait éviter de se pencher sur ces questions de nature.

Les films courants, par opposition à des dispositifs expérimentaux comme celui de l'*Empire* d'Andy Warhol, sont bien sûr composés de plus d'un plan. Leurs plans, qui plus est, sont en général regroupés en séquences par le biais d'un montage. Le chapitre cinq examine les structures qui prévalent, du point de vue fonctionnel, au sein de cette mise en chaîne. A ce titre, on retournera ici sur un terrain qui était celui que préféraient les théoriciens soviétiques du montage.

Non seulement, au sein d'un long-métrage, les plans sont usuellement mis en séquences, mais ces dernières elles-mêmes sont ordonnées. La seconde moitié de ce chapitre sera par conséquent consacrée au moyen le plus courant, dans le cadre du cinéma à succès, celui qui fait courir les foules, de mener à bien une telle opération de mise en ordre. Ce moyen sera appelé *narration érotétique* – une méthode qu'utilise un narrateur pour initier des histoires en posant des questions auxquelles il nous promet implicitement de répondre [2].

De la même façon que le chapitre cinq revisite à nouveaux frais les enjeux du montage, le chapitre six aborde lui aussi un sujet cher au cœur de S. M. Eisenstein, la façon dont le cinéma provoque un ressenti d'ordre affectif. A la différence d'Eisenstein, cependant, j'utiliserai les dernières découvertes de la philosophie de l'esprit et des sciences cognitives pour étudier l'éventail de manières par lesquelles les films peuvent provoquer en

1. Par exemple, une séance de photos de mode s'appelle un *shooting*, et une photo réussie peut se voir qualifiée [en anglais] de joli *shot* [Si *shooting* se dit en français, la deuxième partie de la phrase est intraduisible : on ne dit pas, en français, qu'une photo réussie est un joli *tir* ni un joli *plan*, mais un joli cliché. Rappelons que la langue anglaise reflète la parenté mécanique de la caméra et du revolver en utilisant le verbe *to shoot* – tirer – à la fois pour qualifier l'usage des armes à feu, puis celui de la caméra puis, de manière techniquement impropre mais parce que l'on y appuie en rafale sur le déclencheur, la photographie de mode [N.D.T.].

* En français dans le texte.

2. N. Carroll a développé cette notion dans *Theorizing*... *op. cit.*, p. 87-114 [N.D.T.].

nous ce ressenti. J'essaierai | d'être précis quand Eisenstein était volontiers impressionniste. Néanmoins, en fin de chapitre, j'avancerai qu'au moins une de ses intuitions concernant les mécanismes d'influence de l'affect était parfaitement juste. Il s'agit de ce qu'on peut convenir d'appeler, au sein des réactions du public de cinéma, les réflexes miroirs.

Le chapitre sept, pour finir, est consacré à l'évaluation des films. Quoiqu'il soit tentant de n'y voir qu'une affaire subjective, j'essaierai de montrer que dans bien des cas l'évaluation d'un film se fait de façon rationnelle et objective. Cela revient souvent à décider dans quelle catégorie il faut le mettre pour l'évaluer. Puisqu'il existe plusieurs catégories pour classer les films disponibles, la position défendue par ce chapitre sera qualifiée d'*approche pluri-catégorielle.*

Cette position tranche nettement sur les approches traditionnelles qui tentent d'identifier une catégorie unique – celle du *cinématique*, dans le sens mentionné plus haut – afin de vérifier dans quelle mesure le film à évaluer s'y conforme ou non. Au contraire, je validerai ici l'existence de multiples catégories – de la comédie au film d'horreur en passant par les films de voyage et les DVD d'instructions pour installer un logiciel ou enfiler un préservatif –, chacune d'entre elles remplissant des fonctions différentes et ne pouvant par là même qu'appeler des critères d'évaluation différents.

Par le passé, la théorie (ou la philosophie) du cinéma était souvent abordée d'une manière déductive. On était supposé identifier d'abord l'essence du cinéma – lequel était couramment assimilé au film photographique sur pellicule –, et de cette essence découlaient les autres caractéristiques du film. Mais la conception de l'image animée défendue par le présent livre est bien plus lâche. Quoique j'entende définir la notion d'image animée, je le fais d'une manière ouverte non seulement à tous les médias qui sont susceptibles de l'actualiser, mais aussi en référence à tous les buts que l'image animée peut servir à atteindre. La façon dont je caractérise ici l'image animée – en termes de plan, de séquence, de narration érotétique et d'adresse affective – n'est donc aucunement déduite d'un principe premier. Il s'agit bien plutôt d'avancer d'un petit morceau à l'autre [1].

1. Allusion à la « théorie par petits morceaux » (*piecemeal theory*) que D. Bordwell et N. Carroll défendent, par opposition à la *grand theory* holiste et unifiée, dans *Post-theory*, University of Wisconsin Press, 1996 [N.D.T.].

C'est pourquoi le produit fini manquera du caractère unifié qu'ont les philosophies de mes distingués prédécesseurs dans le champ des théories du cinéma. Il y aura bien plus de pluralisme ici que dans leurs systèmes. Mais comment faire autrement puisque c'est là où l'argumentation nous mène ?

Du moins je le pense ; à vous de décider si c'est vrai.

A vous, d'abord, de me lire.

lectures suggérées

Plusieurs anthologies seront d'une grande utilité à tout lecteur désireux d'explorer le champ de la philosophie des films. Une bonne introduction à ce champ pourra consister à lire *The Philosophy cif Film : Introductory Text and Readings*, Thomas E. Wartenberg & Angela Curran dir. (Oxford, Blackwell Publishing, 2005).

Pour pousser plus avant la réflexion, *The Philosophy cif Film and Motion Pictures*, Noel Carroll & Jinhee Choi (Oxford, Blackwell Publishing, 2006). Tout aussi utile, l'une des multiples éditions de *Film Theory and Criticism*, chez Oxford University Press, dirigées par Marshall Cohen et Gerald Mast puis Leo Braudy (préférer les éditions plus anciennes aux nouvelles en cas d'intérêt proprement philosophique).

Deux anthologies présentent un vaste éventail de notions-clés, toujours dans le champ de la philosophie des films : *Philosophy and Film*, Cynthia Freeland & Thomas E. Wartenberg dir. (New York, Routledge, 1995), et *Film Theory and Philosophy*, Richard Allen & Murray Smith dir. (Oxford, Oxford University Press, 1997). Le journal *Film and Philosophy*, dirigé par Daniel Shaw, publie lui aussi régulièrement des essais à ce propos [1].

Quoique le présent ouvrage relève de la philosophie *des* films, nombre de philosophes s'intéressent aussi à la philosophie *dans les* films, ce qui consiste à interpréter telle œuvre comme l'illustration – et quelquefois même comme la proposition nouvelle – de tel concept philosophique. Par exemple la lecture d'*Un Jour sans fin* [H. Ramis 1993], comme une actualisation du mythe de l'éternel retour chez Nietzsche. Quantité d'articles de *Film and Philosophy* sont dans ce cas. Une importante anthologie dévolue à cette approche est *Thinking Through Cinema : Film as Philosophy*, Murray Smith & Thomas E. Wartenberg dir. (Oxford, Blackwell Publishing, 2006), qui dérive par ailleurs d'un numéro spécial du *Jourrnal of Aesthetics and Art Criticism* (vol. 64 n° 1 ; Hiver 2006).

1. http://www.lhup.edu/dshaw/journal.htm. Dans la même optique, voir le journal *Film-Philosophy*, basé au Royaume-Uni : http://www.film-philosophy.com [N.D.T.].

7 | chapitre premier
le film comme art

La philosophie du film est née de l'interrogation sur la capacité du cinéma à être un art. La question posée ici, bien évidemment, n'était pas celle de savoir si tous les films sont de l'art – un enregistrement brut de caméra de vidéosurveillance n'en est certainement pas. Au début du XXe siècle, bien des milieux partageaient une suspicion latente selon laquelle, parce que les films sont photographiques, ils sont d'une certaine manière exclus par avance de l'ordre de l'art. Autrement dit, la photographie en tant que medium – et le film en tant qu'extension de la photographie – manquait de capacité à créer de l'art digne de ce nom. En conséquence, les films ne pouvaient pas devenir des œuvres d'art, car le média photographique, qu'il soit statique ou dynamique, par sa nature même, est incapable de produire de l'art. Qui plus est, ce débat était (et est toujours) un débat philosophique, parce qu'il présuppose des opinions à propos de ce qu'on exige d'un objet s'il est censé être légitimement classé ou catégorisé en tant qu'occurrence du concept d'art.

La controverse qui prétend qu'aucun film ne peut être de l'art doit sans doute sonner bizarrement aux oreilles contemporaines, dans la mesure où certains films – tel *Citizen Kane* (O. Welles, 1941) – constituent pour nous des exemples paradigmatiques de l'art du XXe siècle. Nous sommes certains que certains films relèvent de l'art, et quantité d'exemples viennent à l'esprit nous conforter dans notre opinion; nous croyons même en avoir vu un bon nombre. Nous qualifions même certains films – comme *Mouchette* de Robert Bresson (1967), *8 ½* de Federico Fellini (1963), et le *Millenium Mambo* de Hou Hsiao Hsien (2001) – de films *artistiques*. Les choses ont été cependant moins évidentes quand le cinéma a fait son entrée sur la scène culturelle pour la première fois. En effet, dans la première décennie du XXe siècle, il n'y avait pas beaucoup d'œuvres cinématographiques (à supposer qu'il y en avait) qu'un cinéphile pourrait citer.

Néanmoins, le problème était plus profond que celui de la non-disponibilité des preuves. Ceux que la possibilité d'un art cinémato-graphique laissaient sceptiques pensaient avoir des raisons qui établissaient par avance qu'aucun film ne peut être une œuvre d'art. Ces raisons découlaient de la présupposition selon laquelle le film possède une nature essentiellement photographique. En outre, la cinématographie, selon eux, relevait simplement de la photographie en mouvement. Ainsi, puisque ces sceptiques étaient convaincus que les photographies, compte tenu de leur nature essentielle, ne pouvaient pas constituer un art, ils ont présumé que les

photographies animées ne pouvaient pas en constituer un, elles non plus.
| Cela signifie que l'argument stipulant que l'impossibilité faite aux films de 8
constituer un l'art se fondait sur des arguments antérieurs – des arguments qui ont été explicités tout au long du XIXe siècle –, intimant la même impossibilité à la photographie. Le fait que les premières images animées étaient des *films* – leur nom même trahit leur base photographique (celluloïd) – a encouragé les sceptiques réfléchissant au prétendu art filmique à étendre leurs réserves relatives à la possibilité d'un art photographique aux produits du nouveau médium technologique, le cinéma. Les sceptiques l'ont fait parce qu'ils croyaient que le cinéma n'était rien qu'une suite de photographies animées. Dans le présent chapitre, afin de pouvoir débattre de la possibilité de l'art filmique, nous devrons donc consacrer de longs passages à la photographie.

contre la photographie

Pourquoi les sceptiques ont-ils contesté dès le début les propriétés artistiques des photographies? Au XIXe siècle, n'y avait-il pas déjà des photographies, faites par des gens comme Julia Cameron Mitchell par exemple, qui constituaient des œuvres d'art incontestables? Cependant, pour des raisons souvent subtiles, bien des sceptiques n'étaient pas prêts à l'admettre.

Ceux qui ne croyaient pas à la possibilité d'un art photographique commencèrent par remarquer que les photographies sont des produits mécaniques. Les photographies consistent en des conséquences causales d'une série de processus physico-chimiques, à commencer par l'exposition d'haloïde d'argent à la lumière. Une photographie n'est qu'un résultat physique d'une application des lois brutes de la nature. En conséquence, les sceptiques ont conclu que la photographie excluait par avance la contribution créative, imaginative, subjective et expressive du photographe. Les images photographiques, selon le sceptique, sont les produits automatiques d'une machine, non pas d'un esprit. Appuie sur le bouton et tu auras une image. Mais l'art ne se fait pas ainsi. Il exige un artiste qui s'exprime à travers son travail et qui impose une forme ou un style à son matériel. Voilà qui ne peut pas être atteint au moyen d'une machine qui suit laborieusement son chemin en traversant une séquence d'états physiques.

Selon le philosophe Benedetto Croce, « si la photographie n'est pas tout à fait un art, c'est précisément parce que l'élément naturel en elle reste plus ou moins insoumis et impossible à éliminer » – ce qui bloque la transmission des intuitions et des points de vue artistiques. L'artiste plasticien donne une forme à son sujet, en regroupant ses éléments de façon à assurer un effet spécifique. Mais le photographe apparemment ne ferait rien d'autre que reproduire le flot amorphe de la réalité telle qu'elle passe devant l'objectif de la caméra.

9 Qui plus est, cette conception de la photographie a été confirmée aux yeux de beaucoup par les premières projections de films, comme celles des films des frères Lumière en France. Qualifiés d'*actualités**, ces bobines d'une minute captaient des scènes de rue en France et à l'étranger, des scènes de voyage, des scènes privées, des éléments du folklore, des événements historiques, des détails de tous les jours, et ainsi de suite. Ces films semblaient être à peine plus que des enregistrements documentaires de tout ce qui défilait devant les caméras des opérateurs itinérants envoyés par les frères Lumière. Les personnages se contentaient de passer, entrant dans le cadre et en sortant. La fascination du public se focalisait sur la reproduction de la réalité dans tout son éclat inorganisé. En regardant l'écran, on ne

* En français dans le texte.

s'imaginait pas y voir le commentaires ou le sentiment de l'opérateur sur ce qu'il avait tourné. Ce qu'il y avait à voir et à admirer n'était apparemment rien d'autre qu'un simulacre de la réalité mécaniquement reproduite, un simulacre d'où la subjectivité, l'invention formelle et la sensibilité artistique étaient exclues.

D'un côté, le sceptique affirme que la nature mécanique de la photographie interdit par avance toute créativité, aussi bien expressive que formelle. En tant que processus physique objectif, il ne laisse aucun espace pour l'influence subjective de l'artiste. La photographie n'est qu'un mécanisme. Qui plus est, le sceptique fait ses choux gras de la nature même de ce mécanisme. C'est une machine à reproduire automatiquement tout ce qui passe devant l'objectif de la caméra. À cet égard, ce n'est qu'un instrument à enregistrer. Quand la caméra est tournée vers une scène de rue, elle enregistre mécaniquement la réalité. Et, souligne le sceptique, de même que la réalité surgit sans expressivité ni forme, son enregistrement mécanique arrive lui-aussi dans le plus simple appareil.

Qu'en est-il toutefois du cas où la caméra est dirigée non pas vers une scène de la vie de tous les jours, mais vers la mise en acte d'une fiction? Cela ne

pourrait-il pas être une œuvre d'art? Après tout, les acteurs n'expriment-ils pas leurs pensées et leurs sentiments à propos des personnages joués? Cependant, le sceptique rejette cette possibilité, en rappelant que la photographie – animée ou pas – est essentiellement un processus d'enregistrement exact et, en conséquence, n'est pas capable d'être un art en elle-même.

Considérez une carte postale du tableau de Munch, *Le cri*. Ce n'est pas une œuvre d'art en elle même, bien que *Le cri* le soit. La carte postale est, au mieux, la reproduction photographique d'une œuvre d'art. Elle-même n'est pas une œuvre d'art. De même, un CD de *Carmen* de Bizet n'est pas lui-même une œuvre d'art; il en est un enregistrement. La carte postale et le CD nous donnent accès à des œuvres d'art préexistantes, mais ils ne sont pas eux-mêmes des œuvres d'art. Ils sont des médias d'enregistrement, non pas des médias artistiques.

La photographie du *Cri* ne relève pas de l'art; elle ne fait que le préserver. Les photographies et, par extension, les films sont des enregistrements; ils fonctionnent plutôt comme des capsules de temps – des conteneurs temporels – qui transmettent les réalisations artistiques | éloignées de nous 10
dans le temps et/ou dans l'espace. Mais tout comme le bocal dans lequel est vendu le caviar n'est pas lui-même le caviar, l'enregistrement

photographique d'une œuvre d'art n'est pas non plus – qu'il s'agisse là d'un tableau ou d'une fiction dramatique – une œuvre d'art. Personne ne prendrait des plaques photographiques dans un livre d'histoire de l'art pour les œuvres qu'elles évoquent. Qui plus est, cet argument peut être appliqué au théâtre filmé. Si un drame filmé est censé être une œuvre d'art, alors ce n'est pas le film qui est l'œuvre d'art véritable. C'est plutôt le drame – joué devant la caméra et préservé sur le film – qui constitue l'œuvre à proprement parler. Les films de fiction ne sont pas des œuvres d'art en vertu de leur propre force; ils sont, dans le meilleur des cas, des enregistrements mécaniques serviles d'œuvres théâtrales ou dramatiques – autrement dit, les enregistrements des œuvres jouées devant la caméra.

Pendant plusieurs décennies, nombreux furent ceux qui prétendaient que le film expressionniste allemand, *Le Cabinet du docteur Caligari* [R. Wiene, 1920], n'exemplifiait pas réellement l'art cinématographique et n'était que l'enregistrement mécanique d'une pièce de théâtre. Oui, les décors sont expressifs – ils expriment une sorte de claustrophobie existentielle. Mais cela, a t-on dit, est le produit du travail des décorateurs; le cinéaste a simplement photographié les décors déjà expressifs qui se trouvaient devant la caméra. De façon similaire, le jeu d'acteur est expressif. Mais voilà qui est une contribution de ceux qui jouent. Les réalisateurs ont seulement enregistré – mécaniquement – les créations des acteurs.

Ce qui constitue la valeur artistique qu'on peut attribuer à *Caligari*, proteste le sceptique, c'est le développement de la narration et la conception des décors qui ont été automatiquement imprimés sur la pellicule grâce à l'enregistrement mécanique de la caméra. Il est certain, ajoute le sceptique, que la fabrication d'un film n'est pas un travail d'artiste. S'il y a de l'art dans *Caligari*, il est dû au travail des écrivains, des comédiens et des scénographes, mais pas aux personnes qui manipulent les caméras. Si le metteur en scène, Robert Wiene, a ajouté de l'art au procédé mécanique, c'est en dirigeant théâtralement les acteurs et non pas en dirigeant les caméras – c'est ainsi qu'il a laissé sa marque. Le film en tant que tel ne fait que préserver pour la postérité une réalisation dramatique déjà existante. Il ne fait pas véritablement d'art en lui même – au mieux, il rend accessible l'art dans d'autres localisations spatio-temporelles. *Le Cabinet du docteur Caligari* est tout comme la carte postale du *Cri* de Munch, sauf qu'il comprend du mouvement.

Etant donné que la photographie, fixe ou animée, passait par un simple enregistrement mécanique ou une simple copie de la réalité, toute aptitude

à créer de l'art lui était refusée. Car il semblait raisonnable de présupposer que l'art exige l'ajout d'expression artistique et/ou d'articulation formelle au sujet choisi. Une simple copie n'ajoute rien. Contrairement à la peinture d'une scène de rue, l'*actualité*[*] des Lumière reproduit mécaniquement l'apparence de la réalité telle quelle, sans invention artistique. D'un autre côté, quand il s'agit d'un film de fiction, comme *Le Cabinet du docteur Caligari*, alors là, supposément, l'art se situe dans le | traitement dramatique 11
de l'histoire telle qu'elle est jouée devant la caméra. L'art n'est pas dans le travail de la caméra – il n'est pas dans le film en tant que film. Contrairement au théâtre, qui crée des fictions artistiques, le film – au mieux – enregistre leur présentation.

Pour résumer : si le film n'est pas une fiction – disons, les actualités des Lumière – il ne peut pas être de l'art, puisque l'art digne de ce nom ouvre la possibilité de l'expression artistique et/ou de l'inventivité formelle. Les reproductions par la machine n'offrent pas cette possibilité parce qu'elles sont, par définition, des transcriptions mécaniques automatiques de la façon dont se présentent les choses. Dans la mesure où les films de non-fiction sont des reproductions par la machine, ils ne peuvent pas prétendre au statut d'œuvres d'art.

Le film de fiction n'est pas non plus, souligne le sceptique, de l'art. Encore une fois, le problème se trouve dans le fait que le film est essentiellement un média d'enregistrement. Dans les cas où le film de fiction est considéré comme de l'art, le sceptique voit une confusion entre l'enregistrement de quelque chose d'artistique – la représentation d'une pièce – et une œuvre d'art véritable. Si Charlie Chaplin avait créé de l'art quand, dans *La Ruée vers l'or* (1925), il nous a montré sa chaussure servie au dîner de Thanksgiving, c'était sa pantomime devant la caméra et non le fait de la filmer qui appartenait aux Muses. Mais dans ce cas, il n'y a pas d'art filmique en tant que tel : il n'existe que l'art théâtral – dans le cas de Chaplin l'art de la pantomime – capturé par le film.

Bien évidemment, de nombreuses personnes sont restées dubitatives face à ces arguments sceptiques contre la photographie et, ensuite, contre le film. C'est dans le mouvement de résistance face à la position du sceptique que la philosophie du cinéma a pris son envol. En effet, c'est en s'attaquant aux accusations selon lesquelles les films ne pouvaient *a priori* pas être de l'art

[*] En français dans le texte.

que les défenseurs du septième art ont commencé à clarifier les manières dont ces films pouvaient être des candidats crédibles au statut d'œuvre d'art. Certains théoriciens, comme Rudolf Arnheim, ont souligné que, indépendamment de leurs dimensions mécaniques, la photographie aussi bien que le cinéma n'étaient pas des répliques parfaites de ce qu'ils représentaient, et que, en vertu des manières dont ils divergeaient d'enregistrements mécaniques parfaits, les photographies et les films pouvaient être expressifs. Une contre-plongée, par exemple, peut présenter une machine à écrire comme quelque chose d'énorme, produisant ainsi un commentaire à son propos. Dans *La Ligne générale* (1929), Sergueï Eisenstein utilise des plans comme celui-ci pour mettre l'accent sur le caractère oppressif de la bureaucratie utilisant ce type de machines à écrire. De même, le cinéaste peut utiliser les objectifs déformants pour faire passer un message; les visages qui rient peuvent être montrés comme hideux à l'aide des objectifs à grand angle, en démasquant ainsi la cruauté tapie derrière un sourire.

Qui plus est, et les théoriciens du cinéma muet ont souvent insisté sur ce point, le cinéma n'est pas réductible à la photographie animée. Le montage est au moins aussi important pour le cinéma tel que nous le connaissons.
Cependant, puisque le montage peut remanier le continuum spatio-
temporel, y compris la suite des événements dans un même endroit, le film n'est pas nécessairement un simple enregistrement servile de quoi que ce
12 soit – un événement quotidien réel | ou la représentation théâtrale d'une
fiction. Le montage donne au cinéaste la capacité de remanier la réalité de façon créative, tout comme celle de donner corps, par son imagination, à des mondes alternatifs fictionnels – les mondes des œuvres d'art.

Aujourd'hui, les considérations de ce type ont remporté la victoire – presque personne ne remet encore en cause la question de savoir si, oui ou non, le film est une forme artistique. Certains soutiennent même que le fim a été *la* forme d'art du XXe siècle. Néanmoins, les arguments sceptiques ne devraient pas être écartés comme relevant seulement d'un conservatisme grincheux. Les sceptiques ont reconnu certaines caractéristiques du cinéma dont les implications possibles échappent parfois à l'attention de l'enthousiaste. En conséquence, le processus même visant à réfuter les sceptiques nous enseigne quelque chose sur le cinéma. De ce fait, dans la suite de ce chapitre, j'examinerai en détail l'argumentation du sceptique contre la possibilité de l'art filmique pour, à la fois, montrer ce qui est erroné et mettre en évidence ce qui est vrai.

l'argument sceptique

L'argument principal du sceptique contre la possibilité de l'art filmique consiste en trois mouvements majeurs. Il se présente ainsi :

1. La photographie n'est pas de l'art.
2. Un film est au mieux un enregistrement photographique d'une œuvre d'art dramatique.
3. En conséquence, le film lui-même n'est pas de l'art.

Cet argument sceptique est à son tour soutenu par trois autres arguments, dont chacun est censé renforcer la première prémisse de l'argument principal. Par souci de simplicité, appelons ces trois arguments, respectivement, (1) l'argument de la causation, (2) l'argument du contrôle, (3) l'argument de l'intérêt esthétique. Typiquement, le sceptique ne semble pas avoir d'arguments supplémentaires en faveur de la deuxième prémisse de l'argument principal. Cette prémisse est parfois traitée comme si elle était absolument incontestable. Elle ne l'est toutefois pas, et nous reviendrons sur cette lacune après avoir examiné les trois arguments en faveur de la première prémisse de l'argument maître du sceptique.

l'argument de la causation physique pure[1]

La prémisse selon laquelle la photographie n'est pas de l'art est cruciale pour l'argumentation du sceptique contre le film. Le sceptique le soutient au moyen de *l'argument de la causation physique pure* (dorénavant, il sera simplement qualifié | d'« argument de la causation »). Le sceptique présuppose 13
que toute chose qui mérite d'être classée comme de l'art exprime nécessairement une pensée – une idée, un sentiment, une attitude, un point de vue, ou une articulation d'une conception formelle. Si les flocons de neige tombant sur l'allée de mon jardin s'étaient assemblés afin de ressembler exactement à l'une des statues de Balzac faites par Rodin, le sceptique dirait alors (et je pense que la plupart d'entre nous seraient d'accord) que cette chose sur mon allée n'est pas une œuvre d'art. Contrairement à la statue de Balzac sculptée par Rodin, il n'y a aucune pensée, expression, ou créativité formelle derrière notre prétendue « sculpture » de neige. En effet, est-il

1. Cet argument (et nombre d'autres critiqués dans le présent chapitre) est connu à travers les travaux de Roger Scruton, qui incarne la figure du sceptique (voir son « Photography and Representation », *in* Scruton, *The Aesthetic Understanding : Essays in the Philosophy of Art and Culture*, London, Methuen & Co, 1983, p. 102-126 [N.D.T.].

même seulement sensé de la nommer *sculpture*, puisque, étant donné la situation que nous avons décrite, aucune action de sculpter n'a été entreprise. Dans tous les cas, il ne s'agit pas là d'un produit de l'agir humain sensible. C'est un événement naturel, le résultat d'une séquence automatique de causes et d'effets, l'aboutissement, bien que bizarre, d'une pure opération de lois physiques. Que cela ressemble au Balzac de Rodin, ou, le cas échéant, à Balzac, est un accident.

Il est vrai que les choses qui ressemblent à mon amas de neige sont habituellement des produits de l'esprit, mais pas toujours. Il y a des ombres projetées par les montagnes sur la surface de la Lune dont on dit qu'elles ressemblent, vues sous un certain angle, à un visage. Mais de telles anomalies ne sont même pas des représentations, et encore moins des œuvres d'art, soutient le sceptique, puisqu'elles ne sont pas le produit d'actes mentaux. Elles ne résultent pas des intentions humaines, mais du pur mouvement de la matière. Elles n'expriment pas la pensée, puisqu'elles n'expriment rien du tout. Si l'expression inclut la projection de quelque chose d'intérieur, comme la pensée, vers l'extérieur, ces heureux hasards n'ont rien « d'intérieur » qui puisse être manifesté à l'extérieur. Ils sont entièrement le produit d'une opération aléatoire de la physique, et non pas de la psychologie. Ils n'engagent aucun penseur; ils n'expriment aucune pensée; ils ne sont ni des portraits ni des œuvres d'art à proprement parler.

Mais qu'est-ce que cela a en commun avec la photographie, y compris la photographie animée ? Une photographie peut apparaître sans intervention de l'action humaine. Imaginez un appareil photo qui tombe d'un camion d'une manière telle que cela déclenche des photos parfaitement nettes. Ces images ne rencontreraient pas les critères d'accès au statut d'art du sceptique, puisqu'elles n'expriment pas de pensées. Comment le pourraient-elles ? Personne n'a pris la moindre photographie, ici.

De même, les caméras de surveillance dans les aéroports n'exigent pas d'opérateurs; elles peuvent être entièrement automatisées. C'est pourquoi, dans le déroulement normal des choses, nous ne considérons pas ces prises de vue comme étant de l'art. Car, une fois de plus, il n'est pas plausible de supposer qu'une pensée quelconque soit exprimée par une caméra automatique de surveillance. Peut-être un artiste pourrait-il faire de telles prises et les monter de façon à ce que cela devienne de l'art. Mais ceci est une autre histoire. Les prises de vue relevant de la surveillance brute ne sont pas de l'art, ne serait-ce que parce qu'elles sont dépourvues d'esprit. Une fois de plus : que l'image photographique de x, animée ou pas, nous rende

capables d'y reconnaître le x, | ne fait pas de l'image de x un produit 14
intentionnel. En conséquence, nous pourrions également qualifier cette idée d'*argument de l'absence d'intentionnalité*.

Une photographie n'a pas besoin d'être le produit de l'agent intentionnel ; elle peut être une conséquence d'un enchaînement d'événements purement physiques. Par exemple, nous pourrions imaginer certains exemples improbables mais logiquement possibles de photographies qui n'expriment aucune pensée. Imaginez une caverne où, dans les recoins, se trouve une flaque de sels photographiques ; plus haut se trouve une petite fissure dans la voûte de la cave qui laisse passer un rayon de lumière. Cette lumière, à son tour, fonctionne comme un sténopé et projette le contour du volcan voisin sur le sol de la cave. Les photographies « naturelles » comme celles-ci, apparaissant de façon aléatoire, n'exigent ni un photographe humain ni une intention humaine. Et en raison de cela, nous ne compterions pas une telle image parmi les représentations artistiques d'un volcan, pour admirable que soit la ressemblance. Car, faute de photographe, cela n'exprime pas non plus de pensée à propos du volcan.

Ces exemples ont pour but de montrer que la photographie ne nécessite
 pas nécessairement l'opérateur de l'appareil photo. Il pourrait y avoir des choses que nous serions parfaitement prêts à qualifier de photographies – *i. e.* de produits véritables du processus photographique –, et qui sont le résultat d'une séquence de causes physiques sans aucune intervention humaine. Ainsi, dépouillée jusqu'à son essence, la photographie n'a pas besoin d'apport humain et, de ce fait, ne requiert pas l'expression de la pensée humaine ni l'implémentation d'intentions humaines. L'expression de la pensée, en d'autres termes, n'est pas une caractéristique essentielle de la photographie. En conséquence, en vertu de sa nature essentielle, la photographie n'est pas de l'art.

À cet égard, ce qu'on pourrait appeler photographie essentielle diffère profondément de la peinture essentielle qui, pour les besoins de l'argument, peut être prise comme paradigme de ce qui relève de l'art. Toutes les peintures ont supposément la propriété d'intentionnalité, ce qui signifie, selon le sceptique, que les peintures sont (1) à propos de quelque chose *[about something]* parce que (2) le peintre en a l'intention. La peinture est intentionnelle à la fois au sens où elle est dirigée vers quelque chose et au sens où elle véhicule la pensée de son créateur (un commentaire ou une interprétation du sujet du tableau). Mais les photographies essentielles ne sont intentionnelles en aucun de ces deux sens. Elles peuvent être le résultat

des processus complètement causaux, excluant toute médiation intentionnelle ou mentale. L'apparition du volcan dans notre précédent exemple fantaisiste de photographie « naturelle » n'est pas non plus *à propos* de quelque chose ; c'est juste une collision accidentelle d'événements dont le contenu ne dépasse pas celui d'un coup de tonnerre. Une telle photographie
15 essentielle ne pourrait pas exprimer la pensée | selon laquelle le volcan est admirable comme le pourrait un tableau du volcan, puisqu'une photographie essentielle comme celle qui a été imaginée manque d'un auteur qui pourrait porter cette pensée, alors que la peinture effective, selon le sceptique, exige par définition un artisan doué de sensations.

Donc l'argument de la causation physique pure se résume finalement à cela :

1. Si quelque chose est de l'art, alors cela doit inclure l'expression de la pensée.
2. Si quelque chose inclut l'expression de la pensée, cela exige aussi une dimension mentale, connue également sous le nom d'intentionnalité.
3. L'intentionnalité n'est pas une caractéristique essentielle de la photographie.
4. En conséquence, la photographie (y compris la photographie animée) n'est pas essentiellement ou nécessairement de l'art.

Mais si la photographie n'est pas essentiellement de l'art, alors (qu'elle soit fixe ou animée) elle n'est pas art en tant que photographie ; elle ne l'est pas parce qu'elle est photographie.

Qui plus est, alors que la peinture peut dépeindre des choses imaginaires, une photographie est toujours apparemment censée livrer l'apparence de quelque chose qui se trouvait, de façon presque littérale, devant l'appareil. Les photographies présentent au spectateur ce que les philosophes ont qualifié de contextes référentiellement transparents – en d'autres termes, dans un cas typique, la photographie *P* est l'effet de la cause *C* (un volcan dans notre cas) de façon à ce que l'existence de *P* nous permette d'inférer l'existence de *C* (le volcan, ou, au moins, quelque chose qui y ressemble).

Les peintures, par contraste, sont référentiellement opaques. On ne vous conseille pas d'inférer, à partir d'un tableau du satyre, l'existence de celui-ci. Les tableaux peuvent porter sur tout ce que les peintres peuvent imaginer ; leurs sujets n'existent pas nécessairement. Ceci fait aussi partie des caractéristiques de l'intentionnalité, qu'on qualifie parfois d'inexistence intentionnelle. Par opposition, ce qui donne naissance à l'image photographique a dû exister et la photographie nous donne des fondements inférentiels pour l'affirmer. C'est une nouvelle illustration du manque d'intentionnalité de la photographie.

Mais la peinture est une forme d'art représentationnelle surtout parce qu'elle suppose l'intentionnalité – et cette caractéristique d'un tableau est intimement liée à sa capacité d'exprimer les pensées de l'auteur à propos de son sujet. Au lieu de cela, la photographie, considérée du point de vue de sa nature minimale ou essentielle, produit ses images au moyen d'une causation mécanique plutôt que par l'intentionnalité. De ce fait, la photographie en tant que telle – la photographie *qua* photographie – n'est pas une forme d'art représentationnelle ; le film ne l'est pas non plus, puisque, fondamentalement, il doit être compris comme étant de la photographie qui est seulement animée.

l'argument du contrôle

| En plus de l'argument de la causation, le sceptique, pour étayer son 16
argumentation contre l'art photographique, pourrait également avancer l'argument du contrôle. Selon le sceptique, un artiste travaillant avec un médium exige un contrôle sur ce médium. Pourquoi ? Si l'art est l'expression de la pensée, alors pour exprimer clairement sa pensée, il faut avoir le contrôle sur les détails du médium. Si ce n'est pas le cas, des effets imprévisibles peuvent s'introduire dans les résultats, en sapant la pensée ou le sentiment que l'on a l'intention d'exprimer. Afin d'articuler clairement ses pensées, on doit bien saisir les éléments qui participent à leur présentation. Idéalement, dit-on, tout élément d'une véritable œuvre d'art ou bien sert ou bien devrait être capable de servir à l'expression des pensées de l'artiste. Exprimer une pensée ou un sentiment équivaut à le clarifier ; clarifier une pensée ou un sentiment exige la capacité d'aiguiser tout élément qui rend la pensée ou le sentiment plus déterminé, et la capacité de renvoyer ou de modifier tout élément qui pourrait les rendre ambigus. Cela signifie que l'art en tant qu'expression ou articulation de la pensée ou des sentiments exige un contrôle parfait sur le médium concerné.

La peinture satisfait au degré de contrôle exigé, car tout dans le tableau est ostensiblement là parce que le peintre l'y a mis intentionnellement. Aussi, comme nous l'avons vu, le peintre – une fois de plus en vertu de l'intentionnalité – peut clarifier ses idées ou ses émotions en imaginant tout ce dont il a besoin pour affûter ses pensées, sans être limité par ce qu'il y a. Cependant, le photographe et de même l'opérateur au cinéma n'ont *a priori* rien qui s'approcherait de ces ressources. Le photographe/opérateur est à la merci de ce qu'il y a, d'une façon qui ne semble jamais être celle du peintre. L'appareil photographique est semblable au miroir; l'objectif capture tout ce qui surgit devant lui, que l'opérateur de l'appareil soit ou non conscient des détails qu'il enregistre et/ou qu'il ait l'intention de les photographier. Pour cette raison, bien des spectacles historiques sont marqués par l'intrusion d'anachronismes non souhaités. Un poteau téléphonique, par exemple, peut apparaître à l'arrière-plan d'une scène d'amour médiévale au grand embarras de l'équipe du film, seulement parce qu'il est devenu un détail de la *mise en scène*[*][1] effective, même si ce n'est pas celui dont l'enregistrement est remarqué ou désiré par l'opérateur. Cependant, puisque la photographie est un processus causal, si une chose se trouve devant l'appareil, le processus physique garantit, toute chose égale par ailleurs, qu'elle apparaîtra sur l'image, quelle que soit l'intention de l'opérateur.

17 | Si un poteau téléphonique apparaissait au second plan d'un tableau de ce qui aurait par ailleurs tout d'une scène médiévale, nous supposerions que le peintre l'y aurait mis intentionnellement et nous continuerions à interpréter en nous demandant ce que le peintre a voulu faire par là. Mais quand des anachronismes comparables apparaissent dans des films historiques, comme ils le font avec une fréquence redoutable, nous en inférons qu'ils y sont arrivés parce que les choses ont dérapé. Puisque nous savons que le processus photographique est automatique et qu'il est aveuglement soutenu par les lois de la chimie et de l'optique, nous comprenons pourquoi les choses qui n'étaient jamais censées être là apparaissent, au grand dam des cinéastes, dans les images du film.

Bien des objets visibles sont susceptibles d'entrer par inadvertance dans la version finale du film. En effet, il y a typiquement trop de détails – grands ou petits – pour que l'opérateur puisse les contrôler tous. De nombreuses surprises apparaissent sans invitation dans le film achevé et le cinéaste se doit d'apprendre à vivre avec elles. D'un autre côté, dans la peinture, tout est supposément là parce que c'est ce dont le peintre avait l'intention. Le peintre n'est pas surpris par ce qui se trouve dans son tableau, parce qu'il l'y a mis. Que ferions-nous d'un peintre qui, en regardant une scène médiévale, se demanderait : « Comment ce poteau

* En français dans le texte.

1. L'agencement scénographique – ce qui est à côté de quoi et devant quoi d'autre, etc.

téléphonique s'est-il trouvé là-bas ? » Le peintre a le contrôle ultime sur ce qui occupe sa toile.

Il n'en est pas ainsi avec le photographe/opérateur. Les détails apparaissent dans l'image photographique, qu'elle soit fixe ou animée, seulement parce qu'ils se trouvaient dans le champ visuel de la caméra, et que personne dans l'équipe du film n'a tenu compte de leur présence. Dans ces conditions, un grand nombre de gaffes potentielles attendent l'opérateur inattentif. Il faut reconnaître, dès lors, que le peintre exerce bien plus de contrôle que le photographe, qu'il travaille sur les images fixes ou animées.

Puisque les peintures sont produites intentionnellement, les peintres jouissent d'un niveau de contrôle tel qu'il n'y a rien dont l'apparition dans leurs tableaux puisse les déconcentrer. Mais les photographes sont souvent étonnés par ce qu'ils *trouvent* dans leurs photos, parce que le processus causal qu'ils ont initié évolue vers l'effacement total de tout ce que le photographe croit, désire ou entend faire.

Le photographe est bien loin du niveau de contrôle que le peintre possède relativement à ce qui peut apparaître dans son image; qui plus est, il lui manque également la liberté d'imagination qu'a le peintre, lequel peut

représenter tout ce qu'il veut – sans être aucunement limité par ce qu'il y a, dans la mesure où le photographe ne peut que présenter ce qui peut être placé devant l'appareil. Le peintre peut produire une image d'un loup-garou; le cinéaste peut seulement nous donner une image photographique d'un homme qui s'est déguisé en loup-garou. Le peintre, à cet égard, a une liberté plus grande que celle du photographe, ce qui, à son tour, a pour conséquence un contrôle plus grand sur la forme de son sujet et sur l'expression de sa pensée à propos de celui-ci.

| Etant donné que l'art engage l'expression de la pensée, seuls les médias 18
qui permettent un haut niveau de contrôle conviennent aux besoins de la création artistique. La clarification de la pensée exige un degré de plasticité. Pour faire passer une idée ou un sentiment de façon claire, il faut quelquefois s'éloigner de la manière dont le monde est – soit en y ajoutant quelque chose, soit en l'enlevant. Or les médias photographiques n'ont pas cette labilité. Ils sont attachés à ce qui est et ils incorporent les détails, comme les poteaux téléphoniques non voulus, qui sont au-delà de ce que le photographe désire. Contrairement à la peinture, la photographie n'est pas une forme d'art; elle manque de ce degré de contrôle qui est manifeste dans cette forme d'art incontestable qu'est la peinture. Pour les mêmes raisons,

la photographie animée souffre des mêmes défauts que la photographie fixe. Donc, une fois de plus, nous devons conclure que le film n'est pas de l'art.

l'argument de l'intérêt esthétique

Le troisième argument sceptique soutenant la thèse selon laquelle la photographie/cinématographie ne serait pas de l'art peut être qualifié d'*argument de l'intérêt esthétique*. Un intérêt esthétique est un intérêt que nous avons pour une chose *en elle-même*, autrement dit, que nous avons pour elle à cause du genre de chose qu'elle est. Nous accordons un intérêt esthétique au roman *À la recherche du temps perdu* quand nous sommes préoccupés par le genre de chose qu'il est essentiellement – une expression de la pensée –, plutôt que de le considérer comme un ensemble de livres dont la couleur des couvertures entre admirablement en contraste avec les rideaux de notre salon.

Selon le sceptique, la photographie ne peut pas commander l'intérêt esthétique, parce que la photographie est strictement analogue au miroir. Quand nous nous intéressons au miroir, l'objet de notre intérêt est tout ce qui y est reflété et non pas le miroir lui-même. Quand quelqu'un nettoie sa veste devant la glace, il est concerné par l'efficacité de sa brosse à habits. Nous regardons dans la glace pour apprendre quelque chose à propos de notre veste; notre intérêt se porte vers notre veste, et non pas vers la réflexion dans le miroir en tant que telle. Nous nous intéressons à la réflexion à cause de ce qu'elle nous dit à propos de quelque chose d'autre, à savoir notre veste. De ce fait, l'intérêt que l'on peut avoir pour le miroir n'est pas un intérêt esthétique.

Or le sceptique soutient que ce qui est vrai des miroirs est également vrai des photographies. Nous nous intéressons à celles-ci pour ce qu'elles montrent – les événements historiques, les atrocités, les mariages dans la famille, les proches défunts, etc. – et non pas pour elles-mêmes. C'est l'objet de la photographie et non pas la photographie en tant qu'objet qui engage notre attention.

En ce qui concerne l'art de la peinture, c'est la peinture en tant qu'objet (en tant il est vrai qu'objet artistique) qui attire notre attention et c'est le
19 cas parce qu'elle est une | expression de la pensée. Les miroirs ne sont pas des expressions de la pensée, mais des appareils optiques dont les images sont produites naturellement, et non pas intentionnellement. Ils nous transmettent les apparences mécaniquement. Il n'y a pas de raison de s'y

intéresser de la même façon que nous nous intéressons à la peinture. En fait, la seule façon de s'intéresser aux images dans les miroirs, si notre intérêt n'est pas scientifique, est de se pencher sur ce qu'elles nous montrent – comme une voiture de police avec son gyrophare bleu dans notre rétroviseur.

De même, le sceptique soutient que les photos enregistrent les apparences ; elles ne transmettent pas les pensées. Nous sommes intéressés par la photographie de x – disons, de Oussama ben Laden – parce que nous voulons savoir à quoi il ressemble. Nous ne nous intéressons pas à la photographie pour elle-même, mais seulement en tant que mécanisme qui transmet les apparences. L'intérêt n'est pas esthétique, puisqu'il ne se penche pas sur le genre de choses qu'est la photographie, mais plutôt sur la personne dont l'apparence est donnée.

Une autre façon d'aller dans ce sens serait de dire que le sceptique prétend que les photographies dignes de ce nom sont *transparentes*[1]. Nous avons déjà vu que les photographies sont référentiellement transparentes, en opposition à l'opacité référentielle propre aux produits de l'intentionnalité. Autrement dit, il y a en effet une connexion causale entre la photographie et l'objet qui l'inspire, telle que la photo fournit les fondements pour inférer l'existence de l'objet de la photo. Ma présence sur l'enregistrement de la caméra de vidéosurveillance fournit des preuves que j'étais dans la banque la nuit du cambriolage. Toutes choses égales par ailleurs, le jury va légitimement inférer qu'il en était ainsi. Mais en plus de fournir cette garantie inférentielle, les sceptiques soutiennent également que la photographie dans son usage habituel – sans retouches – est aussi transparente au sens où elle permet un accès perceptuel indirect à l'objet qu'elle représente. Tout comme voir un objet *à travers* le rétroviseur est une façon spéciale, indirecte, de voir la voiture de police derrière moi, la photographie est une façon spéciale de voir un objet.

Cela veut dire que nous voyons les objets *à travers* les photographies tout comme je vois les objets à travers les miroirs. De cette façon, les photographies, comme les miroirs, sont perceptuellement transparentes. Mais, ajoute le sceptique, si les photographies sont perceptuellement

1. Cette idée est notamment présente chez Kendall Walton (*cf.* son « Transparent Pictures : On the Nature of Photographic Realism », *Noûs* 18 (1), 1984, p. 67-72) A lire également : Dominic McIver Lopes, « The Aesthetics of Photographic Transparency », *Mind* 112 (2003), p. 335-348 [N.D.T.].

transparentes, alors ce n'est pas la photographie de plein droit qui nous préoccupe. C'est l'objet auquel la photographie nous donne un accès perceptuel qui nous intéresse, soit pour lui-même, soit pour d'autres raisons. Dans les deux cas, notre intérêt n'est pas esthétique. Nous ne sommes pas intéressés par la photographie en tant qu'objet; nous ne sommes pas intéressés par la photographie en tant qu'œuvre d'art; nous nous y intéressons pour ce qu'elle montre et non pas pour la manière dont elle le fait. Qui plus est, si la photographie ne peut pas avoir d'intérêt
20 esthétique, pourquoi supposer alors qu'il s'agit là d'une | œuvre d'art? Car, comme le présume le sceptique, une œuvre d'art est seulement un genre de chose qui prescrit un intérêt esthétique; elle nous intéresse à cause du genre de chose (du genre d'objet) qu'elle est (plutôt qu'en raison du genre d'objet auquel elle nous permet d'accéder perceptuellement).

Supposons que l'objet de la photographie soit quelque chose de très beau – comme une rose épanouie – du type dont nous disons que son apparence a de la valeur en soi. Le sceptique maintient que l'intérêt esthétique putatif est ici la belle rose. Notre attention n'est pas attirée par la photographie elle-même – comme elle le serait s'il s'agissait d'un véritable objet artistique –, mais par l'apparence de la fleur qui est présentée par la photographie de façon transparente et mécanique. Ce n'est pas, pour ainsi dire, une belle photographie, mais une photographie d'une belle chose. Et c'est cette belle chose dans la photographie qui est, à proprement parler, l'objet de notre intérêt esthétique. De même, quand un film nous présente un beau panorama, c'est la vue qui est l'objet de notre intérêt esthétique, et non pas le film qui, supposément, ne fait que l'enregistrer.

Le cinéaste soviétique Dziga Vertov a parlé du film comme « le microscope et le télescope du temps »[1]. Tout comme les appareils perceptuels tels les microscopes et les télescopes qui nous rendent capables de pénétrer des espaces très petits et très grands, les processus photographiques nous permettent de « voir à l'intérieur » du passé, de créer des « passerelles » entre les distances temporelles d'un coup d'œil. Mais, de la même façon, tout comme dans le contexte normal, ni le microscope ni le télescope ne sont l'objet de notre intérêt, à moins que nous ne soyons des techniciens en optique ou des réparateurs, l'image photographique ou cinématographique

1. *Cf.* Dziga Vertov, « Naissance du Ciné-Œil » (1924), in *Articles, journaux, projets*, trad. fr. S. Mossé et A. Robel, Paris, Union générale d'éditions, 10/18, 1972 [N.D.T.].

ne le sont pas non plus, soutient le sceptique. Relativement à ces choses, nous sommes censés voir « à travers » elles ; elles sont transparentes.

Pour résumer : nous ne nous intéressons pas à la photographie pour ce qu'elle est – par opposition à la manière dont nous procédons pour les objets d'art véritables. La photographie n'est pas en elle-même source de l'intérêt artistique. Elle n'est pas une occurrence d'un véritable art représentationnel. En conséquence, si le film, comme son nom l'indique, est fondamentalement, essentiellement photographique dans sa nature, alors il n'est pas non plus une forme d'art représentationnelle de plein droit. Si un film donné se met à provoquer un intérêt esthétique – comme le fait *Le Cabinet du docteur Caligari* –, c'est parce qu'il constitue un enregistrement photographique transparent d'une représentation dramatique (théâtrale). C'est la représentation dramatique elle-même – telle qu'elle est jouée et réalisée devant la caméra – qui s'empare de notre attention, tout comme ce sont les monologues de Groucho Marx et non pas leur enregistrement qui captivent notre intérêt artistique dans *L'Explorateur en folie* (*Animal Crackers*, 1930, V. Heerman). Penser autrement équivaut à confondre la boîte qui contient les biscuits avec les biscuits eux-mêmes.

répondre aux sceptiques

| Ces trois arguments – l'argument de la causation, l'argument du contrôle et 21
celui de l'intérêt esthétique – constituent le fondement du discours du sceptique contre la possibilité que certains films soient des œuvres d'art. Ces arguments, bien qu'ils puissent passer pour des préjugés, attirent notre attention sur des caractéristiques intrigantes du film, même si le sceptique ne tire pas toujours de conclusions correctes de ses observations. Les arguments ont souvent l'air convaincants, mais sont-ils décisifs ? Relisons-les d'une manière critique afin de situer leurs possibles limites.

deuxième round : *l'argument de la causation*

Premièrement, considérons l'argument de la causation. Le sceptique indique correctement que la production d'une photographie digne de ce nom n'exige pas nécessairement la contribution rationnelle d'un agent. Une photographie, fixe ou animée, pourrait être le résultat d'une série d'événements physiques dépourvus de tout apport intentionnel. Une caméra endommagée pourrait s'allumer en tombant, ou, de façon plus incroyable, les photographies pourraient apparaître dans la nature comme résultant d'une suite d'événements statistiquement improbables mais logiquement possibles, comme dans le cas de notre photo de « caverne » naturelle d'un volcan. Ces cas suggèrent que l'intentionnalité n'est pas une caractéristique essentielle des photos. Cela dit, il peut y avoir des photos entièrement privées d'intentionnalité qui sont néanmoins toujours classées à juste titre comme photos. Mais si aucune intentionnalité n'y est engagée, elles ne peuvent pas être des expressions de la pensée, car elles sont exemptes de contenu de la pensée (quelque chose sur quoi elles porteraient). De ce fait, ce qu'on pourrait appeler photographies essentielles ou minimales n'est pas nécessairement une œuvre d'art, puisque le fait d'être une œuvre d'art exige, *ex hypothesi*, d'être une expression de la pensée.

Il existe donc des photographies *concevables* qui ne sont pas des œuvres d'art. Cependant, en admettant qu'il *peut* y avoir de tels cas, qu'en est-il des photographies effectives plutôt que des photographies qui ne sont que concevables ? Quand nous admirons les photos d'Edward Steichen comme des œuvres d'art, nous parlons de photographies réellement existantes que nous qualifions d'œuvres d'art. Ne croyons-nous alors pas, et pour cause, que les intentions du photographe en question sont exprimées dans ses images ? Les photos de Steichen transmettent les pensées et les sentiments relatifs au contenu sur lequel elles attirent notre attention, et nous croyons que c'est indubitablement leur but – et que c'est le but de celui qui les a faites.

22 | Comme l'a noté Walter Benjamin, les photographies d'Atget, par exemple, expriment des pensées au sujet du paysage urbain parisien. En d'autres mots, elles possèdent l'intentionnalité en un sens qui est approuvé par le sceptique, et devraient, en conséquence, compter comme œuvres d'art conformément à ce qu'impose l'argument du sceptique. En quoi le fait que l'on puisse concevoir des photographies qui n'expriment pas la pensée affecte-t-il le statut artistique des photographies effectivement existantes dont c'est en revanche le cas, comme celles d'Atget ?

Que certaines photographies expriment les pensées est suffisant pour établir que certaines photographies sont de l'art. Le fait que l'on puisse concevoir des photographies comme celles dont nous avons parlé, qui n'expriment pas la pensée, montre au mieux que toutes les photographies ne doivent pas nécessairement être de l'art. Qui pense que les photographies sur les permis de conduire ordinaires sont de l'art ?

D'un autre côté, le sceptique doit prouver plus que la simple proposition selon laquelle certaines photos ne sont pas ou peuvent ne pas être de l'art. Il s'est engagé en effet à prouver que, nécessairement, aucune photographie n'est de l'art et ne peut l'être. Mais comment le sceptique va-t-il le montrer? Ce que le sceptique a montré, en faisant appel à la notion de la photographie essentielle ou minimale, est que l'intentionnalité n'est pas nécessairement investie dans la production de quelque chose que nous serions prêts à catégoriser comme étant une photographie. Mais, de la proposition que l'intentionnalité n'est pas nécessairement engagée dans la production de certaines photographies, il ne s'ensuit pas logiquement qu'il est nécessaire qu'elle ne soit pas impliquée dans la production de certaines photographies. Le fait que la caméra de surveillance des feux tricolores enregistre un voyou automatiquement – sans intervention d'une intention quelconque – n'entraîne pas que l'intentionnalité et les intentions n'entrent pas en jeu productivement quand, en me préparant à réaliser une photographie, je sélectionne le sujet de mon cliché, choisis l'objectif, le film et l'ouverture que je désire, et que j'ajuste la lumière pour ce que je veux en faire. Imaginer que l'absence d'intentionnalité dans le cas de la caméra de surveillance doive entraîner l'absence d'intentionnalité dans le cas de la prise d'images que je viens de décrire est une erreur logique (qu'on appelle *sophisme modal*, parce qu'il s'agit là d'une erreur dans la logique modale aléthique, autrement dit la logique de nécessité et de possibilité).

Du fait que le statut simple de photographie n'exige pas nécessairement l'intentionnalité, il ne s'ensuit pas que tout ce qui est légitimement classé comme photographie doit nécessairement manquer d'intentionnalité. Bien que le sceptique semble présumer cette inférence, c'est un *non sequitur*. Techniquement, tenter de passer de (1) la photographie n'est pas *nécessairement* un produit intentionnel à (2) *nécessairement* la photographie n'est pas un | produit intentionnel, est un sophisme de la logique modale aléthique. 23
Cependant le sceptique semble tenter, de façon erronée, de faire ce saut inférentiel précis.

Contre le sceptique, nous pouvons soutenir que même si certaines photos concevables manquent d'intentionnalité et ne sont pas des œuvres d'art pour cette raison même, cela n'implique pas, même de loin, que toutes les photos réelles soient également compromises. Car comme nous venons de le voir si nous ne le savions pas déjà, certaines photos réelles peuvent avoir et ont effectivement un contenu intentionnel, et peuvent être (et l'ont effectivement été) produites intentionnellement, en satisfaisant de ce fait jusqu'au critère du sceptique concernant le statut d'art. Et si les photographies fixes peuvent être des œuvres d'art représentationnelles pour ces raisons, c'est aussi le cas des films, même s'ils sont considérés comme seulement et essentiellement des photographies animées.

Peut-être le sceptique dira-t-il que tout ce qui ne renferme pas la totalité des éléments qui constituent le film essentiel ou minimal ne devrait pas être considéré comme un spécimen authentique de ce médium. Cependant, en tranchant la question de savoir si certaines photos sont des œuvres d'art, pourquoi accorderions-nous un poids plus important à la façon dont elles auraient pu être faites par opposition à la manière dont elles sont effectivement faites ?

Qui plus est, le sceptique ne peut pas soutenir de façon plausible l'idée selon laquelle, si la causation est impliquée dans la production d'un travail, cela exclut alors par avance le genre d'intentionnalité requise pour le statut d'art. Car s'il en était ainsi, virtuellement aucun médium ne pourrait être dit capable de produire de l'art, étant donné qu'ils possèdent presque tous une dimension causale inéliminable. Regardez : même un pinceau est un outil ; une fois que l'artiste touche sa toile avec un pinceau, il déclenche le processus causal ; la peinture coule avec un débit déterminé par une loi chimique. Le sculpteur a une dette à l'égard de la physique. L'organe, bien sûr, est une machine. Mais dans aucun de ces cas, la présence des processus causaux n'exclut par avance l'expression de la pensée. Donc, si dans les innombrables cas relatifs aux médias artistiques, les aspects causaux ou mécaniques n'empêchent pas qu'une expression de la pensée soit possible, pourquoi le sceptique suppose-t-il que les choses vont autrement avec la photographie et le film ?

l'argument du contrôle revisité

Le sceptique souligne que l'expression de la pensée – le *sine qua non* du statut d'art à ses yeux – exige le contrôle. S'il n'y a pas de contrôle sur le médium en question, prétend le sceptique, alors on n'exprime simplement pas sa propre pensée. Cela semble plutôt convaincant. Car s'il n'y a aucun contrôle, il est alors douteux qu'une pensée quelconque soit effectivement exprimée. Qui plus est, si l'on croit qu'il existe une connexion entre l'expression de la pensée et le fait d'avoir un style, alors dès qu'on manque de contrôle sur son médium, ce que l'on produit manque de style, avec la conclusion : pas de contrôle, pas de style, pas d'art. Tel est l'argument du contrôle.

| Première remarque sur l'argument du contrôle : son caractère utopique. Si 24
ce qui est requis pour le statut d'art est le contrôle *total* d'un médium, alors nous serons obligés de considérer que la plupart de pratiques que nous estimons comme étant telles ne sont pas des formes d'art. La plupart des artistes doivent négocier des compromis avec leur médium, afin de l'ajuster au matériau à leur disposition. Le metteur en scène au théâtre devra gérer la distribution de sa pièce en fonction des comédiens disponibles ; ceux-ci peuvent ne pas être exactement, et souvent ne le sont pas, les personnages qu'il a imaginés lors de sa première lecture du scénario. Mais il va se débrouiller. Un metteur en scène n'a pas de contrôle total ; il doit travailler au sein de paramètres imposés par les autres et par les circonstances.

Il en va de même pour le chorégraphe qui n'a que ces danseurs-là et ces espaces-là. Quels que soient ses rêves de mouvements, il doit revenir sur terre, pour ainsi dire. Virtuellement, tout élément artistique particulier surgit avec ses limitations. Même l'écrivain doit travailler à l'intérieur des limites d'une langue spécifique. Le compositeur doit travailler avec un

éventail d'instruments existants et le musicien doit travailler avec les singularités de son outil. Les architectes et les sculpteurs sont de toute évidence très contraints physiquement en termes de liberté de manœuvre pour exercer leur volonté sur les matériaux, mais même le peintre devra faire avec les ressources auxquelles il a accès – comme les variétés accessibles de peinture – et leurs propriétés respectives. Et quand les critiques parlent de tel ou tel artiste comme contrôlant tous les aspects de sa création, cela demeure, pour l'essentiel, une hyperbole journalistique – une fantaisie agréable pour la page loisirs ou pour les colonnes « art » dans une édition du week-end.

Peu de formes d'art (s'il y en a) réalisent la fantaisie du contrôle total. Devons-nous alors assurer qu'aucun médium n'est capable de produire de l'art ? Sans doute une tactique plus raisonnable consisterait-elle à baisser nos ambitions – à exiger seulement que le médium permette à ses praticiens un contrôle suffisant, plutôt qu'un contrôle total. Mais cet ajustement recadre les termes du débat, la question devenant la suivante : le médium filmique assure-t-il au cinéaste un contrôle suffisant pour projeter le contenu intentionnel – *i. e.* pour exprimer des pensées et des sentiments et/ou pour structurer formellement son objet ?

Nous pouvons commencer à formuler une réponse positive en nous rappelant certains points qui ont été soulignés dans notre réfutation de l'argument de la causation. Nous avons noté que le photographe a un nombre de variables à sa disposition qui le rendent capable d'articuler, et par cela même, d'exprimer ses pensées. Il peut sélectionner son objet, par exemple. Sans doute, n'est-ce pas une coïncidence statistique aléatoire qui explique la consistance indéniable du travail de Diane Arbus. Le photographe peut également choisir le type d'appareil, d'objectif, de pellicule, d'ouverture, d'effet de lumière dont il pense qu'ils conviennent à toutes les pensées et/ou sentiments qu'il veut exprimer. Qui plus est, le photographe
25 peut arranger la | prise de vue : avec une mise en scène, un choix concernant la distance entre le sujet et l'appareil, les accessoires, les costumes et le maquillage, sans parler des modèles eux-mêmes qui prennent ensuite la pose dans ce décor conçu avec soin.

Souvent le photographe fait une série de photos d'un sujet donné, en s'arrêtant finalement sur l'une d'entre elles, celle qui réalise le mieux sa conception. Une fois que les prises sont terminées, il peut alors poursuivre en clarifiant plus spécifiquement son expression par la mise en œuvre de toute une gamme de processus en laboratoire, il peut imprimer la photo sur différents types de papier, la rogner, la retoucher, et ainsi de suite.

À chaque étape de la création d'une photographie, des choix peuvent s'opérer, et chacun d'entre eux modifiera l'expression de la pensée et/ou du sentiment incarnés dans l'image. Opter pour l'une des possibilités plutôt qu'une autre – un objectif grand angle plutôt qu'un objectif à longue focale – peut faire la différence et exprimer avec une plus grande précision le contenu et/ou les qualités des pensées et/ou des sentiments que le photographe s'efforce de transmettre. Tout cela ne devrait-il pas être considéré comme un contrôle suffisant du médium permettant de qualifier la photographie de forme artistique représentationnelle ?

Une raison de le penser est qu'il existe une réserve évidente de corrélations entre de nombreuses variables reconnues permettant de modifier les tableaux de façon expressive et celles qui sont propres à la photographie, comme le choix du sujet, de la lumière, de l'échelle, du cadrage, et ainsi de suite. Qui plus est, nous savons déjà que les variations qui se produisent relativement à ces dimensions expressives se sont montrées suffisamment riches pour différencier les pensées et les sentiments qu'un Auguste Sander avait l'intention d'exprimer de ceux d'un Robert Mapplethorpe.

La question de savoir si un médium garantit un contrôle suffisant pour être catégorisé comme art représentationnel peut être soumise au test consistant à mesurer s'il existe suffisamment de variables d'articulation pour que nous puissions identifier des profils stylistiques ou expressifs distincts. Le fait de pouvoir isoler les contrastes stylistiques et expressifs entre les photos de Cindy Sherman et Walker Evans, et ensuite de les associer à l'expression de pensées différentes corrobore fortement la conjecture selon laquelle la photographie possède en effet un degré de contrôle suffisant pour être qualifié de médium susceptible d'être de l'art.

Le style ou la forme d'une œuvre d'art est l'ensemble des choix qui fonctionnent en vue de réaliser son projet ou son objectif – par exemple, l'expression d'une pensée et/ou d'une affection. Le contrôle est exigé pour avoir un style et exprimer des pensées. Le niveau du contrôle est fonction du fait qu'on dispose d'un ensemble d'options articulatoires qui sont telles que le choix d'une de ces stratégies (plutôt que d'une autre) en rapport avec une variable pertinente, produit des différentes stylistiques et/ou expressives ; car c'est le choix dans un éventail de différents éléments possédant des qualités contrastées et dans leurs associations qui clarifie la pensée et
 singularise le style.

| La photographie possède des niveaux d'expression multiples, elle est riche 26
de stratégies de construction différentes et opposées à chaque niveau d'articulation. La richesse des options donne au photographe des moyens pour réaliser ses intentions à coups de décisions stratégiques. En outre, tout cela s'est révélé comme offrant déjà suffisamment de contrôle pour les besoins artistiques, en nous donnant la capacité de déterminer des « intentionnalités d'auteur » différentes comme celles d'un Man Ray, d'un Nan Goldin, d'un Weegie et d'un Moholy-Nagy.

Qui plus est, l'image cinématographique offre même une plus grande marge de manœuvre dans le contrôle stylistique et dans le choix que ne le fait une image photographique fixe. Par exemple, un mouvement de caméra donne au caméraman l'opportunité d'explorer l'horizon, sélectionnant tel ou tel autre détail pour lui accorder une attention spéciale. Bien évidemment, aucun de ces médias ne garantit de contrôle absolu. Mais, comme nous l'avons dit, l'argument principal concerne la question de savoir si le médium envisagé permet un contrôle suffisant. Pour les raisons qui viennent d'être citées, nous pouvons insister, contre le sceptique, sur le fait que la photographie et le film apparaissent satisfaire le niveau exigé de contrôle qu'on attend à juste titre de la part d'une forme artistique, représentationnelle ou non.

retour à l'argument de l'intérêt artistique

Platon a diminué le sérieux de la peinture et de la poésie mimétiques en dressant une analogie avec les miroirs. De façon similaire, le sceptique s'oppose aux prétentions de la photographie, fixe ou animée, au statut d'art, et suggère que les appareils photo valent à peine plus que les miroirs, reflétant sans apport artistique tout ce qui se trouve à leur portée. Car si les photos et les films sont comme des miroirs, ils n'expriment pas plus de pensées que ne le fait la glace de l'armoire au milieu de votre salle de bains. Un miroir concerne les apparences plutôt que l'intentionnalité. Ainsi, si la photographie et le film sont strictement analogues aux miroirs, nous ne leur accordons pas d'attention pour eux-mêmes; nous ne leur trouvons aucun intérêt esthétique. Mieux, nous leur accordons de l'attention ou nous nous y intéressons en vertu des objets qu'ils nous montrent. Je ne m'intéresse pas à l'image cornée aux tons sépia de ma grand-mère bien aimée en tant que photographie, mais en tant que souvenir de Mamie.

La capacité que possèdent le film et la photographie d'ouvrir une fenêtre sur le passé a été qualifiée de « transparence photographique ». La notion de transparence de la photographie fournit les fondements de l'assertion du sceptique selon laquelle la photographie et le film ne sont pas des formes artistiques, représentationnelles ou pas, parce qu'ils ne sont pas capables de diriger notre attention vers le type d'objets qu'ils sont par eux-mêmes. En conséquence, ni la photographie ni le film ne peuvent avoir un intérêt esthétique. Car s'ils sont transparents, nous voyons à travers eux et notre intérêt se pose sur l'apparence de ce dont ils sont les images.
27 | Si la photographie est celle de la prise de fonction du président Bush, alors mon intérêt réside dans cette prise de fonction. Il n'y a semble-t-il aucun sens à ce que je m'intéresse à la photographie en tant que telle, puisqu'elle est transparente – autrement dit, nous voyons à travers elle.

Il semble toutefois qu'il y ait là une présupposition redoutable qui sous-tend la polémique du sceptique : si une photographie, animée ou pas, est transparente, alors elle est invisible. Ici, « invisible » veut dire quelque chose comme : voir un objet à travers une photographie est *simplement comme* voir l'objet en question en face-à-face. Autrement dit, l'agencement médiateur propre à la photographie demeure indétectable pour l'œil humain et, puisque nous ne le voyons prétendument pas, nous ne nous y intéressons pas non plus, alors qu'il équivaut à la photographie en tant que telle – en tant qu'objet d'attention en elle-même et pas seulement à titre d'image d'un autre objet.

Néanmoins, même si nous reconnaissons la transparence des photographies, il ne s'ensuit pas qu'elles sont invisibles. En effet, même les miroirs ne sont pas tous transparents de la façon suggérée par le sceptique. Quand je regarde dans l'un de ces miroirs convexes qui me permet de voir les coins du parking, je peux y voir qu'une voiture se précipite vers moi ; cependant, je vois également la distorsion dans le miroir. Un tel miroir peut difficilement être qualifié d'invisible même s'il est transparent ; la transparence n'entraîne pas l'invisibilité. Mais on ne peut accepter l'argument de l'intérêt esthétique opposé par le sceptique à la photographie que si les photos sont invisibles ; suggérer qu'elles sont simplement transparentes n'est pas assez. Qui plus est, l'argumentation en faveur de l'invisibilité de la médiation photographique est encore moins crédible que celle qui soutient l'invisibilité de la médiation des miroirs.

Quasiment tout au long de l'histoire de la photographie, fixe ou animée, la

plupart des photographies étaient en noir et blanc. Cette caractéristique des photos n'était guère invisible. Regarder une photographie du corps de l'Archiduc Ferdinand éclaboussé de sang n'était pas *juste comme* regarder un corps mort qui vous fixe dans les yeux. Il a été évident pour chacun que l'absence de couleur était une caractéristique du processus médiateur de la photographie.

Inutile d'ajouter que quelqu'un pourrait s'intéresser à cet aspect d'une photographie, en remarquant comment les noirs et les blancs contrastent brutalement ou au contraire comment ils s'inscrivent au sein d'une utilisation extensive de l'échelle des gris. Par ailleurs, un photographe pourrait concevoir intentionnellement une photographie de manière à satisfaire l'attention aux propriétés photographiques de ce type. Autrement dit, les photographes pourraient faire des photos visant à accorder un intérêt esthétique à ces objets pour eux-mêmes. Bref, il n'y a aucune raison de penser que le photographe ne puisse pas répondre au défi du sceptique dans les termes de celui-ci.

La photographie peut être transparente, mais, même si elle l'est, elle peut malgré tout rester intéressante en vertu des manières dont ce médium exhibe les vues des objets qui s'éloignent, de plusieurs points de vue, des manières dont ces | objets apparaissent à la vision « photographiquement 28 non assistée » ou « normale ». La photographie, même en conservant la thèse de la transparence, ne doit pas nécessairement être considérée comme disparaissant; l'image ne se fond pas nécessairement dans l'objet dont elle est l'image. Ainsi, il est possible d'accorder de l'intérêt à l'objet photographique pour lui-même – autrement dit, d'accorder un intérêt esthétique à un objet d'art photographique. S'intéresser esthétiquement à la photographie comme un objet en elle-même sera par ailleurs particulièrement pertinent là où la photographie a été utilisée de façon à encourager un tel intérêt.

Si nous voulions dire que nous voyons les objets à travers les photographies, alors ce type de « voir », tout comme la vision à travers les miroirs, est indirect plutôt que direct. Qui plus est, la « vision photographique » indirecte est d'un type différent de celui de la vision directe qui, elle, engage une rencontre du troisième type, une confrontation face-à-face avec l'objet de l'attention. Les photographies, par exemple, ôtent l'objet de son contexte naturel, le recadrent et sélectionnent, souvent en nous permettant de le voir de façons qui nous étaient inaccessibles dans les rencontres routinières face-à-face avec lui. Les photographies figent l'objet dans un moment, révélant potentiellement des aspects que la vie de tous les jours pourrait nous faire manquer. L'objet dépeint dans la photographie est absent pour le spectateur, ce qui ouvre la possibilité d'examiner si, dans la « vraie vie », là où l'objet est présent au spectateur, il peut être dangereux, inhumain, insensible, impoli ou déroutant. Qui plus est, c'est cette absence qui peut faire de la nostalgie une réponse émotionnelle appropriée vis-à-vis de ce ou de celui qui est photographié, alors que la nostalgie serait une réaction absurde si nous les avions sous le nez.

En vertu des différences entre le voir photographique et celui qui relève du face-à-face, les caractéristiques du médium photographique sont capables de défamiliariser les objets dont elles transmettent les apparences. La défamilarisation, à son tour, peut servir de stratégie artistique pour exprimer des pensées sur les objets, personnes, événements, actions et endroits pertinents capturés par le film. Même si les photographies sont dites transparentes, leur rupture avec la vision face-à-face ou directe laisse ouverte la possibilité de la défamiliarisation artistique et, partant, l'expression de la pensée ou des sentiments. Par ailleurs, si une photographie exprime une pensée et/ou une émotion à propos de ses objets au moyen des caractéristiques du médium photographique, nous pouvons dans ces conditions nous intéresser à la photographie en tant que photographie – autrement dit, nous pouvons accorder un intérêt esthétique à la façon dont la photographie en question mobilise les caractéristiques de son médium afin d'exprimer une pensée.

Notre préoccupation, en d'autres mots, ne doit pas être considérée comme absorbée uniquement par l'apparence de l'objet telle qu'elle nous a été divulguée par la photographie. Les capacités défamiliarisatrices du médium photographique peuvent être exploitées pour exprimer des pensées sur
les objets présentés et ce | processus, en conséquence, peut provoquer une 29
contemplation esthétique relative à la manière dont le genre d'objet qu'est la photographie a donné naissance à une pensée. Que les photographies puissent défamiliariser leur ouvre la possibilité d'exprimer des pensées sur les objets qu'elles présentent, contrairement à ce qu'affirme le sceptique à propos de la présupposée transparence de la photographie. Qui plus est, le processus d'expression des pensées non seulement renouvelle notre intérêt pour l'objet commenté par la photographie, mais il nous offre un intérêt pour la photographie elle-même, dès lors que les spectateurs se demandent comment l'usage des différentes caractéristiques du médium a réussi à engendrer la pensée.

62 | Comme la photographie fixe, une prise d'images animées possède un répertoire important de procédés qui divergent d'une perception directe en face-à-face des objets. Ces procédés incluent le gros plan, la plongée et la contre-plongée, les différents types d'objectifs, les filtres, les travellings, les variations dans l'échelle des plans, et ainsi de suite. Chacun de ces procédés rend possible l'expression de la pensée et/ou du sentiment à propos des objets présentés dans les prises de vue. Si des prises sont transparentes, elles peuvent être malgré tout expressives, puisqu'il n'y a pas de conception cohérente de la transparence impliquant que l'image photographique, fixe ou animée, soit indiscernable, et cela de façon plausible, de ce dont elle est l'image. C'est pourtant cela que l'argument de l'intérêt esthétique proposé par le sceptique semblait exiger. Ce qui est simplement peu convaincant.

Le sceptique argue que l'intérêt esthétique est un intérêt que nous accordons à un objet à cause du genre de chose qu'il est. Les photographies n'éveillent pas d'intérêt esthétique parce que tout l'intérêt que nous leur accordons, qu'elles soient fixes ou animées, se fond dans l'intérêt que nous portons aux objets dont elles sont les photographies. Deux choses doivent être dites à ce propos.

Premièrement, comme cela a déjà été souligné, nous pouvons nous intéresser à une photographie en tant que photographie en vertu des manières dont elle a exploité le médium photographique (ou cinématographique) afin d'exprimer une pensée ou un sentiment.

Cependant, nous pourrions également contester la conception sceptique de l'intérêt esthétique. Pour le sceptique, il semble que l'intérêt esthétique pour un objet concerne le genre d'objet qu'il est; il doit s'agir alors d'un intérêt pour les matériaux qui le composent et l'usage qui en a été fait. Un intérêt esthétique pour la peinture à l'huile doit prendre en compte la manière dont la peinture a été employée pour atteindre un certain effet. Cela semble impliquer que l'intérêt esthétique pour une œuvre d'art exige une connaissance experte des propriétés des modes et des matériaux de la forme artistique dans laquelle l'objet est créé.

Mais cela semble être une conception excessivement stipulative de ce qui relève de l'intérêt esthétique. Certainement, j'ai de l'intérêt esthétique pour un film si je suis captivé par ses propriétés expressives. Par exemple, je
30 pense que bien des spectateurs | ont accordé un intérêt esthétique légitime au numéro du chocolat chaud dans *Le Pôle express* [R. Zemeckis, 2004], saisis qu'ils étaient par son exubérance contagieuse et sa bonne humeur. Je suspecte pourtant que très peu de spectateurs, y compris moi-même, savaient quoi que ce fût de la manière dont il avait été fait. Cependant, même si nous pouvons ne pas être capables de nous intéresser à l'objet relativement à la perfection de son accomplissement technique, nos intérêts demeurent toujours esthétiques au sens usuel de ce terme.

L'intérêt de cette dissociation pour la perspective de l'intérêt esthétique de la photographie devrait être évidente. La photographie, fixe ou animée, peut manifester des propriétés expressives des objets qui pourraient sinon passer inaperçues, en particulier lors des rencontres directes, face-à-face, avec lesdits objets dans l'expérience quotidienne. Les gens sont très souvent séduits par ces qualités telles qu'elles sont révélées par un grand photographe ou cinéaste, comme Gregg Toland. De ce fait, il est faux de suggérer que les photographies, qu'elles soient fixes ou animées, ne puissent pas satisfaire l'attention esthétique et posséder un intérêt esthétique.

quid de la seconde prémisse du sceptique ?

Jusqu'à présent, nous avons discuté la première prémisse de l'argument principal du sceptique. Cela a été un exercice plutôt tortueux, parce que le sceptique soutient ce mouvement d'ouverture avec un ensemble élaboré de considérations. Mais l'argument du sceptique dépend également de la vérité de la seconde prémisse, selon laquelle le film est au mieux une photographie (une photographie animée) d'une représentation dramatique. Sans cette prémisse, le sceptique ne peut pas appliquer au film ce qu'il prétend être les limitations de la photographie. Autrement dit, sans la seconde prémisse, l'argument selon lequel le film ne peut pas être de l'art ne tient pas.

Par chance, esquisser nos réserves à propos de la seconde prémisse dans l'argument du sceptique ne doit pas être aussi complexe que démonter sa défense de la première prémisse, car le sceptique présente peu de choses pour motiver sa revendication selon laquelle les films ne sont rien de plus que les photographies animées des représentations dramatiques. Le sceptique semble considérer cela comme allant de soi, ce qui est véritablement extraordinaire, tellement cela paraît erroné.

Les films ne sont pas de simples *photographies* des représentations dramatiques pour une raison si cruellement manifeste qu'elle rappelle pourquoi les films ne sont pas non plus simplement des photographies. La photographie, en effet, n'est pas la seule composante qui constitue un film. Outre cette composante, le film comprend également, entre autres choses, le montage. Ainsi, même si tous les arguments contre la photographie
64 avaient emporté la mise, ces objections ne pourraient pas être transférées à
l'argument contre le film, puisque cette dimension du montage, | propre au 31
cinéma, peut exprimer des pensées et des sentiments, n'est pas transparente, peut favoriser un niveau de contrôle artistique plus que suffisant, et peut créer un foyer d'intérêt esthétique, aussi bien au sens restreint du sceptique qu'au sens plus large et plus commun. La séquence de l'escalier d'Odessa dans *Le Cuirassé Potemkine* d'Eisenstein (1925) exprime en effet un point de vue sur un événement et il est peu plausible de supposer qu'une caméra fixe quelconque filmant l'événement effectif en 1905 eût pu en produire un pareil. Les sceptiques grogneront peut-être en disant que le montage n'est pas vraiment un art filmique, mais quelque chose d'autre. Cependant, nier que le montage soit un élément caractéristique du film demande à être expliqué. Par ailleurs cela suscite aussi une autre question : si le film n'est pas de l'art, que peut-il être d'autre ?

Le riche répertoire de techniques dont dispose le cinéaste contemporain pour coordonner les éléments audio et visuels du film ne peut pas être non plus réduit aux aspects photographiques du médium. Quand l'auteur de films d'horreur et de suspense qui a réalisé *The Descent* [N. Marshall, 2005] introduit des sons off effrayants, comment pouvons-nous attribuer simplement à la photographie l'anxiété émotionnelle ainsi provoquée ? Le *frisson*[*] n'apparaîtrait pas sans le son. Et le design sonore d'un film ne fait manifestement pas partie de sa dimension photographique.

Le film, en somme, a bien d'autres dimensions que la dimension photographique. Ainsi, même si la photographie/cinématographie était aussi entâchée artistiquement que l'insinue le sceptique, il ne s'ensuivrait pas pour autant que le cinéma soit un candidat éliminé dans le jeu de savoir ce qui relève de l'art.

Mais un autre problème posé par la seconde prémisse du sceptique est le suivant : celle-ci présuppose que la bande-image d'un film est exclusivement photographique. Sans doute, pour l'essentiel, dans une grande partie de l'histoire du cinéma, cela a été vrai pour la plupart de films. Mais cela n'est pas *nécessairement* vrai des images animées, comme on s'en rend compte en voyant le développement des nouvelles technologies de l'image, tel le *compositing*. Comme on le voit dans *Capitaine Sky et le monde de demain* [K. Conran, 2003], sans parler des productions récentes de *Star Wars* [G. Lucas, 1999-2005] et du *Seigneur des anneaux* [P. Jackson, 2001-2003], des cités entières, armées, et flottes aériennes peuvent être créées sans recours à la médiation de la photographie/cinématographie traditionnelles. Ces choses peuvent être concoctées à partir de rien, fabriquées numériquement, si vous voulez. Par conséquent, dans l'avenir, des longs métrages entiers sont susceptibles d'être construits par ordinateur. C'est probable, ne serait-ce que par intérêt économique. Les producteurs n'auront pas à déplacer les comédiens et l'équipe technique vers des lieux onéreux et pourront remplacer des acteurs surpayés et pénibles par des équivalents numériquement synthétisés. Je vois déjà des producteurs sourire.

Là encore, le sceptique peut dire que ce ne sont pas vraiment des films, car ils n'utilisent pas de pellicule. Mais je pense que peu de gens hésiteront à appeler films ces récits animés qui ressemblent au cinéma d'autrefois.
32 On | continuera à parler de *films* de la même façon qu'on continue à dire « Levis » pour parler de jeans, « Xerox » pour des photocopieurs et « Coca » pour des boissons au cola. *Film* a été l'un des premiers noms que nous avions pour ce type de choses et nous lui resterons fidèles, tout comme

[*] En français dans le texte.

nous continuons à appeler un certain type de fermeture un « zip » à cause du nom de son inventeur [1].

Certainement, bien qu'il puisse être plus adéquat de qualifier d'images animées les créations optiques rendues possibles par la technique informatique et toutes les nouvelles inventions qui apparaîtront dans le futur, je prédis que la plupart de personnes continueront à qualifier indistinctement de *films* les récits animés, quel que soit leur mode de production, et cela en vertu du premier médium qui a rendu populaires ces spectacles animés.

Il est toutefois important de se souvenir du fait que le film photographique n'est pas la seule façon de produire ce que nous appelons film (ou cinéma) au sens plus large. Et puisque certains systèmes de production n'ont nullement besoin d'employer le film photographique, il est faux de présumer que le film dramatique est une photographie d'une représentation dramatique. Il aurait pu être une représentation par ordinateur de plein droit. Qui plus est, cela a toujours été une possibilité logique pour le médium cinématographique, bien que la production de masse d'un tel travail reste à venir.

Par ailleurs, il devrait être évident que l'imagerie engendrée par l'ordinateur n'est confrontée à aucun des défis que le sceptique a opposés à la photographie. Une telle imagerie peut ne rien refléter, on ne peut pas dire non plus qu'elle est transparente, puisqu'elle crée parfois ses propres objets. Ce qui apparaît sur l'écran est autant sous contrôle du spécialiste de l'image de synthèse que ce qui apparaît sur une toile est sous le contrôle du peintre. La question de savoir si l'imagerie générée par l'ordinateur peut exprimer la pensée ne se pose pas non plus. Elle en est capable de la même manière que le peintre.

À ce point, le sceptique pourrait rejeter ces affirmations au motif que l'imagerie engendrée par l'ordinateur – et toute chose de ce type qui sera inventée dans l'avenir – n'est pas réellement un film, mais, peut-être, une animation ou même une peinture. Mais à ce point, le sceptique risque de quitter le véritable débat philosophique portant sur la pratique évolutive de la création cinématographique et d'entrer, dans le meilleur des cas, dans un débat d'antiquaire essentiellement verbal sur ses étapes les plus reculées dans le temps.

1. Par exemple, je doute qu'un spectateur quelconque, qu'il soit profane ou expert, hésiterait à qualifier de film la dernière partie du *Goût de la cerise* (1997) de Kiarostami juste parce qu'elle a été tournée en vidéo. « Film » est simplement devenu une autre manière de dire « image animée », sans qu'on prenne garde à la provenance de son processus matériel de production. En tout cas, c'est ma conjecture.

33 | Bref, la seconde prémisse de l'argument principal du sceptique est tout aussi problématique que la première. En conséquence, à ce stade dialectique, il semble correct de dire que les sceptiques ont échoué à faire triompher leur idée. Donc, nous pourrions continuer à partager les convictions du sens commun selon lesquelles (certains) films (certaines images animées) sont de l'art. L'obligation de prouver le contraire repose sur le sceptique.

En somme, tout au long de ce chapitre, nous nous sommes penchés sur les arguments sceptiques qui maintiennent que l'art ne peut pas se faire au moyen d'un film. Bien que ce débat, vu de l'extérieur, puisse ne pas sembler particulièrement vif pour certains lecteurs, il faut espérer que la prise en compte du discours du sceptique a permis de mettre en lumière certains préjugés intéressants et de grande valeur heuristique à propos de la photographie et de la cinématographie fondée sur la photographie, telle que leur prétendue transparence. Comme nous le verrons dans les chapitres qui suivent, ces idées continueront à apparaître dans d'autres débats concernant l'image animée.

Cependant, pour l'instant, le débat portant sur la question de savoir si le film ou, plus précisément, l'image animée est de l'art, est clos. Le cinéma peut être de l'art. Il était important de l'établir de façon univoque dès le début, parce que l'intérêt de développer une philosophie du cinéma n'aurait pas frappé grand monde si cette technologie particulière (ou cet ensemble de technologies) n'avait pas évolué vers une pratique réellement artistique.

lectures suggérées

Si certains thèmes de ce chapitre vous ont intrigué et ont stimulé votre intérêt pour les approfondir, permettez-moi de vous proposer quelques lectures supplémentaires à prendre en compte. Si la position sceptique concernant la possibilité d'un art filmique semble mériter un autre regard, sa version de loin la plus sophistiquée se trouve dans « Photography and Representation » de Robert Scruton, dans son livre *The Aesthetic Understanding* (South Bend, Ind., St. Augustine Press, 1998), p. 119-148. Une discussion sur le contexte historique du préjugé contre la photographie et, par conséquent, contre la cinématographie en tant qu'art, peut être trouvée dans le premier chapitre du livre *Philophical Problems of Classical Film Theory* de Noël Carroll (Princeton, N.J., Princeton University Press, 1988). Une réponse particulièrement importante et très influente historiquement contre les accusations traditionnelles stipulant que ni la photographie ni le film ne sont de l'art se trouve dans *Film as Art* de l'invincible Rudolf Arnheim (Berkeley, Ca., University of California Press, 1956).

Des réponses puissantes contre les arguments de Roger Scruton se trouvent dans l'article de Berys Gaunt, « Cinematic Art », *Journal of Aesthetics and Art Criticism* vol. 60, n° 4 (2002), p. 299-312, et dans celui de Dominic McIver Lopes, « The Aesthetics of Photographic Transparency », *Mind* n° 112 (2003), p. 433-448.

| L'idée de la transparence photographique a été développée par Patrick Maynard 34
dans son « Drawing and Shooting : Causality in Depiction », *Journal of Aesthetics and Art Criticism* vol. 44, n° 2 (1985/1986), p. 115-129, et par Kendall Walton, dans « Transparent Pictures : On the Nature of Photographic Realism », *Critical Inquiry* vol. 11, n° 2 (1984), p. 246-277. Kendall Walton s'est défendu contre les critiques de sa position dans « On Pictures and Photographs : Objections Answered », dans *Film Theory and Philosophy*, dirigé par Richard Allen et Murray Smith (Oxford, Oxford University Press, 1997).

En ce qui concerne les théoriciens du cinéma classique, l'auteur qui est au plus près de formuler la thèse de « transparence » est André Bazin ; voir l'« Ontologie de l'image photographique » dans son *Qu'est-ce que le cinéma ?* (Paris, Éditions du Cerf, 1958 (1945), p. 11-19). À voir aussi : Stanley Cavell, *The World Viewed* (Cambridge, Mass., Harvard University Press, 1971, 1974, 1979).

chapitre 2
la spécificité du médium

35 | Le sujet de ce chapitre est la doctrine de la spécificité du médium ou, comme on l'appelle plus fréquemment, le problème de la pureté du médium – la conception selon laquelle les artistes devraient être fidèles au médium avec lequel ils travaillent ou, en d'autres termes, la conception selon laquelle ils ne devraient pas rechercher les effets relevant d'un quelconque autre médium. Inutile de dire que le médium qui nous concerne ici est celui qui est habituellement caractérisé comme film, cinéma ou cinoche. Traditionnellement, en ce qui concerne le film, les puristes sont particulièrement soucieux de ce que les réalisateurs ne diluent pas le médium cinématique dans celui du théâtre.

qu'est-ce qu'un médium ?

Un médium est quelque chose qui sert de médiation. Le terme lui-même vient du mot latin *medius*, qui signifie « milieu ». Le médium est un intermédiaire, un entremetteur, entre une chose et une autre. Dans les arts, il est ce par quoi la conception de l'artiste est transmise à un public ou, plus exactement, il est ce qui, de façon générale, rend manifeste la vision de l'artiste en vue de sa réception. Concernant la discussion analysée dans ce chapitre, la notion de média doit avant tout être comprise comme média *physique*.

En ce sens, les médias sont 1) les matériaux (la matière) à partir desquels les œuvres sont faites et/ou 2) les instruments physiques utilisés pour façonner, d'une façon ou d'une autre, ces matériaux. Le médium de l'art pictural, au sens *matériel*, est la peinture, ce qui inclut l'aquarelle, les pastels, l'acrylique, la gouache, l'huile, etc. Le médium de l'art pictural, au sens *instrumental*, comprend les pinceaux, les couteaux, les aérographes, les doigts, etc. Pour le cinéma, la pellicule photographique en celluloïd, recouverte d'haloïdes d'argent, est – du moins depuis de longues années – le médium matériel le plus incontestable. La caméra est un instrument physique qui donne forme à l'émulsion recouvrant la pellicule, d'une manière à peu près analogue à celle dont le pinceau donne forme à la peinture à l'huile sur la toile – ou l'informe.

| Le montage, littéralement l'assemblage des plans discrets, est également 36
un moyen matériel de composition des films, de même que le collage est une technique physique des beaux-arts.

(Il est important d'insister ici sur le fait que, étant donné la nature du débat

sur le cinéma tel qu'il a évolué, nous discuterons surtout du média physique à partir duquel l'œuvre est faite et non de ce qu'on pourrait appeler le média artistique – c'est-à-dire les conventions, comme le revers de fortune dans la tragédie, utilisées dans la production de certaines œuvres d'art).

la spécificité du médium

L'idée de spécificité du médium consiste en ce que chaque forme d'art possède un médium qui lui est spécifique – ainsi, l'art pictural possède la peinture, le film possède la pellicule. Ces médias, dans une large mesure, individualisent les formes d'art. En outre, comme on le sait, les médias des formes d'art spécifiques produisent des gammes bien définies d'effets – des choses qu'ils font particulièrement bien et d'autres choses qu'ils font moins bien ou, du moins, qu'ils ne peuvent faire aussi bien que le média d'une autre forme d'art ou de plusieurs autres formes d'art. Par exemple, on dit souvent qu'en vertu de son médium (spécialement le montage), le cinéma excelle à représenter l'action physique – poursuites, courses, combats intergalactiques – tandis qu'il représente beaucoup moins bien les discours compliqués, par opposition, notamment, au théâtre.

la spécificité du médium

Si l'on suit la doctrine de la spécificité du médium, chaque forme d'art, en vertu de son médium spécifique – au sens matériel et/ou instrumental – possède une gamme de compétences représentatives, expressives et/ou formelles. Certaines de ces compétences peuvent recouper les capacités représentatives, expressives et formelles associées aux médias d'autres formes d'art. Cependant, certaines de ces possibilités sont dites *distinctives* pour ce médium : celles qui servent à identifier ou à individualiser la forme d'art en question. Par « distinctif », il faut entendre que les effets du médium en question sont à la fois 1) plus réussis que les autres choses que ce médium fait *et* 2) plus réussis que les effets produits par les médias appartenant à n'importe quelle autre forme d'art. La thèse de la spécificité du médium recommande aux artistes d'exploiter les possibilités distinctives du médium avec lequel ils exercent leur métier et de renoncer aux effets que les médias des autres formes d'art produisent mieux ou de façon équivalente.

Parce que la doctrine de la spécificité du médium conseille aux artistes
d'exploiter tous les effets qui sont distinctifs – au sens évoqué précédem-
37 ment – pour leur médium, et seulement eux, | cette doctrine est une forme
de purisme. Elle recommande aux artistes d'œuvrer à l'intérieur des limites
immaculées du médium qu'ils ont choisi et leur déconseille de contrefaire
les effets caractéristiques des médias qui appartiennent aux autres formes
d'art.

Un artiste doit être fidèle à son médium. Par exemple, le sculpteur ne doit pas tenter d'imiter les effets du bronze dans le plastique. Dans la langue germanique, cette doctrine renvoie parfois à la *Materialgerichtigkeit*, que l'on traduit par « le fait de rendre justice à la nature du matériau ». Autrement dit, le médium a une nature distinctive avec des capacités spécifiques – qui le différencient des médias des autres formes d'art – et c'est précisément ces possibilités-là que l'artiste doit explorer, plutôt que les effets distinctifs des médias qui identifient ou individualisent d'autres formes d'art. Par exemple, la gravure sur métal ne doit pas chercher à imiter l'aspect granuleux du travail sur bois.

Les formes d'art se distinguent par leurs médias physiques. La peinture est différente du film. Pour parler de façon normative, les formes d'art devraient être fidèles aux possibilités déterminées par le média physique qui sert de base à ce qui les individualisent.

Pourquoi ?

considérations en faveur de la spécificité du médium

L'une des suggestions en faveur de la spécificité du médium relève manifestement de la prudence : trafiquer dans les effets distinctifs qui appartiennent à une autre forme d'art est voué à l'échec. Un blizzard, par exemple, est un sujet approprié à la peinture, non à la sculpture. La peinture peut saisir la légèreté de la neige; la pierre ne peut pas perdre son propre poids. Une peinture peut représenter individuellement les flocons de neige; une sculpture faite d'un bloc de pierre blanche ressemblera plus à un cube de lait géant qu'à une rafale de flocons de neige. Si un sculpteur s'aventure dans le domaine de la peinture, il court au désastre – c'est du moins ce que l'on raconte.

Cette manière de penser souscrit à l'explication traditionnelle de l'échec des premières images parlantes. L'accusation est la suivante : ces films étaient des catastrophes artistiques précisément parce qu'ils n'étaient rien d'autre que du théâtre en boîte – c'est-à-dire, du théâtre mis en film. Les acteurs déclamaient maladroitement leurs répliques, figés dans l'espace pour ne pas être trop loin du micro; la caméra était également statique, trop massive pour être mue, car elle était logée à l'intérieur d'une structure lourde, semblable à une remorque, insonorisée.

Les producteurs utilisaient les propriétés du théâtre – acteurs, écrivains et scripts – pour donner au public quelque chose à entendre. Mais l'œuvre littéraire était produite | pour la scène et les acteurs, habitués à la réciter, 38
étaient presque incapables de mouvement. Ces films n'exploitaient pas non plus les possibilités fluides du changement de position de la caméra. La grâce cinématique du film muet, qui mettait en valeur le caractère prétendument unique des images animées, était trahie au profit d'un fatras de mots.

Personne ne conteste le fait que la plupart des premiers films parlants étaient artistiquement figés et esthétiquement guindés. Cependant, le partisan de la spécificité du médium ajoute qu'ils étaient des échecs, précisément parce qu'ils s'écartaient de la pente « naturelle » du cinéma – qui exploite le mouvement dans chacune de ses dimensions (d'où l'expression : images animées) – tandis que, simultanément et à mauvais escient, ces premiers films parlants aspiraient à la condition théâtrale. A ce titre, ils sont tombés mort-nés du projecteur, et la prétendue raison de leur échec est qu'ils ont violé les impératifs de la spécificité du médium ; ils étaient impurs au regard de leur médium. Et le médium s'est défendu.

La doctrine de la spécificité du médium est une idée très audacieuse. Dans sa version la plus radicale, elle ose prédire quelles tentatives artistiques vont réussir ou échouer dans une forme d'art donnée. Seules les stratégies qui exploitent les possibilités distinctives du médium pertinent réussiront, tandis que celles qui ignorent ou négligent les réquisits de leur médium le font à leurs risques et périls – elles vont échouer ou, du moins, elles ne vont pas très bien réussir. A cet égard, cette doctrine, à supposer qu'elle soit vraie, est extrêmement séduisante, parce qu'elle fournit à l'artiste des indications générales sur ce qui réussira convenablement dans son médium et sur ce qui, a priori, va mal se passer. La doctrine de la spécificité du médium dit à l'artiste quelles lignes de recherche sont prometteuses et quelles directions sont à rejeter.

La doctrine est également séduisante pour la critique dans son ensemble et pour le public ordinaire, comme nous le verrons dans le dernier chapitre de ce livre, car elle leur donne des moyens d'expliquer pourquoi certains films sont des succès et pourquoi d'autres sont des flops. Ceux qui excellent sont *cinématiques* – c'est-à-dire qu'ils mettent en œuvre et exploitent les pro-
priétés distinctives du médium. La faillite des autres peut trouver son explication en ce qu'ils ont échoué à tirer avantage des ressources spéciales et des capacités distinctives du cinéma, souvent parce qu'ils ont trébuché dans le domaine du médium d'une forme d'art voisine (habituellement le théâtre). Ainsi, certains peuvent dire que la doctrine de la spécificité du médium explique pourquoi le film *Psychose* d'Hitchcock [1960] est supérieur à son *Procès Paradine* [1947]. Ce dernier, avec toutes ses palabres, a fait des incursions dans le domaine du théâtre, alors que *Psychose* – souvenez-vous du montage de la séquence de la douche – est du cinéma pur (découpant, c'est-à-dire montant, toutes les étapes du processus).

La doctrine de la spécificité du médium semble, en outre, avoir le bon sens de son côté. Elle paraît intuitivement juste. Qui pourrait nier qu'un artiste
39 | se doit d'être expert quand il s'agit de son médium ? Si un réalisateur filme une scène peu éclairée, il doit connaître la sensibilité de sa pellicule, de peur que rien n'apparaisse à l'écran. Il ne doit pas attendre de son médium ce qu'il ne peut pas faire. Il serait absurde de tenter de filmer la nuit avec une pellicule trop peu sensible pour faire l'affaire. N'est-ce pas évident ?

Il est clair que l'artiste doit connaître son médium. Il doit être assez futé pour utiliser les outils appropriés à sa tâche. Utiliser un marteau-pilon pour ouvrir une boîte de sardines a toutes les chances de mal tourner. De façon similaire, on soutient qu'utiliser le cinéma pour rendre une histoire où domine un langage orné et compliqué, c'est mettre toutes les chances de son côté pour produire de l'ennui; pour permettre au public de suivre un tel dialogue, la caméra devra rester fixe plutôt que de prendre le risque de nous en distraire par des changements de position, par une gestuelle qui attirerait l'attention sur elle-même. Mais le résultat de cette précaution sera non-cinématique; il ne rendra pas justice à la fluidité distinctive du cinéma – à son potentiel touchant non seulement le mouvement des personnages mais aussi le mouvement et le changement incessant des réglages de la caméra. Le film sera ressenti comme abrutissant; et le public agonisera de claustrophobie.

En outre, ajoute le partisan de la spécificité du médium, ce caractère non-cinématique est dû au fait que notre réalisateur essaie d'utiliser le médium pour faire quelque chose pour lequel le médium n'est pas fait. Il a choisi le mauvais outil pour accomplir la tâche. Si c'est ce genre de script qui l'intéresse, il devrait regarder du côté de Broadway, non de Hollywood. Vous ne devez pas tenter d'utiliser un instrument pour lui faire faire ce qu'il ne peut faire : cela relève du bon sens. Vous n'utilisez pas une machette pour tailler un diamant; ne demandez pas au film de faire le travail du théâtre et vice versa.

la loi de Lessing

L'idée de la spécificité du médium a été popularisée au dix-huitième siècle, particulièrement par Gotthold Ephraïm Lessing, dans son traité de 1776 intitulé *Laocoön*[1]. Dans ce livre, Lessing compare, entre autres choses, la peinture et la poésie; et il soutient que, dans la mesure où les éléments de base de la peinture – les touches de matière – sont couchées les unes à côté des autres, la peinture est *naturellement* faite pour représenter des états de choses statiques, comme des paysages ou des moments historiques figés,

1. G. E. Lessing, *Laokoon, oder über die Grenzen der Malerei und Poesie*, Berlin, Verlag C. F. Voss, 1766, rééd. récente W. Barner, in *G. E. Lessing, Werke und Briefe in zwölf Bänden*, vol. 5/2, Francfort-sur-le-Main, Deutscher Klassiker Verlag, 1990; traductions françaises : *http://fr.wikisource.org/w/index.php?title=Du_Laocoon&action=edit&redlink=1*, *ou Des limites respectives de la poésie et de la peinture*, trad. Ch. Vanderbourg, Paris, Éditions Antoine-Augustin Renouard, 1802; *Laocoon*, trad. A. Courtin (1866), éd. revue et corrigée, intr. J. Bialostocka, Paris, Hermann, 1990 [N.D.T.].

tandis que, puisque les blocs de construction de la poésie – c'est-à-dire, les mots – se suivent les uns les autres séquentiellement dans le temps, la poésie ou la littérature en général est le meilleur moyen pour représenter des événements, *i. e.* des choses qui se sont déroulées dans le temps. En d'autres termes, la structure même du médium est telle, dans cette logique,
40 | que ce sont les arrangements spatiaux qui constituent le sujet idéal de la peinture, tandis que, pour la poésie, il s'agit des actions et des événements.

De plus, les artistes cherchent les ennuis s'ils manquent de respect à la nature de leur médium. Lessing s'inquiète de ce que la statue qui a donné son nom à son livre puisse être imparfaite du simple fait qu'elle tente de dépeindre un événement trop chargé d'actions pour la sculpture – Laocoon et ses fils luttant violemment contre un serpent qui les enroule et tente de les dévorer. De tels mouvements énergiques, suppose-t-on, prennent une allure étrange dans la pierre ; le sujet n'est pas adapté au médium physique.

Il était prévisible que les premiers cinéphiles fussent attirés par l'idée de la spécificité du médium, parce que celle-ci leur offrait un cadre leur permettant de défendre la possibilité du film comme art. Il s'agissait simplement de montrer qu'il existe un certain éventail de résultats esthétiques que le film réussit à produire au mieux, en vertu de son médium physique. Des commentateurs ont souvent mis l'accent sur le montage comme constituant l'essence du médium filmique ; ils ont mis en valeur toutes les sortes de choses que le film peut représenter avec une facilité incomparable grâce au montage, ce procédé dont ils pensaient de bonne foi que les formes artistiques voisines ne pouvaient pas le concurrencer. Des procédés comme le montage alterné, par exemple, offraient, pour le développement parallèle d'événements simultanés, des possibilités inaccessibles au théâtre conventionnel.

Mais le mouvement de la caméra peut aussi produire des effets cinématiques distinctifs. Par exemple, le partisan de la spécificité du médium pourrait affirmer que le lent mouvement montant de la caméra de Mizoguchi à la fin de *L'Intendant Shansho*, qui va des personnages à la vue de la plage et du ciel en surplomb, donne une ponctuation émotionnelle d'une manière pratiquement inégalable par les moyens du théâtre conventionnel.

Lessing met l'accent sur l'aptitude du médium à représenter certains genres de choses plus parfaitement que les autres médias. Par exemple, des médias dont les éléments de base se suivent les uns les autres dans le temps représentent plus parfaitement, dans cette hypothèse, la succession temporelle que les médias dont les éléments de base n'ont aucune relation temporelle entre eux. Cependant, les partisans de l'art cinématographique étaient – le plus souvent – soucieux des différentes manières dont un film s'éloigne de la représentation parfaite de son sujet. Cette différence par rapport à Lessing, en outre, peut facilement s'expliquer si nous nous souvenons des arguments contre la possibilité du film comme art, mentionnés dans le chapitre précédent.

Comme nous l'avons vu, l'inquiétude était la suivante : si le film n'est que la représentation parfaite (l'enregistrement) de ce qui y est représenté, le film ne peut pas être un art du tout ou, s'il semble être de l'art, c'est seulement parce qu'il est, en fait, une représentation ou un enregistrement d'une œuvre d'art théâtrale. Par conséquent, tandis que Lessing se souciait de la
correspondance entre les propriétés du | médium et ce qu'il représente, le 41
défenseur du film comme art vise résolument les manières dont les propriétés inhérentes au médium filmique résultent de déviations par rapport à la parfaite duplication de ce qu'il représente. Le cinéphile argumente dans ce sens, comme nous l'avons vu, afin de préserver un espace d'expression artistique, en dépit des arguments des sceptiques insistant sur l'enregistrement servile, mécanique.

A l'époque du film muet, les théoriciens du film montraient la manière dont l'image filmique d'une femme qui parle s'éloigne de l'expérience normale, et ils allaient jusqu'à suggérer que le silence lui-même pouvait être utilisé dans un but expressif; par exemple, l'actrice aurait à « parler » avec ses yeux. De la même manière, l'absence d'effets sonores incitait le réalisateur à trouver des façons créatives de communiquer certaines choses, comme le bruit d'un coup de feu – par exemple, en montrant des tas d'oiseaux apeurés s'envoler.

En raison de l'accusation – examinée longuement dans le précédent chapitre – selon laquelle le film était exclu du rang des beaux-arts dans la mesure où il n'était rien d'autre qu'une machine d'enregistrement, les premiers défenseurs du film prenaient grand soin de mettre à jour et de déterminer toutes les manières dont le film *n'était pas* un enregistrement impeccable et dont il se distinguait aussi de ce qu'il figurait en empruntant des voies potentiellement expressives et créatrices.

Si la représentation cinématique était vraiment invisible, le réalisateur n'aurait aucun moyen, suppose-t-on, d'exprimer – c'est-à-dire, de rendre manifeste, d'indiquer – ses pensées et sentiments au sujet de toutes les choses qu'il représente. L'objet n'aurait pas un aspect différent de celui qu'il a dans le contexte quotidien qu'il habite réellement, sans expression. Pour que l'expression s'impose, il doit exister une différence entre l'objet et sa représentation; la médiation ne peut pas être invisible – sinon, il n'y aurait aucun moyen de signaler le surcroît d'expression.

C'est pourquoi les expressionnistes du vingtième siècle ont si souvent favorisé les stratégies de distorsion. La *distorsion* a le pouvoir de rendre l'expression tangible. D'une manière analogue, le réalisateur utilise les différences et les divergences entre la médiation filmique d'une chose représentée et la perception normale de cette chose, dans le but de donner la priorité à sa vision expressive du sujet sur sa perception.

A cet égard, le montage avait une importance particulière car il exigeait évidemment de dépasser le stade du simple enregistrement; il est un moyen de faire des propositions assertives et créatives en réarrangeant tous les objets et événements que la caméra a saisi et, partant, d'offrir une grande latitude pour l'invention esthétique. Mais la cinématographie elle-même offre déjà au réalisateur d'amples ressources lui permettant d'aller au-delà du simple enregistrement et de défamiliariser son sujet. Comme nous
42 l'avons vu dans le chapitre précédent, le réalisateur peut | cadrer un objet d'une façon qui le sorte de son contexte ordinaire, nous donnant la possibilité de voir cet objet d'une nouvelle manière – d'appréhender certaines de ses propriétés qui seraient peut-être restées inaperçues dans le cours normal de la perception. De même, les arrêts sur image, les ralentis et les accélérés, les plongées et contre-plongées ne peuvent être ravalés au rang de simples simulacres de l'acte de voir avec ses propres yeux. Ils s'éloignent sensiblement de la réalité et peuvent par conséquent fonctionner comme des dispositifs potentiellement expressifs.

Si les amis du film se sont appropriés l'idée de la spécificité du médium, c'est en premier lieu parce que cette idée leur donnait un moyen net et précis pour défendre la vocation artistique du médium cinématographique, en faisant valoir les diverses sortes d'effets artistiques que ce médium distinctif pouvait produire, sans avoir pour autant d'équivalents tout prêts dans le médium distinctif des autres arts et, comme toujours, en particulier dans le théâtre. La spécificité du médium était un cadre conceptuel destiné à affranchir, artistiquement, les médias. Cependant, les partisans du film n'ont pas seulement contraint la spécificité du médium à légitimer l'art du film. Ils ont aussi accepté les autres directives normatives du programme de la spécificité du médium – le devoir d'être pur par rapport au médium devenant la pierre de touche du succès ou de l'échec de l'œuvre d'art.

Les monteurs soviétiques, qui ont cru avec enthousiasme que le montage était l'essence du cinéma, ont salué comme des succès cinématiques les films qui exploitaient les ressources du montage et ils ont dénoncé comme rétrogrades les films qui ne le faisaient pas. Des films comme *Le Cuirassé Potemkine* [S.M. Eisenstein, 1925], *La Grève* [S.M. Eisenstein, 1924], *Dura Lex* [L. Koulechov, 1926], *Un débris de l'empire* [F. Ermler, 1929], *La Mère* [V.I. Poudovkine, 1926], *Les Derniers jours de Saint-Pétersbourg* [V.I. Poudovkine, 1927], *La Terre* [A.P. Dovjenko, 1930] et *Arsenal* [A.P. Dovjenko, 1928] étaient considérés comme des chefs d'œuvre, tandis que des films russes avec des plans-séquences fixes, comme *Le Père Serge* [Y. Protazanov, 1917], étaient rabaissés au rang de fossiles artistiques. Le montage pouvait non seulement remodeler le continuum spatio-temporel ; il pouvait aussi être employé pour exprimer des opinions – comme Eisenstein le fait dans son film *Octobre* [1927], quand il juxtapose un plan de Kerenski à une statue de Napoléon.

A la fin des années 1920 se développa une sorte de style de film international qui attint son apogée avec des œuvres comme *L'Aurore* de Murnau [1927], *Asphalte* de Joe May [1929] et *Crépuscule de gloire* de Joseph von Sternberg [1928] : ces films combinaient un montage stylisé, des mouvements sophistiqués de caméra, des effets spéciaux, un éclairage habile et des manières étonnantes d'utiliser les objectifs. Ces films célébraient vivement la capacité que possède le médium de s'éloigner du simple enregistrement, permettant ainsi de s'opposer aux soupçons des sceptiques quant à la possibilité pour le film d'être un art ; et, en retour, les extravagances cinématiques de cette sorte étaient accueillies par les avocats de la spécificité du médium, tel Rudolph Arnheim, comme dignes des plus hautes consécrations esthétiques.

| L'artifice cinématique était considéré comme la voie royale vers l'art. 43
L'influence de l'idée de la spécificité du médium était tellement bien établie qu'on pouvait encore entendre sa rumeur à la fin des années 1960, lorsqu'un film comme *Les Communiants* d'Ingmar Bergman [1962] a pu être considéré comme inférieur, d'un point de vue artistique, à *La Main au collet* d'Alfred Hitchcock [1955], pour la raison qu'Hitchcock exploitait le potentiel distinctif du cinéma – le film de Hitchcock était cinématique, tandis que *Les Communiants* ne l'était pas. En outre, on affirmait que Hitchcock était un plus grand artiste pour cette même raison. Et, dans la

mesure où cette conviction est encore très répandue parmi les *cinéphiles**, la doctrine de la spécificité du médium continue à avoir du poids.

Cependant, quel est l'argument qui fait passer d'une défense de la possibilité pour le film d'être un art à la conclusion selon laquelle les films qui exploitent les capacités distinctives du médium filmique sont de meilleures œuvres d'art que ceux qui ne le font pas ? Cette conclusion normative a des conséquences spectaculaires quand on y pense. Elle semblerait en effet conduire à soutenir qu'un film comme *Tarzan, l'homme singe* [W. S. Van Dyke, 1932] est une meilleure œuvre d'art que *Mon dîner avec André* de Louis Malle [1981], puisqu'on peut affirmer que ce dernier film est essentiellement une œuvre théâtrale, une soirée de causerie, simplement articulée par le rythme minimal des champs-contre-champs ; tandis que le film de jungle se délecte de la liberté spatio-temporelle du médium, représentant Tarzan qui se balance de liane en liane sur des kilomètres. Et pourtant, beaucoup ressentiraient un certain malaise face à cette position qui consiste à juger que *Tarzan* est une plus grande réussite artistique que le film de Louis Malle. Comment l'avocat de la spécificité du médium peut-il défendre cette conclusion ?

l'argument de la spécificité du médium

L'argument consiste d'abord à nous rappeler que, si le cinéma peut être un art, c'est précisément parce que, à la fois par ses aspects cinématographiques et par son montage, il peut s'éloigner de l'enregistrement servile, mécanique, de ce qui se tient devant la caméra et/ou de ce que nous verrions si nous nous retrouvions en face de tout ce qui se tient devant la caméra. Le film n'est pas voué à enregistrer – parfaitement, mécaniquement et sans déviation – une chose quelconque, que ce soit la nature ou les produits d'autres formes d'art. Le film peut exprimer les pensées et les sentiments des réalisateurs grâce à certains traits distinctifs du médium : ceux qui ne sont pas le simple miroir des choses, qu'elles quelles soient, vers lesquelles la caméra se dirige.

Cependant, si c'est l'exploitation de ces caractéristiques du médium qui transforme les films en question en œuvres d'art – et, en particulier, en œuvres d'art filmiques (par opposition, disons, aux œuvres d'art

* En français dans le texte (ce qui signifie que Carroll, ici, vise la « politique des auteurs » des *Cahiers du cinéma* : voir E. Dufour, *Qu'est-ce que le cinéma ?*, Paris, Vrin, 2009).

théâtrales) –, il est alors certain que les films possédant ces caractéristiques
| (appelons-les les caractéristiques cinématiques) doivent être de 44
meilleurs films, *en tant que* films (*qua* films), que ceux dans lesquels ces
caractéristiques font défaut.

Pourquoi donc ? Par rapport à l'art du film, n'est-il pas vrai que les films qui sont des œuvres d'art sont meilleurs que les films qui ne sont pas de l'art ? Autrement dit, si un film est qualifié d'œuvre d'art filmique, il semble alors évident rationnellement qu'il est meilleur, du point de vue de l'art du film et toutes choses égales par ailleurs, que celui qui n'est pas qualifié d'œuvre d'art filmique. Si, après une série d'épreuves impartiales, Hélène est qualifiée pour faire partie d'une équipe de nageuses de fond, tandis que Jane ne l'est pas, alors, toutes choses égales par ailleurs, Hélène est une meilleure nageuse de fond que Jane. De façon similaire, un film qui reçoit le titre d'œuvre d'art est une meilleure œuvre d'art *filmique* qu'un film qui n'a pas reçu ce titre.

Mais souvenons-nous : on prétend que des films sont des œuvres d'art filmiques seulement s'ils exploitent les caractéristiques du médium qui transcendent le simple enregistrement. Ces caractéristiques sont des caractéristiques cinématiques. Donc un film cinématique est meilleur en tant qu'œuvre d'art filmique qu'un film non cinématique. Testons cette hypothèse par l'examen de quelques exemples.

Considérons, en premier lieu, la séquence de la danse des petits pains dans *La Ruée vers l'or* de Charlie Chaplin [1925]. Il s'agit de la scène dans laquelle le clochard, en rêve, divertit Georgia et son ami, le jour de la Saint Sylvestre, en plantant deux fourchettes dans deux petits pains, de telle sorte que ceux-ci évoquent des pieds : le clochard fait alors un numéro avec ses « pieds », au cours d'une gracieuse pantomime. La caméra demeure fixe et se contente d'enregistrer la merveilleuse performance de Chaplin. Accordons, pour la clarté de l'argument, qu'il s'agisse simplement de l'enregistrement d'une scène de pantomime. Il n'y a rien ici de particulièrement cinématique, étant donné que la séquence ne dépasse pas le stade de l'enregistrement. Considérons en second lieu la séquence de poursuite dans la comédie des Keystone Kops : *Lizzies of the Field* [D. Lord, 1924]. C'est une séquence indubitablement cinématique et, à tout le moins, c'est un exercice de montage. Si l'on suit le théoricien de la spécificité du médium, la séquence de *Lizzies of the Field* est une meilleure œuvre d'art filmique que le numéro des petits pains dans *La Ruée vers l'or*.

Certains peuvent sans doute admettre cette conclusion. Cependant, la version la plus forte de la thèse de la spécificité du médium va souvent plus loin : c'est en tant qu'œuvre d'art (non pas simplement en tant qu'œuvre d'art filmique, mais en tant qu'œuvre d'art tout court) que la séquence de poursuite est supérieure à celle de la danse des petits pains. Autrement dit, la thèse consiste à soutenir que, à partir de la proposition :

a) si un film est qualifié d'œuvre d'art filmique, alors, toutes choses égales par ailleurs, il est meilleur, du point de vue de l'art filmique, qu'une œuvre qui n'a pas le titre d'œuvre d'art filmique,

nous avons le droit d'inférer la proposition :

b) si une œuvre d'art a le titre d'œuvre d'art dans le médium dans lequel elle est créée, alors, toutes choses égales par ailleurs, c'est une œuvre d'art meilleure, en tant qu'art, qu'une œuvre d'art qui n'a pas ce titre.

Mais qu'est-ce qui justifie le passage de (a) à (b) ?

La médiation peut sans doute être la suivante : tous les artistes aspirent à être des experts dans leur médium spécifique – un peintre dans la peinture, par exemple. Ce qu'un peintre connaît, en tant qu'artiste, c'est la manière d'exprimer des sentiments et des idées, y compris des idées formelles, en exploitant les avantages distinctifs du médium sensible qu'est la peinture. Il pourrait être un autre genre d'artiste en plus d'être un peintre. Il pourrait être également un batteur. Toutefois, ce qu'il connaîtrait en tant que batteur, c'est la manière de s'exprimer au moyen des percussions. En bref, un artiste est toujours l'artiste d'un médium déterminé.

Un artiste atteint l'excellence, en tant qu'il appartient à un type d'artistes déterminé, quand il maîtrise les traits distinctifs du médium par lesquels il s'approprie sa forme d'art et non une autre forme d'art quelconque. En d'autres termes, l'accomplissement artistique est toujours relatif au médium en question. Etre un grand artiste, c'est être quelqu'un qui a réussi à dominer les capacités distinctives d'un médium déterminé pour produire de grands effets. C'est ce à quoi revient l'habileté artistique. Un artiste véritable, en tant que tel, est le maître (ou la maîtresse) de son médium.

En outre, dire qu'une œuvre d'art est meilleure qu'une autre en tant qu'œuvre d'art, c'est dire qu'elle est une plus grande réussite artistique – une plus grande réussite de la part d'un artiste. Mais c'est aussi dire qu'on exige que l'artiste fasse son travail – spécialisé, en quelque sorte – mieux qu'un autre. Il est évident qu'un artiste dont le travail mérite le titre d'œuvre d'art, dans le médium dans lequel elle a été créée, a fait un meilleur travail dans son médium que l'artiste dont le travail ne mérite pas ce titre.

Cependant, étant donné que la qualité artistique est toujours relative au médium, l'artiste qui excelle dans son médium est meilleur, en tant qu'artiste, que celui qui n'y excelle pas. Sa réussite artistique est, en tant que telle, meilleure. Par conséquent, son œuvre d'art est meilleure.

Partant, concernant le film, un film qui mérite le titre d'œuvre de l'art filmique – un film réalisé par un artiste mettant en œuvre les traits distinctif du médium filmique d'une manière qui dépasse le simple enregistrement – atteint un plus haut niveau de réussite artistique qu'un film qui ne mérite pas ce titre, étant donné que la qualité artistique comme telle est toujours relative à la maîtrise d'un médium. C'est pourquoi la séquence de la poursuite dans *Lizzies of the Field* est une plus grande réussite artistique que la séquence de la danse des petits pains dans *La Ruée vers l'or*.

opposition à la spécificité du médium

C'est là une conclusion que très peu accepteront. Même si la poursuite des Keystone Kops est un morceau parfaitement respectable de comédie filmique, rares sont ceux qui accorderont qu'elle suscite de près ou de loin l'admiration que mérite, comme on le croit, la performance de Chaplin. | Je 46

me demande si, confronté à un choix de Sophie entre ces deux pièces filmiques, il existe un seul historien du film qui aurait opté pour la poursuite et contre la pantomime des petits pains. Celle-ci est plus subtile, plus imaginative, plus originale, mieux vue, et, d'un point de vue thématique, plus dense que la simple poursuite de voitures, dégénérant progressivement, que nous offrent les forces de police de Mack Sennett. Même si les gags de Sennett sont extrêmement efficaces, la création de Chaplin est sans doute profonde. Un argument qui conclut à la supériorité de *Lizzies of the Field*, ou de l'une de ses parties, sur ce passage de *La Ruée vers l'or* est automatiquement suspect.

La médiation qui semble permettre à l'argument du défenseur de la spécificité du médium de parvenir à ses fins est la présupposition selon laquelle « meilleur en tant qu'œuvre d'art » signifie « porté à un plus haut degré d'achèvement par l'artiste qui manipule le médium dans lequel l'œuvre est créée, par rapport à une autre œuvre d'art dans ce même médium ». Mais qu'est ce qui justifie cette présupposition? C'est, semble-t-il, l'idée selon laquelle un artiste en tant que tel est seulement quelqu'un qui manipule le médium de sa forme d'art; il le fait pour obtenir certains effets. Il est certain que sa réussite en tant qu'artiste est mesurée par la qualité de ces effets. Mais si les effets de Chaplin sont supérieurs à ceux de Sennett, quelle importance pourrait avoir le fait que Sennett s'en soit remis aux caractéristiques distinctives par lesquelles le médium filmique se distingue du simple enregistrement, tandis que Chaplin ne l'a pas fait?

La séquence des petits pains est excellente dans le film, quand bien même elle aurait pu aussi être excellente sur scène. La situation de la séquence dans un film ne la rend pas moins excellente. Lorsque nous parlons de l'excellence artistique comme telle, qu'est-ce qui peut bien justifier l'exigence selon laquelle, en plus d'être belle, l'œuvre devrait aussi être pure eu égard à son médium?

N'est pas convaincante non plus l'affirmation selon laquelle un artiste devrait toujours avoir la maîtrise de son médium. Il ne fait aucun doute en effet qu'il existe des artistes que nous reconnaissons être meilleurs que d'autres en ce qui concerne la manipulation de leur médium, mais que nous comptons néanmoins pour de moindres artistes dans nos jugements qui envisagent tous les aspects de la question. Il y avait à Hollywood des armées de metteurs en scène de second plan qui manipulaient le médium bien mieux que Marcel Pagnol, mais dont les films n'ont jamais atteint le niveau artistique de *César* [1936]. Il est certain que l'excellence artistique n'exige pas d'être rivée au médium. Même si un film qui engage plus directement le médium est meilleur du point de vue de l'art filmique, il n'est pas évident que cette supériorité ait pour conséquence celle de l'œuvre d'art en tant qu'art. La qualité de l'artiste comme tel et de l'œuvre d'art comme telle dépend de l'excellence globale de la production.

Nous savons qu'il peut exister d'excellentes œuvres d'art sur support filmique que les défenseurs de la spécificité du médium ne tiendront pas
47 pour d'excellentes œuvres de l'art *filmique*. | Donnons-leur raison, en un certain sens et pour les besoins de la discussion seulement. Il ne s'ensuit pas, toutefois, que ces œuvres ne sont pas d'excellentes œuvres d'art, car des œuvres d'art excellentes peuvent être supérieures à des œuvres qui sont davantage redevables aux capacités prétendument distinctives du médium. Le défenseur de la spécificité du médium doit nous dire pourquoi la prise en considération du médium devrait être primordiale dans nos jugements qui envisagent l'œuvre d'art comme œuvre d'art et qui prennent en considération tous les aspects de la question. Pourquoi la pureté du médium devrait-elle l'emporter sur l'excellence de l'effet produit par l'œuvre – effet qui ne tient pas compte des contraintes du média?

En réalité, le défenseur de la spécificité du médium n'a pas de raison convaincante pour valoriser la pureté du médium face à l'excellence de l'effet artistique. Les artistes et les œuvres d'art pourraient être l'objet d'une estimation valide qui prend en compte l'excellence des effets qu'ils produisent et non la question de savoir si les moyens pour obtenir ces effets sont, ou non, purs. La requête de pureté semble ici fétichiser le médium.

Le défenseur de la spécificité du médium en est réduit à soutenir une position particulièrement anormale. C'est comme s'il avait oublié ce qu'est un médium ! En effet, un médium est un type de chose qui a une valeur *instrumentale*. Si un médium a une valeur, c'est comme moyen pour quelque chose d'autre. N'est-ce pas là la définition même du médium ? Il y aurait presque une auto-contradiction de la part du théoricien de la spécificité du médium s'il soutenait que le respect du médium est plus important que l'obtention de l'excellence artistique. Cela ne reviendrait-il pas à renverser le rapport moyen-fin ici ? Dans la requête de la pureté du médium, le partisan de la spécificité du médium fait comme si le médium avait une valeur pour lui-même, intrinsèque, et non une valeur simplement instrumentale. Mais c'est en contradiction flagrante avec ce que signifie en premier lieu être un médium.

Au début, l'intégrité du médium a été défendue en se fondant sur l'analogie entre le médium et l'outil. Mais les outils ont une valeur instrumentale, ils n'ont pas de valeur en eux-mêmes. Si vous parvenez à vos fin en faisant usage d'un marteau d'une manière non habituelle – disons, pour maintenir une porte ouverte –, alors c'est seulement l'efficacité qui justifie votre utilisation du marteau. Si garder la porte ouverte est ce que vous voulez, la remarque selon laquelle le marteau n'est pas l'outil le mieux adapté pour ce genre de tâche est entièrement hors-jeu. Vous ne respectez pas les outils pour eux-mêmes mais pour ce qu'ils permettent de faire. Quelle valeur a un tournevis en lui-même ? Si les médias associés aux formes d'art sont réellement analogues aux outils, nous devrions les traiter de la même manière – c'est-à-dire, comme ayant une valeur simplement instrumentale.

Sans aucun doute, le partisan de la spécificité du médium veut mettre au défi les observations précédentes. Il peut commencer par dire que nos objections sont | fondées sur des cas imaginaires qui ne se produiront 48
jamais, c'est-à-dire des cas d'excellence artistique authentique où l'artiste néglige les capacités distinctives du médium. Cependant, le défenseur de la spécificité du médium se montre trop confiant ici. De tels cas existent, comme en témoigne la séquence des petits pains dans *La Ruée vers l'or* de

Chaplin. Il est vrai que, tout au long de sa carrière, Chaplin n'a jamais été considéré comme un véritable metteur en scène de cinéma par les théoriciens de la spécificité du médium d'une certaine époque; mais, en dehors de ces théoriciens, chacun reconnaît qu'il fut l'un des plus grands artistes à avoir travaillé dans le cinéma.

A ce point de la discussion, le partisan de la spécificité du médium dira probablement que l'œuvre de Chaplin n'a jamais, en fait, été si bonne que ça. Mais cela ira à l'encontre de beaucoup d'idées admises. En outre, si le théoricien de la spécificité du médium affirme que l'œuvre de Chaplin n'était pas très bonne parce qu'il n'exploitait pas le médium, alors le théoricien sera à nouveau accusé de laisser la question de côté. La thèse de la spécificité du médium semble souvent séduisante car elle apparaît comme une puissante théorie empirique qui permet de prédire ce qui aura, ou non, qualité d'œuvre au cinéma [1]. Toutefois, tous ceux qui sont parvenus à utiliser l'hypothèse de la spécificité du médium, à quelque niveau de précision que ce soit, ont eu immédiatement à affronter une multitude de contre-exemples.

Habituellement, les théoriciens de la spécificité du médium tentent de rejeter de tels contre-exemples en niant que les chefs-d'œuvre en question sont véritablement dignes d'estime puisque leur utilisation du médium est compromise. Cependant, une telle réponse consiste simplement à assumer comme prémisse ce qui devrait être la conclusion de l'argument. Elle consiste à transformer un état de fait empirique en une définition de ce qui est bon au cinéma.

Mais comment peut-il se faire, demandera celui qui croit à la spécificité du médium, qu'un artiste ignorant ce qu'il y a de spécifique au médium puisse réaliser quoi que ce soit? On insistait au début sur le fait que vous ne pouvez pas utiliser un médium pour produire ce qui dépasse le domaine de ses possibilités. Cela est vrai, mais seulement parce que c'est une tautologie –

1. Une autre façon de voir qu'être fidèle au médium – c'est-à-dire, être cinématique – n'est pas une garantie de qualité consiste à rappeler que la plupart des films et des programmes TV que nous voyons sont acceptables du point de vue de la spécificité du médium. Cependant, une bonne partie de ceux-ci ne sont pas bons du tout; en fait, beaucoup sont mauvais. Partant, être cinématique, comme on dit, n'est pas un indice valable de qualité. De plus, ce qui est très intéressant, la raison pour laquelle ils sont mauvais concerne souvent des facteurs qu'ils partagent avec d'autres médias – par exemple, ils sont mal composés et mal joués, ou pauvrement écrits. Ainsi la pureté n'est-elle pas la clé de la réussite artistique et la simple impureté n'est pas la voie certaine de la perdition. Nous disposons par conséquent d'un autre clou à enfoncer dans le cercueil de la thèse de la spécificité du médium.

par définition, si quelque chose est impossible pour x, | alors x ne peut le 49
faire. Mais il n'était pas impossible pour Chaplin de réaliser la séquence des petits pains de la façon dont il l'a faite. Si cela avait été impossible, il n'aurait pas été capable de la réaliser. La caméra n'a pas explosé quand il a fait son mime devant elle ; la pellicule n'a pas pris feu quand on a projeté le film en salle. En aucun sens, logique ou physique, du terme *impossibilité*, la séquence des petits pains n'était impossible.

En réalité, il ne saurait y avoir de raison pour que le théoricien de la spécificité du médium mette en garde les artistes contre un prétendu usage impur du médium, si le dit usage était en fait une option impossible. Aucun artiste ne peut exécuter quelque chose qui est véritablement impossible. Si le partisan de la spécificité du médium craint que des gens fassent quelque chose d'impossible, il devrait cesser de se faire du mouron et chercher à rallier une autre croisade.

Le bon sens est naturellement séduit par la position de la spécificité du médium en raison de l'analogie déjà mentionnée entre les médias et les outils. On utilise une scie à métaux pour découper l'acier, un marteau-piqueur pour percer le béton. De façon similaire, on utilise le film pour représenter des actions rapides, se déroulant sur une distance longue ; on utilise le théâtre pour présenter des discours denses, dont la texture verbale est élaborée[2].

Derrière l'analogie avec l'outil, il existe une notion qui domine : celle d'efficacité. On utilise le bon outil pour le travail adéquat[3]. Cependant, les

2. En ce sens, il faudrait ajouter que c'est une erreur de croire qu'une texture verbale élaborée n'a pas sa place au cinéma. A tout le moins, la juxtaposition d'un verbiage complexe et de l'imagerie peut être immensément stimulante, comme en témoignent *Journeys from Berlin* d'Yvonne Rainer [1983], *Prospero's Book* de Peter Greenaway [1991], *Hitler, un film d'Allemagne* de Hans-Jürgen Syberberg [1977] et *Histoire(s) du cinéma* de Jean-Luc Godard [1998]. En outre, même les puristes du médium peuvent accepter ces exemples, puisque la juxtaposition audio-visuelle est une possibilité inhérente au film parlant (bien qu'il ne s'agisse pas d'une possibilité qui dépasse la portée du théâtre).

3. Un autre problème qui se pose à la thèse de la spécificité du médium consiste sans doute en ce que, parfois, les choix apparemment non cinématographiques peuvent être des choix artistiques fondés, dans le cadre d'un projet spécifique de film. Dans *Dogville* [2003], le metteur en scène Lars von Trier a opté pour un dispositif très théâtral, celui de l'absence de murs, que l'on peut retrouver dans une représentation de *Our Town*. Il est assez évident que le film est tourné sur un plateau [*sound stage*]. Cependant, ce style hautement théâtral – ce style qui est même une allusion directe au théâtre – sert à la perfection le projet artistique de von Trier. L'absence de murs nous rend capables de « voir à travers » la ville, au deux sens de cette expression ; von Trier veut faire passer l'idée selon laquelle nous voyons la ville dévêtue de ses façades, pour employer une figure, et le dispositif scénique concrétise littéralement cette idée. De même, von Trier veut présenter des spécimens d'Américains comme s'il s'agissait de rôles et

50 médias des diverses | formes d'art ne sont pas des outils avec des usages fixés. En réalité, ce sont en général les artistes qui doivent découvrir les usages qu'ils font de leurs médias et non l'inverse. Les réalisateurs découvrent le potentiel artistique de la technologie du film; le médium ne se présente pas avec un ensemble d'instructions pour faire de l'art.

Il n'est donc pas évident que l'analogie avec l'outil soutienne vraiment la thèse de la spécificité du médium. Peut-être cette théorie est-elle animée par un soupçon implicite : utiliser un médium pour lui faire faire ce qu'un autre médium peut réaliser serait une sorte de gaspillage. Mais qu'est-ce qui est précisément gaspillé lorsque Chaplin réalise sa pantomime des petits pains dans un film plutôt qu'au théâtre? L'opportunité de faire cette pantomime au théâtre? Cependant, qu'en serait-il s'il avait réalisé cette performance à la fois sur scène et à l'écran? Non seulement il n'y aurait rien qui ressemblerait à du « gaspillage », au sens ordinaire du terme, mais il semble qu'il n'y aurait aucun autre motif de reproche valable. Le monde serait un lieu plus riche s'il accueillait une pluralité de danses des petits pains, même dans les médias.

Et, de toute façon, l'idée selon laquelle il faut éviter le gaspillage dans l'art est une position étrange. Les artistes ne renoncent pas à des procédés sous prétexte qu'ils sont chronophages et ils n'évitent pas non plus d'utiliser certains matériaux parce qu'ils sont trop coûteux. En bref, l'efficacité n'est pas une règle à laquelle nous faisons souvent appel dans l'art. Personne ne reproche à James Joyce d'être un cancre pour avoir traîné en longueur quand il écrivait *Finnegans Wake*. L'excellence de l'effet est d'ordinaire tout ce qui compte.

Dans ce chapitre, nous avons examiné la doctrine de la spécificité du médium. Cette doctrine provient naturellement de la stratégie qui tend à établir la possibilité d'un art du film, en affirmant que le médium filmique n'est pas un mécanisme d'enregistrement parfait et qu'il dévie de la transmission invisible, comparable à un miroir, des images de ses référents en empruntant des voies qui rendent l'expression possible (et l'invention formelle apparente). Ainsi les partisans de la spécificité du médium posent-

l'allusion au théâtre, *via* le dispositif choisi, permet de réaliser cette idée. Si von Trier avait renoncé ici à la théâtralité pour payer son dû à la cinématographie, il aurait sacrifié un type précis de figuration qui exprime | ce qu'il pense et ressent à propos de la société américaine. De façon similaire, le film *The History Boys* [N. Hytner, 2006] est hautement théâtral, ce qui est approprié à son sujet – jeu, perfomance et dramatisation dans la recherche de la réussite académique.

ils que l'art du film émerge précisément de l'exploitation de ces déviations propres au médium. Historiquement, la doctrine de la spécificité du médium a eu une valeur heuristique immense, car elle a encouragé les réalisateurs et les spectateurs à s'intéresser de très près à un grand nombre de variables, parmi les plus importantes, dont la manipulation avait fait du cinéma un puissant moyen d'expression. La spécificité du médium est une sorte de « pieux mensonge » qui conduit le peuple à voir les films avec une plus grande précision et une sensibilité plus aiguisée.

Cependant, la doctrine de la spécificité du médium est extrêmement ambitieuse. Elle tente de promouvoir une justification *a priori* de ce qui réussira et de ce qui échouera, d'un point de vue artistique, dans le film. Les films qui n'exploitent pas le potentiel distinctif – c'est-à-dire, cinématique – | du médium, sans doute parce qu'ils restent essentiellement 51
théâtraux, sont destinés à être artistiquement lamentables, à l'instar des premiers films d'art; en revanche, les films qui accueillent les possibilités distinctives du médium, comme *Une Femme mariée* de Godard, sont admis dans le cercle enchanté des œuvres d'arts abouties.

Nous avons tenté de montrer que la portée normative de la doctrine de la spécificité est indéfendable. Il ne s'agit pas de nier qu'un artiste devrait comprendre son médium et ses propriétés. En effet, c'est précisément parce qu'Abbas Kiarostami connaît la différence entre le film et la vidéo qu'il peut, dans un but expressif, exploiter cette différence par le contraste qu'il fait surgir entre eux au cours du *Goût de la cerise* [1996], par opposition à la fin du film.

Notre unique intention, dans ce chapitre, a été de rejeter l'hypothèse selon laquelle, sur la base de ces observations, il est possible d'établir des directives généralisables et a priori sur ce que l'artiste devrait faire ou non, et/ou selon laquelle on peut systématiquement prédire ce qui réussira ou échouera d'un point de vue artistique, en se fondant sur une conception quelconque de la mise en œuvre des traits distinctifs du médium d'une forme d'art qu'elle quelle soit et, en particulier, du film.

La spécificité du médium peut sembler être une idée vieillotte, circonscrite aux premiers jours du film : il semble bien improbable que cette idée ait encore beaucoup de partisans à l'époque du postmodernisme où les frontières entre les choses – y compris les formes d'art et leur média – sont censées s'évaporer. Cependant, la spécificité du médium est une idée qui n'a jamais disparu et qui est toujours dans l'air, prête à faire son *comeback*. C'est pourquoi il était pertinent d'y passer le temps que nous lui avons consacré dans ce chapitre. Dans un futur très proche, il est probable que quelqu'un se cramponnera à cette idée pour défendre la possibilité d'un art numérique et pour donner la direction à prendre. Autrement dit, je prédis qu'il est très probable qu'il y aura quelqu'un, dans un futur proche, qui affirmera que ce qui est distinctif dans le cas de l'art informatique est, mettons, l'interactivité, et que seules les œuvres d'art informatiques qui exploitent l'interactivité seront artistiquement acceptables. Si une telle vue n'a pas encore fait son chemin dans le cyberespace, cela viendra. Et, à ce moment là, nous devrons ouvrir à nouveau le débat sur la crédibilité intellectuelle de la doctrine de la spécificité du médium, et nous gagnerions alors à nous servir du cas du cinéma comme d'une fable édifiante.

suggestions de lectures

Pour une vue d'ensemble de l'idée de la spécificité du médium au cinéma, voir Noël Carroll, *Philosophical Problems of Classical Film Theory* (Princeton, Princeton University Press, 1988). Pour une critique sommaire de cette position, voir « Forget the Medium », dans *Engaging the Moving Image*, par Noël Carroll (Yale, Yale University Press, 2003).

Concernant le point de vue des partisans de la spécificité du médium, la thèse dont l'argumentation est la plus forte et la plus minutieuse est celle de Rudolph Arnheim dans son livre *Film as Art* (Berkeley, University of California Press, 1956). La plupart des autres théoriciens canoniques du film sont également engagés du côté de l'idée de la spécificité du médium, ou de l'une de ses variations. Certains textes classiques de cette tradition sont : Hugo Münsterberg, *The Photoplay : A Psychological Study* (New York, Dover, 1916) ; Belà Balasz, *Theory of Film* (New York, Dover, 1952) ; V. I. Poudovkine, *Film Acting and Film Technique* (London, Vision Press, 1958) ; Sergueï Eisenstein, *Selected Works* (London, BFI Publishing/Indiana University Press, 1988 ; André Bazin, *What is Cinema ?*, vol. I et 2, (Berkeley, University of California Press, 1967) [*Qu'est-ce que le cinéma ?*, Paris, Le Cerf en 4 vol., Paris, 1958-1962] ; et Siegfried Kracauer, *Theory of Film* (Oxford, Oxford University of Press, 1960).

On trouve une enquête extrèmement pertinente et une extension sophistiquée de cette conception dans : Victor Perkin, *Film as Film : Understanding and Judging Movies* (Baltimore, Penguin Books, 1972). Ce livre sera examiné dans le dernier chapitre de ce texte mais je lui décerne dès maintenant une mention en tant qu'il est l'une des contributions les plus astucieuses au débat sur la spécificité du médium.

On peut trouver diverses défenses de la spécificité du médium dans Edward Sankowski, « Uniqueness Arguments and Artist's Actions », *Journal of Aesthetics and Art Criticism*, 38 : 1 (Automne 1979), p. 61-74 et Donald Crawford, « The Uniqueness of the Medium », *The Personalist*, 51 (Automne 1970), p. 447-469. Un commentaire de ces articles est proposé par Noël Carroll dans « Medium Specificity Arguments and the Self-Consciously Inventend Arts : Film, Video and Photography », dans sa collection *Theorizing the Moving Image* (Cambridge, Cambridge University Press, 1996). Sur la question de la spécificité du médium on peut trouver des échanges entre Alan Goldman et Noël Carroll dans *Film and Philosophy*, 5-6 (2002), et entre Murray Smith et Noël Carroll dans *Film Studies*, 8 (été 2006).

Pour un excellent résumé critique des débats film-théâtre, voir Susan Sontag, « Film and Theater », dans sa collection *Styles of Radical Will* (New York, Farrar, Straus & Giroux, 1966).

chapitre 3
qu'est-ce que le cinéma ?

53 | La question « qu'est-ce que le cinéma ? » (que l'on emprunte à une série d'essais, indubitablement excellents, signés du célèbre théoricien et critique de cinéma renommé André Bazin), est une question ontologique. L'« ontologie », c'est l'étude de l'être. L'ontologie du cinéma est une recherche sur l'être du cinéma, ou, pour le dire de manière plus subtile, une recherche sur la nature de cet être, la nature de cette chose qu'est le cinéma. A quelle catégorie appartient-il ou, en d'autres mots, sous quel concept le rangeons-nous ?

Quand on nous demande ce qu'est le fer, nous répondons : « un minerai ». Telle est la catégorie dont il est membre. D'une manière analogue, les philosophes veulent s'informer du ou des concept(s) sous le(s)quel(s) tombe le cinéma. Est-ce par exemple la photographie, est-ce l'art, ou bien les deux, ou bien aucun des deux ? Quelle est la nature du cinéma ?

L'ontologie du cinéma interroge le mode d'existence du cinéma – sa manière d'exister (ou d'être). Elle vise à établir la nature de cette chose qu'est essentiellement le cinéma. Une autre voie pour traiter la question ontologique consiste à se demander : « quelle est l'essence du cinéma ? ».

La philosophie qui s'interroge sur une pratique quelconque tente de clarifier les concepts qui sont indispensables pour exercer cette pratique. La notion de nombre est fondamentale en mathématique ; ainsi la philosophie des mathématiques tente-t-elle de définir le *nombre*, se demandant si un nombre est quelque chose de réel ou seulement une fiction logique. D'une manière similaire, étant donné que le concept de loi est la condition *sine qua non* pour la pratique du droit, le philosophe du droit spécule sur la nature de la loi – une loi n'est-elle essentiellement qu'une simple injonction promulguée par les personnes appropriées (tels que les membres d'un parlement), en conformité avec les procédures correctes (tel que le vote), ou est-ce qu'une loi authentique dérive de quelque chose de plus profond, tel un code moral universel ? Bien sûr, le concept de *loi* n'est pas le seul concept essentiel dans la pratique du droit. Des concepts comme celui d'intention, de volonté et de culpabilité sont aussi nécessaires dans nos pratiques légales. Conséquemment, ils tombent également dans les limites de la philosophie du droit.

En ce qui concerne le cinéma, il y a pléthore de concepts qui sont essentiels aux pratiques consistant à faire des films, à les interpréter et à les évaluer.
| Nous en analyserons un certain nombre dans ce livre. Mais avant de nous 54
lancer, nous avons tout d'abord besoin de déterminer les frontières de notre investigation. Nous avons besoin de répondre à la question : « qu'est-ce que le cinéma ? ».

définir le cinéma

La question consistant à définir le cinéma a émergé au cours des deux premières décennies qui ont suivi l'apparition des films. L'une des raisons en était que le cinéma était quelque chose de nouveau et qu'il avait donc besoin d'être intégré à notre conception du monde – et c'est la tâche de la philosophie, dans la division intellectuelle du travail, d'intégrer ce qui apparaît au sein de notre conception la plus large du monde.

Mais il y a d'autres raisons pour lesquelles les commentateurs commencèrent à tenter de définir l'essence du cinéma. Certains, comme nous l'avons vu au chapitre 1, croyaient qu'une analyse spécifique du cinéma révèlerait qu'il ne pouvait pas être un art, au sens légitime du mot, étant donné son origine photographique, alors que d'autres s'occupaient de démontrer que, au contraire, une analyse précise de la nature du cinéma montrerait que celui-ci relève de l'art. Ainsi, les deux positions antagonistes avaient besoin d'une explication sur l'essence du cinéma apte à les faire valoir.

De plus, comme nous l'avons vu dans le chapitre 2, beaucoup de cinéphiles – ceux qui ont caractérisé le cinéma comme possédant des capacités artistiques spécifiques – pensaient eux aussi que leur analyse du medium filmique leur confèrerait les moyens de distinguer les bons films des mauvais. Bien sûr, la pression pour établir que le cinéma peut être un art est déjà loin derrière. Par ailleurs, comme nous l'avons vu dans le chapitre précédent, nous avons des raisons de croire qu'une définition descriptive du film *ne* nous fournira *pas* un ensemble sérieux de lignes directrices normatives relatives à ce qui est filmiquement bon, mauvais et laid. Néanmoins, même si le fait d'isoler l'essence du cinéma ne garantit nullement qu'on découvre les secrets du succès cinématique, on se questionne encore sur la place que doit occuper le cinéma dans notre conception du monde. Quelle est la relation qu'entretient le cinéma avec des arts comme le théâtre et la peinture ? Nous devrions du moins savoir de quoi nous parlons quand nous disons que nous allons au cinéma, sans quoi nous nous retrouverions vite au ballet. Pour ces raisons, nous avons besoin d'une définition ou d'une analyse du cinéma.

Lorsque les philosophes tentent de produire ce qu'ils appellent de manière diverse une définition, une théorie, ou une analyse de x (quel que soit x), ils
ont habituellement quelque chose de très précis à l'esprit – qu'on appelle souvent une définition essentielle ou réelle. Qu'est-ce qu'une définition réelle ? La réponse brève est : une définition ou une analyse d'un concept au moyen d'un ensemble de conditions nécessaires qui sont conjointement suffisantes pour l'application dudit concept. Mais quelles sont-elles ?

55 | Une condition nécessaire affirme une propriété que quelque chose doit posséder pour être membre de la catégorie qu'on analyse. Par exemple, pour être une nonne dans l'Eglise romaine catholique, il faut être une femme. Une condition nécessaire ou un critère nécessaire pour la sororité, c'est que le candidat soit une femme. C'est-à-dire que quelqu'un n'est une nonne *que si* c'est une femme. Il y a plusieurs autres conditions nécessaires pour la sororité, y compris celle d'être catholique, celle de faire les vœux requis et celle d'être validée par les autorités compétentes. Prises ensemble – c'est-à-dire conjointement –, ces conditions nécessaires sont *suffisantes* pour ranger un candidat dans la classe « nonne » ; elles s'ajoutent les unes aux autres et permettent, pour ainsi dire, de compter la femme en question comme une sœur. Autrement dit, si quelqu'un est une femme, catholique, a fait les vœux requis et a été validé par les autorités compétentes, *alors* c'est une nonne.

Vous pouvez habituellement dire qu'un philosophe tente de vous donner une définition réelle lorsqu'il utilise l'expression « si et seulement si ». Par exemple, « x est un célibataire seulement si (1) x est un mâle et (2) x n'est pas marié » est une définition réelle, une analyse au moyen de deux conditions nécessaires (signalées par la locution « seulement si ») qui sont conjointement suffisantes (ce qui est signalé par le mot « si »). Les conditions nécessaires nous disent quelles propriétés un candidat doit posséder pour être un exemple du concept qu'on analyse ; les conditions suffisantes désignent la façon dont les membres de la classe des choses qui sont en question diffèrent des membres d'autres classes – comment, par exemple, les célibataires diffèrent, d'un côté, des maris, et, de l'autre, des vieilles filles.

Généralement, lorsqu'est posée une question du type « Qu'est-ce que x ? », le philosophe tentera d'abord de fournir une analyse conceptuelle ou une définition réelle de x en termes de conditions nécessaires qui sont conjointement suffisantes. Dans ce chapitre, nous affrontons la question « qu'est-ce que le cinéma ? » Voyons si nous pouvons ou pas répondre à la question au moyen d'une définition réelle.

« voir *x* » *versus* « voir une représentation filmique de *x* »

Comme nous l'avons appris, l'une des premières propositions pour définir le cinéma était l'idée selon laquelle le cinéma n'était essentiellement rien d'autre que de la photographie en mouvement, un processus d'enregistrement purement mécanique. Avec cette définition surgit le préjugé selon lequel le cinéma ne peut pas être un art, puisque l'enregistrement purement mécanique de quelque chose ne laisse prétendument aucune possibilité pour l'artiste d'ajouter ou d'exprimer ses pensées et sentiments relativement à tout ce qu'il filme.

Le présupposé, ici, c'est que tout ce que vous voyez dans le film est exactement ce que vous verriez dans un face-à-face avec l'objet qui se trouve devant la caméra. Voir une représentation filmique de x, disons une pierre
qui tombe, | équivaut soi-disant, selon cette conception, exactement à voir 56
la pierre tomber devant vous, lorsque votre vue n'est pas médiée par le cinéma. Par conséquent, tout comme une pierre qui tombe dans la nature littéralement n'exprime rien, de même une image filmique de cette pierre qui tombe dans la nature n'exprime rien. L'image filmique est plutôt comme

un miroir – elle restitue simplement ce à quoi ressemblent les choses et rien de plus. Ce que vous voyez dans un film, ce que vous voyez dans un miroir, et ce que vous voyez dans une rencontre du troisième type avec ce qui, quoi qu'il soit, a causé ladite image cinématique, sont supposés être équivalents du point de vue perceptuel. Voir une image cinématique, selon cette théorie, c'est justement comme voir ce dont l'image est image dans le monde profilmique [1] – le monde tel qu'il est disposé devant la caméra.

Autrement dit, percevoir une image cinématique est virtuellement la même chose que voir son référent profilmique ; l'image cinématique elle-même est, pour ainsi dire, diaphane. Ainsi, ce que nous pourrions appeler « vision cinématique » est simplement comme la perception normale. La perception normale de quelque chose et sa perception *via* le cinéma ne sont en aucune manière véritablement différentes.

Cette conception est fausse, comme nous l'avons déjà vu. Il y a en effet quelques différences entre voir un objet en lui-même et voir un objet dans un film. Par exemple, pendant de nombreuses années, la plupart des objets vus dans un film étaient en noir et blanc, alors que leurs référents avaient les couleurs de la vie. Il est indubitable que la couleur cinématique peut pourtant souvent être distinguée, du point de vue perceptuel, de la couleur de la nature. Néanmoins, peut-être que la technologie de la couleur pourra être améliorée jusqu'au point où pourrait disparaître toute différence dans la nuance décelable à l'œil nu.

En effet, imaginons que la technologie du cinéma se développe jusqu'au point où les images cinématographiques d'objets et d'événements soient quasiment indiscernables, pour des spectateurs normaux, des choses dont elles sont les images. Supposons, par exemple, qu'on ajoute tant de lignes de balayage aux images télévisées à haute définition que l'œil nu ne puisse avec assurance faire la différence entre un plan moyen de Samuel L. Jackson et Samuel L. Jackson en chair et en os. En d'autres mots, imaginez que l'image soit aussi convaincante qu'une sculpture de Duane Hanson. Y a-t-il néanmoins quelque différence fondamentale ou essentielle entre le fait de voir une image cinématographique de x et une rencontre perceptuelle normale avec x pour ainsi dire en nature ?

1. Néologisme inventé collectivement par l'Institut de Filmologie au début des années 1950 : « Tout ce qui existe réellement dans le monde, mais qui est spécialement destiné à l'usage fimique ; notamment, tout ce qui s'est trouvé devant la caméra et a impressionné la pellicule » (Etienne Souriau, *L'Univers filmique*, Paris, Flammarion, 1953, p. 8) [N.D.T.].

monstration détachée

Une telle différence se trouve dans le fait que, lors d'un face-à-face perceptuel avec un objet, je suis généralement capable d'orienter mon corps vers cet objet à l'intérieur d'un continuum purement spatial que j'habite physiquement. Si je vois une | Mercedes Benz parquée dans la rue, je peux 57
tourner mon corps dans sa direction et marcher vers elle. La perception normale me permet de me frayer un chemin dans l'espace où je vis vers les objets que je vois au loin. Autrement dit, la perception normale authentique apparaît avec une information égocentrée relativement au lieu où je suis et en relation à ce que je vois. Mais ce trait caractéristique de la perception normale contraste radicalement avec les rencontres perceptuelles que nous faisons dans les films.

Car lorsque je vois une image du Kremlin au cinéma, je ne peux pas, sur la base de l'information spatiale fournie intrinsèquement par l'image, m'orienter vers ce coin de Moscou, ni, si c'est un plateau de tournage plutôt que la chose réelle, indiquer la direction du lieu où le film a été tourné. Alors que nous sommes, pour le dire d'une certaine façon, attachés aux horizons qui nous entourent visuellement dans nos vies réelles, les images cinématiques sont des *monstrations détachées*[1] – elles offrent au regard des personnes, des places, des choses, des actions et des événements qui sont, du point de vue phénoménologique, détachés, dans le sens qui précède, de l'espace actuel de nos corps.

Supposons que je sois en train de regarder *Casablanca* [M. Curtiz, 1942] et que ce que je vois sur l'écran, c'est le Rick's bar. Je peux, bien sûr, m'orienter par rapport à l'écran. Je peux me situer dans sa direction. L'écran est une partie de l'horizon qui m'est attachée phénoménologiquement. Mais je ne peux pas, sur la base de l'information spatiale interne au plan projeté à l'écran, m'orienter d'une manière fiable par rapport au Rick's bar – par rapport aux coordonnées spatiales de la structure telle qu'elle a existé à un moment donné au début des années 1940 en Californie (et je ne pourrais pas non plus diriger mon corps, au moyen de l'information donnée par l'image, en direction ou à l'opposé du lieu fictionnel du film en Afrique

1. *Detached displays*. Le terme de « monstration » a été proposé par Betty Rotjman en 1981 à propos de la possibilité qu'a le théâtre de montrer l'action au lieu de la raconter, et étendu au cinéma en 1983 par André Gaudreault (*Du littéraire au filmique*, Paris, Klincksieck, 1988, p. 91). L'idée de « détachement » permet dans cette perspective de différencier théâtre et cinéma, la monstration n'étant pas détachée au théâtre [N.D.T.].

du nord). Je ne serais pas capable, simplement en regardant l'image sur l'écran, de marcher, de conduire, de nager, de voler ou de me mouvoir d'une autre manière vers le site du Rick's bar – vers les vestiges, s'il y en a, du décor, qui doivent se trouver sur un plateau de tournage de L.A. L'image elle-même ne me dira pas comment aller jusqu'au décor, si tant est qu'il en existe encore aujourd'hui ne serait-ce qu'un morceau, pas plus qu'elle ne m'indiquera le chemin par lequel on peut se rendre dans cet endroit où ce monde, s'il n'existe plus, a toutefois existé. Car l'endroit où le Rick's bar est localisé est, pour ainsi dire, déconnecté phénoménologiquement de l'endroit où j'existe corporellement à titre d'être physique.

Des lecteurs diront que, lorsqu'ils voient une image filmique de Big Ben à Londres, ils sont certains de pouvoir tourner leur corps dans la bonne direction. Mais si c'est le cas, la raison en est la suivante : ces observateurs savent déjà dans quelle direction se trouve Londres. Ce n'est pas une information interne à l'image sur l'écran qui leur donne cette compétence. C'est la connaissance externe de la géographie, qu'ils possédaient auparavant, qui les en rend capables.

Habituellement, le sens de là où nous sommes dépend de notre sens de
l'équilibre et nos sensations kinesthésiques. Ce que nous voyons est intégré 97
58 avec ces repères | de façon à ce que cela nous donne un sens de là où nous
sommes situés. Mais si nous appelons ce que nous voyons sur le grand écran « vue », c'est une vue désincorporée. Lorsque je vois une étendue visuelle, comme le Rick's bar, sur l'écran, je n'ai aucun sens de l'endroit où l'espace décrit entre réellement en relation à mon corps. Il est détaché. Je ne peux pas me rapporter de façon fiable à sa spatialité ; il n'est pas relié spatialement au monde de ma vie.

Je pense que, par le passé, les théoriciens du cinéma ont tenté d'atteindre l'essence du cinéma en parlant obscurément de la manière dont le film engendre une sorte particulière d'absence, ou même un jeu singulier de présence et d'absence. Pour la plupart, cette manière de parler est restée malheureusement vague, et même confuse. Néanmoins, peut-être que ce que ces théoriciens ont cherché à atteindre avec la notion d'*absence*, c'est la manière dont la présentation filmique est discontinue relativement à l'espace où nous habitons. Ce qui nous est présenté, c'est une monstration, mais le référent de cette monstration est discontinu avec l'espace dans lequel nos yeux peuvent tracer le chemin que nous empruntons, ou bien il en est détaché ou en est absent. Ainsi, le jeu de présence et d'absence qui a intrigué les théoriciens du cinéma peut être caractérisé d'une meilleure manière – d'une manière plus positive et substantielle du point de vue descriptif – en disant que, dans le cinéma, l'image ou la suite d'images est une monstration détachée.

Cette caractéristique de l'image cinématique, en outre, apparaît universellement. Elle appartient à toute représentation cinématographique. Il n'y a pas d'exception. Partant, nous pouvons commencer à répondre à la question qui nous anime – « qu'est-ce que le cinéma ? » – au moyen d'une première approximation : « *x* est un exemple de cinéma *si et seulement si x* est une monstration détachée (ou une série de monstrations détachées) ». C'est-à-dire qu'être une monstration détachée est une condition nécessaire pour être un exemple de cinéma.

images animés[1]

Que le cinéma soit une monstration détachée fait surgir une distinction entre les horizons cinématiques et la perception normale des horizons visibles « attachés » qui produit ces horizons cinématiques. Néanmoins, cela n'a pas pour conséquence une distinction entre les arts proches du cinéma, comme la peinture et la photographie, d'un côté, et le théâtre, de

l'autre. Il est tout à fait clair que ces formes d'art sont aussi des monstrations détachées. Car nul ne peut, à partir d'une peinture d'Elsinore[2] ou d'un décor de théâtre de *Hamlet*, indiquer avec son corps la direction de ce château sur les rives du Danemark. Du coup, qu'est-ce qui distingue le cinéma des images fixes et du théâtre ? Commençons par les images fixes – par les peintures, les photographies et ce qui est semblable.

Imaginons la peinture d'un personnage de bande dessinée, disons un manga, par quelque artiste postmoderne. Imaginez maintenant à côté un film en boucle avec le même personnage dessiné ayant précisément la
même pose. Comme la peinture du | personnage de bande dessinée, l'image 59
du manga sur le film en boucle demeure figée. Les deux images ont la même grandeur. L'image sur l'écran est une image haute définition de l'espèce la plus perfectionnée technologiquement, et il n'y a pas d'effet de

1. Littéralement : images en mouvement *(moving images)*. N. Carroll joue plus loin sur la proximité entre *moving images* et *movie* (traduit couramment par « film), qu'il est impossible de rendre en français (importance du mouvement qui est constitutif dans les deux cas, puisque les deux expressions sont fondées sur le verbe « bouger » ou « se mouvoir », *to move)* [N.D.T.].

2. Ville du Danemark où Shakespeare situe l'action de *Hamlet* [N.D.T.].

scintillement. Supposons, ensuite, que les deux images – la peinture et l'image filmique – soient indiscernables à l'œil nu. Personne ne peut voir la différence. Mais y a-t-il toutefois une différence et, si c'est le cas, quelle est-elle ?

Si vous vous trouviez face à ces deux images et qu'on vous dise que celle de gauche est la projection d'un film, tandis que celle de droite est une peinture, il serait censé que vous continuiez à regarder celle de gauche, du moins à première vue, pour voir si le personnage du dessin animé se décide à bouger, puisque vous anticipez qu'il serait absurde que le personnage de la peinture se mette à bouger. Car le mouvement est une possibilité ouverte par les films, mais pas par la peinture. Voilà pourquoi, dans le langage ordinaire, nous appelons les images du film des représentations *animées* ou des représentations en mouvement. L'un des premiers labels de film fut *bio* – comme dans « biograph [1] »–, qui veut explicitement dire vie et animation. De l'autre côté, les peintures, les photographies, les diapositives, etc., sont appelées images *fixes*, images qui, par définition, ne bougent pas – des images pour lesquelles, à vrai dire, la véritable possibilité du mouvement est ontologiquement forclose.

La différence entre une peinture et une image cinématique, donc, est le *mouvement*. Voilà ce qui est peut-être déjà intégré au discours ordinaire dans des expressions comme *moving picture show* [2]. Mais il nous faut être attentif à la manière avec laquelle nous exploitons cet indice tiré du langage ordinaire. Il ne s'agit pas simplement du fait que les images cinématiques bougent alors que ce n'est pas le cas des images fixes. Car il y a un certain nombre de films dans lesquels il n'y a pas de mouvement, comme *Carnets secrets des ninjas* [1967] de Nagisa Oshima (un film de bande dessinée), *One Second in Montreal* de Michael Snow [1969] (un film de photos) ou, du même, *So Is This* [1982] (un film de phrases), *Poetic Justice* [*Hapax Legomena II*, 1972], de Hollis Frampton (un film de script découpé), *Lettre à Jane* de Godard et Gorin [1972] (un autre film de photos), et *1 in 10* (un film de tables d'addition et de soustraction).

Un exemple peut-être plus connu que tous ceux-ci, c'est *La Jetée*, de Chris Marker [1962], film où il n'y a quasiment aucun mouvement et dont le récit, un voyage dans le temps, est raconté essentiellement par la projection de

1. Biograph fut la première entreprise de production de films aux Etats-Unis [N.D.T.].
2. Littéralement : spectacle de représentations (ou images) animées [N.D.T.].

photographies fixes. Bien sûr, il y a un mouvement dans le film de Marker ; mais il vous serait facile d'imaginer un film semblable en tout point à *La Jetée* mais sans aucun mouvement d'aucune sorte.

Il serait faux, dès lors, d'exiger le mouvement à titre de condition nécessaire pour être membre de la catégorie « cinéma », puisqu'un film comme celui qu'on ré-imagine à partir de *La Jetée* relève indiscutablement de l'image en mouvement. Il est plus exact de proposer que quelque chose est un exemple de cinéma seulement s'il appartient à la classe des choses pour lesquelles créer une impression de mouvement est une possibilité technique.

| Cependant, certains peuvent rechigner à cet ajustement, repoussant 60
l'impulsion consistant à admettre des films sans mouvement dans le corpus du cinéma. On peut objecter que la perspective de films sans mouvement est à tout le moins un oxymore (des films sans mouvement ! ça alors !), et peut-être même une contradiction dans les termes. Ces expériences sont un peu plus que des diaporamas montés sur celluloïd, peut-être simplement dans le but de garantir le mode le plus efficace de projection.

Néanmoins, il y a une profonde différence entre le plan d'un personnage de notre version cinématographique imaginaire de *La Jetée* et une diapositive de ce personnage tirée du film. Car, aussi longtemps que vous savez que ce que vous regardez est un film, même un film qui apparaît être une photographie, il est toujours légitime d'envisager la possibilité que l'image *puisse* bouger. De l'autre côté, si vous savez que vous êtes en train de regarder une diapositive, il est catégoriquement impossible que l'image puisse bouger. Si vous savez que vous êtes en train de regarder une diapositive et que vous savez ce qu'est une diapositive, il est irrationnel de supposer que l'image peut bouger car c'est conceptuellement impossible.

Le mouvement dans une diapositive exigerait un miracle ; le mouvement dans une image cinématique est un choix artistique qui est toujours possible techniquement. Bien que le plus fréquemment exploité, il peut aussi être abandonné dans un but artistique. Avant que *Carnets secrets des Ninja* s'achève – ce qui veut dire : jusqu'à ce que vacille la dernière image dans le couloir de projection –, le spectateur peut raisonnablement penser, s'il sait qu'il est train de regarder un film, qu'il peut encore y avoir du mouvement sur l'écran. Car le mouvement est une possibilité permanente du cinéma. Mais s'il sait qu'il regarde une diapositive, il lui est alors absurde d'envisager même la possibilité que celle-ci se transforme en mouvement. Il serait irrationnel qu'elle se transforme ainsi, bien sûr, parce que c'est une diapositive et que le spectateur sait ce qu'est une diapositive, de sorte qu'il doit savoir qu'il est impossible que le mouvement surgisse à l'intérieur des limites de son cadre.

En outre, la différence entre les diapositives et les images animées
s'applique, à tous les égards, à la distinction entre toutes les espèces d'ima-
ges fixes – y compris la peinture, le dessin, les photos fixes et ce qui est
semblable – et tous les types d'images animées – y compris les vidéos, les
mutoscopes, les films de cinéma, l'animation générée par ordinateur et
ainsi de suite. Lorsqu'il s'agit des images fixes, on commet une erreur caté-
gorielle si l'on attend du mouvement. C'est, par définition, une contradic-
tion dans les termes de bouger pour des images fixes. Voilà pourquoi elles
sont appelées images *fixes*. Partant, il est erroné, du point de vue conceptuel,
de regarder ce qu'on comprend comme une peinture en attendant qu'elle
puisse bouger. Mais il est tout à fait rationnel – et jamais déraisonnable – de
rester à l'affut du mouvement dans un film, car ce que nous regardons, et
61 qui relève de l'image animée ou du cinéma, c'est un film. | Même dans un
film statique, comme *Poetic Justice*, il est raisonnable de se demander s'il y
aura du mouvement jusqu'à ce que les dernières images du film aient filé.

A propos d'un film comme *Poetic Justice*, c'est une question sensée de se demander pourquoi le réalisateur, Hollis Frampton, a fait un film statique, alors qu'il avait le mouvement comme véritable option stylistique à sa disposition. Mais ça n'a aucun sens de se demander pourquoi Holbein a renoncé au mouvement véritable dans sa peinture *Les Ambassadeurs*. A la différence de Frampton, il n'avait pas d'autre alternative. Se demander pourquoi les ambassadeurs de Holbein ne bougent pas, c'est comme se demander pourquoi les araignées ne chantent pas *Tosca*.

Bien sûr, après avoir vu un film statique du début à la fin, il n'est pas légitime d'anticiper plus longtemps un mouvement possible si l'occasion se présente de revoir ce film, à moins de suspecter qu'il ait été trafiqué depuis qu'on l'a vu. A la première vision, il est raisonnable ou du moins il n'est pas irrationnel d'être ouvert à la possibilité selon laquelle le mouvement apparaîtra sur l'écran avant le générique final; à la deuxième, troisième et n-ième vision, une telle anticipation est déplacée. Néanmoins, lorsqu'on voit pour la première fois un film, on ne peut jamais être sur que le film sera entièrement fait d'images fixes tant qu'il n'est pas fini. Voilà ce qui rend compréhensible qu'on continue à guetter le mouvement pendant la première vision de films aux images fixes. Mais attendre un mouvement de ce qu'on sait être une peinture ou une diapositive est absurde conceptuellement.

Pourquoi catégoriser les films statiques comme étant du cinéma plutôt que des diapositives ou une autre sorte de spectacle d'images fixes ? Parce que, comme on l'a déjà indiqué, la stase est un choix stylistique dans les films statiques. C'est une option qui contribue à l'effet artistique d'un film. C'est quelque chose dont le public saisit l'importance quand il tente de comprendre un film. Quand on découvre *La Jetée*, une question naturelle d'ordre interprétatif est : « pourquoi Chris Marker a-t-il choisi de faire un film avec des photographies fixes ? » Peut-être que la réponse est liée à sa tentative de simuler la nature fragmentaire de la mémoire. Mais, en tout état de cause, notez que cette démarche est censée avec un film statique, alors que ce ne serait pas le cas avec un diaporama dont chaque image est, par nécessité, une photographie fixe. Autrement dit, une raison cruciale pour tolérer la notion de films statiques et pour modifier notre définition du cinéma afin de les intégrer est une raison esthétique, c'est-à-dire que la stase est une variable cinématique possédant une signification potentielle dans notre réaction interprétative et appréciative à un film, alors que, dans le diaporama, la stase est immuable et, partant, muette, dénuée de signification et constante.

Dans un plan particulier, tel celui qui conclut le film de Lo Wei, *La Fureur de vaincre* [1972] et qui montre Bruce Lee, immobilisé en plein mouvement au moment où il donne un coup de pied aérien, l'arrêt du mouvement utilise une option cinématique avec un potentiel expressif. Dans cet exemple précis, immobiliser l'image sert, entre autres choses, à mémoriser Lee et
son caractère – à le | transformer en légende à la *hauteur* de ses prouesses et 62
de sa gloire. Cependant, de même que le choix de la stase peut avoir un effet expressif lié à l'abandon du mouvement au niveau d'un plan particulier, un film entier peut lui aussi prétendre à une plus grande richesse de signification en adoptant l'immobilité, alors qu'une peinture ou une diapositive ne peuvent exploiter cette possibilité, précisément parce que leur seule option est d'être exemptes de mouvement.

Il est instructif de dire qu'un film est statique ; cela signale à un éventuel spectateur la clé pertinente de l'articulation stylistique d'une œuvre. Au contraire, il est inutile de dire d'une peinture qu'elle est une peinture fixe. Il n'aurait pas pu en être autrement. Appeler une peinture ou une diapositive une peinture fixe ou une diapositive fixe est redondant.

On peut imaginer une diapositive d'un défilé et une image cinématique fixe du même instant du défilé. Les deux images peuvent, de fait, être indiscernables. Néanmoins, elles sont métaphysiquement différentes. En outre, cette différence se traduit par une opposition entre les états épistémiques des spectateurs respectifs de la diapositive et de l'image filmique fixe. Avec le film, l'anticipation selon laquelle l'image fixe peut commencer à bouger est raisonnable ou, du moins, elle est conceptuellement acceptable ; mais, avec des images fixes telles des diapositives, cela n'est jamais conceptuellement acceptable. La raison en est tout à fait claire. Le film appartient à la classe des choses où le mouvement est une possibilité technique, alors que les peintures, diapositives, etc., appartiennent à la classe des choses qui sont, par définition, fixes.

Le langage ordinaire nous informe en gros d'une des conditions nécessaires du cinéma en se référant à lui d'une manière générale à titre d'« images animées ». Mais la sagesse contenue dans cette manière commune de parler a besoin d'être un peu examinée. Il n'est pas vrai que tout film ou que toute image de tout film révèle une impression de mouvement. Comme nous avons vu, il y a des films statiques. Néanmoins, les films statiques appartiennent à la classe de choses où la possibilité de mouvement est toujours, du point de vue technique, ouverte, d'une manière telle qu'une *stase* est une variable stylistique dans des films qui ne peut pas exister pour les images fixes. Peut-être que c'est l'une des raisons pour lesquelles les [expressions] « images animées » ou « images en mouvement » sont de meilleures étiquettes pour désigner la pratique du cinéma que ne l'est [l'expression] « film », dans la mesure où ces expressions signalent ce qui peut être la caractéristique essentielle la plus pertinente de cette forme d'art, à savoir la possibilité de mouvement.

Bien sûr, la catégorie d'*images animées* est plus large que celle qui a traditionnellement été discutée par les théoriciens du cinéma, puisqu'elle inclurait des choses comme la vidéo et les images de synthèse aussi bien que les films sur support celluloïd. A vrai dire, si nous pouvions produire des images animées sous échographie, celles-ci aussi compteraient parmi les images cinématographiques. Davantage, cette extension de la classe des objets examinés prétendant au titre d'images animées en général est, à mon
63 avis, théoriquement recommandée, car je prévois qu'un jour | l'histoire de ce que nous appelons aujourd'hui cinéma et l'histoire de la vidéo, de la TV, des images de synthèse et de ce qui arrivera ensuite seront toutes pensées comme ne formant qu'une seule et même chose.

Autrement dit, en définissant le cinéma comme appartenant à la classe de l'image animée, nous caractérisons les artéfacts cinématiques relativement à leur fonction – plutôt que sur leur bases physiques –, fonction qui, en bref, équivaut à transmettre l'impression de mouvement. Cette fonction peut se trouver dans un nombre indéfini de médias – *film* sur support celluloïd, évidemment, mais aussi vidéo, émission de télé, *flipbook* de dessins fait à la main [1], CGI [2] et, à vrai dire, qui sait ce que les prochaines générations inventeront ? Allons plus loin, la capacité de transmettre le mouvement des images est aussi liée à une fonction encore plus étroite et qui, pour beaucoup, est l'élément culturel central du cinéma – sa capacité de narration visuelle au moyen d'images qui bougent.

Cependant, il y a du moins une limitation lorsqu'on appelle la forme artistique en question *images animées*. Car le terme « image *[picture* [3]*]* » implique l'espèce d'artéfact visuel intentionnel dans lequel on reconnaît la dépiction d'objets, de personnes et d'événements simplement en regardant, et non pas en lisant, en déchiffrant ou en décodant. Autrement dit, nous reconnaissons de quoi les images figuratives sont les images figuratives par l'opération de certaines habitudes perceptuelles subpersonnelles qui sont automatiques et inscrites dans le corps. Mais toutes les images qu'on trouve dans le cinéma ne sont pas de cette sorte. Il y a beaucoup de films ou de vidéos qui sont abstraits, non figuratifs ou non représentatifs. Pensez aux films de figures tels ceux de Viking Eggeling, Marcel Duchamp et certaines des œuvres de Stan Brakhage. Ces œuvres peuvent être constituées de formes non identifiables et de structures purement visuelles. Ainsi, plutôt que de parler d'images figuratives animées, il est recommandé de dire : images animées. Car le terme d'*image* englobe à la fois les images figuratives et les abstractions – Hokusai et Kandinsky ; Zhang Yimou et Jordan Belson. Autrement dit, le concept d'image animée – comme celui d'image fixe – est plus complet que celui d'image figurative animée ou cinématographique. Car se demander si l'image est figurative ou abstraite est moins pertinent pour le projet de classification que se demander si c'est une image au sens où elle possède la possibilité technique du mouvement.

1. Le *flipbook* est un petit carnet avec des images qui paraissent animées lorsqu'on le feuillette rapidement [N.D.T.].

2. Abréviation pour *Computer-generated imagery*, c'est-à-dire les images de synthèse [N.D.T.].

3. Avec *picture*, par opposition à *image*, Carroll désigne l'image figurative (raison pour laquelle nous utiliserons cette distinction désormais lorsque Carroll joue sur la différence entre les deux mots) [N.D.T.].

types, occurrences et modèles

En renvoyant à la possibilité du mouvement, nous avons pu dégager une limite entre le cinéma, d'un côté, et la peinture, le dessin, même la photographie, etc., de l'autre côté. Nous avons ajouté une autre condition néces-
64 saire à notre caractérisation du cinéma : *x* appartient à | la catégorie de cinéma (1) seulement si *x* est une monstration détachée (ou une série de monstrations détachées), et (2) seulement si *x* appartient à la classe de choses relativement auxquelles l'impression de mouvement est techniquement possible. Néanmoins, ces deux conditions réunies ne sont suffisantes pour distinguer le film de son voisin proche qu'est le théâtre.

Car une représentation théâtrale est aussi une monstration détachée. Si l'on regarde une représentation théâtrale d'*Un tramway nommé désir*, on ne peut pas orienter notre corps – sur la base de l'information visuelle donnée sur la scène – dans la direction de la Nouvelle-Orléans. L'espace dans la pièce n'est pas l'espace de mon corps. Il n'est pas vrai, comme j'en ai l'impression, que Jules César meurt à quinze pieds devant moi, même si je suis assis au premier rang. Je ne peux pas non plus tourner mon corps vers le forum de la Rome antique sur la base de l'information interne donnée par l'image théâtrale devant moi. En outre, le théâtre, d'une manière tout à fait claire,
possède comme le cinéma la possibilité du mouvement.

Le cinéma et le théâtre sont semblables sous bien des rapports. Le cinéma, tel qu'il est le plus communément pratiqué, est une espèce de fiction dramatique qui raconte des histoires au moyen du jeu des acteurs. A bien des égards, le cinéma fut le successeur du théâtre. Même le langage du cinéma fait écho à celui du théâtre. Nous voyons des films dans des « théâtres », et on appelle parfois le fait de montrer un film une « représentation » [*performance*[1]] ; à la fin du XIXe siècle, les films étaient appelés « pièces cinématographiques ». Beaucoup de commerces de cinéma étaient logés dans des théâtres « légaux » rénovés où certains continuaient à utiliser les rideaux qui se lèvent et qui s'abaissent pour signaler le début et la fin de la projection.

A vrai dire, il est difficile de nier que le cinéma a été le rival d'un théâtre vivant, fournissant un substitut bon marché dont les faibles coûts venaient

1. Carroll joue sur le fait que la représentation *(performance)* théâtrale est une performance théâtrale (*i.e.* unique, non reproductible) et que, par extension, on parle parfois d'une représentation *(performance)* d'un film [N.D.T.].

finalement éclipser les les plus grandioses spectacles ayant lieu sur les planches. En outre, cette rivalité, comme nous l'avons vu, a alimenté quelques-uns des premiers débats relatifs au cinéma, avec les amoureux du théâtre vivant, contestant la valeur artistique du cinéma et affirmant qu'il n'est rien d'autre qu'une servile reproduction mécanique du drame vivant.

Aujourd'hui encore, alors que la bataille entre le cinéma et le théâtre s'est apaisée, les affinités entre les deux restent profondes. Il demeure sans doute vrai que le meilleur entraînement pour les acteurs de film et les réalisateurs de film est le théâtre. Etre acteur de cinéma et réalisateur implique, bien sûr, des compétences différentes du théâtre vivant. Cependant, c'est toujours dans les écoles dramatiques qu'on apprend le mieux les bases permettant de construire un personnage et d'orchestrer le jeu d'ensemble.

De plus, outre ces corrélations historiques, il y a aussi un profond lien métaphysique entre théâtre et cinéma. Tous deux relèvent de ce que les philosophes classifient comme formes d'art type ou formes d'art à instances multiples. Autrement dit, une division entre les arts peut se trouver entre les formes d'art impliquant des objets uniques et singuliers, telles les peintures, qui sont typiques, chacune unique en son genre, et les arts
 | impliquant de multiples copies de la même œuvre d'art. Un roman, par 65
exemple, est une forme d'art à instances multiples. Il y a probablement des millions de copies du roman *Ivanhoé*.

Des formes d'art à instances multiples, à leur tour, peuvent être analysées en termes de rapport entre type et occurrence. De même que le sou dans ma poche est une occurrence du type conçu par le Trésor américain, ma copie d'*Ivanhoé* est une occurrence du type écrit par Sir Walter Scott au XIXe siècle. Mon occurrence d'*Ivanhoé* me garantit un accès au type – l'original – que Sir Walter Scott a créé. *Ivanhoé*, en outre, n'est pas un objet matériel ordinaire. Ce n'est pas le manuscrit original de Scott, qui est lui même une occurrence du roman. Car le manuscrit original pourrait être perdu ou détruit et nous continuerions à dire qu'*Ivanhoé* existe. Du reste, toutes les copies d'*Ivanhoé* pourraient être détruites mais *Ivanhoé* n'en continuerait pas moins à exister, peut-être à titre de traces dans la mémoire humaine – une possibilité illustrée par le roman de Ray Bradbury, *Fahrenheit 451* (qui a été adapté au cinéma par François Truffaut [1966]).

Il n'y a pas que les romans, mais aussi les pièces [de théâtre] et les films qui entrent dans la catégorie des formes d'art type ou à instances multiples. La représentation donnée ce soir, à 20h00, de la pièce *Romance*, est une occurrence de la comédie créé par David Mamet, comme la représentation

(présentation, projection) donnée ce soir à 20h00 de *Raging Bull* [1980] est une occurrence du film type réalisé par Martin Scorsese. Ainsi, théâtre et cinéma sont frères, aussi bien du point de vue ontologique que du point de vue historique.

A l'aune de la distinction entre type et occurrence, les représentations théâtrales et les représentations cinématographiques ne semblent pas très différentes. Dans les deux cas, la représentation en question est une occurrence d'un type. Cela implique-t-il qu'il n'y ait pas réellement de profonde différence entre les représentations théâtrales et les représentations cinématographiques ? Cela suggère-t-il qu'il n'y ait pas de séparation ontologique notable entre théâtre et cinéma ?

Non. Car, bien que la simple distinction entre type et occurrence soit utile aussi loin qu'elle aille, elle ne va pas assez loin. Les représentations théâtrales et les représentations cinématographiques peuvent, à vrai dire, être légitimement toutes deux appelées des occurrences ; mais la manière dont ces occurrences sont générées à partir de leurs types respectifs diverge profondément. Et c'est là que se trouve l'indice d'une distinction ontologique entre théâtre et cinéma. En particulier, les occurrences que sont les représentations théâtrales vivantes sont générées par des interprétations,
tandis que les occurrences que sont les représentations cinématographiques sont générées par des modèles.

En outre, cela fournit une distinction artistique peut-être inattendue entre deux genres de représentation. Les représentations théâtrales sont des œuvres d'art par elles-mêmes et en elles-mêmes et, comme telles, elles sont susceptibles d'une évaluation artistique, mais la représentation d'un film (la présentation d'un film) n'est ni une œuvre d'art ni un candidat acceptable pour une évaluation artistique.

66 | La représentation d'un film – la présentation ou la projection d'un film – est générée par un modèle. D'une manière standard, il s'agissait de la copie d'un film, mais depuis la dernière décennie, cela peut être une bande vidéo, un disque laser, un DVD, ou un programme informatique instancié. C'est par ces modèles que nous trouvons un accès aux créations originales des auteurs du film en question.

Ces modèles sont des occurrences. On peut assigner à chacune d'elle un emplacement dans l'espace et le temps ; chacune d'elle peut être détruite. Mais le film – mettons *Chungking Express* [1994] de Wong Kar-wai – n'est pas détruit si quelques-unes des copies sont détruites. On pourrait penser que le master ou négatif possède un privilège. Cependant, le négatif du

Nosferatu de Murnau [1922] a été détruit en conséquence d'une décision judiciaire, suite à l'accusation selon laquelle le film était un plagiat de *Dracula*, mais *Nosferatu* survit et survivra aussi longtemps que l'accès à ce qu'il montre peut être assuré grâce au tirage de copies, à des DVD, à une collection de photos de tous les photogrammes ou bien à un programme numérique sur disque, bande, papier ou autre.

Pour obtenir une occurrence qu'est la représentation d'un film – la projection ce soir de *Gosses de Tokyo* [1932], d'Ozu –, nous avons besoin d'un modèle qui est lui même une occurrence du film type. La représentation du film – la projection ou la présentation de *Gosses de Tokyo* – est une occurrence du type créé par Ozu, occurrence qui nous transmet, à nous spectateurs, le chef d'œuvre d'Ozu, le type.

Ce résultat contraste nettement avec l'itinéraire qui mène de la pièce type à la représentation qui en est l'occurrence. Des pièces ont, à titre d'occurrences, à la fois des objets (le texte) et des représentations (l'interprétation du drame). Autrement dit, si on la considère comme une œuvre littéraire, une occurrence des *Bacchantes* est un texte écrit du même ordre que ma copie du roman *Les Diables*. Mais, considérée du point de vue du théâtre

vivant, une occurrence des *Bacchantes* est une représentation qui se situe à un moment donné du temps et dans un endroit spécifique.

De plus, à la différence de la représentation cinématographique (la représentation d'un film), la performance théâtrale n'est pas générée par un modèle. Elle est générée par une interprétation. Car, si on l'examine du point de vue de la représentation théâtrale vivante, la pièce d'Euripide est davantage une recette à réaliser par d'autres artistes incluant le metteur en scène, les acteurs, le décorateur et le responsable des éclairages, les costumiers et ainsi de suite.

Cette interprétation ou cet ensemble d'interprétations est une conception de la pièce et c'est cette conception de la pièce qui détermine sa représentation de soirée en soirée. L'interprétation peut avoir lieu dans différents théâtres et au cours de différentes soirées. Elle peut reprendre après un arrêt. Car l'interprétation est un type, un type qui constitue une médiation entre le type qu'est le texte de la pièce d'Euripide et son occurrence qu'est la représentation à tel et tel moment et dans telle et telle endroit. Ainsi, alors que les occurrences que sont les représentations d'un film sont générées par des modèles, les occurrences que sont les représentations d'une pièce-
type sont générées par un type – une interprétation | de la pièce-type. Le 67
rapport entre la pièce-type et sa représentation-occurrence résulte d'une

négociation opérée par une conception de la pièce, qui est elle-même un type, de sorte qu'une interprétation est un type à l'intérieur d'un type. Ce qui nous mène de la pièce à la représentation qui en est une occurrence, ce n'est pas un modèle qui est une occurrence, mais une interprétation qui est un type.

Il faut en outre remarquer cette caractéristique de la plus haute importance : une interprétation est quelque chose qui relève de la causalité intentionnelle ou mentale. En d'autres mots, la représentation-occurrence des *Bacchantes* est générée par l'esprit. La représentation-occurrence du film, de l'autre côté, est générée mécaniquement (et/ou électroniquement) ; elle est essentiellement le produit de la causalité physique. Il est possible que cette distinction soit déjà dans l'expression « spectacle *vivant* ». Mais on gagne ici à être tatillon. Le spectacle *vivant* doit être compris, par opposition aux films (cinéma) *mécaniques*, comme suit : le spectacle est vivant parce qu'il est le produit d'une médiation mentale ou intentionnelle via une interprétation ou une série d'interprétations.

Ainsi, une différence entre la représentation théâtrale et la représentation cinématographique se trouve dans le fait que celle-là est générée par une interprétation, alors que celle-ci est générée par un modèle. En outre, cette différence est liée à une autre distinction très intéressante, à savoir celle selon laquelle les représentations théâtrales sont des œuvres d'art par elles-mêmes et en elles-mêmes, et peuvent être évaluées du point de vue esthétique comme telles, alors que les représentations cinématographiques et les vidéos ne sont pas des œuvres d'art : cela n'aurait aucun sens de les évaluer comme telles. Un film peut être projeté sans que la mise au point soit faite, ou la bande vidéo peut être mal mise en place, mais ce ne sont pas des ratés artistiques. Ce sont des pépins mécaniques ou électriques. Autrement dit, le projectionniste du film peut être contesté du point de vue mécanique, mais il n'est pas incompétent du point de vue artistique. La compétence artistique n'entre même pas en ligne de compte.

Dans le théâtre, la pièce, l'interprétation et la représentation sont chacune des sphères de réalisation artistique distinctes. Il faut espérer, bien sûr, qu'elles vont s'intégrer les unes aux autres – et c'est ce qui arrive dans le meilleur des cas. Cependant, nous reconnaissons qu'elles sont des strates séparables du talent artistique. Nous nous rendons compte qu'elles peuvent se détacher. Nous parlons souvent d'une bonne pièce interprétée d'une manière fade, ou d'une pièce médiocre interprétée d'une manière ingénieuse et jouée de manière brillante – d'autres combinaisons sont possibles. Mais cette manière de parler, bien sûr, présuppose que nous regardions la pièce, l'interprétation et la représentation comme des niveaux de réalisation artistique distincts – même lorsque la pièce est écrite par quelqu'un qui la met en scène et qui également y joue. La pièce du dramaturge est une œuvre d'art qui est ensuite interprétée comme une recette ou jouée d'après les instructions d'un metteur en scène et d'autres dans le processus de production d'une autre œuvre d'art – la représentation de la pièce.

A cet égard, le théâtre, comme la musique et la danse, peut être appelé une forme d'art à deux niveaux. Dans la musique, du moins depuis l'avènement
de la notation, il y a une partition – | l'œuvre d'art créée par le compositeur, 68
et ensuite il y a aussi la représentation – la partition est exécutée par un groupe de musiciens. D'une manière semblable, il y a la chorégraphie de la danse qui est une œuvre d'art, puis il y a la représentation de la chorégraphie par la troupe qui constitue une œuvre d'art à part. Dans le théâtre, il y a une pièce – s'il n'y a pas de pièce au sens canonique du terme, il y a du moins une espèce de projet de représentation – et ensuite son exécution (ou ses exécutions).

Mais le cinéma n'est pas une forme d'art à deux niveaux. Il y a un niveau et il n'y en a qu'un au cinéma – le film *achevé* ou la vidéo. A cet égard, bien qu'il soit une œuvre d'art à instances multiples, un film achevé ou une vidéo sont analogues à une peinture et non pas à une représentation théâtrale qui, pour ainsi dire, achève le texte de la pièce ou une interprétation de celui-ci en l'incorporant. C'est cette incorporation qui mérite d'être traitée de plein droit comme une œuvre d'art.

Mais la représentation d'un film – la présentation d'un film – n'est pas une œuvre d'art par elle-même. Lorsqu'il s'agit d'une forme d'art à deux niveaux, il est censé de dire que la représentation d'hier soir était meilleure que celle de ce soir. Par exemple, nous pouvons dire d'un ballet que le corps dansait d'une manière plus alerte dans la performance d'hier mais qu'il est un peu mou ce soir. Or nous ne pouvons parler ainsi à propos de films. Que ferions-nous de quelqu'un disant que l'incarnation par Gregory Peck d'Atticus Finch dans *Du silence et des ombres* [R. Mulligan, 1962] était captivante la semaine dernière mais un peu lamentable hier soir? Voilà qui passerait les limites de l'intelligibilité.

Notre rapport au théâtre et au cinéma est très différent. Si, au théâtre, le type qu'est le texte de la pièce constitue une recette ou une ébauche que le metteur en scène et/ou les acteurs interprètent, et si, en outre, la recette et l'interprétation peuvent être considérées comme des œuvres d'art différentes bien que liées, au cinéma la recette et les interprétations sont des éléments constitutifs d'une même œuvre d'art intégrale. Si le dramaturge crée une pièce, nous l'apprécions indépendamment de ce que ses interprètes en font au théâtre. Nous pouvons et devrions lire le texte d'une pièce comme nous lisons un roman.

Cependant, dans le monde des films, comme nous le savons, on ne lit pas un scénario comme on lit des pièces et des romans. Par exemple, les électeurs de la cérémonie des Oscars ne lisent pas les scripts des nominés lorsqu'ils votent pour le meilleur scénario ; ils regardent le film dont il est un élément créatif important. Les seules personnes qui lisent des scénarios, en dehors des acteurs et des réalisateurs, sont les gens qui tentent d'apprendre comment les écrire, ou ceux qui enseignent comment les écrire, ou les étudiants engagés dans une recherche historique et/ou critique. Par opposition au théâtre, où la recette et l'interprétation sont deux œuvres d'art différentes, au cinéma la recette et son interprétation se présentent conjointement dans un ensemble indissoluble. Les scénarios de la plupart des films, comme *Duel* [S. Spielberg, 1971], ne sont pas de la littérature, alors qu'un
69 texte de pièce typique, à l'exception peut-être | des sketches comiques, prétendent à un statut littéraire – c'est-à-dire au statut d'œuvre d'art à part entière.

Les scénarios de film ne sont en rien analogues à des textes de théâtre du type *Hedda Gabler*. Souvent, comme dans le cas de *Boulevard du crépuscule* [B. Wilder, 1950], le tournage commence sans qu'il y ait un scénario complet ; les pages arrivent sur le plateau au jour le jour, juste à temps pour commencer la scène suivante. Mieux, le scénario est habituellement réécrit encore et encore, souvent au moment où le film a été tourné, et même après. Le réalisateur le transforme, les acteurs le transforment (souvent simplement en interprétant les mots du scénariste à leur propre manière), puis les scénaristes changent d'avis, et le producteur s'interpose – tôt ou tard chacun s'en mêle, et ainsi de suite. Les scénarios ne sont pas les produits d'un génie moderniste qui ne fait aucun compromis *à la Beckett**. Les scénarios de film qui nous parviennent sous une forme publiée ne sont pas les scénarios utilisés pendant le temps de tournage – lesquels ont très souvent été constamment modifiés lorsque le film a été fait –, mais ils ressemblent

* En français dans le texte.

davantage à des transcriptions ou des enregistrements des mots qui, au bout du compte, ont fini par être prononcés par les acteurs. Ils ne sont pas des recettes qui seraient utilisées pour initier une interprétation. Ils sont des documents liés au résultat du processus – ils sont moins des recettes que des parts du plat qui a été servi. Autrement dit et pour me répéter, ils sont du point de vue ontologique les éléments constitutifs du film avec lequel ils sont associés, et non pas des œuvres d'art qui seraient indépendantes.

Examinons donc désormais une autre différence entre le théâtre et le cinéma, à savoir la prétendue opposition entre la manière dont nous considérons la relation des acteurs de cinéma à leurs personnages et la manière dont nous comprenons la relation des acteurs de théâtre aux leurs. Souvent, les gens semblent affirmer que beaucoup d'acteurs différents peuvent jouer Khlestakov et que l'interprétation sera toujours une occurrence de la pièce-type *Le Révizor*, mais que, si quelqu'un d'autre que Joseph Cotten jouait l'oncle Charlie dans *L'Ombre d'un doute* [A. Hitchcock, 1943], ce ne serait plus le film-type. La raison en est la suivante : l'interprétation par Joseph Cotten de l'oncle Charlie – sa performance – de concert avec la réalisation d'Alfred Hitchcock, est manifestement un élément constitutif inséparable du film. Ce ne serait pas une projection (la représentation d'une occurrence) de *L'Ombre d'un doute* si cet élément constitutif spécifique était absent. L'interprétation par Cotten de l'oncle Charlie a été gravée sur celluloïd d'une manière indélébile. Autrement dit, pour parler d'une manière moins métaphorique, l'interprétation par les comédiens ne peut pas, en ce qui concerne le film, être séparée du film-type au sens où de telles interprétations peuvent être séparées de la pièce-type. Lorsque de nouveaux acteurs sont distribués dans ce que nous appelons à propos des films des « remakes », nous estimons que le résultat est un nouveau film-type ; mais pour ce qui est des changements de toute la distribution que *Hamlet* a subi au cours de l'histoire, il n'y a qu'une seule et unique pièce-type, celle créée par William Shakespeare.

| Tandis que les représentations cinématographique – les représentations 70
du film – sont générées par des modèles qui sont des occurrences, les performances théâtrales sont générées par des types d'interprétation. Ainsi, alors que les représentations cinématographiques au sens pertinent du terme dépendent contrefactuellement de certains processus et procédures électriques, chimiques, mécaniques et autres, les représentations théâtrales dépendent contrefactuellement des croyances, des intentions et des

jugements de gens – acteurs, metteurs en scène, responsables des éclairages, maquilleurs, et ainsi de suite.

Bien que, dans le théâtre occidental moderne, il y ait habituellement une conception globale de la mise en scène dans l'interprétation de la recette du dramaturge, la réalisation d'une représentation-occurrence, pour une soirée donnée, dépend de l'interprétation permanente de la pièce, malgré les exigences spécifiques de chaque situation unique à chaque représentation. C'est à cause de la contribution [de tous les participants] que l'interprétation, à titre d'action intentionnelle, a pour conséquence, dans la production de la représentation [théâtrale], que la représentation est susceptible d'une appréciation artistique, alors que la représentation d'un film – la projection d'un film – n'est susceptible d'aucune appréciation artistique, parce qu'elle est simplement fonction de mécanismes physiques qui enclenchent correctement le modèle.

Une représentation cinématographique réussie – la projection d'un film ou le défilement d'une cassette vidéo ou d'un DVD – n'exige pas une appréciation esthétique. Nous n'applaudissons pas les projectionnistes comme nous applaudissons les violonistes ou les pianistes. Nous sommes susceptibles de nous plaindre et peut-être de demander le remboursement de la séance si le film fond sous l'action du rayon du projecteur, mais c'est un échec technique, non pas artistique. Si c'était un échec artistique, n'attendrions-nous pas du public qu'il applaudisse si le film ne brûle pas ? Mais il ne le fait pas. Car la représentation cinématographique réussie dépend simplement d'une utilisation de l'appareil conforme à la manière dont il a été conçu pour être utilisé, et, puisque cela n'implique souvent rien de plus que le savoir-faire mécanique tout à fait minimal, faire défiler le modèle à travers la machine n'est pas considéré comme une réussite artistique. De l'autre côté, une représentation théâtrale réussie implique une interprétation-occurrence d'une interprétation-type, et, dans la mesure où elle dépend de facteurs intentionnels comme une compréhension et un jugement artistiques, elle peut légitimement être l'objet d'une appréciation esthétique.

En outre, si ce qui précède est exact, nous pouvons supposer qu'une différence majeure entre les représentations des images cinématographiques (ou images animées) et les représentations théâtrales consiste dans le fait que celles-ci sont des œuvres d'art alors que ce n'est pas le cas de celles-là. Ainsi, les représentations de films ne sont pas des objets d'une évaluation artistique, alors que c'est le cas des représentations théâtrales. Une autre façon d'exposer cette conclusion est la suivante : en un sens, le cinéma n'est pas un art *de la performance* – *i.e.* une forme d'art dont les représentations-occurrences sont elles-mêmes des œuvres d'art – par opposition au théâtre, qui est une forme artistique de performance dans le sens requis.

| Voilà qui, bien sûr, s'oppose à l'intuition. Ce qui, indubitablement, est 71
troublant dans cette conclusion, est que les artistes de cinéma – comme les acteurs – semblent précisément faire la même sorte de chose que les acteurs de théâtre, que nous appelons les artistes de la performance. Les acteurs de théâtre jouent, les acteurs de film jouent. Si ceux-là sont des artistes de la performance, c'est aussi le cas de ceux-ci. Ainsi, nous semblons nier ce qui est évident.

Accordons-le. Néanmoins, ce qui est évident peut être plus complexe que cela semble au premier coup d'œil. Lorsque nous allons à une représentation – une présentation – des *Sept samouraïs* [A. Kurosawa, 1954], nous ne voyons pas *une* performance donnée par Toshiro Mifune. Si nous disons que c'est une performance donnée par Mifune qui est sur l'écran, nous devons alors immédiatement spécifier notre déclaration : ce n'est pas *une* performance donnée par Mifune, mais la même et la seule ; c'est la même tous les soirs. Le jeu de Mifune est un élément inséparable des *Sept samouraïs* de Kurosawa. Le jeu de Mifune n'est pas *une* performance parmi tant d'autres au sens où nous pourrions traquer ses variations de soirée en soirée. Il ne peut pas y avoir de variation de projection en projection. La représentation d'un film n'est pas une performance *vivante*.

Comme Walter Benjamin l'a signalé dans son essai souvent cité, *L'œuvre d'art à l'époque de sa reproductibilité technique*[1], l'acteur de théâtre peut ajuster sa performance au public en chair et en os devant lui à travers son interprétation. Si le public semble apprécier l'humour gras, il peut mettre l'accent sur le sous-entendu sexuel de certaines lignes du texte. Mais l'interprétation de l'acteur, dans le film, est fixée sur le modèle à jamais.

Pour en revenir à l'exemple de Mifune, sa contribution artistique s'est située au moment ou son jeu a été conservé par la bobine de celluloïd et capturé dans la boîte à images. Quelles que soient les interprétations alternatives que Mifune ait tentées de son rôle dans les *Sept samouraïs*, elles ont été coupées au montage. L'interprétation définitive par Mifune de son rôle fut inventée avant la première représentation du film.

1. Trad. fr. M. de Gandillac, Paris, Allia, 2003.

Les interprétations par Mifune de chaque scène des *Sept samouraïs* furent intégrées et montées dans le produit final qu'est le film-type avant qu'il soit distribué où que ce soit. A partir du moment où ces objets furent dans les salles de cinéma, il n'y avait, pour Mifune ou n'importe quel autre artiste, rien à faire. C'était juste l'affaire d'un technicien faisant défiler un modèle au moyen d'une machine par, comme on dit, un processus mécanique.

En somme, il y a deux différences frappantes entre la représentation d'un film et la représentation d'une pièce. La première se trouve dans le fait que la représentation d'une pièce est générée par une interprétation qui est un type, tandis que, en ce qui concerne les films, la représentation cinématographique est générée par un modèle qui est une occurrence. La seconde différence est la suivante : la représentation d'une pièce est elle-même, habituellement, une œuvre d'art par et en elle-même, ce qui n'est pas le cas de la représentation-occurrence d'un film.

72 | En outre, la première de ces oppositions permet d'expliquer la seconde. Car c'est dans la mesure où la représentation d'un film est simplement générée par la mise en œuvre d'un modèle d'une manière mécanique et/ou électrique qu'elle n'est pas considérée comme une représentation *artistique* à proprement parler, alors que c'est le cas d'une représentation générée par une interprétation ou une série d'interprétations. Ces deux caractéristiques des films sont suffisantes pour distinguer les représentations cinématographiques des représentations de pièces, et, en outre, les deux différences s'appliquent à tous les films, vidéos et autres, que les types eux-mêmes soient des œuvres d'art ou non.

Jusqu'ici, nous avons identifié quatre conditions nécessaires de l'image animée. Quelque chose = x est une image animée seulement si (1) x est une monstration détachée ; (2) x appartient à la classe des choses dont on peut promouvoir l'impression de mouvement ; (3) les représentations occurrences de x ne sont pas des œuvres d'art par et en elles-mêmes. De plus, ce critère nous fournit les moyens conceptuels pour distinguer les cas de l'image animée de ses voisins dans les mondes de la peinture et du théâtre.

la bidimensionnalité

Cependant, notre formule n'est pas pour le moment complètement adéquate. Ainsi, on peut lui opposer au moins une espèce de contre-exemple. Prenons ce qui est appelé sculptures animées du type des figurines animées sur les différentes horloges anciennes ; lorsque l'horloge sonne midi, une porte s'ouvre et une figurine de grenadier traverse le haut de la pendule. D'une manière semblable, il y a les sculptures animées qu'on trouve dans les différents Disneylands, comme le robot à l'image d'Abraham Lincoln récitant le discours de Gettysburg tel une horloge mécanique.

Dans la mesure où ces espèces de sculptures sont multiples, elles satisfont aux conditions établies pour les membres de la catégorie de l'image animée, comme également les statuettes de ballerines qui, autrefois, faisaient des cabrioles sur le haut des boites à musique. Tous ces exemples sont des monstrations détachées au sens où ce lieu qu'est la forêt de Burnham sur la scène de théâtre est littéralement discontinu avec l'espace où nous vivons. Ces ballerines ne dansent pas dans notre espace, mais dans un espace idéal, éthéré.

De plus, les sculptures dont nous avons parlé – nous le supposons – sont fabriquées à partir d'un modèle et en de multiples exemplaires. Le mouvement mécanique, dans sa similitude avec la pirouette de la ballerine – sa représentation, si vous préférez –, n'est pas une œuvre d'art par et en elle-même. Toutefois, bien qu'elle satisfasse aux | critères, il est clair que 73
notre ballerine ne semble pas être cette espèce de chose que nous avons à
 l'esprit quand nous parlons de films ou d'image animée.

Afin d'exclure des cas comme celui-là, proposons une cinquième condition pour entrer dans le régime de l'image animée. Exigeons en outre que, pour être une image animée, x doive donc être une configuration à deux dimensions. Ainsi x est une image animée seulement si (5) x a deux dimensions. Sans doute peut-il sembler qu'il n'est pas nécessaire d'ajouter la formule ci-dessus avec cette correction, puisqu'on peut soutenir que la bidimensionnalité est déjà comprise dans le fait que nous parlons de films et d'images animées qui, par définition, sont bidimensionnels. Néanmoins, même si c'est vrai quand il s'agit d'images, cela contribue à expliciter le fait que les images en question, lorsqu'on parle d'images animées, sont bidimensionnelles.

A ce point, il peut être pertinent de se demander pourquoi la bidimensionnalité n'a pas été introduite auparavant, car il pourrait sembler que cette caractéristique aurait pu nous nous donner un critère précis pour séparer les films du théâtre. Mais les apparences peuvent être trompeuses, car il y a, de fait, un théâtre qui est bidimensionnel, comme par exemple les spectacles d'ombres chinoises de Bali, de Java, ou de Chine. Si l'on veut le considérer comme du théâtre plutôt que comme des images cinématographiques, il faut recourir à l'idée selon laquelle les représentations-occurrences de films, en particulier, et d'images animées, de manière plus générale, sont générées par des modèles qui sont eux mêmes des occurrences.

Ainsi, x est une image animée si et seulement si (1) x est une monstration détachée ou une série de monstrations détachées ; (2) x appartient à la classe des choses dont on peut, techniquement, promouvoir l'impression de mouvement; (3) des occurrences-représentations de x sont générées par des modèles qui sont eux-mêmes des occurrences; (4) les occurrences-représentations de x ne sont pas des œuvres d'art par et en elles-mêmes ; et (5) x est bidimensionnel. Notons que chacune de ces cinq conditions est déclarée nécessaire et que ces cinq conditions sont conjointement suffisantes.

Néanmoins, dès que la prétention à la complétude est émise, peut apparaître le soupçon selon lequel la formule précédente serait trop exclusive. Supposons qu'il devienne possible de faire un remake d'images animées du type de la série télévisée de HBO *Rome* [2005-2007] en trois dimensions et au moyen de l'holographie. Imaginons que nous puissions projeter une scène en trois dimensions d'un combat mortel dans le Colisée, avec les spectateurs assis tout autour de l'arène virtuelle comme les Romains de l'Antiquité. Un tel spectacle n'entrerait-il pas à juste titre dans la catégorie d'image animée ? Pourtant, il ne s'accordera pas avec notre définition, puisqu'un remake holographique de *Rome* ne serait pas bidimensionnel : car nous pouvons mesurer nos gladiateurs-légionnaires sous tous les angles.

Il y au moins deux stratégies pour faire face à ce cas. D'un côté, on peut soutenir que c'est une illusion de prétendre que notre hologramme est tridimensionnel. Il est produit par un ensemble de projections bidimensionnelles, et si vous tentez de frapper nos gladiateurs-légionnaires, votre
74 bras passera complètement à travers eux. | Mais il n'est pas évident que la tridimensionnalité de l'hologramme soit une propriété illusoire et non pas une propriété objective, dépendant de la réponse[1]. Il est vrai que, bien que nos gladiateurs-légionnaires aient une circonférence, ils n'ont pas de masse. Ils n'ont pas de poids, mais ils ont une longueur, une largeur et une profondeur. Cependant, puisque il n'est pas évident que la solidité soit vraiment une condition nécessaire pour la tridimensionnalité, elle ne peut

1. En anglais : « *response-dependent* ». Expression fréquente dans la littérature analytique pour désigner ce qui est susceptible de susciter un certain type de réaction. Pour l'usage de ce concept dans la définition de ce qui est réel, voir la mise au point de l'*European Review of Philosophy : Response-Dependence*, n° 3, 1998, éd. par R. Casati et R. Tappolet. Nous mettrons entre guillemets cette expression [N.D.T.].

pas être un argument pour prétendre qu'un *Rome* holographique est en vérité bidimensionnel.

De l'autre côté, peut-être que nous nous sommes trop avancés sur ce coup-là. Nous pouvons soutenir que dans la mesure où l'hologramme est tridimensionnel, il n'est pas une *image* animée. Souvenons-nous que le critère de la bidimensionnalité a justement été introduit pour distinguer ce que nous appelons les images animées des *sculptures* animées. Les sculptures se distinguent précisément des images par l'opposition de la tridimensionnalité à la bidimensionnalité. Puisque le *Rome* holographique est tridimensionnel, il est alors naturel de le classer dans les sculptures animées.

Est-ce simplement une solution *ad hoc* – une solution qui s'appuie essentiellement sur une nouvelle catégorie afin d'éviter une situation théorique embarrassante (qui deviendrait sinon un contre-exemple flagrant) ? Pas vraiment. Beaucoup de sculptures classiques ont des parties animées. Beaucoup de fontaines sont des ensembles sculpturaux dans lesquels, par exemple, l'eau animée représente l'eau animée – les grands fleuves du monde, par exemple, ou bien, d'une manière moins noble et comme on peut le voir à Bruxelles, l'urine produite par un jeune garçon. En outre, il y a des sculptures *animées* abstraites, comme les mobiles d'Alexandre Calder.

Ainsi, la catégorie de sculpture animée n'a pas été inventée de manière aléatoire. De telles choses existent bien. Pourquoi les hologrammes animés ne seraient-ils pas placés dans cette catégorie, s'ils sont effectivement tridimensionnels ? A vrai dire, à titre d'exemple d'une telle sculpture, dont je pense qu'il est naturel de la penser comme une sorte de sculpture bien qu'il s'agisse d'une sculpture lumineuse, voyez l'hologramme interactif de Benjamin Franklin au spectacle « Lumières de la liberté » à Philadelphie, qui a été conçu pour la célébration du 300e anniversaire de Franklin.

On pourrait s'opposer à cette proposition en raison du fait que les sculptures ne sont pas seulement tridimensionnelles, mais solides, ce qui n'est pas le cas de notre hologramme. Mais la sculpture de Robert Morris, *Steam [Vapeur]*, dont le nom seul vous dit ce que vous avez besoin de savoir sur elle, ne résistera pas davantage, lorsque votre main la traversera, que notre *Rome* holographique. Si vous maintenez que *Steam* n'en a pas moins quelques particules de substance, alors que ce n'est pas le cas de nos gladiateurs-légionnaires, rappelez-vous de nombreuses installations sculpturales de Dan Flavin, comme *Alternative Pink and Gold*. Car ces installations sculpturales sont faites, non seulement avec des tiges fluorescentes, mais aussi avec la lumière que celles-ci projettent et la manière dont cela illumine les murs environnants. Puisque Flavin peut aller jusqu'à créer des sculptures avec la lumière, il ne peut y avoir aucune objection de principe pour que des sculptures animées soient fabriquées avec le même ingrédient.

75 | En plus de l'inquiétude selon laquelle notre caractérisation de l'image animée serait trop étroite, on peut aussi la soupçonner d'être trop large – ou encore d'inclure ce qu'elle ne doit pas. Par exemple, du point de vue photographique, le *flip book*, fabriqué en masse, répond à tous nos critères caractérisant la catégorie d'image animée. Considérons, par exemple, les coins supérieurs des pages de droite du merveilleux livre d'Arlene Croce, *The Fred Astaire and Ginger Rogers Book* [1]. Vous y trouverez toujours des photographies d'Astaire et de Rogers en train de danser. Si vous feuilletez le livre suffisamment vite, comme vous êtes manifestement censé le faire, vous pouvez animer les danseurs. Ce qui se trouve au fondement de l'opération, ici, c'est bien sûr le principe qui est derrière un *flip book* d'enfant. Bien que la troisième condition de la théorie sur l'image animée précédente exclut les *flip books* faits main du type de ceux que nous avons à l'occasion faits au lycée, les *flip books* satisfont à cette condition s'ils sont fabriqués avec des photographies ou reproduits d'une manière chimique et mécanique. En outre, si les pages se tournaient automatiquement, la représentation-occurrence de l'animation ne serait évidemment pas considérée comme art. D'une manière semblable, les photographies de cheval du type Muybridge, amenées à la « vie » par l'appareil du XIXe siècle connu sous le nom de zootrope, conviennent à notre formule. Mais elles aussi ne sont pas le genre de choses que les gens ont habituellement dans l'esprit quand ils parlent de films. Si je vous dis pour vous remercier d'un service que je vous emmène au cinéma, mais que je vous conduis dans une librairie et que je vous offre un *flip book*, vous vous sentirez probablement trompé.

Il faut l'admettre, ni un zootrope ni un *flip book* ne sont des exemples paradigmatiques ou exemplaires de notre concept de cinéma. Mais je ne vois pas de raison pour ne pas les inclure dans notre catégorie d'image animée. En effet, il y a au moins deux raisons, indépendamment de notre théorie, de procéder ainsi. Premièrement, le label *image animée*, tel qu'il est compris dans le langage ordinaire, leur convient parfaitement. Quel autre nom que représentations figuratives animées ou images animées pourrions-nous leur donner? Le nom leur convient naturellement. En

1. A. Croce, *The Fred Astaire and Ginger Rogers Book*, New York, E.P. Dutton, 1987.

outre, ils dépendent des mêmes principes que les autres images standards de cinéma et, en réalité, ces phénomènes sont intimement liés, du point de vue historique, au développement des images du film de cinéma qui est projeté dans nos multiplexes locaux. Ils étaient, pour ainsi dire, les films qui existaient avant ce que nous appelons films d'une manière exemplaire. Admettons les donc comme exemples, quoique non exemplaires, de la catégorie d'image animée.

pour une théorie plus simple ?

Certains philosophes seront mécontents de cette résolution, arguant qu'elle s'éloigne trop du concept ordinaire de films tel que nous l'utilisons aujourd'hui. Afin d'éviter d'inclure les *flip books*, les zootropes | et autres, ils 76
proposent que l'appartenance à la catégorie implique que le candidat soit projeté sur un écran. Un philosophe, Alan Goldman, par exemple, affirme que quelque chose est une image animée si et seulement si c'est (1) une image capable de mouvement (2) qui est mécaniquement projetée sur un écran. Puisque cette conception de l'image animée est bien plus simple que celle que nous avons développée dans ce chapitre, nous pouvons l'appeler « la définition simplifiée ». De plus, la seconde condition de la définition simplifiée – à savoir qu'une image animée soit projetée sur un écran – expulse les *flip books* et les zootropes en dehors du royaume de l'image animée. Cela ne devrait-il pas être mis au crédit de la conception simplifiée? Néanmoins, la faiblesse, c'est que cette vision exclut trop d'autres éléments qui assurément appartiennent à la catégorie.

Les premiers films produits par la corporation Edison n'étaient pas projetés sur des écrans, mais étaient regardés au moyen de kinétoscopes – c'est-à-dire qu'ils étaient visionnés, non pas sur un écran, mais – ce qui leur valait parfois l'appellation de « peep shows » – dans des boîtes dans lesquelles les clients regardaient un par un. Souvent, ces courts métrages étaient des enregistrements de numéros de music-hall, comme Annie Oakley en train de tirer. Avant que les frères Lumière la popularisent, la projection de films n'était pas à l'ordre du jour. Mais ces premiers films Edison étaient assurément des images animées, même s'ils ne furent jamais projetés. Une définition qui ne peut pas les classer comme des images animées est clairement inadéquate. Davantage, ces boites à images restèrent populaires dans les parcs d'attractions et dans les magasins de pornographie pour adultes jusqu'à l'avènement de la vidéocassette. Tels les courts-métrages d'Edison, ces films étaient eux aussi indéniablement des images animées. A vrai dire, jusqu'à il y a peu de temps, les films étaient habituellement montés sur des machines telles les tables de montage Moviola et Steenbeck[1]. Autrement dit, les monteurs regardaient le métrage à l'état brut de la manière dont le public originaire regardait les produits de la compagnie Edison. Mais qui nierait que ces monteurs regardaient des images animées? N'était-ce pas ce qu'ils proposaient aux spectateurs des salles (de cinéma)?

En réponse à ces objections, le défenseur de la définition simplifiée pourrait estimer que sa définition de l'image animée est pensée comme saisissant l'usage actuel et, partant, n'est pas menacée par des contre-exemples du passé. Je ne suis pas sûr que ce soit une réponse recevable, puisque les usages actuels auront toujours à classifier des choses comme les productions Edison, et je soupçonne qu'ils les classifieront comme images animées, ou, du moins, comme des films de cinéma. Mais, en tout cas, même s'il était permis de rassembler, d'une quelconque manière, tous ces contre-exemples historiques, une énigme persistante subsisterait pour la définition simplifiée, puisqu'il y a plutôt un grand nombre de candidats ostensiblement légitimes dans ce qui, aujourd'hui, prétend à la catégorie
d'image animée, et avec lesquels la définition simplifiée ne peut tout simplement pas s'accorder.

77 | Considérons, par exemple, les vidéocassettes et les DVD. Ils ne sont pas projetés sur un écran, mais, au contraire, ils sont diffusés directement au spectateur. Entre parenthèses, la même chose est vraie de tout ce qui passe à la télévision. Ne s'agit-il pas ici d'images animées? Si la définition simplifiée les rejette – puisqu'elles ne sont pas projetées –, il y a au moins deux difficultés qui surgissent. Premièrement, le problème évident, du point de vue préthéorique, c'est que tout le monde est enclin à penser que, virtuellement, tout ce qui passe à la télévision devrait être considéré comme appartenant à la catégorie de l'image animée. Mais, deuxièmement, le nier conduit à une aberration. Si je vois *Mary à tout prix* [B. et P. Farrelly, 1998] dans une salle de cinéma, la définition simplifiée le range dans la classe des images animées. Si maintenant je le vois diffusé à la télévision ou sur une

1. La Moviola, inventée par Iwan Serrurier dans les années 1920, est l'une des premières tables de montage; la Steenbeck, légèrement plus tardive, est la première table de montage à plat [N.D.T.].

vidéocassette ou un DVD, ce n'est pas le cas. Ainsi, la définition simplifiée aboutit à un paradoxe et devrait être repensée pour cette seule raison.

A ce point du débat, le défenseur de la définition simplifiée est capable d'objecter que les télévisions ont des écrans, et que, conséquemment, aucun des contre-exemples avancés dans le paragraphe précédent n'atteint réellement son but. Mais cela n'est pas vrai. Nous regardons directement les images télés; elles ne sont pas réfléchies sur un écran. Les théoriciens distinguent communément le fait de regarder la télé et celui de regarder un film par ce moyen. Pourquoi l'ami de la conception simplifiée penserait-il autrement?

Peut-être que le défenseur de la conception simplifiée a dans l'esprit ce que la plupart des gens qualifient d'« écran télé » – la chose que nous lavons avec du Glassex? Mais voilà une expression inappropriée, puisque l'image est projetée à travers le morceau de verre et non *sur* lui. Mieux, ce verre n'est pas un élément nécessaire du mécanisme de transmission de la télé. Vous pouvez enlever le verre, vous recevrez toujours une image animée. Si vous ne me croyez pas, essayez.

Ou bien, par *écran*, le défenseur de la conception simplifiée pensait peut-
 être à l'écran de phosphore dans le tube à rayon cathodique. Il se trouve entre le masque et le verre du tube cathodique. Il est recouvert d'une bande de phosphore qui s'allume lorsque différentes couleurs des faisceaux de lumière la frappe. Mais l'écran de phosphore fait partie du tube image – c'est-à-dire fait partie du mécanisme de projection. Ce n'est pas un écran sur lequel l'image est projetée. C'est un dispositif pour produire l'image. C'est une partie de ce qui projette l'image – c'est une partie du tube image – et non pas quelque chose d'analogue à un écran recevant l'image. Car, normalement, il n'y a pas d'écran sur lequel le tube image lance l'image.

Il ne s'agit pas de nier que les télévisions ne puissent pas être équipées de mécanismes permettant de projeter leurs images sur des murs nus ou des écrans. Mais ce n'est pas habituellement le cas. La possibilité de projection sur un écran n'est pas une caractéristique nécessaire des télévisions. A la télévision – que l'image nous vienne d'une vidéocassette, d'un DVD, ou d'une émission –, nous regardons directement | dans le mécanisme de 78
projection plutôt que sur un écran sur lequel quelque chose serait projeté. Un écran n'est pas une condition nécessaire pour une image télévisée. Ainsi, dans la mesure où les images télévisées sont des exemples paradigmatiques de l'image animée, la définition simplifiée ne convient précisément pas à l'usage contemporain du concept.

Bien sûr, le défenseur de la conception simplifiée peut prétendre que tout ce qu'il entend par *écran* est ce sur quoi vous voyez quelque chose d'autre ou ce à travers quoi vous voyez quelque chose d'autre. Mais voilà qui est clairement trop large. Car on ne pourrait pas exclure certaines inventions théâtrales de l'ordre de l'image animée. Il y a, bien sûr, les spectacles d'ombres chinoises mentionnés plus haut. En outre, si des acteurs de théâtre jouent une scène ou une pièce tout entière derrière un écran rétro-éclairé, cela tombera sous la définition simplifiée de l'image animée alors que cela semble véritablement, du point de vue intuitif, être un contre-exemple.

Les philosophes en général préfèrent les théories simples aux théories plus élaborées. De là l'attirance de la théorie simplifiée. Néanmoins, la précision et l'exhaustivité sont encore plus importantes que la simplicité. La définition simplifiée n'est pas aussi précise que sa rivale plus complexe. Elle pêche en excluant trop de phénomènes – des courts-métrages d'Edison aux DVD des *Indestructibles* [B. Bird, 2004] – alors même qu'elle inclut trop de choses – par exemple les spectacles d'ombres chinoises. Conséquemment, à moins qu'une théorie simplifiée puisse être modifiée pour éviter ces manques, nous considérerons pour le moment quelque chose comme un exemple d'image animée si et seulement si (1) cette chose est une monstration détachée ou une série de monstrations détachées ; (2) si elle appartient à la classe des choses pour lesquelles l'impression de mouvement est techniquement possible ; (3) ses occurrences-représentations sont générées par des modèles qui sont des occurrences ; (4) ses occurrences-représentations ne sont pas des œuvres d'art par et en elles-mêmes ; et (5) cette chose est une configuration à deux dimensions.

Pour répondre à la question avec laquelle nous avons commencé – qu'est-ce que le cinéma ? –, nous pouvons désormais dire que le cinéma est, au moins, d'une manière nécessaire, la production d'images animées. Il faut bien reconnaître que ce n'est pas, comme pourrait dire Descartes, le morceau de cire dans son intégralité. Mais n'est-ce pas là un début joliment utile ?

lectures conseillées

La recherche pour définir le cinéma a été une recherche perpétuelle. Tous les théoriciens du film cités à la fin du chapitre précédent ont leur propre réponse à la question « qu'est-ce que le cinéma ? ». Considérez ces références comme un guide pour choisir votre itinéraire dans le labyrinthe.

On trouvera également une approximation de la théorie proposée dans ce chapitre dans Noël Carroll, « Defining the Moving Image », *Theorizing the Moving Image* | (Cambridge, Cambridge University Press, 1996), bien que la présente version soit 79
plus audacieuse et mieux défendue que la précédente.

L'idée de monstrations détachées ou de configurations désincorporées bénéficie fortement des spéculations de Francis E. Sparshott, bien qu'établir cette condition comme une condition nécessaire pour le cinéma ne soit pas le but essentiel de l'article de Sparshott. Voir F.E. Sparshott, « Vision and Dream in the Cinema », *Philosophic Exchange* n° 1 (Eté 1971), p. 111-122.

L'importance accordée ici aux images *animées* est profondément redevable au magnifique article d'Arthur Danto, « Moving Pictures », *Quaterly Review of Film Studies* vol. 4, n° 1 (Hiver 1979), p. 1-21.

La discussion des occurrences, types et modèles en rapport à l'art commence avec *Art and its Objects* de Richard Wollheim (Cambridge, Cambridge University Press, 1980), particulièrement les sections 35-38. Dans ce chapitre, nous travaillons à partir du cadre de Wollheim.

On peut trouver la distinction faite par Walter Benjamin entre le jeu cinématographique et le jeu théâtral dans « The Work of Art in the Age of Mechanical Reproduction », dans *Illuminations*, édité par Hanna Arendt et traduit par Harry Zorn (New York, Schocken Books, 1968).

124 On peut trouver la définition simplifiée des films dans Alan Goldman, « Specificity, Popularity, and Engagement in the Moving Image », *Film and Philosophy* vol. 5, n° 6 (2002), p. 93-99.

chapitre 4
l'image animée, le plan

80 | Les films sont habituellement constitués de séries d'images animées appelées plans, et ces images sont, quant à elles, animées à titre de succession d'images fixes appelées photogrammes, passant devant le faisceau du projecteur. Un plan est usuellement une prise ininterrompue de la caméra – sans que des discontinuités spatiales ou temporelles soient détectables par l'œil humain.

Ces plans peuvent être très proches de leurs sujets – comme dans un gros plan du visage de Gong Li ou du barillet d'un revolver – ou plus éloignés, dans le cas, par exemple, du plan italien d'un homme attendant un bus ; du plan d'ensemble d'un paquebot à vapeur dans un port ou du plan en plongée sur des danseuses de revue, agençant leurs membres de manière ornementale pour produire des figures kaléidoscopiques, dans un numéro musical de Busby Berkeley. Les plans peuvent aussi contenir des déplacements de points de vue, comme lorsque la caméra fonce sur son sujet, ou zoome dessus, ou lorsqu'elle s'éloigne de lui, ou lorsqu'elle se déplace à côté de lui, par exemple dans une course-poursuite automobile à couper le souffle.

Ces plans sont, pour ainsi dire, les blocs de construction du cinéma traditionnel. La question qui nous intéresse dans ce chapitre est de savoir comment comprendre, de la manière la plus pertinente, ces plans qui sont des images animées, depuis les gros plans de Tony Soprano jusqu'aux plans d'ensemble du vaisseau spatial *Enterprise*. (Notons que, dans ce chapitre, notre préoccupation porte sur les *images figuratives* animées et non, plus globalement, sur les *images* animées. Autrement dit, nous ne tenterons pas d'analyser ici les abstractions cinématographiques).

Les plans cinématographiques sont des représentations – des représentations figuratives de maisons, de chevaux et de Hondas. Mais comment ces plans parviennent-ils à transmettre leur contenu à un public ? Il semble y avoir au moins quatre positions dominantes : (1) les plans cinématographiques sont des illusions de ce dont ils sont les images (la thèse de l'illusion) ; (2) les plans sont des transparents nous donnant indirectement et perpétuellement accès à ce qui leur a donné naissance (la thèse de la transparence) ; (3) les plans sont des symboles codés, un peu comme les
mots | (la thèse du code) ; (4) les plans sont des signaux de recognition, des 81
symboles naturellement générateurs, engageant le processus perceptuel supra-personnel que nous employons quotidiennement dans la recognition des objets, de telle sorte qu'un plan, disons de chien, suscitera notre accès
 cognitif au chien sur l'image, sans aucune opération implicite de décodage, de lecture ou d'inférence (la thèse de la recognition).

Nous allons passer en revue ces options l'une après l'autre. Cependant, dans un souci de transparence, je dois d'ores et déjà annoncer que mon choix se porte sur la thèse de la recognition.

la thèse de l'illusion

La première option – selon laquelle le plan cinématographique est une illusion – est sans doute la plus connue ; je soupçonne la plupart des lecteurs d'en avoir déjà entendu parler. Elle consiste à soutenir que l'image sur l'écran est si convaincante que l'on est séduit ou trompé par l'illusion selon laquelle les objets ou événements qui ont donné naissance à cette image se trouvent vraiment là devant nous. Parfois, certains dispositifs cinématographiques comme le Cinérama ou l'Imax ont fait leur promotion en affirmant qu'ils donnaient l'illusion de la réalité. Ou bien, un critique peut recommander un film en disant qu'il vous donne l'impression d'être réellement *dedans* – c'est-à-dire dans le monde du film.

L'idée que le plan cinématographique est une illusion apparaît dès les commencements de l'histoire du cinéma. L'un des plus anciens films projetés par les frères Lumière montrait un train arrivant en gare. L'image sur l'écran semble s'avancer vers la caméra qui tournait, et les spectateurs, dit-on, se bousculaient pour éviter la trajectoire de l'engin. On prétendait qu'ils pressentaient un danger mortel. Nous ne pouvons pas savoir avec certitude si cet événement est réellement arrivé ou s'il n'est qu'une exagération de certains publicitaires (pour ma part, j'avoue franchement que je suis très sceptique quant à l'exactitude de cette histoire). Néanmoins, le *mantra* du cinéma comme illusion de la réalité est souvent répété ; il fut l'article de foi des théoriciens du cinéma dans les années 1970 et 1980.

Ce qu'on peut appeler la thèse de l'illusion peut être formulé au moins de deux façons : (1) soit l'image animée est une illusion cognitive ou épistémique, (2) soit elle est une illusion perceptuelle. Dire que le plan cinématographique est une illusion cognitive ou épistémique implique qu'il suscite une *croyance* chez les spectateurs. En particulier, cela implique l'engendrement d'une *fausse* croyance chez le spectateur – c'est-à-dire, la croyance littérale en la présence de l'objet ou de l'événement figurés sur l'écran.

82 | Supposons que l'image sur l'écran soit Big Jake [*Big Jake* de John Wayne et Georges Sherman, 1971]. Dans la version cognitive ou épistémique de la thèse de l'illusion, si Big Jake marche vers la caméra, je crois qu'il marche vraiment vers moi. S'il prend sa Winchester et la pointe dans ma direction, je crains pour ma vie. En effet je suis censé croire, ici, que Big Jake est dans le même espace que moi et que ses balles peuvent pénétrer ma chair.

La version perceptuelle de la thèse de l'illusion peut être illustrée par un exemple philosophique ancestral – le bâton droit qui, dans l'eau, semble courbé. Comme vous le savez, si vous prenez un bâton droit et le plongez dans un ruisseau, il vous apparaîtra courbé. Autrement dit, vous *verrez* le bâton courbé même si vous savez qu'il est droit. C'est ce qu'on appelle une illusion d'optique. Bien entendu, puisque vous savez que le bâton est droit, vous croyez qu'il l'est en dépit du fait qu'il vous apparaît courbé. Vous n'êtes pas trompé par l'aspect du bâton. A la différence des cas d'illusions cognitives ou épistémiques, vous ne vous forgez pas une fausse croyance au sujet du bâton. Il se présente néanmoins à la perception comme s'il était courbé.

Un autre exemple fameux d'illusion perceptuelle est l'illusion de Müller-Lyer. Elle requiert deux lignes d'égale longueur, dont les extrémités consistent pour celle du dessous en des flèches pointées vers l'extérieur, et pour celle du dessus des flèches pointées vers l'intérieur. L'effet de ce dispositif est tel que la ligne du haut semble plus longue que celle du bas, même si elles ont exactement la même longueur. Pour prouver cette égalité, vous pouvez mesurer les lignes avec une règle. Cela établira qu'elles sont égales mais ne suffira pas à ébranler l'impression qu'elles *semblent* de longueurs différentes.

Même si vous en venez à croire que les lignes sont égales, cette croyance ne changera rien à la façon dont elles vous apparaissent. La perception de l'inégalité des lignes relève de ce que les philosophes nomment une impénétrabilité cognitive – *i.e.* le savoir (et la croyance) de l'égalité des lignes ne changera rien au fait qu'elles vous apparaissent inégales. L'illusion perceptuelle reste ici imperméable à votre croyance. Nous savons, d'un point de vue cognitif, que les lignes sont les mêmes, mais nous ne pouvons pas nous empêcher de voir la ligne du haut plus grande que celle du bas.

Les illusions cognitives impliquent des croyances et, en fait, des croyances fausses. Nous sommes trompés par les illusions cognitives ou épistémiques. Les illusions perceptuelles n'ont nullement besoin de susciter la tromperie. Nous pouvons savoir (et donc croire) que le bâton dans l'eau est droit alors qu'il reste obstinément courbé pour nous. Ce que nous savons et croyons ne changera pas l'impression perceptuelle que le stimulus provoque en nous. Croire le contraire – par exemple, que les deux lignes dans l'expérience de
 Müller-Lyer sont égales – n'a aucun impact sur le fait que pour vos yeux elles restent obstinément inégales.

| La version cognitive ou épistémique de la thèse de l'illusion n'est pas très 83
prometteuse. Dans cette conception, les plans cinématographiques parviennent à transmettre tout ce dont ils sont les images en produisant l'illusion que tout ce qu'ils représentent à l'écran est littéralement présent devant nous. Par exemple, lorsque nous regardons *Finding Neverland* [Marc Foster, 2004], nous sommes d'une manière ou d'une autre convaincus, illusoirement bien entendu, d'être en train de voir James Barrie – en personne, comme on dit – écrire Peter Pan. On décrit parfois ce phénomène comme une suspension de l'incrédulité. Mais il s'agit là simplement d'une manière détournée de dire que, dès que nous nous abstenons de refuser de croire que Barrie est en face de nous, nous croyons qu'il l'est. Cette hypothèse abuse encore de notre crédulité.

Par ailleurs, les croyances sont des états mentaux que nous posons par hypothèse pour expliquer le comportement des gens. Hortense annonce qu'elle a soif et elle s'avance vers la porte du réfrigérateur. Nous expliquons son acte en postulant qu'Hortense croit qu'il y a une boisson désaltérante dans le réfrigérateur. Herbert lit son allocution; nous expliquons ceci en disant qu'Herbert croit que, par cette lecture, il réussira son examen demain. Les croyances sont liées au comportement, étant donné qu'elles font que des comportements ont lieu.

Considérons cependant la conséquence de ce fait pour la version cognitive ou épistémique de la théorie de l'illusion. Nous croyons, prétendument, que les objets et les événements à l'image sont présents devant nous. Mais qu'en est-il si le film est *King Kong* ? Si nous croyions sincèrement qu'un gorille de cinquante pieds et très en colère se tient devant nous, à portée de mains, pourrions-nous rester assis bras croisés et attendre qu'il nous arrache de nos fauteuils pour nous faire dieu sait quoi ? Non. Si nous pensions que Kong était à une distance telle qu'il puisse nous écraser, nous fuirions le plus vite possible. Ou bien, imaginez que nous regardions *La Horde sauvage* [Sam Peckinpah, 1969]. Les balles sifflent partout. Mais nous sommes en train de grignoter des nachos au fromage d'un air insouciant. Est-ce là le comportement de gens qui se croient au beau milieu d'une fusillade ?

Ou, dans un contexte moins violent, supposons que nous soyons en train de regarder deux jeunes amants se déshabillant et se caressant mutuellement. Dans la vie réelle (par opposition au cinéma[1]), si nous nous retrouvons dans une telle situation et si nous croyons être les témoins involontaires d'un rendez-vous, je suppose que la plupart d'entre nous se détourneraient avec
peut-être un certain embarras. Mais nous regardons sans honte de telles scènes dans un film. Quelle est par conséquent la probabilité de croire que nous sommes alors réellement en présence de ce couple ? Pas très grande. Si nous ne croyons pas que les amants sont seulement sur l'écran, comment expliquer notre très grande différence de comportement ?

Ces anomalies comportementales ont pour conséquence l'extraordinaire improbabilité de l'hypothèse de l'illusion cognitive, selon laquelle nous croyons que nous sommes réellement impliqués dans une rencontre du
84 troisième type avec les personnes | représentées dans les plans cinématographiques. Notre comportement dans la salle de cinéma ou, peu importe, dans notre salon, n'est pas du même genre que celui qu'on attendrait de gens croyant que King Kong est dans les parages, ou croyant qu'ils sont cloués au sol par des tirs, ou croyant qu'ils se sont retrouvés par inadvertance dans un nid d'amoureux. Etant donné la connexion entre les croyances et le comportement, nos comportements devant un film

1. Jeu de mot intraduisible entre « real » (réel) et « reel » (la bobine de film) [N.D.T.].

indiquent que nous ne sommes les jouets d'aucune illusion cognitive ou épistémique.

En dehors des types d'anomalies comportementales qu'on vient de mentionner, il y a d'autres aspects plus profonds de l'expérience spectatorielle qui rendent positivement invraisemblable l'illusion dans laquelle nous tomberions en croyant que ce qui est représenté sur l'écran est « là sous nos yeux ». Souvent, pour voir un film, nous devons faire abstraction des divers effets parasitaires superficiels – nous devons voir à travers les rayures ou la saleté de la bande, sans parler du cheveu coincé dans le couloir de projection, ou passer outre la surexposition de la pellicule, pour nous assurer un accès à l'histoire par la vision. Mais si c'est en toute connaissance de cause que nous « voyons à travers » l'image, nous ne pouvons pas être victimes de la méprise selon laquelle ce qui est représenté est réellement, d'une manière ou d'une autre, une présence vivante à côté de nous et, pour ainsi dire, personnelle. Un tel état mental se contredirait lui-même.

De manière similaire, l'écran est parfois endommagé. Il se peut qu'un spectateur mécontent ait jeté sur lui un verre de coca, il y a des lustres, et que le propriétaire négligent du cinéma n'ait jamais jugé bon de le faire nettoyer. Cette tache est aussi quelque chose à travers laquelle nous devons voir. Mais comment peut-on en même temps voir à travers cette interférence de surface et croire à la réalité de ce qui est représenté ? Autrement dit, le visionnage d'un film semble impliquer une conscience de l'écran, puisque nous savons que nous « voyons à travers » ces diverses incongruités superficielles. Mais, dans le même temps, la thèse de l'illusion cognitive nous impose de ne pas croire à l'écran et de croire à la présence de ce que nous regardons. Elle suppose donc que nous sommes dans un état mental contradictoire – où, simultanément, nous croyons et nous ne croyons pas à la présence de l'écran – état mental qui frôle de manière douteuse la psychose.

En outre, lorsque nous portons un jugement sur un film, il nous arrive souvent de dire : « C'est vraiment comme dans la vie ! [*lifelike*][1] ». Mais nous ne pourrions guère dire d'un film qu'il est comme dans la vie si nous pensions, comme le requiert la thèse de l'illusion cognitive, qu'il est la vie

1. Il faut traduire ici littéralement et non par « réaliste » car cela nous permet de comprendre le jeu de mots dans la phrase suivante (souligné par l'auteur) et car l'adjectif « réaliste » [*realistic*] est utilisé au paragraphe suivant [N.D.T.].

réelle. Assis à notre bureau, accablés par nos tâches quotidiennes, nous ne disons jamais : « C'est comme dans la vie ! ». Nous disons plus volontiers : « C'est la vie ! ».

D'une manière analogue, nous ne pourrions qualifier un film de réaliste si nous pensions qu'il est réel. Coincés dans un embouteillage, nous ne disons pas : « Comme c'est réaliste ! ». Tout au plus nous arrive-t-il de dire : « Je ne peux pas croire que c'est réel (ou que cela arrive réellement) ». Ainsi, il semble que certaines manières dont nous formulons nos jugements sur le cinéma aient pour conséquence que nous ne pouvons pas donner notre assentiment aux croyances que la version épistémique de la thèse de l'illusion suppose que nous avons.

85 | De plus, si nous étions trompés par ces prétendues illusions cognitives, il nous serait difficile de rendre cohérent ce que nous vivons sous l'emprise de ces illusions avec le reste de notre expérience. Comment puis-je m'expliquer à moi-même que, lorsque je regarde *Gandhi*, mon centre de divertissement à domicile, situé dans le sous-sol de mon condo à Philadelphie, bute désormais en quelque sorte sur le Gange ? Lorsque le plan est une plongée totale depuis le plafond, suis-je victime de l'illusion consistant à croire que je suis suspendu aux chevrons du toit ? Comment suis-je arrivé là ? Comment vais-je descendre ? Ou bien, je me souviens d'avoir regardé *La Horde sauvage*. Comment se fait-il que je sois sorti indemne de ce fouillis de balles sifflantes ?

Voilà qui est encore plus inintelligible : supposons que je sois en train de regarder l'épisode de *Six Feet Under* dans lequel il est vrai que, dans le monde fictionnel habité par Nate, celui-ci enterre sa femme Lisa dans le désert, sans que personne ne le voie. Si je suis pris par le courant de l'illusion cognitive, ne dois-je pas croire que je suis témoin de l'événement ? Comment puis-je alors croire en même temps que personne n'a vu l'enterrement ? A nouveau, la théorie de l'illusion cognitive semble avoir une conséquence extrêmement contre-intuitive : celle d'entraîner les spectateurs normaux dans un réseau de croyances si contradictoires que les dits spectateurs sembleraient virtuellement psychotiques.

La variante cognitive ou épistémique de la thèse de l'illusion se heurte à des problèmes. Mais il se peut que la version perceptuelle de l'illusionnisme y échappe. Dans l'hypothèse de l'illusion perceptuelle, nous ne sommes pas nécessairement trompés par ce que nous voyons à l'écran. Cependant, nous trouvons ce que nous voyons irrésistiblement convaincant d'un point de vue perceptuel. Nous ne croyons pas que Big Jake est en face de nous ; il semble simplement être ou apparaître ainsi. Mais est-il réellement exact que les objets et événements représentés dans les films nous frappent perceptuellement comme s'ils étaient réellement présents? Si le film est en noir et blanc, comment cela est-il possible? Les gens en plein jour ne nous apparaissent pas en noir et blanc. En outre, l'image filmique est sans odeur. Lorsque nous percevons le monde, nous ne nous contentons pas de voir et d'écouter des objets, nous les sentons aussi.

La perception des images d'un film se distingue habituellement de la perception normale d'un grand nombre de manières; cela nous frappe à peine, comme si, quand nous percevons ces images cinématographiques, nous étions exactement dans la même attitude que celle que nous adoptons lorsque nous percevons le référent de ces images hors cinéma. Il est toutefois toujours possible de percevoir la différence entre l'image filmique d'une personne et l'être vivant et respirant de cette même personne.

Si Big Jake se tenait face à moi et si je changeais de position par rapport à lui, différents aspects de Big Jake se manifesteraient à ma vision. Par exemple, si je bouge vers ma droite, une partie plus grande de son côté gauche occupera mon champ de vision, par rapport à ce qui était auparavant visible

de lui, tandis qu'une plus grande partie de son côté droit sera dans la même mesure occultée. C'est ce que les psychologues nomment « les phénomènes de bords »; c'est-à-dire, je commence à voir autour des bords des choses
dès que je change | ma perspective. Mais il n'existe pas de phénomènes de 86
bords en ce qui concerne un plan statique. Le plan est pris depuis un seul point de vue ou en station monoculaire. Si je me déplace de l'allée droite du cinéma à l'allée gauche, cela ne changera rien à ce que je vois de Big Jake. Je ne commencerai pas à voir son autre côté. En d'autres termes, je ne percevrai pas ce que je percevrais si je bougeais autour d'une personne réelle, actuellement présente devant moi. L'expérience perceptuelle sera radicalement différente; je ne sentirai pas ce que je sentirais si je voyais quelqu'un en chair et en os, même si je ne suis pas capable de mettre le doigt sur les raisons précises de cette différence.

Ajoutons que les muscles de nos yeux enregistrent une différence phénoménologique entre l'image qui clignote sur l'écran et un objet qui habite le même espace physique que celui où nous sommes situés – *versus* l'espace virtuel représenté dans l'image figurative. Ainsi, une fois de plus, l'image filmique ne semble pas m'être littéralement co-présente – elle n'est pas même ressentie comme telle. Mon corps, pour ainsi dire, rejette cette impression.

En outre, bien des objections énoncées à l'encontre de la version cognitive ou épistémique de l'illusionnisme peuvent être réutilisées contre l'illusionnisme perceptuel. Je dois voir l'écran à travers des anomalies de surface ; mais il ne s'agit pas des mêmes anomalies que celles que nous rencontrons dans la réalité. La réalité ne se présente pas comme ayant été rayée. Et que dire des plans d'images animées utilisant des lentilles déformantes? A la différence de ce qui se produit souvent dans un film, l'anatomie des êtres humains ne se présente pas comme aplatie ou allongée ; le flou artistique n'est pas non plus une caractéristique récurrente de notre monde perceptuel.

Certains anciens théoriciens du cinéma comme Rudolph Arnheim ont rendu raison des multiples façons dont le film se distingue de l'expérience perceptuelle normale. Ils ont également eu raison de dire que les réalisateurs utilisent souvent ces déviations comme des moyens d'exprimer ce qu'ils exigent légitimement que les spectateurs observent ou, du moins, sentent, simplement parce que les images filmiques divergent de la manière dont les choses nous apparaissent normalement. Mais si ce type d'appréciation du film est exact – et il y a beaucoup d'indications qui vont dans ce sens – alors l'illusionnisme perceptuel ne peut être vrai. Les plans ne nous frappent pas perceptuellement comme si les objets qu'ils figurent étaient littéralement en face de nous. Les plans cinématographiques ne sont pas des illusions perceptuelles de ce qu'ils présentent. Ils n'apparaissent tout bonnement pas de la même manière que la chose réelle.

Même si, un jour futur, il devient techniquement possible de produire des plans cinématographiques qui ressemblent exactement à ce qu'ils figurent, cette possibilité n'aurait pas pour conséquence le fait que c'est ainsi que nous avons jusqu'à présent fait en général l'expérience de ces plans. La plupart des plans cinématographiques ne ressemblent pas à leur référent. Ils n'ont pas trompé l'œil et ils ne le tromperont pas. Même s'il
87 existe un jour des plans de Big Jake | qui nous donnent l'impression que le malabar est en face de nous, nous n'avons pas jusqu'à présent rencontré ce type de plans. Par conséquent, la façon dont l'illusionnisme perceptuel nous propose de comprendre le fonctionnement des plans cinématographiques ne parvient pas à caractériser ceux-ci tels que nous les connaissons aujourd'hui.

Cependant, le partisan de l'illusionnisme perceptuel peut répliquer que ces objections ne démontrent pas qu'il n'y a aucune place pour la notion d'illusion dans notre conception du plan cinématographique. Si Big Jake ne nous frappe pas perceptuellement comme s'il était face à nous, en chair et en os, il n'en reste pas moins qu'un élément de l'image est implacablement illusoire, à savoir : quelque chose est en mouvement sur l'écran. Or, il est possible de dire que rien ne se meut réellement sur l'écran de cinéma. Autrement dit, l'apparence du mouvement est une illusion – et, spécifiquement, une illusion perceptuelle.

L'impression de mouvement au cinéma est généralement engendrée par la succession d'images fixes projetées, aujourd'hui, à la vitesse de vingt-quatre images par seconde. Ces images fixes sont des photogrammes qui, dit-on, ne se meuvent pas. Ce n'est pas tout à fait exact car ceux-ci se meuvent dans le couloir de projection. Bien entendu, nous ne percevons pas ces photogrammes ni leur mouvement[1]. Le projecteur fait passer les images projetées depuis ces photogrammes jusqu'à l'écran, afin que nous puissions les voir. Ces images se meuvent aussi – elles se meuvent sur l'écran et hors de lui – mais il n'y a là rien que puisse enregistrer notre appareil perceptuel. Nous ne percevons pas des photogrammes mais des plans, ou plutôt des plans projetés.

De plus, ces plans projetés ne se meuvent pas, au sens où ils ne sautent pas hors de l'écran pour voler dans la salle de cinéma. Cependant, une partie de ces plans projetés – hommes, véhicules, animaux, etc. – donne l'impression du mouvement. En outre, les partisans de l'illusionnisme perceptuel soutiennent que ces impressions sont des illusions puisqu'il n'y a en réalité sur l'écran que des images fixes.

Autrement dit, il n'y a réellement sur l'écran qu'une succession d'images fixes ; mais nous ne pouvons pas nous empêcher d'y voir un mouvement. Le mouvement dans le film est une illusion perceptuelle. Nous ne pouvons donc pas écarter entièrement la thèse de l'illusion s'il s'agit de comprendre comment fonctionne l'*animation* constitutive du plan cinématographique.

Certains plans – une voiture, par exemple – semblent se mouvoir. Les photogrammes correspondants ne se meuvent pas ou, s'ils se meuvent parce qu'ils tremblent un peu, cela n'est pas détectable, d'ordinaire, par l'œil humain. Ainsi les photogrammes restent-ils en repos tandis que les plans projetés qui leur correspondent donnent l'impression du mouvement ;

1. Ce mouvement nous est en effet caché. C'est à cela que sert l'obturateur d'un projecteur : à soustraire aux yeux du spectateur le moment où la pellicule est entraînée et le photogramme remplacé par celui qui le suit [N.D.T.].

autrement dit, il y a du mouvement dans les plans (par opposition aux photogrammes fixes). L'illusionnisme perceptuel consiste à dire que cette impression de mouvement, ou ce mouvement apparent, est une illusion.

Il me semble à première vue que l'illusionnisme perceptuel, en ce qui concerne le mouvement cinématographique, en appelle au sens commun.
88 Cependant, n'existe-t-il pas des cas | pour lesquels le mouvement n'est pas illusoire ? En d'autres termes, existe-t-il des cas pour lesquels nous sommes fondés à dire que le mouvement qui a lieu dans le plan est réel ou, du moins, objectif ?

L'argument, si facilement convaincant pour le sens commun, selon lequel le mouvement cinématographique est illusoire, repose sur la postulation d'un choix contraignant : le mouvement dans le plan cinématographique est soit métaphysiquement réel, soit illusoire. Ici, être métaphysiquement réel pour une chose quelconque signifie que cette chose peut être vue de nulle part ou, si cette notion est oxymorique, que la réalité ultime apparaît à un être omniscient, tel que dieu, qui n'est pas limité à ce que l'appareil sensitif humain peut détecter. Un tel être voit les tables et les chaises dans leur réalité physique ultime, comme des essaims de particules subatomiques, et il voit les photogrammes du film les uns après les autres. De plus, si quelque chose n'est pas métaphysiquement réel en ce sens, cette chose est illusoire.

Est-ce là la seule alternative que nous devrions envisager ? Dans la mesure où le sens commun commence par poser cette disjonction, il n'envisage pas d'autres options et relègue le mouvement qui a lieu dans le plan au rang d'une illusion. Peut-être penserions-nous différemment si nous avions d'autres options à notre disposition. Inutile de dire que tout dépend de ce que sont ces options et de leur caractère éventuellement convaincant ou non.

Une option, qui n'a pas été examinée jusqu'à présent, consiste à dire que le mouvement est réel au sens où est réel le mouvement dépendant de la réponse. Autrement dit, le mouvement dans le plan est une apparence objective. Un plan cinématographique standard donnera l'impression du mouvement à des créatures munies d'un système perceptuel semblable au nôtre. Les créatures dotées de nos capacités perceptuelles – non pas simplement les êtres humains mais aussi les membres d'autres espèces – percevront infailliblement le mouvement sur l'écran si les photogrammes adéquats sont projetés à une certaine vitesse. Cela n'a rien de subjectif, si l'on entend par « subjectif » le fait que certains verraient le mouvement et d'autres non, selon leur goût. L'agencement de l'appareil cinématographique engage « l'agencement » de notre appareil perceptuel sur une voie telle que la détection du mouvement sur l'écran se produit avec constance et régularité chez des spectateurs humains doués du sens de la vue. C'est pourquoi nous disons que l'apparence de mouvement est objective – au sens où elle est *intersubjective* ; c'est un phénomène uniformément répandu chez les sujets percevant humains et doués de vue. Il semble par conséquent fort douteux de donner au mouvement le nom d'illusion puisque chacun le verra de cette façon. En effet, si un être humain doué de vue affirmait sincèrement qu'il lui est impossible de voir un mouvement lors d'une projection cinématographique standard, nous pourrions le soupçonner d'être victime d'une sorte de dysfonctionnement perceptuel.

Et cette convergence n'est pas seulement observable chez les êtres humains.
En 1994, une vidéo intitulée *Kitty Safary* fut produite pour que | les chats de 89
la maison puissent ronronner de plaisir en regardant divers oiseaux, écureuils, rats, souris et autres guppys faire des cabrioles devant la caméra. Les hommes ne sont pas les seuls animaux pouvant voir des mouvements dans des films ; les félins y parviennent aussi bien. Ainsi, dans une séquence d'*America's Funniest Videos*, un chat perché sur un téléviseur tente d'attraper les voitures de course fonçant vers la caméra comme si elles convergeaient vers le coin inférieur gauche de l'écran. Les chats, comme les hommes, perçoivent le mouvement dans les représentations filmiques.

En outre, l'effet de mouvement transmis par les films est si uniforme que si quelqu'un déniait voir un mouvement sur l'écran lorsque les canons de Navarone explosent, nous soupçonnerions cette personne d'être victime d'une sorte de tromperie – d'une illusion ou d'une hallucination d'immobilité sans doute.

S'il n'y a aucun sens à dire que ce que chacun voit est illusoire, convenons de même qu'il ne semble pas juste de dire que ces parties des plans se meuvent à proprement parler, au sens que nous attribuons à la réalité ultime. Le mouvement n'est pas métaphysiquement (ou même physiquement) réel. Mais il peut néanmoins être réel – au sens où il est objectif ; le mouvement peut être une propriété réelle du plan, une propriété « qui dépend de réponses ». Qu'est-ce à dire ?

La couleur est une propriété réelle, « dépendante de réponses ». Une propriété est réelle, « dépendante de réponse », si elle peut être détectée par un spectateur normal dans des circonstances appropriées. La couleur est une telle propriété. Nous disons que la boîte postale américaine est réellement bleue si elle semble telle à un spectateur normal et sous un éclairage standard; elle n'est pas verte sous un éclairage standard, et nous ne dirons pas non plus qu'elle est verte si nous la baignons dans une lumière jaune ou si le spectateur a la jaunisse.

Le mouvement cinématographique est sans doute réel en un sens comparable, « qui dépend de la réponse ». Le fait que la boîte aux lettres est bleue n'est pas une illusion. Le bleu est une propriété réelle de la boîte, « dépendante de la réponse ». De manière analogue, le mouvement cinématographique est un mouvement réel – un mouvement « qui dépend de la réponse » – et non un mouvement illusoire. De même que nous détectons la propriété réelle, « dépendante de la réponse », du bleu sur la boîte aux lettres, de même le mouvement que nous détectons sur l'écran est réel, bien que dans le sens où il « dépend de la réponse ».

Sans doute cette position peut-elle recevoir le secours des considérations suivantes : si un spectateur regardant *Du Silence et des ombres* [Robert Mullingan, 1962] demande à un autre spectateur : « Atticus Finch vient-il de traverser la salle d'audience? », la réponse pertinente sera plutôt « Oui » que : « Il n'y a là nul mouvement, mais une simple succession de photogrammes fixes projetés »; va de même si nous demandions : « La pompe à incendie est-elle rouge? » : l'interlocuteur dirait plutôt « Oui » que « Non, il n'y a là-bas que des photons incolores ». La couleur et le mouvement cinématographique sont deux apparences objectives, *i. e.* des propriétés réelles, « dépendantes de la réponse », qui sont intersubjectivement vérifiables, même si elles ne peuvent être détectées que par certains systèmes perceptuels.

90 | Le fait que le bureau sur lequel je suis en train d'écrire est solide, voilà qui n'est pas une illusion. Certes, au niveau subatomique, il existe des vides entre les particules qui constituent le bureau. Cela nous invite sans doute à dire que le bureau n'est pas solide – qu'il est plein de vides – au sens de la réalité métaphysique ultime. Cependant, la solidité du bureau n'est pas illusoire. Tous ceux qui tenteraient de le traverser de leur main seraient tenus pour fous. Plus précisément, le bureau apparaît objectivement comme solide à ceux d'entre nous qui possèdent un certain appareil perceptuel.

De façon similaire, nous disons que l'épiderme d'une fourmi est solide, bien qu'à l'aide d'un puissant microscope nous verrions que cet épiderme est perforé d'une multitude d'évents laissant passer l'air. Ce n'est pas une illusion de dire que le dos d'une fourmi est solide car c'est une propriété objective de son épiderme, détectable par des créatures dotées d'un appareil perceptuel semblable au nôtre. Selon une argumentation analogue, le mouvement cinématographique n'est pas une illusion. C'est une apparence objective, intersubjectivement disponible pour tout être muni d'un appareil perceptuel semblable au nôtre. Le mouvement cinématographique est une propriété réelle du plan, « dépendante de la réponse ».

Autrement dit, notre alternative dans cette discussion n'est pas conceptuellement limitée à un choix entre la thèse selon laquelle le mouvement cinématographique existe métaphysiquement et celle selon laquelle il est une illusion. Il existe aussi l'option consistant à dire qu'il est une apparence objective et qu'il est réel au sens où il « dépend de la réponse ». Et s'il est réel en ce sens, il n'est pas une illusion.

Cependant, cet argument contre la relégation du mouvement cinématographique au rang d'illusion peut sans doute heurter certains lecteurs : il prouverait beaucoup trop. Ces lecteurs pourraient craindre que la notion de réalité « dépendante de la réponse » soit trop généreuse. Cette notion semblerait bannir entièrement la catégorie légitime qu'est l'illusion perceptuelle. Dirons-nous, par exemple, que l'illusion de Müller-Lyer n'est pas une illusion parce que la plus grande longueur apparente de la ligne supérieure est objective pour des créatures douées de nos capacités

perceptuelles – autrement dit, que cette plus grande longueur apparente est une propriété réelle, « dépendante de la réponse », de la ligne ? Ou dirons-nous que la courbure du bâton dans la rivière est une propriété réelle, « dépendante de la réponse », du bâton ? Ou, pour prendre un nouvel exemple, que les vagues ont la propriété réelle, « dépendante de la réponse », de venir sur nous, bien que, pour dire ce qui est physiquement arrivé, les molécules d'eau se sont simplement déplacées séquentiellement ? On peut objecter à cette notion de propriété réelle, « dépendante de la réponse », qu'elle est susceptible de faire disparaître toutes ces illusions. Cependant, nous ne pouvons pas nous passer de la catégorie d'illusion perceptuelle puisque ces illusions sont des choses qui existent dans le monde.

Le recours aux propriétés réelles, « qui dépendent de la réponse », ne laisse pas toutefois s'évaporer la catégorie d'illusion perceptuelle. Il existe une différence importante entre la solidité de l'épiderme d'une fourmi et
la courbure du | bâton dans l'eau : nous pouvons découvrir le caractère 91
illusoire de la courbure en utilisant seulement nos capacités perceptuelles normales et des procédés ordinaires, courants ou conventionnels – des procédés qui sont facilement disponibles sans avoir recours à des équipements ou à des tests spéciaux. Ainsi, nous pouvons sortir le bâton de l'eau et

confirmer qu'il est droit en utilisant nos capacités visuelles ordinaires; ou bien, nous pouvons nous pencher et constater qu'il n'est pas courbé tant qu'il reste sous la ligne de flottaison. En d'autres termes, nous pouvons détecter l'illusion sans sortir du domaine qui relève de nos propres sens. En revanche, si nous voulons voir les trous d'aération sur le dos d'une fourmi, nous avons besoin d'un équipement spécial – un microscope très puissant par exemple.

Par conséquent, si nous pouvons détecter le phénomène déviant en utilisant nos capacités perceptuelles ordinaires et des moyens conventionnels ordinaires, il s'agit d'une illusion. Pour déterminer que les lignes sont d'égale longueur dans la figure de Müller-Lyer, nous avons simplement besoin de cacher les flèches avec nos mains ou d'appliquer sur les lignes le premier appareil de mesure venu, comme un bout de ficelle. Nous pouvons établir que la vague n'est pas un bloc d'eau d'un seul tenant qui se précipite sur nous, en faisant flotter quelque chose dans l'eau et en constatant alors que cette chose danse sur place lorsque le *mouvement* de la vague est passé. Ces deux phénomènes sont donc des illusions perceptuelles, au même titre que le bâton courbé dans l'eau. Mais pour établir que le bureau est composé d'atomes et de vide, ou que la couleur rouge de la pompe à incendie est une question de photons incolores, il nous faut des moyens bien plus extraordinaires.

Étant donné ce critère de distinction entre les illusions perceptuelles et les propriétés réelles « qui dépendent de réponses », à quelle catégorie appartient le mouvement cinématographique? Si ce mouvement est une illusion perceptuelle, nous devons être capables de la détecter en utilisant nos capacités sensorielles normales et un attirail ordinaire, familier. Le pouvons-nous?

Pour assurer que le mouvement cinématographique est une illusion, il ne suffit pas de prendre entre vos mains la bande de celluloïd et de noter qu'elle est composée de photogrammes fixes. En effet, ce n'est pas le film désengagé du projecteur qui procure l'impression de mouvement; vous devez être capables de détecter les photogrammes fixes sur l'écran lorsque la pellicule défile. Comment vous y prendrez-vous? Et cela implique-t-il des moyens extraordinaires ou non?

On pourrait suggérer que le moyen pour établir qu'il n'y a pas de mouvement sur l'écran est de ralentir le projecteur à une vitesse permettant au spectateur de voir les photogrammes projetés l'un après l'autre, dans toute leur fixité. Mais cela n'est pas une manière conventionnelle de voir les

films. En outre, il s'avère que cela n'est pas, en fait, un moyen facilement disponible. La plupart des projecteurs ne peuvent ralentir la projection jusqu'au point où le spectateur puisse voir les photogrammes les uns après les autres. En toute probabilité, cette capacité manque à presque tous les projecteurs, si ce n'est tous les projecteurs existant dans les cinémas. Par ailleurs, les projecteurs qui peuvent fonctionner alternativement à la vitesse du cinéma muet et à la vitesse du cinéma parlant ne ralentissent pas au point d'effacer l'impression du | mouvement ; ils modifient seulement la vitesse 92
apparente des objets en mouvement sur l'écran.

Bien sûr, certains projecteurs ont été conçus pour montrer la pellicule photogramme par photogramme – par exemple, les projecteurs analytiques tels l'Athéna d'antan. Mais recourir à de tels appareils, est-ce une manière conventionnelle d'examiner le mouvement réel du film projeté ? De tels projecteurs ressemblent plutôt à des microscopes – ce sont des moyens pour aller au-delà de ce que nous pouvons découvrir à l'œil nu. Ils sont produits tout exprès pour percer les apparences « qui dépendent de la réponse ». Nous ne pouvons pas dire que l'épiderme d'une fourmi n'est pas solide simplement parce que, en la plaçant sous un microscope convenablement réglé, nous verrions les trous d'air. Voilà un argument parfaitement respectable, nous autorisant à dire que le corps de la fourmi est solide. Pourquoi ne pas adopter la même position concernant le mouvement cinématographique ? Par ailleurs, le même genre d'argument peut être utilisé si l'on nous propose d'examiner le film sur une Movieola ou une table de montage comme la Steenbeck ; ce sont des instruments spécialisés, comme des microscopes, et non des choses auxquelles la plupart des spectateurs ont accès.

Ainsi, l'une des raisons de nier que le mouvement cinématographique soit une illusion est qu'il est une apparence objective : le mouvement est une propriété réelle, « dépendante de la réponse », du plan. Mais une autre raison de nier la thèse de l'illusion consiste en ce que la qualification du mouvement filmique comme illusoire conduit à des paradoxes. Pourquoi ? Eh bien supposons que nous puissions, *pace* la discussion précédente, ralentir les projecteurs ordinaires de *films* jusqu'à ce que nous puissions voir que le mouvement cinématographique est causé par le passage de photogrammes fixes dans le couloir de projection. Imaginons que nous ralentissions la projection de *Nashville* de cette façon. Nous pourrions dire alors que le *mouvement* dans le *film Nashville* est illusoire. Mais supposons maintenant que nous transférions *Nashville* sur vidéocassette ou sur

DVD. Ces systèmes ne produisent pas l'impression du mouvement photogramme par photogramme, et la manière dont il communique le mouvement ne peut être décomposée de telle sorte que cela puisse être saisi à l'œil nu. Par conséquent, nous serions acculés à cette conclusion évidemment contradictoire : l'impression du mouvement dans le *film Nashville* est illusoire, mais le mouvement perçu dans la version vidéocassette ou DVD ne l'est pas.

Voici une autre impression causée par la projection du film qui peut être pertinente ici. On l'appelle l'impression de l'image continue. Dès que chaque photogramme cesse d'être devant la lampe du projecteur pour se voir remplacé par un autre, il y a un intervalle d'obscurité. Mais, à l'écran, nous voyons le plan comme une image continue, bien qu'à chaque seconde de la séance il y ait quantité d'instants auxquels rien n'est projeté sur l'écran[1]. En outre, malgré le scintillement, cette impression ne s'éteindra
93 pas si le projecteur ralentit, voire | dans le cas du mouvement photogramme par photogramme. Etant donné le caractère contingent de l'impression selon laquelle on a affaire, dans le plan, à une image continue, le partisan de l'illusionnisme perceptuel devra accepter l'impression de continuité dans le plan comme une propriété réelle, « dépendante de la réponse », du plan.
Mais dans ce cas la cohérence ne commande-t-elle pas que nous ayons la même position quant à l'apparence de mouvement dans le plan que celle que nous avons eu quant à son apparence de continuité ?

Sans aucun doute, l'une des raisons pour lesquelles le défenseur de l'illusion perceptuelle du mouvement se sent obligé de nier que le mouvement cinématographique est réel consiste en ce qu'il présuppose qu'un mouvement ordinaire de A à B implique le passage par tous les points intermédiaires entre A et B. Cependant, lorsque Big Jake traverse l'écran, il ne parcourt pas chaque point des rues de Laredo ; il y a ici des vides. Aussi ce mouvement n'est-il pas un mouvement ordinaire mais une illusion.

Est-il vrai, cependant, que le mouvement ordinaire doive être continu en ce sens ? Rappelons-nous le phénomène des ombres. Dans une position convenable par rapport à une source lumineuse, nous disons sans scrupules que mon ombre se déplace lorsque je me déplace d'un point de la cour à

1. En effet, non seulement l'obturateur masque le passage d'un photogramme à l'autre, mais ses pales découpent des instants de noir au sein du vingt-quatrième de seconde durant lequel le photogramme reste fixe [N.D.T.].

l'autre. Imaginons désormais que je passe momentanément derrière un arbre. Mon ombre disparaîtra momentanément pour réapparaître uniquement lorsque j'aurai dépassé l'arbre. Nous allons cependant considérer le mouvement de l'ombre comme continu. Nous ne dirons pas qu'il y ici deux ombres ayant, chacune, sa propre série discrète de mouvements. Même s'il y a ici un intervalle dans l'espace que l'ombre traverse, nous n'hésitons pas à considérer le mouvement comme ordinaire. De plus, si nous nous souvenons que l'image filmique est à bien des égards une affaire d'ombres, nous devrions être prêts à la traiter de la même façon que celle dont nous considérons le mouvement ordinaire des ombres – lequel, entre autres choses, tolère des intervalles vides. Si le mouvement de l'ombre n'est pas nécessairement illusoire, il n'y a aucune raison pour que le mouvement cinématographique le soit.

la thèse de la transparence

Nous avons déjà rencontré la thèse de la transparence dans le premier chapitre de ce livre. Il s'agit de la conception selon laquelle l'image cinématographique est transparente. Selon cette conception, nous voyons, à travers l'image, l'objet dont elle est l'image. A cet égard, l'image cinématographique est analogue aux télescopes, microscopes ou périscopes, ainsi qu'à ces miroirs qui, dans les parkings, nous permettent de voir dans les coins. Lorsque nous regardons à travers de tels appareils, nous disons que nous voyons les objets auxquels ces instruments nous donnent accès. Nous voyons des planètes éloignées grâce à des télescopes, des molécules grâce à
des microscopes, les voitures | venant en sens inverse grâce aux miroirs des 94
parkings, ainsi qu'un vaisseau ennemi grâce aux périscopes. Ces appareils augmentent notre puissance visuelle. Ce sont, à cet égard, des prothèses. Ils nous permettent littéralement de voir ce que nous ne pouvons voir d'une autre façon. De plus, nous ne considérons pas que ces prothèses nous fournissent des représentations des choses que nous regardons : nous disons que nous voyons les choses réelles elles-mêmes lorsque nous regardons à travers ces instruments.

Lorsque, assis au balcon supérieur, je regarde la soprano grâce à mes lunettes d'opéra, je vois la soprano et non une représentation de la soprano. Les appareils tels que les lunettes d'opéra et les instruments que l'on vient de mentionner augmentent mon champ de vision. Ils ne produisent pas des représentations de ce qu'ils montrent mais nous mettent en contact visuel avec la chose réelle. Dans le principe, ces appareils ne sont pas différents des verres que nous portons pour rectifier la myopie ou l'hypermétropie. Ils nous aident à surmonter des défaillances visuelles et à voir ce qui, autrement, échapperait à notre vue.

Mais si nous sommes tout disposés à parler des microscopes et des télescopes comme de prothèses, pourquoi ne pas étendre cette idée à la photographie et au cinématographe ? Les caméras aussi nous mettent en contact visuel avec des choses éloignées : à savoir temporellement éloignées, éloignées dans le passé. Une photo instantanée me permet de voir mon amie d'enfance. La pellicule me donne un accès visuel à la performance d'une star du muet qui est morte avant que je sois né. Le télescope nous met en contact visuel avec une galaxie éloignée ; une caméra fait la même chose pour le passé éloigné.

La prétention de voir dans le passé vous paraît sans doute ressembler à du vaudou. Cela ne devrait pas. La lumière en provenance d'une galaxie lointaine met tant de temps pour parvenir jusqu'à nous qu'il est possible de dire que certaines étoiles que nous voyons maintenant ont été absorbées par des trous noirs il y a des siècles. Comme en témoigne leur spectre lumineux, nous sommes, au sens propre, en train de voir dans le passé. Si nous pouvons voir dans le passé avec un télescope, rien ne devrait s'opposer à ce que nous disions que les caméras nous permettent d'en faire de même.

L'argument en faveur de la thèse de la transparence emprunte une pente savonneuse. Si un périscope nous permet de voir au-dessus du mur l'autre côté de la cour, pourquoi ne pas dire qu'une installation vidéo en fait autant. On pressent ici l'objection : « Mais nous ne voyons pas réellement la cour sur le moniteur vidéo ». Qu'entendons-nous cependant par « voir réellement » ?

L'une des choses visées par cette expression est la suivante : notre perception dépend contrefactuellement des propriétés visibles des objets de notre perception – *i. e.* si les propriétés visibles de ces objets avaient été différentes, nos perceptions auraient été, dans la même mesure, différentes. Il existe ici une chaîne causale d'événements physiques entre les
95 objets de notre perception et nos | perceptions, de telle sorte que, si le point de départ de ce réseau était autre, nos perceptions devraient varier en conséquence. Par exemple, je vois la couleur rouge de la tomate parce que la tomate est rouge ; mais si la tomate avait été verte, ce que j'aurais vu aurait été vert. Et si l'objet avait été un tuba au lieu d'une tomate, alors, toutes choses restant par ailleurs constantes, ce que j'aurais vu aurait été un tuba.

De la même manière, lorsque je regarde dans un périscope, ce que je vois dépend contrefactuellement des objets qui donnent lieu à ma perception. Je vois un paquebot parce que c'est ce qui remplit l'arc visuel pertinent ; si cela avait été un croiseur, c'est un croiseur que le périscope m'aurait livré. C'est parce que les appareils comme les périscopes ou les jumelles préservent ce type de dépendance contrefactuelle que nous sommes prêts à dire que nous voyons, à travers ces appareils, les objets auxquels ils nous donnent un accès visuel.

Ces instruments augmentent notre pouvoir visuel. Ils forment un continuum avec la vision à l'œil nu, en partie parce qu'ils maintiennent le même genre de relations de dépendance contrefactuelle avec les objets que celui qui caractérise la perception naturelle. Autrement dit, ce que nous voyons à travers ces appareils aurait été différent si les propriétés visibles qu'ils visent avaient été différentes. La chaîne causale d'événements physiques dans la vision à travers les jumelles contient une étape de plus si on la compare à la vision à l'œil nu, mais cette étape n'est pas de nature différente de ce qu'on trouve dans la perception simple. Il demeure ici un processus causal préservant les relations de dépendances contrefactuelles valables pour la vision. La prothèse et la perception qu'elle augmente forment un ensemble continu.

Cependant, la situation est-elle si différente lorsqu'on en vient au cinématographe ? La « vision » cinématographique et la vision à l'œil nu sont aussi semblables l'une à l'autre que la « vision » procurée par une paire de jumelles est analogue à la perception simple. La dépendance contrefactuelle se produit également dans les deux cas. Nous attendons de l'image cinématographique de x qu'elle présente les propriétés visibles de x d'une manière telle que, si les propriétés physiques de x différaient, l'image de x différerait de façon correspondante. Par exemple, nous attendons, toutes choses égales par ailleurs, que l'image cinématographique d'une église blanche soit blanche parce que, contrefactuellement, si l'église avait été noire, nous aurions attendu que sa dépiction cinématographique soit noire.

Bien entendu, cela est en corrélation à la fois avec la vision non assistée artificiellement et avec la vision améliorée, procurée par les instruments d'optiques dont nous avons parlé plus haut. Si nous ne ressentons aucune gène à dire que nous voyons à travers des jumelles parce qu'elles préservent la dépendance contrefactuelle entre les sorties visuelles et les entrées visuelles, pourquoi devrions-nous | rechigner à dire précisément la même 96 chose en ce qui concerne les images cinématographiques qui possèdent des pouvoirs comparables ? Puisque c'est le même type de processus physico-causal qui est impliqué dans la vision à travers un télescope et qui est mise en œuvre dans la diffusion en salle d'une image cinématographique, nous n'avons aucune raison, en principe, de traiter l'une différemment de l'autre. Nous voyons l'étoile éteinte à travers le télescope ; nous voyons l'assassinat de JFK à travers la pellicule de Zapruder.

La condition nécessaire pour « voir à travers » un plan cinématographique est que le processus photographique nous mette en contact avec l'objet par des moyens purement mécaniques, qui garantissent la préservation des relations appropriées de dépendance contrefactuelle. Cependant, les partisans de la thèse de la transparence pensent que cela n'est pas suffisant pour établir que le plan est transparent. Pourquoi ? Eh bien, imaginons un ordinateur capable de lire une gamme visuelle de formes géométriques simples et d'imprimer une description verbale de ces formes. Si un carré apparaît dans la série, l'ordinateur imprime « carré » et ainsi de suite. Personne ne suppose pourtant qu'en lisant le mot « carré » sur l'imprimé nous voyons, à travers le papier et l'encre, le carré que l'ordinateur a détecté. Une description n'est pas une image transparente, pour la simple raison qu'elle n'est pas une image du tout. Que faut-il donc ajouter au concept de transparence pour écarter de cette catégorie de telles descriptions engendrées par l'ordinateur ?

On peut commencer par distinguer les confusions induites par les images de celles qui sont induites par les descriptions verbales. Lorsque nous lisons, nous pouvons par exemple prendre le mot *sun* [soleil] pour le mot *son* [fils], étant donné la grande similitude des lettres. Ce type d'erreur est encore plus probable lorsque nous lisons très vite. Cependant, quand nous sommes dans le monde extérieur en train de voir les objets dans la nature, il semble pratiquement impossible de confondre le rejeton mâle et le corps céleste (mettons de côté le cas d'Apollon).

Par ailleurs, lorsque nous regardons des objets dans le monde extérieur, il est tout à fait possible de confondre le dos d'un garage et le dos d'une maison, alors que, même si nous sommes fatigués ou si nous lisons vite, il semble très improbable de confondre le mot *garage* et le mot *maison*.

Une hypothèse très plausible est que la confusion entre les objets vus dans la nature est fondée sur des similarités véritables ou réelles entre les objets en question, tandis que les confusions relevant des mots sont causées par des similarités touchant le lettrage – lequel est, en un sens, parfaitement

arbitraire. Par conséquent, nous pouvons faire l'hypothèse selon laquelle, lorsque nous regardons grâce à un processus photographique, la seule confusion possible touchant l'objet de l'image photographique ou cinématographique est fonction des relations de similarité véritable entre | les 97
référents cinématographiques concernés. Les descriptions, même engendrées mécaniquement, ne provoquent pas une confusion visuelle fondée sur les similarités réelles entre les objets qu'elles dépeignent, mais seulement une confusion tenant au lettrage – lequel est arbitraire. Par contraste, des présentations authentiquement transparentes concernent des similarités réelles ou naturelles, tandis que ce n'est pas le cas des descriptions.

Par conséquent, x est une image transparente si et seulement si (1) x nous met en contact mécanique avec l'objet de façon telle que la sortie visible de x est contrefactuellement dépendante de son entrée visible, et (2) x préserve les relations de similarité véritable ou réelle entre les objets ou événements qu'elle présente. En outre, les images cinématographiques sont transparentes précisément en ce sens. Elles sont comme des télescopes pour le passé. Nous voyons à travers elles les étapes profondes du passé.

La première chose qu'il faut noter à propos de cette proposition est que, même si nous admettons l'idée que l'image photographique est transparente, il ne s'ensuit pas que toutes les images cinématographiques le sont, puisque, comme nous l'avons déjà remarqué, ce ne sont pas toutes les images cinématographiques qui sont fondées sur la photographie. Les décors réalisés informatiquement, comme ceux de *Sin City*, ou d'autres effets digitaux comparables, sont de plus en plus présents dans les films récents. Etant donné que l'informatisation permet un meilleur contrôle de l'image et offre l'opportunité d'obtenir du grand spectacle à moindre coût, il est probable que nous soyons amenés à voir de plus en plus de CGI. Cependant, une grande partie de ces images ne peuvent pas être qualifiées de transparentes. Nous ne pouvons pas voir, à travers la plupart d'entre elles, les objets qui leur ont donné naissance, pour la simple raison qu'il n'existe pas de tels objets. Les images sont ici entièrement fabriquées grâce à un ordinateur. Considérez par exemple l'armée figurée par CGI dans *La Momie* [S. Sommers, 1999]. De même, bien des parois rocheuses en arrière-plan dans *300* [Z. Snyder, 2006] ont été produites en 3D, grâce à l'Autodesk Maya[1]. Par conséquent, l'une des objections à la thèse de la transparence

1. L'Autodesk Maya est un logiciel d'animation 3D [N.D.T.].

consiste à dire que cette thèse ne rend pas compte de tous les plans cinématographiques en général, mais seulement de ceux qui sont créés par un moyen photographique que nous pouvons nommer *strict*.

Cependant, supposons cette concession faite. La question demeure de savoir si la thèse de la transparence nous aide à comprendre tous les plans cinématographiques qui sont produits photographiquement. En toute probabilité, la plupart des plans cinématographiques tournés jusqu'à présent tombent dans cette catégorie. La thèse de la transparence nous rend-elle capables de les comprendre ?

Le problème initial auquel se heurte cette thèse consiste en ce que, comme nous l'avons dit auparavant, il n'est pas évident que toutes les images qui satisfont aux deux conditions mentionnées plus haut soient telles qu'elles nous autorisent à dire que nous voyons leur objet à travers elles. Autrement dit, la définition donnée n'est pas suffisante pour distinguer les prétendues images transparentes.

Considérons le cas suivant. Imaginons une gare de triage entièrement automatisée et close, qui fonctionne toute seule et est préservée de l'intru-
98 sion | de créatures vivantes. Supposons maintenant que nous construisions
un modèle en tout point fidèle à cette gare et qui en relie chaque centimètre
carré à un super ordinateur, de sorte qu'à chaque changement se produisant dans la gare corresponde un changement dans le modèle. Si un engin change de voie dans la gare, un *fac-simile* de l'engin change de voie d'une façon exactement semblable dans le modèle. Si l'engin rouille, il se produit l'exacte contrepartie de cet événement dans le modèle et ainsi de suite. Cependant, le modèle est en Argentine tandis que l'original est à Samoa, bien qu'en regardant le modèle nous n'ayons aucun indice pour localiser l'original.

Si l'on suit l'explication précédente de la transparence, nous sommes contraints de tirer l'étrange conclusion selon laquelle le modèle nous donne un accès perceptuellement transparent à la gare de triage – selon laquelle nous pouvons littéralement voir, à travers le modèle argentin, l'original situé à Samoa. Le modèle est en effet contrefactuellement dépendant des propriétés visibles de l'original avec lequel il est en contact mécanique. De plus, dès que nous tendons à confondre des objets dans la gare de triage d'origine – par exemple un réservoir d'eau et un réservoir d'essence – nous tendront aussi à confondre ces objets dans le modèle, parce que le modèle préserve les relations de similarité réelle entre les choses.

Cependant, cette conclusion est assurément inacceptable. Si nous reconstruisions le modèle à Samoa, de telle sorte qu'il soit placé entre nous et l'original et qu'il fasse disparaître l'original de notre champ de vision, nous ne dirions pas que nous voyons à travers lui, mais plutôt qu'il bloque notre vision. Vous ne pouvez pas voir à travers des objets solides, n'est-ce pas ?

Ce que cet exemple peut montrer, c'est que nous n'avons pas encore un compte rendu complet de ce qu'il serait nécessaire pour que quelque chose soit une présentation transparente de x. Par conséquent, jusqu'à ce que cette incertitude soit levée et que la transparence soit adéquatement définie, nous ne pouvons pas réellement déterminer si, dans le sens requis, nous voyons, à travers les images photographiques et cinématographiques, les objets dont elles sont les images.

Cependant, celui qui soutient la thèse de la transparence peut répliquer que, même s'il n'a pas fourni une définition complète de l'idée de *voir-à-travers*, il a attiré notre attention sur un continuum de cas pour lesquels il semble approprié, à chaque étape de ce continuum, d'utiliser littéralement le verbe "voir". Ainsi, soutient-il, la charge de la preuve revient à ceux d'entre nous

qui ont du mal à croire que nous voyons à travers les plans cinématographiques les objets de ces plans.

Les théoriciens de la transparence partent de la comparaison entre la vision ordinaire et la vision corrigée par des verres. Dans les deux cas nous sommes sans équivoque des sujets de vision. Mais si, lorsqu'il s'agit de voir à travers des verres correcteurs, il est justifié d'être nommé *voyant*, pourquoi s'embarrasser quand il s'agit de télescopes, de jumelles et de microscopes ? De plus, puisque nous considérons ces prothèses ainsi, pourquoi ne pas traiter de la même manière les périscopes et les miroirs ?
Et, comme nous voyons à travers les miroirs, | il semble n'y avoir aucune 99
raison de ne pas parler de la même manière des images photographiques et cinématographiques qui, au fond, fonctionnent plutôt comme des miroirs de celluloïd. On suppose que la vision à travers des images cinématographiques est une simple extension de la vision à travers des jumelles.

Autrement dit, partant de la vision ordinaire, il semble que nous ne rencontrons aucune différence principielle de nature lorsque nous cheminons à travers ce répertoire de cas pour parvenir à l'image cinématographique. Nous glissons nous-mêmes sur la pente savonneuse du théoricien de la transparence. N'y a-t-il aucun moyen pour prévenir notre chute ?
Cela étant, pour parler de façon moins métaphorique, est-il possible de

présenter une différence principielle quelconque entre les points de ce continuum apparent, de sorte que nous puissions faire une distinction entre, d'une part, la vision ordinaire ou la vision assistée par certaines prothèses et, d'autre part, notre engagement perceptuel dans les contenus des plans cinématographiques ? Tel est le défi que nous lance le théoricien de la transparence.

Pourtant, malgré ce que suggèrent les théoriciens de la transparence, il existe au moins une différence entre la vision ordinaire ou certaines formes de vision à travers des prothèses et la prétendue vision à travers des images photographiques ou cinématographiques. Nous avons rencontré cette différence dans le précédent chapitre lorsque nous avons noté que quelque chose peut être considéré comme une image animée seulement dans le cas où il s'agit d'une exhibition détachée. De plus, il y a une inadéquation remarquable entre voir x et voir une exhibition détachée de x. Lorsque nous voyons x, nous pouvons diriger notre corps vers x, tandis que si nous voyons une exhibition détachée de x nous ne le pouvons pas. La perception ordinaire contient une information égocentrée sur la relation de mon corps à l'objet de la perception. En revanche, les images photographiques et cinématographiques ne fournissent pas une telle information égocentrée. Par conséquent, le cas ordinaire de la vision de x en face de moi et le cas de la vision d'une exhibition détachée de x ne devraient pas être traités comme des instances du même genre d'expérience perceptuelle. Je peux en effet m'orienter moi-même physiquement par rapport à x dans le continuum spatio-temporel que j'habite dans les cas de vision ordinaire, alors que cela est impossible dans les cas de la vision d'une exhibition détachée de x. Une fois entrée dans mon champ de vision, je peux trouver mon chemin vers la gare de triage située à Samoa ; mais si je vois une exhibition détachée de cette gare – comme le modèle argentin mentionné plus haut –, je n'aurai aucune indication sur le chemin à emprunter pour parvenir à la gare.

Une information égocentrée concernant la relation de mon corps aux objets de la perception est aussi fournie dans la plupart des cas où je suis aidé d'une prothèse. Je peux orienter mon corps en direction de l'étoile quand j'utilise un télescope, vers les microbes quand je regarde dans un microscope, vers la place de parking quand je regarde dans le rétroviseur de ma voiture, vers l'*ingénue** lorsque je règle mes lunettes d'opéra, vers le

* En français dans le texte.

porte-avions lorsque je regarde dans un périscope, etc. Dans tous ces cas, les prothèses instrumentales peuvent | nous diriger vers les objets auxquels 100
ils nous donnent un accès visuel. En revanche, je ne peux espérer trouver mon chemin vers la Maison Blanche en regardant une carte postale photographique ou un reportage sur elle. Il s'agit en effet de monstrations détachées et, toutes choses égales par ailleurs, une monstration détachée ne livre pas perceptuellement le type d'information égocentrée sur l'objet dont j'ai besoin pour aller d'un point A à un point B.

Si je regarde à travers une paire de jumelles deux chevaux en train de courir rageusement, le tableau visuel que j'obtiens, même s'il est agrandi, reste connecté à mon propre corps, de sorte que je serais capable de marcher correctement vers la ligne d'arrivée si on me le demandait. Si j'utilise des jumelles, je peux encore m'orienter exactement par rapport à la ligne d'arrivée. Mon orientation corporelle par rapport aux choses que je perçois est préservée. En revanche, quelqu'un qui ne connaît pas au préalable où se trouve Saint-Pétersbourg ne peut pas s'orienter correctement vers le Palais d'Hiver en regardant *Octobre* d'Eisenstein.

Ex hypothesi, nous ne voyons pas x à proprement parler, à moins que nous

puissions nous orienter correctement dans l'espace vers x, en tournant par exemple notre corps vers x de la manière requise. Nous pouvons faire cela dans le cas de la vision ordinaire et dans la plupart des cas de perceptions potentialisées par des prothèses. Nous ne pouvons pas faire cela lorsqu'il s'agit d'images cinématographiques, sauf dans des conditions extraordinaires : quand par exemple nous regardons une vidéo en étant dans le même espace que l'espace qui est dépeint dans cette vidéo. La possession ou le manque d'information égocentrée est le critère distinctif dont nous avons besoin pour contredire l'argument de la pente glissante auquel nous acculait la thèse de la transparence. Etant donné que l'image cinématographique de Fido manque d'information égocentrée sur la relation de mon corps à Fido, nous ne voyons pas Fido à travers cette image de la même façon que nous le voyons en chair et en os lorsqu'il caracole devant nous sur le gazon.

Le théoricien de la transparence peut tenter de relever ce défi grâce à deux autres défis de son cru. Tout d'abord, prenons le cas de la vue d'une rose située à seize kilomètres de nous mais qui nous est livrée par une série de centaines de miroirs disposés en une sorte de labyrinthe si complexe qu'en regardant le miroir en face de nous il nous est impossible de trouver notre chemin vers la rose qu'il reflète. Nous avons convenu que nous voyons à travers les miroirs. Et pourtant cet arrangement particulier de miroirs ne nous rend pas capables d'orienter notre corps en direction de la rose. Par conséquent – tel est l'argument du théoricien de la transparence –, nous devons admettre que la préservation de l'information égocentrée n'est pas une condition nécessaire de la vision.

Par ailleurs, il nous invite à considérer un second cas. Nous voyons à nouveau une rose devant nous. Mais nous avons été prévenus qu'il était fort probable qu'elle se présentât à nous par le truchement d'une succession de miroirs semblable à celle qui est décrite au paragraphe précédent. Nous en venons alors à douter de notre connaissance du chemin qui mène à la rose.
101 Cependant, admettons que nous ayons été | induits en erreur. La rose est en fait réellement en face de nous. Mais nous n'y croyons pas; nous doutons de pouvoir marcher jusqu'à elle. Il est toutefois certain que nous voyons la rose, même si nous ne croyons pas la voir. Ce cas nous indique aussi que savoir comment orienter son corps vers l'objet n'est pas un réquisit logique de la vision de l'objet.

Ces deux exemples sont supposés montrer que l'information égocentrée n'est pas un critérium véritable, ni de la vision de x, ni de la vision de x à travers y. Ainsi le théoricien de la transparence conclut-il que le prétendu manque d'information égocentrée ne peut être invoqué comme une raison de l'inconsistance de la thèse selon laquelle nous voyons à travers les images photographiques et cinématographiques les objets que ces images ont visés.

Cependant, il n'est pas évident que nous devions concéder au théoricien de la transparence le cas du labyrinthe de miroirs. Si, à chaque fois que je tente de marcher vers la rose, je me cogne la tête contre un miroir, il n'est pas évident que je sois réellement en train de voir cette rose. Admettons que certains arrangements de miroirs nous rendent capables de voir à travers eux, cela ne nous contraint pas à dire que nous voyons à travers tous les dispositifs imaginables de miroirs. De plus cette position cesse d'être arbitraire si nous disposons d'un critère fondamental nous permettant de distinguer les deux cas. Avons-nous ce critère ? Bien entendu : les miroirs à travers lesquels nous voyons sont ceux qui nous permettent de retrouver une information égocentrée fiable; ceux à travers lesquels nous ne voyons pas sont dans des arrangements tels qu'ils ne nous le permettent pas. Il n'y a aucune inconsistance ici. Si le théoricien de la transparence prétend qu'il y en a une, il laisse de côté la question.

Toutefois, qu'en est-il du second exemple – le cas où la rose qui domine notre champ visuel est réellement là devant nous, mais où nous en doutons parce que nous nourrissons le soupçon qu'un esprit trompeur de type cartésien nous a cernés d'un réseau baroque de miroirs qui nous induit en erreur ? Nous voyons certainement la rose, même si, comme il est demandé, nous disons que nous ne *croyons* pas pouvoir diriger ou orienter d'une manière ou d'une autre notre corps vers elle.

Il est néanmoins utile de noter qu'il existe ici une différence entre être capable de diriger correctement notre corps vers la rose et *croire* que nous pouvons le faire. L'exemple du théoricien de la transparence se concentre sur l'état doxique (ou l'état de croyance) du sujet percevant. Mais même si, étant donné les conditions étranges de cette expérience de pensée, le sujet percevant ne croit pas qu'il est capable de diriger correctement son corps vers la rose, il demeure capable de le faire. Je peux ne pas penser ou ne pas croire être capable de soulever une haltère de cinquante livres au dessus de ma tête tout en pouvant en réalité le faire, malgré ma croyance. De façon similaire, je peux croire ne pas être capable de marcher correctement vers la
rose, mais, si je suis incité à faire de mon mieux dans la situation | élaborée 102
par le théoricien de la transparence, je serai capable de le faire correctement parce que la vision réelle et directe de la rose – l'état perceptuel dans lequel je suis en fait – est ce qui me permet de suivre l'information
 égocentrée sur mes rapports spatiaux avec l'objet de la perception.

Autrement dit, nous pouvons affirmer avec le théoricien de la transparence que, dans le second exemple, le sujet percevant, même s'il n'est pas convaincu de sa localisation dans l'espace, voit la rose, simplement parce qu'il a accès au genre d'information égocentrée qui, si on le force, le rendra apte dans son comportement à trouver son chemin vers la rose. Malgré son état doxique, il est capable d'avoir le comportement adéquat pour le faire, précisément parce que la vision véritable de la rose comporte l'information égocentrée. Le cas inventé par le théoricien de la transparence n'est pas un contre-exemple réfutant la nécessité de l'information égocentrée dans la vision authentique, mais c'est plutôt un exemple qui confirme à nouveau cette nécessité. Que le sujet percevant croie ou non pouvoir avec succès orienter son corps en direction de la rose, s'il voit véritablement cette rose il peut s'orienter convenablement vers elle, puisque la perception véritable lui donne accès, qu'il le croit ou non, à l'information égocentrée pertinente.

Une objection contre l'hypothèse selon laquelle la vision véritable requiert l'aptitude à s'orienter soi-même correctement dans l'espace en direction de l'objet perçu consiste sans doute en ce que cette hypothèse a pour conséquence contre-intuitive que des personnes handicapées, privées de leurs capacités locomotrices, ne peuvent pas voir, car elles ne peuvent mouvoir leur corps en aucune direction. Par conséquent, nous devons rectifier notre affirmation de façon à soutenir que la vision véritable se produit uniquement chez des personnes qui, si elles possèdent ou *possédaient* les capacités motrices en question, seraient aptes à orienter correctement leur corps en direction de l'objet de la perception en question. Puisque ce critère est plus comportemental que doxique, il n'est pas menacé par le second exemple du théoricien de la transparence.

Partant, la vision véritable, y compris la vision-à-travers véritable, est un processus qui nous donne l'information égocentrée fiable sur le rapport entre notre corps et les objets qui sont dans l'espace que nous habitons. Le plan cinématographique n'apporte pas cette sorte d'information. Ainsi, nous ne voyons pas à proprement parler à travers lui. Par conséquent, la thèse de la transparence semble inacceptable.

la thèse du code

A l'époque du film muet, le cinéma a été souvent comparé au langage. D. W. Griffith par exemple affirmait tirer ses procédés techniques de l'œuvre de Charles Dickens. Les premières versions les plus ambitieuses de ce type de revendication ont été sans aucun doute formulées par les
103 monteurs soviétiques. | Par exemple, l'un des plus éminents théoriciens et réalisateurs de cette école de cinéma, V. I. Poudovkine, soutenait que « le montage (des films) est le langage du réalisateur de film. Tout comme dans le langage ordinaire, on peut dire que, dans le montage, il y a ici le mot, à savoir le morceau tout nu du film qu'est l'image, et il y a la phrase, la combinaison des morceaux ».

Autrement dit, si nous suivons Poudovkine, le plan cinématographique doit être compris comme rigoureusement semblable à un mot. Ainsi, nous voyons un plan de la gueule d'un canon ; c'est équivalent au mot « canon ». Puis nous voyons un gros plan d'une mèche allumée ; c'est équivalent à « ___ tire ». Les deux plans sont raccordés et nous obtenons : « le canon tire ».

Cependant, même si cet exemple quelque peu controuvé semble persuasif, il est difficile d'imaginer que cette interprétation puisse être appliquée au fonctionnement des plans en général. Les plans ne peuvent pas en général fonctionner comme des mots. Typiquement, les plans véhiculent une quantité d'informations telle qu'il faudrait des phrases, et même des paragraphes, pour les formuler dans une langue ; il s'agit là d'une illustration du vieux truisme : « une image vaut mille mots ». En outre, il est probable que les images animées valent encore plus de mots que les images fixes. Et, en tout état de cause, il est évident qu'un long-métrage comme *L'Arche russe* [A. Sokourov, 2002], tourné en un seul plan, ne peut être comparé à un mot, même si l'on éteint la piste audio.

Exceptées les situations très particulières telles que celles dans lesquelles les plans ont été manipulés pour manifester des similitudes cinématographiques (par exemple le « Kerensky est comme Napoléon » tiré *d'Octobre* d'Eisenstein), les plans d'images animées ne sont pas équivalents à des mots, en particulier si le critère pour être semblable aux mots consiste à pouvoir être résumé en un seul mot. C'est uniquement pour les besoins de l'exemple que nous avons « traduit » l'inflammation de la mèche par « tire ». Il aurait été plus naturel de décrire un tel plan par une phrase.

Quoi qu'il en soit, le contenu de la plupart des plans ne peut être saisi par un mot. Aussi semble-t-il peu probable que la plupart des plans soient strictement équivalents ou même simplement analogues aux mots. En outre, si l'on affirme que la capacité à être résumé en un seul mot n'est pas le test pertinent pour décider de la similitude entre les plans et les mots, alors la

charge de la preuve de l'assertion selon laquelle le plan fonctionne comme un mot incombe à Poudovkine et à ses successeurs.

De surcroît, un autre problème consiste en ce que les mots sont abstraits, ce qui les distingue radicalement des plans d'images mobiles, qui sont concrets. Le mot « canon » n'a pas besoin d'évoquer un canon particulier, tandis qu'un plan de canon est toujours celui d'un canon particulier – par exemple, un mortier de 155 mm avec le pneu avant droit à plat et les initiales « NC » inscrites à l'intérieur du tube. Ainsi les plans se distinguent-ils de manière remarquable des mots à cause de leur inévitable concrétude ; et
cette propriété est à son tour reliée au fait que les plans | sont naturellement 104
décrits par plusieurs mots, et non par un seul. A cet argument et à d'autres arguments en faveur de l'absence d'analogie entre l'imagerie cinématographique et le langage s'ajoute le fait que les bases neuronales de l'imagerie et du langage sont différentes, suggérant que nous avons affaire à des systèmes de communication distincts.

En outre, la relation d'un mot à son référent est arbitraire. Nous utilisons le mot « chien » pour dénoter les canidés, mais il est facile d'imaginer que nous aurions pu introduire le mot « chat » pour accomplir cette tâche, s'il n'avait pas déjà été employé par ailleurs. Cependant, il n'est pas arbitraire qu'un plan de chien bien réalisé dépeigne un chien ; un plan satisfaisant de chat, toutes choses égales par ailleurs, ne peut représenter cinématographiquement un chien. Si un plan de chien représente un chien, c'est principalement parce qu'il existe une relation perceptuelle *non arbitraire* entre certains processus cinématographiques et certains processus visuels, automatiques, humains – nous en discuteront bientôt. Pour l'instant, il suffit de dire qu'un plan n'est pas un mot et, en particulier, qu'il n'est pas semblable à un mot parce que, entre autres choses, la relation à son référent se distingue à première vue de celle des mots selon le critère de l'arbitraire. En effet, tandis que la relation du mot à son référent est conventionnelle, le fait qu'un plan de Lassie dans la vieille série TV dépeigne un chien, plus précisément un colley (plutôt qu'une autruche), n'est pas une simple affaire de convention.

Nous avons affirmé qu'un plan cinématographique n'est pas un mot parce que, entre autres choses, il semble en général contenir plus d'informations qu'un mot. C'est la moindre des choses de dire que pour décrire un plan il faut ordinairement plus qu'un mot. Les plans en général n'évoquent pas un mot isolé, sauf dans certains cas de figuration très contrôlée – les plus célèbres de ces cas se rencontrant dans les montages constructivistes. Si les plans évoquent malgré tout des réactions linguistiques, il est plus probable de prédire que ces réactions seront plutôt des descriptions consistant en des phrases. Cependant, il est tout à fait vain de vouloir rafistoler la thèse du code en disant qu'un plan n'est pas un mot mais plutôt une phrase.

En effet, les plans cinématographiques ne sont ni des phrases ni semblables à des phrases. Les phrases sont composées de particules atomiques – de mots – qui sont des unités minimales. En revanche, les plans ne peuvent être décomposés en unités minimales telles que les verbes et les noms. Les plans n'ont ni sujets ni prédicats distincts. Dans le plan du canon qui fait feu, quelle partie de l'image est le sujet et quelle partie est le prédicat ?

Les plans ne contiennent pas du tout d'unités grammaticales. Aucun plan n'est structurellement analogue à la phrase « c'est un homme grand ». Non seulement il lui manque des éléments analogues à « ceci », « est » et « un », mais le sujet du plan n'est pas non plus le résultat d'une combinaison réglée d'unités significatives, définissables hors contexte, comme « grand » et « homme ». Le plan d'un homme montre plutôt en bloc, d'un seul coup en quelque sorte, les propriétés de cet homme, sans que l'on puisse les détacher les unes des autres. Vous ne pouvez pas fragmenter
105 | l'image animée figurant un homme grand en ses parties constitutives comme vous analysez la phrase en unités minimales telles que « homme »

et « grand ». De plus, si la négation est une partie naturelle du langage, le film ne peut pas être un spécimen normal du langage puisque, si c'était le cas, il apparaîtrait qu'il manque à son prétendu vocabulaire le moyen de dire « non ». Regarder une image de Napoléon est difficilement l'équivalent de l'affirmation « Napoléon n'est pas grand ».

Dans ce cas, il n'y a rien dans le plan qui corresponde à des mots. En ce qui concerne les phrases, le sens est produit par l'application de règles récursives aux atomes de sens – les mots – dont les phrases sont composées. Autrement dit, les phrases doivent respecter la grammaire pour être bien formées. En revanche, les plans d'images figuratives animées ne sont ni grammaticaux ni non grammaticaux. La raison en est qu'ils ne sont pas composés d'unités minimales de signification – tels les mots – pouvant être assemblées en respectant certaines règles.

Mais ajoutons que, dans un plan de cinéma, il n'y a pas de règles de combinaisons d'éléments. Tout ce qui peut être représenté picturalement est casher; il n'y a pas d'images non grammaticales. Il y a sans doute des images figuratives d'objets ou d'événements impossibles – comme Dumbo ou Mighty Mouse[1] volant dans les airs. Cependant, il s'agit là d'images impossibles et non pas d'images non grammaticales. Même l'image d'une entité monstrueuse – mettons, un bras sortant d'une tête, comme on peut en trouver dans un film de Brian Yuzna – est seulement l'image d'une chose biologiquement mal formée et non une image grammaticalement mal formée. A cet égard, le plan ressemble bien plus à une peinture représentative qu'à une phrase.

Les phrases sont significatives parce qu'elles sont constituées, *via* des opérations récursives, d'unités significatives définissables hors contextes et détachables, tels les verbes et les noms, les adjectifs et les adverbes. Mais les plans manquent de tels blocs de construction discrets. Les cheveux rouges à l'écran ne sont pas constitués de deux composants discrets, « cheveux » et « rouges », combinés grâce à certaines règles sémantiques : ils sont seulement des cheveux-rouges, pour ainsi dire donnés d'un seul coup.

De plus, le bras d'une femme dans un plan cinématographique n'est pas semblable au mot « bras » dans une phrase car le mot « bras » a une relation arbitraire à son référent, tandis que le bras dans l'image

1. Mighty Mouse, à ne pas confondre avec Mickey Mouse, est un personnage de *cartoon* apparu en 1942 parodiant Superman [N.D.T.].

cinématographique n'a pas de relation arbitraire à son référent. La relation biologique perçue entre le bras d'une femme et son torse n'est pas non plus une relation conventionnelle, même dans le plan d'un film, alors que la relation grammaticale entre le mot « bras » et le mot « torse » dans la phrase « Le bras de la femme est relié à son torse » est entièrement conventionnelle, au sens où elle est gouvernée par sa grammaire.

Il manque également aux plans d'images animées la panoplie des autres structures dont disposent les langues naturelles comme l'anglais. Les phrases ont une multiplicité de modes : comment, en mettant de côté le
106 son et les titres, articuler | un plan interrogatif? Les phrases déclaratives
peuvent être soit actives soit passives. Elles ont des voix grammaticales. En revanche, pour reprendre notre premier exemple du tire de canon, quelle est la voix active (« le canon tire ») ou passive (« quelque chose est tiré par le canon »)?

Face à ce genre d'objections, le partisan de la thèse du code peut être tenté d'abandonner la version forte de cette thèse, selon laquelle les plans sont strictement analogues à des mots, voire à des phrases, et de maintenir néanmoins l'idée selon laquelle ils sont en quelque manière semblable au
langage, au sens où la communication par l'intermédiaire des plans
d'images mobiles dépend de codes conventionnels. Par exemple, Umberto Eco, sémiologue éminent s'il en est, a suggéré que les images d'un plan particulier – disons, de la tour Eiffel – devaient être comprises comme des signes conventionnels. Dans son commentaire d'un plan de *M* [1931], le classique de Fritz Lang, Eco affirme : « en raison de certaines conventions, le destinataire [le spectateur] comprend que ces traces sur l'écran nous renvoient au contenu "une petite fille tient un ballon" ».

L'idée semble consister ici en ce que la relation entre le plan et ce dont il est le plan est analogue à la corrélation que l'on peut trouver par exemple dans un dictionnaire. Au cours du processus de vision des images animées, nous acquérons le vocabulaire du cinéma morceau par morceau, corrélation par corrélation. Il y a bien dans ce cas un code, même si, malheureusement, les sémiologues n'ont jamais donné d'éclaircissement sur la structure associative de ce code et même s'ils n'ont pas élaboré adéquatement un concept opératoire de *code*.

Pour des sémiologues comme Umberto Eco, la compréhension des images doit être apprise. Nous devons être instruits des conventions qui lient l'image dans le plan – les traces sur l'écran – à son référent. Les plans filmiques relèvent d'un code, dans la mesure où ils sont en quelque manière les sujets d'associations conventionnelles. La compréhension d'un plan est, prétend-on, un processus de décodage de ce plan, même si les partisans de la thèse du code ont lamentablement laissé dans l'obscurité les unités du code et leurs principes de combinaison.

Cependant, le théoricien du code croit que la condition pour comprendre en quoi un plan consiste est une prétendue connaissance d'un certain système de codes et de conventions, contenant sans doute des corrélations semblables à celles que présente un dictionnaire. Il dit, en outre, que ces codes et conventions sont spécifiques à une culture, de sorte qu'ils auraient pu être autres. Ainsi, le sémiologue affirme que ces codes et conventions sont arbitraires.

Dans cette conception, la compréhension d'un plan simple est une opération semblable à la lecture ou, du moins, au déchiffrage ou au décodage. Les films sont décodés par le public qui a appris les conventions du cinéma, y compris celles de la traduction ou du décodage d'un plan simple. Nous identifions le plan d'un homme de la même manière que nous associons ou relions le mot « homme » à « adulte mâle ». Nous employons un code que nous avons précédemment appris.

158 | Mais suggérer que la façon dont nous apprenons une langue est équivalente 107
à la façon dont nous parvenons à maîtriser un idiome pictural est infiniment douteux. Supposons que nous appelions code la façon dont « l'œil frontal » des anciens Egyptiens abordait la représentation picturale. S'il s'agit d'un code, nous l'acquérons d'une manière radicalement différente de celle dont nous parviendrions à maîtriser le langage parlé des Egyptiens sous le règne du roi Toutankhamon. Il vous suffit de tomber sur une ou deux images réalisées dans le style de « l'œil frontal » pour être capable de reconnaître correctement le genre de choses représentées par toutes les autres images de cette tradition. En revanche, si nous apprenions le sens d'un ou deux mots d'égyptien ancien, le reste de ce langage continuerait de nous échapper.

Cela ne revient pas à dire qu'il n'y a aucune convention picturale dans le style de « l'œil frontal ». Interpréter le fait que le pharaon est si souvent plus grand que les autres dans l'image comme un critère de sa relative supériorité sociale relève d'une convention apprise. En revanche, reconnaître dans l'image du pharaon celle d'un homme, voilà quelque chose que nous n'avons pas besoin d'apprendre. Si nous pouvons reconnaître des hommes « au naturel », comme on dit, nous pouvons reconnaître des images d'hommes.

Autrement dit, dès que nous voyons une ou deux images de l'Egypte ancienne, nous sommes en mesure d'identifier ce dont chaque autre image égyptienne est virtuellement l'image – du moins eu égard au type général de choses dont elle est l'image. En revanche, si nous entendons un ou deux mots d'égyptien ancien et si nous apprenons ce qu'ils signifient, nous ne serions pas capables, sur la base de cette seule expérience, de saisir le sens de n'importe quel mot égyptien, pas même le sens des mots qui dénotent différentes espèces naturelles.

La façon dont nous acquérons la connaissance d'un code, comme une langue naturelle, et la façon dont nous acquérons la maîtrise d'un système pictural diffèrent au plus haut point. *Ex hypothesi*, la raison en est que les processus sous-jacents sont différents. Les codes arbitraires sont associationnels et, par conséquent, ils doivent être appris corrélation après corrélation au cours d'une longue période de temps, alors que les pratiques picturales peuvent être maîtrisées presque immédiatement – ou du moins avec une alacrité incroyable par rapport à l'apprentissage du langage – et, pour ainsi dire, elles sont saisies « d'un seul coup »[1]. En effet, l'évidence empirique atteste que les systèmes sous-jacents de processus cérébraux destinés à négocier le langage et les images *sont* différents.

Cette assertion est confirmée par la recherche de deux psychologues – Julian Hochberg et Virginia Brooks. Ce couple a élevé l'un de ses enfants dans un environnement effectivement dépourvu d'images de n'importe quelle sorte, y compris les dessins, les photographies et, bien sûr, les films. L'enfant n'avait pas de livres d'images et il n'avait pas non plus accès à la télévision; les étiquettes avec des graphiques visuels ont été retirées des produits
108 ménagers | situés dans son voisinage. De plus, l'enfant n'a jamais été instruit des associations entre les mots et les images. Il n'a jamais lu d'histoire dans un livre d'images. Mais à l'âge de deux ans, quand le vocabulaire de l'enfant fut suffisamment développé, on lui a montré une sélection de dessins au trait et de photographies noir et blanc, puis on lui demanda d'identifier ce que représentaient ces images. Il y est parvenu la plupart des fois, un nombre de fois qui laisse peu de place au hasard.

1. Jeu de mots intraduisible que l'auteur souligne par l'usage des guillemets. *All in one shot* est une expression courante signifiant « d'un seul coup » et Carroll joue sur l'équivoque de *shot*, à la fois « coup » et « plan » [N.D.T.].

Dans ce cas, il n'est pas question d'un apprentissage de la part de l'enfant, il n'est pas question non plus d'être instruit des codes et des conventions permettant de décoder ou de lire les images picturales, y compris les plans d'images animées. L'enfant est capable de reconnaître de quoi les images figuratives sont les images simplement en les regardant. L'hypothèse du code s'accommode mal d'un cas tel que celui-ci, puisqu'il n'y a virtuellement aucun processus d'apprentissage ici.

La compréhension de l'image, y compris celle du film, ne semble pas exiger un entraînement ou une instruction spéciale. Tout se passe comme si elle se produisait naturellement. Autrement dit, il existe une hypothèse supérieure à celle du code pour expliquer la façon dont nous parvenons à comprendre *ce dont* l'image est l'image : celle qui consiste à dire que cette compréhension se produit grâce à l'activation d'une capacité naturelle de recognition – capacité qui s'actualise conjointement à notre capacité de reconnaître des objets mais qui est aussi provoquée par des choses sensiblement similaires aux propriétés visuelles des dits objets, comme leurs contours extérieurs.

Aucune formation particulière n'est requise pour comprendre ce que figure une image – y compris l'image du plan –, pour peu que nous soyons déjà
 familiers avec le genre de choses dépeintes par l'image en question. On peut identifier ce dont un plan typique de x est l'image figurative animée en regardant ce plan, si l'on est capable d'identifier x dans la « vie réelle », et même si nous n'avons jamais vu auparavant un plan de x. Le fait que nous puissions réaliser cet acte d'identification sans avoir besoin d'une période de formation significative indique que, dans l'appréhension du sens des plans d'images animées, il n'y a rien qui ressemble à l'acquisition d'un code. En fait, la communication semble ici se produire en l'absence d'un code. Cela ne veut pas dire que le plan n'est pas un symbole. Mais c'est un symbole qui communique en dehors de la référence à un code, à un vocabulaire, ou à un ensemble de conventions combinatoires.

la thèse du signal de recognition

Cette hypothèse se présente presque inévitablement dès que l'on considère les failles de l'hypothèse du code. Cette dernière semble exiger une période
d'apprentissage durant laquelle le code – que ce soit | une langue naturelle 109
ou un autre code – est acquis. Il s'agit, semble-t-il, d'une conséquence de l'affirmation selon laquelle les codes pertinents pour comprendre les plans sont arbitraires. Comment accéder à un code arbitraire sinon en apprenant

ses éléments de base et ses règles pas à pas? Cependant, *même* s'il est possible que quelques styles d'images requièrent un certain laps de temps pour être maîtrisés, ce laps de temps est infinitésimal en comparaison de la durée nécessaire pour commencer de maîtriser une langue ou un code complexe similaire.

En outre, dès que le sujet percevant a reçu – très rapidement – la clef d'un style d'images grâce à un symbole ou à une petite quantité de symboles, il peut, pratiquement sans effort, saisir tout ce qui est représenté dans ce style. En revanche, à partir d'un mot ou d'une petite quantité de mots, on peut difficilement commencer à comprendre la langue. Les codes arbitraires, spécialement ceux qui disposent d'un vocabulaire étendu, exigent un apprentissage long. La rapidité avec laquelle nous parvenons à maîtriser les styles d'images – comme « l'œil flottant » japonais ou la perspective de la Renaissance – est incroyable si on la compare à la durée nécessaire pour assimiler un code arbitraire complexe. Les plans d'images animées, comme les autres images, sont saisis pratiquement en un coup d'œil, avec peu ou pas d'apprentissage. Les plans sont si différents des codes qu'il n'y a aucune raison de supposer qu'ils appartiennent à la même catégorie psychologique.

L'apprentissage d'un code complexe, comme le langage, implique une longue période d'entraînement. Il exige beaucoup d'instruction, y compris beaucoup d'essais, d'erreurs et de corrections. Mais le sujet de l'expérience, précédemment citée, de Hochberg et Brooks, manifeste la capacité de comprendre l'image « d'un seul coup ». Un enfant n'assimile pas de cette façon le sens d'un mot, encore moins celui de séries de mots ou de n'importe quel autre code complexe. Partant, il est très improbable que, dans la maîtrise de la compréhension d'un plan d'images animées, il y ait que ce soit relevant de l'apprentissage d'un code comme celui du langage.

Aussi, si l'on prend en compte ces faits, une hypothèse plus séduisante consiste en ce que les êtres humains acquièrent naturellement, plutôt que conventionnellement, la capacité de reconnaître les images, y compris les images animées, en même temps qu'ils acquièrent la capacité de reconnaître les objets que ces images représentent. La reconnaissance d'images, y compris celle des plans d'images animées, n'est pas une habileté qui exige d'être apprise. La compréhension des images est une capacité naturelle de recognition qui se développe en même temps que la recognition de l'objet. Lorsque nous voyons une image, y compris une image animée, d'une chose qui nous est déjà familière, le même processus de recognition est déclenché que lorsque nous voyons ce genre de choses « à l'état naturel ». Quels sont

précisément les aspects convergents des objets des images et des objets correspondants en dehors des images – aspects qui servent à déclencher cette réponse ? C'est une question qui relève de l'enquête psychologique. Philosophiquement, il suffit de dire que le plan d'images animées | est un 110
signal naturel de recognition – un stimulus qui déclenche quelque chose d'ancré en nous, nous permettant de saisir ce dont il y a image, simplement en regardant cette image.

Il ne s'agit pas toutefois ici d'un retour à la thèse de l'illusion. L'hypothèse est la suivante : ce que le stimulus transmet dans les plans d'images animées, pris sous des angles typiques, active les mêmes capacités de recognition que celles que les objets des images déclencheraient dans la vie de tous les jours, « hors écran » ; mais, dans le même temps et au moyen des mêmes facultés, nous reconnaissons aussi l'écran comme un objet indépendant dans notre environnement. Autrement dit, nous reconnaissons à la fois les objets des images et l'écran. *Pace* la thèse de l'illusion, nous ne prenons pas les objets de l'image (du plan) pour les objets situés dans l'espace de notre environnement physique immédiat. Nous découvrons en effet la différence phénoménologiquement, dans notre propre corps, dans la mesure où les muscles de nos yeux enregistrent la distance entre la localisation de l'image à la surface d'un objet – l'écran – qui habite le même espace physique que celui dans lequel nous sommes situés et les objets des images dans l'espace virtuel, à l'intérieur de l'image animée.

La thèse du signal de recognition n'est pas non plus identique à celle de la transparence. La première thèse se contente de dire que nous reconnaissons les objets et les événements dans le plan, et non pas que nous voyons à travers l'image animée les objets et événements qui lui ont donné naissance. En d'autres termes, il ne s'agit pas de dire que les objets originaux ont mis en branle notre système perceptuel grâce à un appareil prosthétique, mais qu'il y a *quelque chose* dans l'image qui excite notre pouvoir de recognition de l'objet, grâce auquel nous sommes capables d'identifier ce dont l'image est l'image. Quoi ? C'est en définitive aux psychologues de la perception de le définir. Tout ce que nous pouvons dire à présent, c'est que les plans d'images animées envoient naturellement un signal à notre système perceptuel nous permettant de reconnaître dans ces plans les mêmes types d'objets et d'événements que ceux que nous appréhendons visuellement dans la vie quotidienne.

Tout comme la thèse du signal de recognition, la thèse de l'illusion et celle de la transparence présupposent que, sans aucun entraînement significatif préalable, nous mobilisons nos capacités ordinaires de recognition afin d'identifier ce que nous voyons dans les plans d'images animées. Il existe en ceci un accord entre les trois thèses. Mais si nous acceptons l'hypothèse du signal de recognition, nous ne penserons pas que ce que nous voyons c'est l'objet lui-même que nous reconnaissons, ou bien d'une manière erronée, comme le prétend la thèse de l'illusion, ou bien à juste titre, comme le soutient la thèse de la transparence. Il convient plutôt de dire qu'un plan cinématographique figurant une gazelle suscite en nous la vision ou la recognition de la gazelle qui est dans le plan; celui-ci engendre naturellement à la fois la recognition de l'écran et celle des choses qui sont dépeintes par les ombres animées reflétées sur l'écran.

L'hypothèse selon laquelle les plans cinématographiques sont tels que ce qu'ils dépeignent est naturellement reconnu par des spectateurs non instruits – des spectateurs qui n'ont pas été exercés à certaines opérations
111 spéciales de lecture, de décodage | ou d'inférence –, au moyen du simple
regard, s'accorde aussi très bien avec le fait historique de la diffusion interculturelle particulièrement rapide des films. Ceux-ci se sont constitués comme la forme d'art dominante au cours du XXe siècle et ils sont devenus un canal omniprésent de communication mondiale, parce que les symboles basiques utilisés – les plan d'images cinématographiques – sont accessibles presque automatiquement à tout le monde, depuis les centres urbains d'Amérique du Nord jusqu'aux communautés rurales d'Eurasie.

Sans aucun doute, ces assertions vont à l'encontre de certaines anecdotes, inlassablement ressassées dans les cours d'anthropologie, sur l'incompréhension avec laquelle les sociétés tribales ont accueillis les images figuratives de la tradition occidentale. Cependant, la première chose qu'il faut souligner à ce propos est la suivante : l'indication que l'on peut systématiquement tirer des réactions face aux images des populations tribales dépourvues d'expérience figurative, penche étonnamment du côté de l'hypothèse selon laquelle ces populations, en dehors de toute instruction, reconnaissent ce que dépeignent les images qui leur sont présentées.

De plus, dans les cas où les sujets ont manifesté quelques difficultés à identifier les référents d'images étrangères, il semble probable que ces difficultés initiales étaient plutôt dues à l'incompréhension de ce qu'on leur demandait de faire qu'à une inaptitude à reconnaître ce que les images en question dépeignaient. Par exemple, lorsque des images ont été présentées à la tribu Me'en d'Ethiopie, les indigènes les ont humées au lieu de les regarder, parce qu'elles leur rappelaient une sorte de tissu avec lequel ils étaient déjà familiers. Ils n'ont pas du tout regardé les images. Cependant, lorsque leur attention a été dirigée par la tâche d'identifier les objets des images, la grande majorité des personnes interrogées n'ont pas eu de problèmes pour comprendre celles-ci.

Autrement dit, leur prétendue incapacité à comprendre les images concernait leur manque de familiarité avec le fait même de la figuration et non une incapacité à reconnaître ce dont les images sont les images, puisque, dès que la pratique de la figuration leur a été expliquée, ils n'ont pas eu de problèmes pour donner les identifications pertinentes. En outre, puisqu'ils en ont été capables presque sans préparation, il n'est pas plausible de supposer qu'ils ont digéré – sur place – un ensemble complexe de conventions.

C'est la recognition plutôt que la convention qui est la clef fondamentale de la compréhension de l'image. Reconnaître une chose, bien entendu, exige qu'on nous présente une chose ou, du moins, *un type de choses* avec lequel nous sommes déjà familiers. C'est un problème de re-cognition. La recognition, dans le cas de l'image, est un processus qui consiste à prendre conscience que ce qui est dépeint par l'image est quelque chose – ou
 l'instance d'un type de chose – déjà connu de nous et cette prise de conscience se fait en regardant simplement l'image (plutôt qu'en la lisant ou en la décodant).

| Les plans d'images animées sont typiquement, bien sûr, des images 112
figuratives. Ainsi, ces blocs de construction des films sont tels que ce qu'ils dépeignent est reconnu par des spectateurs non instruits, grâce au simple regard. Les spectateurs ne comprennent pas la référence des plans isolés par lecture, décodage ou inférence à partir de prétendues traces – comme le laissaient entendre les sémiologues partisans du code. Au contraire, le processus de compréhension se réalise par l'incitation des capacités de reconnaissance d'objet qui sont bien ancrées en nous.

Le plan isolé est l'unité basique de la communication filmique au sens où, sans le plan isolé, les autres leviers de la communication cinématographique, comme le montage, seraient restés muets. Sans les unités de plans isolés, il n'y aurait pas eu de montage. Le plan isolé est typiquement, pour ainsi dire, la condition *sine qua non* de la communication filmique. Ou, en d'autres termes, s'il n'y avait pas de plans isolés pour être compris, il n'y aurait rien à monter – il n'y aurait rien à organiser par le montage. Ainsi, en ce sens, le plan d'images animées est l'élément de base de la communication cinématographique.

En outre, le plan isolé est traditionnellement une image figurative, et les images figuratives sont des sortes de symboles tels que les choses qu'ils dépeignent sont saisies par des capacités naturelles de recognition. Le fait que ces capacités sont naturelles implique bien sûr que les plans sont compréhensibles, au niveau de ce qu'ils figurent, par la plupart des êtres humains doués de compétence perceptuelle, presque automatiquement. Les êtres humains du monde entier peuvent reconnaître ce dont une image figurative – y compris une image figurative filmique – est l'image, simplement en la regardant. Et cela implique aussi que les plans d'images figuratives animées soient accessibles à presque tous les êtres humains, sans formation spéciale à un code ou une convention quelconque. Inutile de dire que c'est la raison pour laquelle les films sont si hautement exportables dans le monde entier. C'est pourquoi les films sont partout. C'est en partie pourquoi ils sont si importants.

L'un des avantages de la théorie du plan cinématographique comme signal de recognition consiste par conséquent en ce que cette thèse peut contribuer à expliquer le succès généralisé du film comme moyen artistique et comme outil de communication. Tandis que la thèse du code nous abandonne au mystère consistant à savoir à quel moment les spectateurs ont

appris les corrélations entre ce qu'Eco décrit vaguement comme des traces et leur signification, rien d'énigmatique ne subsiste avec l'hypothèse selon laquelle la fonction communicative basique des plans peut passer à l'acte sans la médiation de codes ou de conventions touchant la signification. Bien entendu, la thèse de l'illusion et celle de la transparence ont elles aussi cet avantage sur la thèse du code. Mais la thèse du signal de recognition n'a pas les autres défauts de ces deux conceptions alternatives du plan cinématographique.

Selon la thèse du signal de recognition, nous reconnaissons ce dont un plan est l'image en le regardant; notre capacité innée de reconnaissance des objets entre en action. Lorsque l'image est fictionnelle, nous nous mettons
113 alors à imaginer que le | genre de chose que nous reconnaissons – disons, un jeune homme – est un agent, par exemple le protagoniste, de l'histoire. Ou bien il se peut que nous reconnaissions une demeure de l'ancien Sud, d'avant la guerre de Sécession, d'un style néoclassique, et que nous imaginions que c'est Tara, comme nous le demande le réalisateur. Si ces images sont ensuite doublées convenablement pour les publics non anglophones, ces fictions, toutes choses égales par ailleurs, seront immédiatement accessibles à tous les publics du monde, en grande partie parce que les

images utilisées pour communiquer l'histoire peuvent être reconnues par chaque être humain doué de vue.

Dans ce chapitre, nous avons passé en revue quatre hypothèses concernant la nature du plan cinématographique – les plans sont des illusions, des transparences, des symboles codés ou des signaux naturels de recognition. Si la thèse de l'illusion connaît des difficultés, c'est en grande partie parce que nous ne nous comportons pas comme si nous croyions que les événements à l'écran sont littéralement devant nous ; par exemple, nous ne fuyons pas devant l'attaque d'un troupeau de vélociraptors. Il est même possible de soutenir que le mouvement détecté à l'écran est objectif – au sens où la couleur est objective – plutôt qu'illusoire.

La thèse de la transparence soutient que les plans cinématographiques sont des prothèses instrumentales qui nous offrent un accès visuel aux objets et aux événements du passé. Cela ne constitue pas un caractère nécessaire de tous les plans cinématographiques car certains de ces plans, comme les décors en CGI (qui n'ont pas été produit par des moyens strictement photographiques), n'ont pas besoin de nous montrer un référent issu du passé. La prétention de la thèse de la transparence, selon laquelle nous voyons à travers le plan cinématographique, peut être également contredite par le fait que même les plans produits par des moyens strictement photographiques échouent à fournir le type d'information égocentrée caractéristique de la vision et du voir-à-travers véritables.

La thèse du code soutient que le plan cinématographique est un symbole arbitraire semblable à ceux qu'on peut trouver dans une langue naturelle. Mais les plans cinématographiques n'ont pas la structure des mots et/ou des phrases ; nous n'avons pas non plus à nous assurer de notre compréhension des plans comme nous le ferions si nous entrions dans un vocabulaire complexe de symboles arbitraires. Il semble plutôt que nous soyons presque immédiatement en contact avec ce que les plans cinématographiques communiquent. Ce fait suggère que les plans déclenchent une capacité naturelle quelconque de recognition ; et le suspect le plus probable ici est notre capacité innée de recognition d'objet. Par conséquent, il semble très probable que le plan cinématographique obtienne sa meilleure conceptualisation lorsqu'il est pris comme un signal de recognition naturelle – comme un stimulus communiquant son contenu à des spectateurs qui saisissent ce contenu simplement en regardant l'image figurative animée.

L'hypothèse du signal naturel de recognition a, par ailleurs, l'avantage supplémentaire d'expliquer en grande partie la raison pour laquelle les

films ont réussi à devenir une forme généralisée et souvent transculturelle d'art, de divertissement et de communication. Les symboles basiques
114 | qu'ils utilisent – les plans d'images animées – peuvent être maîtrisés, à un certain niveau de compréhension, par quiconque est muni d'un équipement perceptuel humain standard.

Un autre avantage de l'examen du plan cinématographique développé dans ce chapitre consiste en ce que, souvent, des conceptions entières du cinéma sont fondées sur des extrapolations à partir des analyses de la nature du plan. A partir de la théorie du plan comme illusion, certains ont sauté à une théorie du cinéma comme illusion – autrement dit, à la théorie selon laquelle les films sont en entier des illusions. Certains (bien qu'il ne s'agisse pas des philosophes qui ont développé la thèse de la transparence) affirment que tout le cinéma *mainstream* recherche les conditions de la transparence. Et d'autres ont soutenu que les films sont entièrement des systèmes codés ou des systèmes sémiotiques. L'un des avantages de ce chapitre consiste à montrer que certaines prémisses au fondement de ces grandes extrapolations ont été ébranlées.

Du côté des bénéfices, nous obtenons aussi une version naturaliste du plan cinématographique. Voyons si nous pouvons développer des théories
supplémentaires dans cette veine en ce qui concerne les autres aspects des films.

suggestions de lectures

Sans aucun doute, la théorie de l'illusion provient de la discussion par Platon de la représentation figurative, au livre X de sa *République*. Cette interprétation a été si influente qu'elle a été appliquée presque sans hésitation au cinéma. Bien des théoriciens soutiennent, en extrapolant simplement presque sans modification à partir de Platon, l'idée selon laquelle l'image filmique est une illusion et en restent là. On peut cependant trouver une version sophistiquée de la théorie de l'illusion dans Richard Allen, *Projecting Illusion* (New York, Cambridge University Press, 1995).

La théorie de l'illusion est l'objet d'un examen critique dans le bon livre de Gregory Currie, *Image and Mind, Philosophy and Cognitive Science* (New York, Cambridge University Press, 1995). Currie, entre autres choses, défend l'idée que l'impression de mouvement dans les films n'est pas illusoire. La thèse de Currie est, à son tour, rejetée par Andrew Kania dans « The Illusion of Realism in Film », *British Journal of Aesthetics* vol.42, n° 3 (Juillet 2002), p. 243-258.

La théorie de la transparence est proposée, bien qu'avec des obscurités, par André Bazin, *What is Cinema ?*, vol. 1 (Berkeley, University of California Press, 1967). Une version de cette théorie est aussi avancée par Stanley Cavell dans *The World Viewed* (New York, Viking, 1972). Les récents défenseurs de la transparence pour la photographie sont : Kendall Walton, « Transparent Pictures : On the Nature of Photographic Realism », *Critical Inquiry* vol. 11, n° 2 (Déc. 1984) ; et Patrick Meynard « Drawing and Shooting : Causality in Depiction », *Journal of Aesthetics and Art Criticism* vol. 44, n° 2 (Hiver 1985/86), p. 115-129.

| Les critiques de la théorie de la transparence sont : Nigel Warburton, « Seeing 115
Through 'Seeing Through' Photographs », *Ratio*, Nouvelle série n° 1 (1988), p. 64-77 ; Gregory Currie, « Photography, Painting, and Perception », *Journal of Aesthetics and Art Criticism* vol. 49, n° 1 (Hiver 1991), p. 23-29 ; et Noël Carroll, " Defining the Moving Image », dans son volume *Theorizing the Moving Image* (New York, Cambridge University Press, 1996). Kendall Walton a répondu aux critiques de la théorie de la transparence dans son article : « On pictures and Photographs », dans *Film Theory and Philosophy*, éd. Richard Allen et Murray Smith (Oxford, Oxford

University Press, 1997). Les articles récents importants sur la thèse de la transparence sont : Aaron Meskin et Jonathan Cohen, « On the Epistemic Value of Photographs », *Journal of Aesthetics and Art Criticism* vol. 62, n° 2 (Printemps 2004), p. 197-210 et Aaron Meskin et Jonathan Cohen, « Photographs as Evidence », dans *Photography and Philosophy. Essays on the Pencil of nature*, Scott Walden éd., (Oxford, Blackwell Publishing, 2008).

Concernant la théorie linguistique du plan filmique, la citation de V. I. Poudovkine est issue de son livre *Film Technique and Film Acting* (London, Vision Press, 1958). Umberto Eco développe sa conception de la thèse du code dans l'article « On Contribution of Film to Semiotics », dans *Film Theory and Film Criticism*, éd. Gerald Mast et Marshall Cohen, 2e éd (Oxford, Oxford University Press, 1979). La position d'Eco est critiquée par Gilbert Hamon dans son article « Eco-location », dans le même volume. Voir aussi Sol Worth, « Pictures Can't Say Ain't », dans *Film Culture*, éd Sari Thomas (Meteuchen, Scarecrow Press, 1982). La thèse du code/langage est longuement critiquée par Gregory Currie dans son superbe « The Long Goodbye : The Imaginary Language of Film », *British Journal of Aesthetics* vol. 33, n° 3 (Juillet 1993), p. 207-219.

La thèse du signal de recognition a été introduite par Noël Carroll dans son « Address to the Heathen », *October* n° 23 (Hiver 1982/3), p. 89-163 et dans « The Power of Movies », *Deadalus* vol.114, n° 1 (Hiver 1985), p. 79-103. Dans la rubrique de la générativité naturelle, on peut trouver une conception similaire, plus

complexe, de la figuration [*picturing*] dans Flint Schier, *Deeper Into Pictures* (Cambridge, Cambridge University Press, 1986). Dans son livre *Image and Mind*, Gregory Currie s'aligne aussi sur une justification naturaliste.
Pour un compte-rendu des découvertes empiriques de Julian Hochberg et de Virginia Brooks, voir leur « Pictorial Recognition as an Unlearned Ability », *American Journal of Psychology* vol. 75, n° 4 (1962), p. 624-628. Sur la recognition figurative transculturelle, voir Jan B. Deregowski, *Illusions, Patterns, and Pictures : A Cross-Cultural Perspective* (New York, Academic Press, 1980) et Paul Messaris, *Visual Literacy : Image, Mind and Reality* (Boulder, Westview Press, 1994), en particulier p. 60-64.

chapitre 5
les images animées la construction cinématographique de la sèquence et la narration

116 | Dans le chapitre précédent, nous avons discuté du plan cinématographique isolé, en insistant principalement sur le plan isolé pris à partir d'une position fixe de la caméra. Néanmoins, la plupart des films sont constitués de plus d'un plan. De manière normale, les plans sont combinés dans des séquences. Ils sont additionnés ensemble de façon à remplir certaines fonctions. De manière paradigmatique, cette fonction a été de raconter une fiction. Mais d'autres fonctions sont également possibles : décrire un environnement, comme dans un film de tourisme ou un documentaire animalier, construire une argumentation, comme dans le cas de *Fahrenheit 9/11* [M. Moore, 2004], établir une comparaison ou une opposition, faire un

commentaire, susciter une émotion, et ainsi de suite. La liste, bien sûr, n'est pas exhaustive et, en outre, les items ne s'excluent pas les uns les autres.

Les séquences, au cinéma, sont habituellement assemblées au moyen du montage. Les plans séparés, pris de différentes positions de la caméra, sont collés ensemble afin de s'acquitter de l'une ou l'autre des fonctions précédentes. La scène où un homme devient conscient qu'il est cerné, par exemple, peut être narrée, du point de vue cinématographique, avec un gros plan sur son visage, manifestant un sentiment de surprise, et ensuite avec un retour sur un plan d'ensemble qui révèle qu'il est cerné par les forces hostiles qu'il vient juste d'apercevoir.

Néanmoins, une séquence comme celle-là peut aussi être construite avec un plan unique au moyen d'un mouvement de caméra – l'image peut partir du gros plan et aller jusqu'à un plan d'ensemble par un travelling arrière de la caméra, achevant donc un effet qui peut être du point de vue fonctionnel équivalent (en terme de transmission de l'information) au fait de couper entre deux positions différentes de la caméra, mais enregistrant continument pendant ce temps l'espace traversé entre la vue donnée par le gros plan et celle plus distante. Voilà ce qui est parfois appelé un plan-séquence.

172 | Dans le montage, l'espace entre le gros plan de la caméra et la vue 117
d'ensemble est éliminé. De là l'idée de « coupe » : quelque chose a été dé*coupé*. Dans les mouvements de caméra qu'on appelle les « travellings », l'« espace intermédiaire » se trouve exhibé.

En outre, la séquence précédente d'images – d'un gros plan de la caméra à une vue éloignée de la caméra – peut être assurée par une action interne de la caméra, comme lorsque quelqu'un fait un zoom arrière au moyen d'un téléobjectif. Qu'il s'agisse de montage, de mouvement de caméra ou encore de mouvement de l'objectif, la construction cinématique de la séquence – le passage cohérent d'un point de vue de la caméra évidemment discret à d'autres – est un élément fondamental de la plupart des films, à l'exception des films composés d'un unique plan effectué à partir d'une caméra immobile, à la manière des *actualités** des frères Lumière.

Ce chapitre est divisé en deux parties. Premièrement, nous tenterons de comprendre la construction cinématique de la séquence – c'est-à-dire la manière dont le changement des positions de la caméra facilite la communication filmique. Bien que le montage en soit l'exemple principal,

* En français dans le texte.

nous considérerons aussi la manière dont le mouvement de caméra et le développement des différents types d'objectifs peuvent aussi contribuer à cet effet. Ensuite, après avoir examiné la façon dont les séquences sont construites, nous nous intéresserons dans la seconde partie du chapitre à certaines des manières dont les séquences sont construites, et plus particulièrement à la forme la plus courante de la narration cinématographique.

la construction cinématique de la séquence

Les séquences cinématiques sont composées de vues prises de différents points de vue, en montant ensemble des plans provenant de positions discrètes de la caméra, ou bien au moyen de mouvements de caméra qui modifient notre perspective sur l'action, ou par un changement de focale qui a, du point de vue fonctionnel, des conséquences semblables. Au moyen des séquences, les cinéastes communiquent une action, des événements et situations aussi bien que, souvent, les attitudes et les opinions qu'ils ont eu égard aux circonstances qu'ils dépeignent. Mais comment la communication est-elle possible grâce à une collection disparate de vues ?

Nous avons déjà rencontré une prétendue réponse à cette question. C'est
peut-être une des premières théorisations, popularisée par l'école sovié- | 173
tique dans sa théorie du montage cinématographique. Nous avons entendu une déclaration très forte à propos de cette conception dans le dernier chapitre, lorsque V.I. Poudovkine déclarait : « Le montage [cinématographique] est le langage du réalisateur de film. Tout comme dans le langage ordinaire, on peut dire que, dans le montage, il y a le mot, à savoir le morceau tout nu du film qu'est l'image [le plan], et il y a la phrase, la combinaison des morceaux. » Appelons cela l'« hypothèse du langage cinématographique ». Jusqu'où est-elle plausible ?

l'hypothèse du langage cinématographique

118 | Les défenseurs de l'hypothèse du langage cinématographique sont saisis par certaines analogies très générales entre les phrases, d'un côté, et, de l'autre, les séquences cinématiques et plus particulièrement les ensembles qui relèvent du montage. On admet qu'une sentence est composée mot à mot, la combinaison d'unités significatives aboutissant à un complexe à la signification plus vaste. D'une manière semblable, une série de plans est composée de plans dont le sens est indépendant et qui, lorsqu'ils sont combinés, acquièrent un sens plus vaste. Le plan d'un homme, suivi

par le plan du canon d'un fusil, puis par le plan de l'homme tombant, communique la ligne narrative selon laquelle l'homme a été tué. Bien sûr, l'histoire pourrait aussi être racontée par un mouvement de caméra partant de l'homme pour aller jusqu'au fusil, et y retournant, au moyen d'un zoom analogue entre ces deux points de vue. Ainsi, il apparaît que les phrases et les séquences cinématiques communiquent quelque chose – c'est-à-dire qu'elles font sens – en combinant des segments plus petits et significatifs dans des unités plus vastes [1].

Les phrases sont significatives du fait qu'elles sont construites, au moyen d'opérations récursives, à partir d'unités significatives plus petites comme les noms et les verbes. Cette caractéristique des phrases est appelée compositionnalité. Le sens linguistique repose sur la syntaxe, c'est-à-dire un ensemble de règles permettant de composer des totalités significatives, c'est-à-dire des phrases, à partir des mots. Un langage a un vocabulaire fini de symboles arbitraires qui peuvent, en principe, être organisés en un nombre infini de phrases par les opérations récursives d'ordre grammatical.

Mais, comme nous l'avons vu dans le chapitre précédent, les plans, excepté
 dans des circonstances extraordinaires (*i.e.* les panneaux dans la rue), sont rarement analogues à des mots. Les plans peuvent signifier, mais, en général, ils ne sont en rien comme les mots. Il n'y a pas de vocabulaire du cinéma ni de dictionnaire fini pour les films. Il y a autant de films qu'il y a de choses et de combinaisons entre elles qu'on peut photographier à partir d'un nombre indéfini de positions de caméra.

Le nez d'une femme dans le plan d'un film est très différent du mot « nez » dans une phrase, parce que le mot « nez » a une relation arbitraire avec son référent, alors que le nez d'une femme, dans le film, a une relation
naturelle | à son référent. Davantage, l'image du nez d'une femme ne peut 119
pas être décomposée en unités plus petites, alors que l'expression « le nez de la femme » peut être décomposée en « le », « nez », « de », « la »,

1. Bien qu'il puisse être plus facile d'envisager les plans pris isolément, quand ils sont montés ensemble, comme des unités discrètes semblables à des mots, il est beaucoup plus difficile de savoir comment nous pourrions faire l'analyse syntaxique des différents types de mouvement de caméra comme des unités discrètes. Ce serait peut-être une raison d'abandonner d'ores et déjà l'hypothèse du langage cinématographique, puisqu'elle ne peut pas concerner toutes les séquences cinématographiques, notamment celles qui sont équivalentes fonctionnellement, de la même manière. A vrai dire, peut-être qu'elle ne peut pas traiter du tout certaines d'entre elles, particulièrement les mouvements de caméra.

« femme ». Les unités de l'image forment un seul morceau, pour ainsi dire ; ce ne sont pas des particules atomiques d'un composé qui serait une signification plus vaste, résultant d'un assemblage récursif, comme c'est le cas dans la phrase. Ainsi, un plan significatif n'est pas construit ou composé à la manière d'une phrase significative. Le plan n'est pas une unité minimale de sens de la même manière que l'est un mot, et, en outre, pour la même raison, les suites de plans ne sont pas construites sur le modèle des phrases. Il n'y a pas d'unités minimales de sens comparables dans les films, de sorte que les séquences cinématiques ne peuvent pas être assimilées aux phrases. Les plans, qu'on les considère séparément ou combinés les uns avec les autres, ne sauraient être assimilés d'une manière légitime aux mots. Conséquemment, le film ne possède pas le genre de composants discrets qui rend la communication linguistique possible. Même si le cinéma avait le genre de règles récursives que le langage possède, les films, d'une manière standard, ne pourraient rien construire à partir de ces règles, puisqu'ils manqueraient de quelque chose qui fonctionne comme les mots. Les films, n'en déplaise à Poudovkine, n'ont pas de sémantique – ils n'ont pas d'unités significatives minimales qui seraient discrètes, arbitraires, et qu'on peut combiner à l'envi – pour une syntaxe organisatrice. Il n'y a pas de vocabulaire du film. Ainsi, il n'y a pas de compositionnalité.

Mais ce n'est pas seulement qu'il n'y a pas de sémantique du cinéma ; car il n'y a pas non plus de grammaire du cinéma. Poudovkine semble penser que le film est un système combinatoire rigoureusement semblable à un langage. Il suppose que les plans sont assemblés par le montage de la même manière que les mots sont organisés en phrases. Cela laisse entendre que, pour Poudovkine, le film ou du moins le montage possède quelque chose de l'ordre d'une grammaire, c'est-à-dire de règles applicables de manière récursive pour vérifier ce qui est bien formé et ce qui ne l'est pas. Mais le cinéma ne possède pas de telles règles. Ainsi, en plus d'être exempts de quoique ce soit qui ressemble à un vocabulaire structuré de la manière requise, les films, tels que nous les connaissons, sont aussi exempts de syntaxe.

Les enseignants de cinéma, qui assurent des cours aux titres tels que « Le langage du visuel et du sonore » ou « La grammaire du cinéma » peuvent continuer encore et toujours avec les règles – comme « ne franchissez pas la ligne des 180° » (parce que cela ferait sauter la direction du mouvement sur l'écran), ou « ne montez pas ensemble des plans qui, virtuellement, viennent du même point de vue mais sont manifestement trop distincts (car

un tel raccord, qu'on appelle une « saute », causera l'impression d'une secousse abrupte dans l'image). Mais, en vérité, ce sont des règles d'usage et non des règles grammaticales. Pour savoir si une partie d'une séquence cinématique est réussie, le test est de voir si elle fonctionne ou pas – si elle communique ou non l'effet visé par le cinéaste, si le public peut la suivre ou pas, si elle atteint ou non cet effet. Pour | toute règle prétendument « gram- 120
maticale » dans la réalisation d'un film, on peut trouver de flagrants contre-exemples du point de vue cinématique.

John Ford, par exemple, a violé la règle des 180° dans *La Chevauchée fantastique* [1939] et, jusqu'ici, la scène dans laquelle cela se passe est parfaitement intelligible aux spectateurs. Personne ne s'est plaint d'un vice de forme. Tout le monde comprend que la diligence se meut dans la même direction après le raccord; personne ne pense qu'elle fait un demi-tour radical. Le public est capable de le comprendre parce que, en outre, cette lecture est la plus cohérente avec sa conception du reste de la narration.

Le franchissement de la ligne des 180° est parfois admis, comme le souligne David Bordwell, pour donner au film un aspect réaliste, avec des aspérités, comme dans le cas de [la série] *Homicide : Life on the Street*, [1993-1999], ou
 il peut être utilisé pour faire naître chez le spectateur le sentiment du tumulte, comme c'est le cas dans *8 Mile* [C. Hanson, 2002]. Dans *Half Nelson* [R. Fleck, 2006], la caméra franchit la ligne des 180° lorsque Drey, l'un des personnages, roule à bicyclette, afin de faire ressortir la tension et le moment dramatiques dans lesquels il se trouve. Dans ce film dont le thème est justement la manière dont l'opposition des contraires provoque du changement, une scène montre Drey qui pédale dans une direction de l'écran, et son professeur qui roule dans la direction opposée. Bien qu'il ne s'agisse pas strictement d'un franchissement de la ligne des 180°, le montage, ici, montre la manière dont les directions d'écran opposées peuvent être utilisées pour indiquer des thèmes.

D'une façon semblable, Jean-Luc Godard emploie les sautes dans un certain nombre de films, dont *A bout de souffle* [1960] où ils fonctionnent comme une espèce de ponctuation expressive, signalant le caractère improvisé et du film et de son réalisateur. Les spectateurs n'interprètent pas ces coupes comme des déchirements dans le tissu de l'univers, mais comme des signes d'une exubérance auteuriale. Les sautes sont parfaitement intelligibles aux spectateurs qui les comprennent comme les empreintes digitales de l'auteur. La saute n'est pas simplement liée à un moment particulier dans l'histoire du cinéma; son utilisation dans un but expressif apparaît dans des films contemporains tels *Les Associés* de Ridley Scott [2003].

Dans le langage, nous pouvons distinguer, à propos d'une chaîne de symboles, son être intelligible et son être bien formé (ou être grammatical). Nous pouvons dire que nous comprenons les paroles d'un jeune enfant, incorrectes du point de vue grammatical, et que nous pouvons interpréter des conversations téléphoniques confuses où il manque des mots, même si dans les deux cas il n'y a pas de phrases complètes. Car il y a une distinction entre l'intelligibilité et la grammaticalité dans le langage. Néanmoins, avec les films, l'intelligibilité c'est la complétude de l'histoire.

121 | D'ailleurs, dans la mesure où le cinéma est une forme artistique, les cinéastes n'ont pas besoin de considérer une quelconque règle comme inviolable. En principe, ces prétendues règles d'usage du cinéma peuvent être enfreintes, tant que l'ensemble résultant du montage est réussi – intelligible aux spectateurs concernés. La construction cinématique de la séquence, bien qu'elle relève de certaines *stratégies*[*] qui ont fait leurs preuves, n'a pas de syntaxe spécifique et, partant, il n'y a pas de grammaire du film au sens strict du terme, en dépit du fait que vous pouvez trouver des livres intitulés *La Grammaire du film* dans des librairies d'occasion.

De même que nous parlons d'*art* de la poésie plutôt que de *grammaire* de la poésie, nous devrions penser la construction cinématique de la séquence en termes d'art plutôt que de syntaxe. Nous ne blâmons pas un effet poétique s'il s'écarte de la grammaire, aussi longtemps qu'il est efficace. Pensez à l'œuvre de E. E. Cummings. D'une manière semblable, lorsqu'il est question de l'art de construire cinématiquement une séquence, tout est matière à un effet artistique, à partir du moment où il n'y a pas de règles grammaticales authentiques à disposition qu'on puisse énoncer.

Lorsque nous sommes confrontés à un moment d'un film qui relève du montage – disons le plan d'un homme en train de marcher, monté en opposition au plan d'un autre homme en train de marcher –, nous inférons la signification de cette suite de plans sur la base de ce qui fait sens dans un contexte donné (qui est en général narratif). Si nous savons, étant donné le reste de l'histoire, que les deux personnages sont dans des pays différents, nous en déduisons qu'ils sont tous les deux en train de se promener approximativement au même moment de la journée. Mais si nous savons

[*] En français dans le texte.

qu'ils ont convenu de s'affronter dans les rues de Dodge City, nous en tirons que, probablement, ils sont dans le même endroit, se dirigeant l'un vers l'autre. Les suites de plans peuvent se ressembler au plus haut point, mais nous inférerons des sens différents selon la meilleure voie pour les rendre cohérents avec tout ce que nous savons sur le reste de la fiction.

Néanmoins, il faut souligner que nous n'avons pas de règles auxquelles recourir dans des cas comme celui-ci. Du reste, nous dépendons, d'une manière holistique, de l'interprétation de cette suite de plans dans le contexte, de sorte que nous ne *lisons* pas la séquence cinématique. L'expression « lire un film » est au mieux une métaphore et, qui plus est, une métaphore trompeuse. Nous traitons le flux d'informations qui nous est transmis par la construction cinématique de la séquence au moyen d'une série répétée d'hypothèses jusqu'à la meilleure explication, notre préoccupation constante étant la recherche de la cohérence. Voilà qui implique quelque chose de tout à fait différent de l'exercice consistant dans l'habileté rudimentaire à lire. Donc, dans la mesure où c'est une certaine espèce d'inférence plutôt que quoique ce soit ressemblant à la lecture basique qui fonde la construction cinématique de la séquence et particulièrement le

montage, la construction cinématique de la séquence apparaît ne pas être d'ordre linguistique. Ainsi, encore une fois, comme nous l'avons conclu dans le chapitre précédent, l'hypothèse du langage cinématographique est entièrement rejetée.

l'hypothèse de la gestion de l'attention

| Mais si la construction cinématique de la séquence ne communique pas à 122
la manière du langage, comment le fait-elle ? Une hypothèse alternative est la suivante : elle le fait au moyen de ce qui pourrait être appelé la gestion de l'attention. Les cinéastes communiquent [quelque chose] au spectateur en contrôlant son attention. En construisant cinématiquement des séquences, les cinéastes sélectionnent ce que le spectateur voit aussi bien que l'ordre dans lequel il le voit ainsi que la durée et l'échelle de ce qu'il voit. Le cinéaste communique ses propres intentions au public en guidant notre attention. Nous assistons à ce que le cinéaste montre, depuis l'angle qu'il choisit, avec une taille d'écran proportionnée à son choix, pour aussi longtemps – ou aussi peu de temps – qu'il l'estime approprié. Nous lions alors ensemble ces détails avec l'histoire (ou l'argument, etc.) que nous avons été invités à construire jusqu'ici à partir de ce qui nous a été montré.

Le cinéaste détermine l'objet, la précision et le rythme de notre attention aussi bien que sa position précise dans la succession d'images en question. Il maintient notre attention et en même temps la façonne en contrôlant les objets de notre perception ainsi que l'ordre, le rythme et l'échelle dans lesquels nous en prenons connaissance. Le changement constant des vues de la caméra attire notre attention sur l'écran dans la mesure où notre système perceptuel est adapté au changement et au mouvement. Et une fois que notre attention est rivée à la suite [d'images], les cadrages alternatifs successifs de la situation nous guident à travers elle selon un parcours hautement intentionnel.

Le cinéaste communique avec nous au moyen des facteurs mentionnés plus haut – telles que l'échelle et la durée d'une prise de vue – dont les modulations ne se contentent pas de nous dire ce qu'il est important de voir, mais le font dans une succession ordonnée qui nous prévient contextuellement de la signification des items en jeu dans la configuration qui émerge, que cette configuration soit un récit, un argument ou bien quelque chose d'autre. Autrement dit, un niveau absolument fondamental de la communication cinématique implique que le cinéaste articule ses intentions en dirigeant et en modelant notre attention dans la manière dont il construit cinématiquement la séquence – en nous montrant ceci plutôt que cela dans un certain ordre, et avec une certaine vitesse et à une certaine échelle.

Inutile de dire que la seule manipulation de ces variables n'équivaut pas à l'histoire de la communication cinématique dans sa complétude. Il y a d'autres facteurs importants qui concourent – incluant, comme nous l'avons déjà noté, le sens qu'a le public de la direction prédominante du film, que ce soit en terme d'histoire, d'argument ou de quelque vision poétique. Nous
123 utilisons indubitablement le sens émergeant | du tout, généralement avec l'aide du langage (les dialogues, la voix off, les sous-titres et/ou les intertitres), pour contextualiser l'ensemble des détails que les points de vue changeants de la caméra, dans la séquence cinématique, portent à notre attention. Cependant, pour que l'élément narratif ou l'argument surgisse au cours du film, il faut toujours que les images soient montrées au public dans un ordre, un rythme et une échelle appropriés, à savoir ceux qui sont adéquats pour ce que veut communiquer le cinéaste. Davantage, en général, ce que cette piste qu'est l'image porte à l'attention du spectateur devrait idéalement renforcer le dialogue et/ou la voix off, ou sinon être coordonné avec eux, à moins que ce qui est visé soit ironique, comique, ou bien un acte de subversion relevant de l'avant-garde.

La construction de la séquence cinématique – la succession d'images disparates (ou le déplacement de la caméra qui passe d'une vue à l'autre) – est exécutée par le monteur de film s'il s'agit de couper, ou par le directeur de la photographie s'il s'agit de mouvement de caméra ou de changement de focale. Une telle construction est habituellement élaborée en liaison avec le réalisateur du film. Travaillant de concert, l'équipe de production du film décide de la séquence cinématique, déterminant ce qui va être montré, dans quel ordre, à quel rythme et à quelle échelle. Lorsque c'est réussi, ces séquences cinématiques nous donnent l'impression d'être des communications intelligibles, mais non pas parce que – comme l'hypothèse du langage cinématographique le pense – nous avons appris une espèce de grammaire que nous utilisons pour les rendre cohérentes. Au contraire, dans une large mesure, la construction cinématique de la séquence met en jeu des caractéristiques de notre construction cognitive et perceptuelle qui étaient déjà en place avant que nous ayions vu un seul film, et les mobilise pour produire le sens de l'ensemble.

Par exemple, afin de souligner l'importance d'un élément dans le monde diégétique – mettons un revolver au sein d'un mystère dans lequel il est un précieux indice –, le cinéaste se décide pour un gros plan. De cette manière, nous savons que nous regardons le revolver ; à vrai dire, nous n'avons pas de véritable alternative perceptuelle. Nous savons que le revolver est important, non pas en conséquence de quelque code analogue à un langage, mais parce que (1) c'est la seule chose à voir et que (2) son échelle a été agrandie au point qu'il occupe tout l'écran ; il a été écrit en grosses lettres, pour ainsi dire. Il ne faut pas croire non plus que l'échelle écrasante du revolver comme signe de son poids narratif est une association arbitraire. Celle-ci est fondée dans la perception dans laquelle il y a une corrélation naturelle entre la grandeur et l'importance qui peut être observée, d'un point de vue interculturel, à des taux d'occurrence qui sont loin d'être aléatoires.

Autrement dit, notre disposition à voir le revolver dans le gros plan n'est pas quelque chose que nous avons besoin d'apprendre. Cela se produit automatiquement. Premièrement, c'est la seule chose visible. D'ailleurs, que le fait de d'augmenter la taille de quelque chose soit un signe de son importance – une manière de dire visuellement : « regardez là maintenant » –, voilà qui | n'est pas plus une stratégie arbitraire de communication qu'élever la voix 124
pour produire un effet. Nous utilisons ces deux techniques lorsque nous communiquons avec des enfants. Que ces techniques aient une forte

efficacité laisse penser que les humains sont, d'une manière innée, sensibles à leur influence – que nous ne les acquérons pas comme nous acquérons les codes linguistiques. En effet, l'application de techniques tels ces codes apparaît préalablement à l'acquisition de tout langage particulier, précisément dans la mesure où ces techniques font partie des stratégies qui facilitent l'acquisition du langage.

Le gros plan précédent signale que le revolver est important. Mais pourquoi ? Peut-être que le plan qui suit s'éloigne pour nous montrer un détective et son partenaire penchés sur le revolver dans une scène criminelle. Ce deuxième plan recadre la situation afin de nous laisser examiner l'importance de la découverte du revolver dans l'investigation. Le fait de recadrer les éléments de la situation dans cette direction – dans ce cas, en plaçant le revolver dans une structure ou une configuration narrative plus vaste – conduit fortement le spectateur à réfléchir et, ainsi, probablement à inférer le rôle du revolver dans un contexte narratif plus vaste. La position changeante de la caméra accomplit ce processus en dirigeant l'attention du spectateur, par un mouvement de retour, du revolver jusqu'à l'investigation en cours. Ensuite, lorsque le détective remarque quelque chose de spécial sur le revolver – peut-être les initiales sur sa crosse –, la caméra coupe ou bouge pour se rapprocher dans un gros plan susceptible de maintenir notre attention avec cet indice révélateur.

Dans cet exemple, la séquence cinématique se déplace d'un gros plan jusqu'à un plan large et de nouveau à une vue plus rapprochée, peut-être prise d'un angle légèrement différent du premier gros plan. En recadrant constamment la scène, les auteurs du film garantissent, en exploitant nos tendances perceptuelles naturelles, que nous serons présents là où nous devons être présents pour suivre ce qui se passe – pour prendre connaissance du détail ou des détails dont nous avons besoin pour être prêts à faire les inférences nécessaires afin d'aller de l'avant comme l'histoire continue à aller de l'avant. C'est du moins ce qui ressort de l'exemple standard, qu'il faut distinguer des cas isolés qui s'y opposent intentionnellement, tel *Un Chien andalou* [L. Bunuel, 1929]. Autrement dit, ce qui est typique, c'est que le cinéaste sélectionne différents détails et les montre à partir d'angles et de distances différents, choisissant les positions de la caméra d'une manière telle que chaque spectateur fasse attention précisément à ce qui est nécessaire afin de garder une trace de ce qui arrive dans l'histoire ou l'argument. Nous pouvons appeler ce processus cadrage variable.

cadrage variable

Les séquences cinématiques sont construites au moyen d'un cadrage variable qui exploite nos dispositions perceptuelles naturelles en vue de guider notre attention vers ce que veut le cinéaste – habituellement vers ce qui est important | pour le développement de l'action ou de l'argument. 125
Autrement dit, c'est au moyen du cadrage variable que le cinéaste gère l'attention de l'audience.

Jusqu'à présent, les exemples de cadrage variable impliquent un passage de gros plans à des plans plus larges. Néanmoins, le cadrage variable se produit également lorsque la caméra change sa position sur l'action sans changer d'une manière notable sa distance par rapport à celle-ci. Par exemple, dans la célèbre séquence du mortier du *Mécano de la Général*, de Buster Keaton [1926], il y a un plan moyen sur le canon abaissant sa bouche, où l'on voit de devant la pièce d'artillerie, et ensuite un plan à approximativement la même distance, pris cette fois de derrière, soulignant l'importance de cette situation dans la narration – à savoir que le mortier vise immanquablement notre héros.

Le cadrage variable est une façon de changer le positionnement de la caméra
 afin, pour le cinéaste, d'assurer que le public assiste à l'action exactement de la manière désirée par ce cinéaste. C'est un moyen de contrôle de l'attention du public qui n'a en pratique aucun équivalent au théâtre. Dans le théâtre, le public, en grande partie, doit guider sa propre attention relativement à ce qu'il faut regarder. C'est la raison pour laquelle le fait d'aller au théâtre exige l'acquisition de certaines compétences, incluant une attention disciplinée, qui, en pratique, ne sont pas nécessaires lorsqu'on regarde un film normal. Au théâtre, chacun doit, en fin de compte, trouver sa propre voie à travers le spectacle. Chacun doit faire son propre chemin perceptuel à travers l'ensemble de ce qui apparaît, les appartements de scène et les détails qui s'y ajoutent, non seulement pour se fixer sur l'héroïne, mais aussi pour n'être pas distrait par tout ce qu'il y a en outre à voir. Voilà qui requiert un effort délibéré, particulièrement pour ceux qui ne sont pas habitués au théâtre. Dans les films, même pour les néophytes, cela se passe généralement, en pratique, d'une manière automatique, en grande partie grâce au cadrage variable.

Comment fonctionne le cadrage variable ?

Le cadrage variable est, d'un point de vue fondamental, une question de changement de position de la caméra sur l'action. D'un point de vue pratique, le changement de position de la caméra donne au cinéaste trois leviers distincts pour diriger ou influencer le vecteur d'attention du public. Ces trois leviers – les variables du cadrage variable – peuvent se décliner de la façon suivante : indexation, délimitation de la frontière entre champ et hors-champ, et variations d'échelle.

Comme nous avons vu, le montage, le mouvement de la caméra et le changement de focale sont les bases mécaniques les plus connues du cadrage variable (bien que des méthodes qui ressemblent parfaitement à celles-ci puissent être recréées par l'animation, qu'elle soit manuelle ou numérique). Ces techniques, à leur tour, donnent à l'équipe du film trois instruments formels pour influencer ou diriger l'attention du public, *indexation*, *délimitation de la frontière entre champ et hors-champ*, et *variations d'échelle*.

L'indexation se produit automatiquement lorsque la caméra est portée
plus près de son sujet, que ce soit au moyen d'un mouvement de caméra,
126 du montage ou d'un zoom. | Elle fonctionne comme le geste consistant
à montrer du doigt. On peut penser qu'il s'agit d'une forme d'*ostension
cinématique*. Lorsque la caméra se déplace, cela indique que le spectateur
devrait regarder dans la direction où la caméra se dirige, si le mouvement de
la caméra a été enregistré, ou dans la direction vers laquelle la caméra est
braquée, si le plan résulte d'une coupe.

Dans *Casablanca*, il y a une scène où Elsa rend visite à Rick afin de le supplier pour qu'il lui vende un jeu de visas de sortie. Le plan en question commence avec Rick ouvrant la porte de son bureau sur la droite de l'écran, et ensuite la caméra panoramique du côté gauche de l'écran pour nous montrer Elsa à la fenêtre. Au moment où la caméra va de gauche à droite, nos yeux suivent d'une manière irrésistible. Son mouvement nous montre du doigt la direction dans laquelle nous devons regarder. L'indexation n'est pas arbitraire, ce n'est pas une convention analogue aux conventions du langage qui nous indiqueraient là où nous devrions regarder. Elle renvoie à la manière selon laquelle travaille notre système perceptuel. Elle est une technique qui gère ou guide notre attention d'une façon automatique et même naturelle.

En plus de l'indexation, le réalisateur dirige également notre attention par la sélection de ce que nous voyons. Autrement dit, lorsque la caméra est dirigée sur un objet, un personnage ou un événement, elle expulse effectivement de l'écran tout ce qui est au-delà du périmètre du cadre. En dirigeant une caméra sur un objet, que ce soit par le montage ou par le mouvement de la caméra, le réalisateur indique que ce qui est important à ce moment-là est ce qu'il y a sur l'écran. Le cadre agit comme une sélection. Tout ce qui est en dehors du cadre a été éloigné de notre attention.

D'un côté, cette sélection par délimitation de la frontière entre champ et hors-champ est exclusive. Tout ce qui tombe en dehors de la sélection cinématique, de fait, ne devrait pas concerner l'attention du public. Mais elle est aussi inclusive. La sélection indique que ce qui est important, pour le public, de prendre en compte, c'est ce qui est visible dans le cadre. En outre, que nous regardions à l'intérieur de la sélection plutôt qu'en dehors, voilà qui n'est absolument pas une convention arbitraire du type des conventions langagières. Cela n'a pas besoin d'être appris. Car nous n'avons pas d'alternative et devons nous conformer à la mise en place de la sélection. La délimitation de la frontière entre champ et hors-champ n'est pas une dimension arbitraire dans un code artificiel. D'ailleurs, la technique est adaptée, du fait de sa simple nature, pour contraindre les spectateurs dotés d'un équipement perceptuel de base, à ne suivre que ce que veut le réalisateur et qui est signalé par des variables comme cette forme de sélection.

En ce qui concerne la construction cinématique de la séquence, le montage et le mouvement de caméra fonctionnent la plupart du temps en utilisant simultanément les dimensions exclusive et inclusive de cette forme de sélection – toutes deux pour éliminer les détails hors-sujet et concentrer l'attention sur le centre de l'aire sélectionnée.

Néanmoins, dans certains cas (et à vrai dire dans suffisamment de cas pour que cette option puisse être considérée comme une déviation standard), un cinéaste peut | délibérément construire cette sélection d'une façon telle que 127
ce qui peut être le plus significatif pour la narration est laissé hors-champ, et souvent même dans le hors-champ adjacent. Voilà qui est souvent utilisé pour produire un effet émotionnel. Ainsi, l'approche du meurtrier est souvent suggérée par le hors-champ, mais le tueur est « caché » en dehors de ce qui est sélectionné, comme c'est le cas dans les premières scènes du film classique de Fritz Lang, *M.* Nous entendons le tueur d'enfants, mais nous ne le voyons pas. Cela produit un certain *frisson** chez le spectateur et nous maintient rivés à l'écran dans l'espoir de voir, tôt ou tard, le meurtrier – dans l'espoir que ce qui est hors-champ entre dans le champ.

* En français dans le texte.

Le mouvement avant de la caméra ne se contente pas d'indexer et de sélectionner certains détails plutôt que d'autres. Il change également l'échelle de ce que regarde le public. Dans *Les Enchaînés* d'Hitchcock [1946], il y a la fameuse prise de vue à partir d'une grue qui commence au palier du deuxième étage et se faufile derrière un lustre, avant de s'abattre sur le personnage d'Alicia Huberman et de se conclure sur sa main, dans laquelle elle cache la clé de la cave, qu'elle envisage de remettre à l'agent américain, Devlin. Lorsque la caméra va vers Alicia, cela a pour conséquence non seulement de la montrer du doigt et de supprimer les détails environnants et distrayants pour ne garder que l'élément le plus significatif du plan, mais aussi d'agrandir la clé. Autrement dit, la clé occupe littéralement plus d'espace sur l'écran à la fin du plan qu'au début. Comme cela devient visible, la clé « grandit » au niveau de l'échelle, prenant davantage d'espace sur l'écran et occupant davantage d'espace rétinien. Mieux encore, l'augmentation de l'échelle prévient le public, non seulement de la présence mais aussi de l'importance de la clé dans la scène.

Bien qu'on puisse être tenté de dire que la grandeur visuelle souligne l'importance d'une manière conventionnelle, il est difficile d'accorder que
cela est purement arbitraire. Serait-il équivalent, du point de vue de l'effet
psychologique, de rapetisser ce qui est important dans une scène? Mais comment alors un réalisateur pourrait-il être certain que le public l'a bien remarqué? Au moyen des variations d'échelle, le réalisateur rend le public sensible à tout ce qu'il juge approprié. De même, un changement d'échelle permet au réalisateur de faire rapetisser ce qui est moins important dans la narration et, partant, de diminuer son importance aux yeux du public. Ce n'est pas seulement une façon de souligner qu'un élément est moins important. C'est une manière de rendre moins probable le cas où le public le remarque ou qu'il soit capable de le voir. Les variations d'échelle peuvent constituer un dispositif « conventionnel » au sens où leur utilisation dans les films est fréquente; mais ce dispositif n'est pas conventionnel au sens du caractère arbitraire dont nous parlons quand il est question du langage, dès qu'est donnée la constitution perceptuelle humaine : il n'est pas arbitraire que nous soyons attentifs aux objets qui dominent notre champ visuel et que nous ne soyons pas aussi attentifs aux objets qui ne sont pas imposants.

Les variations d'échelle, la sélection par délimitation de la frontière entre champ et hors-champ et l'indexation, sont donc trois moyens différents, à
128 la disposition du réalisateur, pour rendre sensibles | au public des objets,
des événements, des personnages et des actions. Dans une large mesure, par

ces moyens, le réalisateur gère ou guide l'attention du public, à chaque instant, vers ce qui est déterminé comme le plus approprié, étant donné les fins de la narration ou de l'argument en cours.

Mieux, ces moyens aident le cinéaste à *moduler* tout au long du récit l'attention du public. D'abord on montre un plan de demi-ensemble d'une scène, puis la caméra se déplace et, au moyen de l'indexation, du changement d'échelle et de la sélection, certains détails sont isolés pour être l'objet d'une attention particulière. Ou bien la séquence peut commencer avec un gros plan et, ensuite, le plan s'élargit, amenant le public à penser au détail présenté dans le gros plan relativement à la signification qu'il a dans la structure plus vaste incluse dans la sélection nouvelle – par exemple, d'abord nous voyons le gros plan de la mèche allumée d'un bâton de dynamite, indexée, sélectionnée et agrandie par l'échelle, puis nous voyons le contexte plus vaste – le pont visé qui explose – dans le plan large qui suit.

Le recadrage constant permet au réalisateur de contrôler non seulement ce que nous voyons, mais, lorsque nous le voyons et relativement à la séquence de vues, ce qui est le plus avantageux pour notre traitement (habituellement inférentiel) de l'histoire ou de l'argument que le réalisateur développe. Autrement dit, le cadrage variable est le moyen principal par lequel un réalisateur dirige[1]. Et qu'est-ce qu'un réalisateur dirige? L'attention du public.

Habituellement, les variations d'échelle, le choix de ce qui sera hors-champ et l'indexation entrent en jeu dès que la caméra est en mouvement. Il n'est toutefois pas nécessaire qu'ils entrent en jeu en même temps. On peut changer la sélection sans changer l'échelle – par exemple quand la caméra suit un personnage mais laisse inchangées ses dimensions à l'écran. Ou bien on peut indexer une scène par un léger mouvement avant de la caméra sans altérer de façon notable l'échelle et la sélection du plan. Ou bien on peut mettre l'accent sur le changement de sélection dans un plan, comme dans la célèbre promenade en tramway d'*Aurore*, sans indexer quelque chose en particulier ou introduire des changements notables d'échelle. Néanmoins, le changement d'échelle, le choix de ce qui sera hors-champ et l'indexation sont généralement employés de concert et, quand c'est le cas, ils fournissent un moyen très puissant par lequel le réalisateur contrôle l'attention du public.

1. Le jeu de mot sur *director/direct* est impossible à rendre [N.D.T.].

Dans un film type, ces trois moyens sont mis au service de la narration en cours. Ils sont généralement déployés d'une manière telle que le *premier* élément ou la *première* configuration d'éléments dans le plan que le public est conduit à remarquer est celui (celle) qui est le (la) plus pertinent(e) pour
129 suivre l'histoire telle qu'elle apparaît. Ces dispositifs font | saillir certaines particularités narratives – personnages, objets, actions et leurs détails ; ils nous rendent conscients de ce qui est (idéalement) le plus significatif pour nous et à quoi nous devons être attentifs, dans l'histoire, au moment où le plan apparaît. Puis on nous présente une nouvelle information narrative dans le plan suivant qui a été lui aussi structuré d'après le principe selon lequel le *premier* élément ou la *première* configuration d'éléments qui retient à nouveau notre attention est celui (celle) qui est le (la) plus important(e) pour suivre le progrès de la narration. En outre, à titre de conséquence de cette coordination des fins narratives avec la structure visuelle, la plupart des films types ne sont pas seulement faciles à suivre, ils semblent complètement transparents.

Bien sûr, pour diverses raisons, un cinéaste peut s'écarter du principe selon lequel le premier élément que le public est invité à voir est celui qui est le plus significatif pour la narration. Souvent, un cinéaste, peut-être pour obtenir un effet expressif ou un impact émotionnel, peut guider l'œil du public de telle manière que le détail narratif le plus significatif ne soit pas visible immédiatement, mais seulement au deuxième coup d'œil. Par exemple, nous pourrions voir d'abord un personnage agité et, seulement après avoir observé celui-ci, nous sommes invités à remarquer que, dans le fond, il y a un homme avec un couteau qui se trouve d'une manière inquiétante derrière lui. Ce type de transgression habituelle, néanmoins, doit lui-même beaucoup de sa force au fait que l'approche élémentaire de la narration visuelle dans les films consiste à nous montrer d'abord, dans un plan, l'élément le plus significatif du point de vue diégétique – c'est-à-dire à coordonner toutes les stratégies visuelles qui sont à la disposition du réalisateur, y compris le choix de ce qui sera hors-champ, le changement d'échelle et l'indexation, d'une manière telle que l'élément narratif le plus important est la première chose sur laquelle notre attention se tourne. Ce principe n'est pas non plus une règle grammaticale, puisque l'art de raconter une histoire inclut dans ses plus hautes déclinaisons des moments où l'attention du public est détournée.

En outre, si le film n'est pas narratif, s'il s'agit, par exemple, d'un film argumentatif qui ne relève pas de la fiction, les mêmes principes de construction cinématique de la séquence s'appliquent d'une manière générale. Même les films d'*avant-garde** peuvent employer ces principes, bien qu'il puisse souvent être difficile de deviner la ligne prédominante permettant de diriger notre attention sur tel ou tel élément dans les films de ce type. Et, bien sûr, certains films d'*avant-garde* peuvent transgresser ces principes dans le seul but d'attirer notre attention sur eux. A vrai dire, il est possible que de tels exercices doivent une grande proportion de leur fascination au fait qu'ils exhibent les dispositifs qui, tel le cadrage variable, rendent la majorité des films si accessibles à des spectateurs qui en ont vu peu ou même pas du tout.

Si nous comparons un drame théâtral à un drame cinématographique ordinaire, nous pouvons dire métaphoriquement que, en terme d'attention, l'élément narratif, dans le film, a été visuellement prédigéré pour nous. Au théâtre, il nous faut, en dernier ressort, localiser et sélectionner les objets de notre attention; nous devons trouver les objets | qui sont les plus 130
importants pour la poursuite de la narration. Mais dans les films une plus grande partie de ce travail est faite pour nous par le cadrage variable, plus grande que dans la mise en scène d'une pièce normale située, comme elle

l'est habituellement, à l'intérieur du cadre de la scène avec ses dimensions fixées une fois pour toutes. Souvenez-vous combien cela a été plus difficile quand vous avez assisté à vos premières pièces de théâtre, comparé aux premiers films que vous avez vus.

Avec les films, le point de vue centré sur l'action est la plupart du temps donné d'une manière automatique au spectateur, particulièrement dans les films grand public. C'est pourquoi, comme suggéré précédemment, voir un film implique dans la plupart des cas moins d'effort qu'assister à une pièce de théâtre. C'est aussi pourquoi des spectateurs avec une petite expérience du théâtre vivant peuvent être frappés par le fait que les films sont plus facilement intelligibles que les drames interprétés sur une scène, dans la mesure où chaque moment cinématique est tel qu'il montre, en insistant dessus, ce qu'il est nécessaire de voir afin de saisir l'histoire qui naît.

Bien sûr, le cadrage variable n'opère pas sans contribution substantielle du spectateur. Non seulement le spectateur doit suivre la trajectoire perceptuelle qui est organisée par le cadrage variable, mais il doit aussi assimiler ce qu'il voit, en liaison avec ce qu'il sait sur l'histoire qui se

* En français dans le texte.

poursuit, afin de faire des inférences sur ce qui est en train de se passer. Dans *J'ai le droit de vivre*, de Fritz Lang [1937], il y a une scène dans laquelle le spectateur déduit que l'héroïne est au bord du suicide. Ce n'est jamais explicite, mais le spectateur doit synthétiser les détails – que le cadrage variable sélectionne et fait saillir – avec ce qui arrive dans le monde diégétique. Lorsque l'horloge nous indique que l'heure de l'exécution du mari a sonné, nous nous demandons pourquoi nous restons, d'une manière insistante, regarder la femme qui remplit un verre d'eau et ensuite y ajoute une poudre blanche non identifiée. Nous conjecturons : suicide. Le cadrage variable guide le spectateur en sélectionnant les éléments que nous avons besoin de prendre en compte afin d'inférer ce qui est en train de se passer – mais, généralement, c'est au spectateur lui-même d'assembler ces indices en faisant les raisonnements souhaitées ou proposées.

Nous voyons ici que, bien que le cadrage variable rende certaines inférences probables – et à vrai dire souvent inévitables en réalité –, elles dépendent toujours habituellement de la capacité du spectateur à arriver jusqu'à l'hypothèse qui parachève l'idée que le réalisateur tente de communiquer. Davantage, ce qui est intéressant dans la manière avec laquelle le spectateur synthétise cette information est que, pour l'essentiel, cela dépend, non pas de codes et de conventions spécifiquement cinématiques et/ou analogues au langage, mais du même type de processus inférentiel et interprétatif – incluant l'abduction, [c'est-à-dire] l'inférence à la meilleure explication, et le raisonnement pratique – que nous employons pour négocier des situations dans la vie de tous les jours.

131 | Pensez à ce qui se passe dans votre esprit lorsque vous tombez par hasard sur une scène de crime dans le cours de vos occupations quotidiennes. D'abord, vous commencez par remarquer qu'il y a plusieurs flics affairés. Ensuite, vous observez d'autres détails – les barrières de police, les photographes, etc. Peu à peu, vous connectez ces faits sous le concept de scène de crime. Mais n'est-ce pas un mode comparable de pensée qui est mis en œuvre lorsque Lang nous présente le quasi-suicide de la femme dans *J'ai le droit de vivre ?*

Afin de comprendre une narration cinématographique, notre présomption est que nous devons la remplir avec des sortes de croyances et de stratégies inférentielles que nous employons dans la vie quotidienne. Ce n'est bien sûr qu'une présomption, car il peut être nécessaire de renoncer à certaines conditions. Des genres spécifiques, par exemple, exigent de nombreux écarts par rapport au principe de réalité pour en constituer le sens – par exemple, en ce qui concerne les films de vampire, nous sommes censés supposer que quelque chose qui ressemble beaucoup à un homme, comme le comte Dracula, est néanmoins insensible aux impacts de balle. Ou un film particulier peut stipuler que quelque chose d'impossible du point de vue physique est une réalité de la vie dans son monde diégétique – par exemple qu'on peut voyager à travers un trou noir et sortir de l'autre côté intact et vivant.

Dans d'autres cas, les origines culturelles et historiques du film peuvent nous amener à modifier nos hypothèses relatives au monde diégétique afin de comprendre ce qu'un réalisateur, dont les croyances divergent des nôtres, veut communiquer. Cependant, nous commençons à comprendre le récit d'un film en déployant notre propre stock cognitif fonctionnel, à moins d'être averti de faire autrement ou à moins que nos conjectures soient manifestement inappropriées d'un point de vue culturel ou historique. Indubitablement, nous le faisons parce que c'est la présomption sur laquelle reposent toutes nos relations avec nos congénères. Et, bien que nous ayons souvent besoin d'ajuster nos hypothèses interprétatives aux circonstances exceptionnelles comme celles que nous venons d'évoquer, ce qui est étonnant, c'est la fiabilité de cette présomption, presque aussi grande au cinéma que dans la vie.

Que beaucoup du raisonnement que nous mobilisons lorsque nous suivons la plupart des films soit en continuité avec le raisonnement de tous les jours – dans les limites du contexte d'une narration en cours –, voilà ce qui permet de comprendre comment il est possible, pour les films, de voyager d'une manière aussi facile internationalement : pour *Le Dernier Samouraï* [E. Zwick, 2003] d'être un *hit* à Tokyo et, pour *La Fureur de vaincre* [Wei Lo, 1972], de plaire au public de Harlem. Car il n'est pas nécessaire d'apprendre un code particulier pour suivre un récit cinématographique. A un large degré, les films peuvent être compris au moyen du raisonnement ordinaire et de la mise en œuvre de nos concepts et croyances permanents, incluant les croyances relevant de la psychologie populaire relatives aux scénarios récurrents sur la motivation et l'action humaines.

| En ce qui concerne les films grand public, le cadrage variable, dans la 132
construction cinématique de la séquence, met d'une manière limpide en évidence les détails que le public a besoin d'introduire dans son réseau cognitif permanent et ses habitudes émotives, et que, ensuite, nous assemblons en un ensemble cohérent avec ce que nous savons s'être déjà passé dans le film et peut-être avec ce que nous anticipons quant au futur du

monde diégétique. Le cadrage variable opère automatiquement comme un moyen pour rediriger notre attention sur ce qui est important, et ensuite ces détails sont assimilés à ce que nous savons déjà et attendons du récit, essentiellement au moyen des structures cognitives et émotives mises en jeu et qui sont déjà en place.

La construction cinématique de la séquence est un processus de gestion de l'attention qui utilise le cadrage variable afin de garder le public concentré sur ce qui est nécessaire qu'il sache et quand il est nécessaire qu'il le sache, afin de suivre l'élément ou les éléments qui surgissent dans le film. Lorsque le film est narratif, la construction cinématique de la séquence donne au spectateur les informations dont il a besoin pour accomplir la batterie continue d'inférences requises pour suivre l'histoire. En ce qui concerne la gestion de l'attention, la construction cinématique de la séquence s'appuie sur l'activation de réponses perceptuelles innées au moyen du cadrage variable, lequel, de son côté, régit le flux de l'attention d'une manière naturelle plutôt qu'au moyen de conventions fonctionnant à la manière d'un langage.

En outre, cette hypothèse s'accorde parfaitement bien avec notre hypothèse du dernier chapitre concernant le statut de l'image cinématique isolée comme un signal naturel de recognition plutôt que comme quelque chose d'analogue à un symbole linguistique. Nous avons fait précédemment valoir que l'un des avantages essentiels des films à titre d'art populaire dérive du fait que leur symbole élémentaire – l'image cinématique – est accessible à tout être humain dont les dispositifs cognitifs et perceptuels fonctionnent. Si, dans une rencontre du troisième type, vous pouvez au moins reconnaître le type d'objet que le cinématographe dépeint, alors vous serez capable, toutes choses étant égales, d'appréhender ce dont traite l'image cinématique. C'est une source importante du pouvoir des films. Autrement dit, les films sont accessibles parce qu'ils font appel dans une large mesure à nos capacités naturelles.

Mais cela est vrai non seulement relativement à la manière dont l'image cinématique met en œuvre la perception; c'est aussi vrai relativement à la manière dont la construction cinématique de la séquence, au moyen du cadrage variable, détermine notre attention. Par le cadrage variable, la construction cinématique de la séquence nous a rendu attentifs d'une manière précise, bien qu'automatique, aux éléments de l'ensemble filmique que le cinéaste visait à nous faire remarquer, au moment exact où il le voulait. Cela arrive automatiquement grâce à la manière dont le cadrage

variable orchestre naturellement notre attention. De surcroît, le fait que les
utilisations habituelles | du cadrage variable exploitent nos dispositions 133
perceptuelles naturelles explique la manière avec laquelle la plupart des gens suivent le film typique avec une grande facilité et une grande précision. En ce qui concerne à la fois l'image cinématique et la séquence cinématique, les films grand public, au cinéma et à la télévision, sont, pour une grande part, populaires et presque universels dans leur attrait, parce qu'ils s'accordent très bien avec certaines aptitudes humaines plutôt que de dépendre essentiellement d'une communication fondée sur des conventions ou codes complètement arbitraires.

la narration cinématique

Les scènes et les séquences, au cinéma, sont des parties de totalités plus grandes. Elles s'insèrent dans ces constellations plus grandes relativement aux fonctions qu'elles exercent dans une œuvre filmique donnée à titre de tout. Autrement dit, les séquences sont subordonnées aux fins qui sont celles de l'œuvre globale et, partant, les principes qui connectent les scènes et séquences dépendent également des visées supérieures qui sont celles du
 film dans sa totalité.

Comme nous l'avons noté précédemment, les films peuvent prétendre à quantité de visées. Beaucoup racontent des histoires; certains construisent une argumentation. D'autres, comme *L'Homme à la caméra* de Dziga Vertov [1929], développent et explorent d'une manière étendue des comparaisons et des contrastes. D'autres encore, comme *Le Sang d'un poète* de Cocteau [1930], dépeignent la vie intérieure de rêves et de visions ou bien cherchent à choquer, comme dans le cas de *L'Âge d'or*, le chef d'œuvre surréaliste de Bunuel et Dali [1930]. Avec des préoccupations organisatrices différentes surgissent des structures différentes de connexion des scènes et des séquences. Ce qui informe les liens entre les scènes d'*Anticipation of the Night* [S. Brakhage, 1958] est différent de ce qui lie les scènes et les séquences de *Raccrochez c'est une erreur* [A. Litvak, 1948].

Il n'est pas nécessaire de dire qu'un livre introductif comme celui-ci n'est pas le lieu pour développer toutes les structures variées, relatives aux différents programmes, qui peuvent être mises en œuvre pour organiser les diverses sortes de films à titre d'entités possédant une cohérence interne. Néanmoins, il peut être fécond d'observer une espèce de structure permettant de coordonner les séquences et le cadrage variable qui les organise, donc une de ces structures plus grandes qui rendent cohérents les films dans leur totalité. La structure spécifique plus grande que j'ai en tête est celle qui détermine la forme de la grande majorité du cinéma populaire, grand public – celui qui a reçu des surnoms affectueux comme ciné ou cinoche (et ceci qu'on le consomme en salle ou à la télévision).

la narration érotétique

134 | La structure élémentaire de la narration cinématographique exemplifie ce qui peut être appelé narration érotétique. Il sera profitable de l'examiner assez longuement pour deux raisons : premièrement, afin de montrer comment les principes qui régissent le cadrage variable sont cohérents ou se fondent avec les principes qui, hiérarchiquement, contrôlent l'ensemble de l'entreprise narrative au niveau de l'œuvre filmique tout entière dans sa singularité ; et, deuxièmement, parce que la question de la nature de la narration cinématographique élémentaire possède un intérêt philosophique en elle-même et par elle-même.

Comment le film type raconte-il son histoire? D'un côté, par opposition, par exemple, à un *soap opera*, le film type raconte son histoire en une séance ininterrompue. Il commence et ensuite parvient à une fin, d'habitude entre environ deux à quatre heures après qu'il a débuté. De l'autre côté, le vœu ardent des concepteurs de *soap opera*, c'est que leurs sagas continuent encore et toujours. Si les films suivent le conseil d'Aristote quant au fait d'avoir un début, un milieu et une fin, les *soap operas* ont, comme le remarque joliment le critique Dennis Porter, « un milieu indéfiniment extensible ».

En outre, la différence, ici, ne tient pas simplement au fait que le film s'arrête quelque part alors que le *soap opera*, idéalement, continue perpétuellement. La fin d'un récit filmique a quelque chose qui relève de la consommation; elle produit une impression tout à fait définitive de complétude. Par opposition, le *soap opera* est, du fait de sa nature, incomplet. Même si la diffusion de *General Hospital*[1] était sur le point de cesser, il serait à ce stade probablement impossible de tisser des liens logiques entre tous les détails laissés inexpliqués – c'est-à-dire de résoudre toutes les intrigues constitutives de ce *soap opera*. Mais, idéalement, nous attendons d'un film qu'il « conclue en enveloppant le tout *[wrap everything*

1. *General Hospital* est un soap dont le premier épisode fut diffusé en 1963 et qui dure encore.

up] ». « C'est plié *[That's a wrap*[1]*]* », crie le réalisateur. Bref, un film n'est pas supposé avoir une simple halte ; il est censé avoir ce que les théoriciens nomment une clôture.

clôture

La notion de clôture est liée au sens de la finalité avec lequel une pièce de musique, un poème, une histoire, ou un film type s'achève. C'est l'impression que, précisément, le moment où l'œuvre finit est exactement le *bon* moment. Aller au-delà de ce moment aurait été une erreur. C'eût été aller trop loin. Mais arrêter avant ce moment aurait tout autant été une erreur. C'eût été trop abrupt. La clôture équivaut conclure plutôt que, simplement, s'arrêter, cesser, s'essouffler ou s'écraser. Lorsqu'un cinéaste réussit une clôture, nous sentons qu'il ne lui reste plus rien à faire. Il n'y a rien qui reste
à raconter. | La clôture implique un sentiment de complétude en ce qui 135
concerne le film. Lorsque la dernière image disparaît de l'écran, il n'y a plus rien à dire de cette histoire, et il n'y a rien qui resterait sans avoir été dit et qui aurait besoin d'être raconté. Voilà, du moins, ce que, idéalement, le spectateur ressent et est censé ressentir.

 Mais qu'est-ce qui tient lieu de clôture ? Comme cela a déjà été remarqué, nous disons souvent à propos d'un film narratif à succès qu'il « a été conclu en enveloppant le tout ». Mais que veut-on dire par là ? Une piste intéressante se trouve dans l'essai de David Hume, « De la tragédie »[2], où il remarque : « Si vous avez quelque intention d'émouvoir profondément une personne en racontant un événement, la meilleure méthode pour produire un effet serait de différer avec astuce le moment où vous l'informez de l'événement, et de commencer par exciter sa curiosité et son impatience avant de la mettre dans le secret »[3]. Par exemple, lorsque, dès le début, le narrateur du roman de Martin Amis, *La Maison des rencontres*[4], se fait un devoir de dire qu'il a, dans sa poche, une lettre qu'il n'a pas ouverte depuis vingt-deux ans, le lecteur veut automatiquement savoir pourquoi il a cette lettre et, partant, ce qu'il y a dedans, et il est prêt à rester accroché à l'histoire jusqu'à ce qu'il trouve. Appelez cela le principe de Hume. Et, bien

1. Le jeu de mots sur *wrap up* et *That's a wrap* est très difficile à rendre [N.D.T.].

2. On trouvera une traduction de ce texte dans D. Hume, *Essais et traités sur plusieurs sujets. Essais moraux, politiques et littéraires*, Première partie, trad. fr. M. Malherbe, Paris, Vrin, 1999, p. 257-164.

3. Voir D. Hume, *Essais et traités sur plusieurs sujets*, *op. cit.*, p. 261.

4. M. Amis, *La Maison des rencontres*, trad. fr. B. Hoepffner et C. Goffaux, Paris, Gallimard, 2009.

que Hume donne ce conseil aux dramaturges, il est aussi devenu le principe des scénaristes.

D'après la conception de Hume, la manière totalement efficace pour tenir en haleine l'attention d'un spectateur implique qu'on présente au public une chaîne d'événements à propos desquels il se demande comment ils vont se conclure – à propos desquels il veut savoir ce qui arrive ensuite –, puis ne pas donner l'information. Par exemple, éveillez dans le public le désir de savoir si l'agent secret s'échappera du cachot et détruira la machine au gaz paralysant, ou si le génie du mal vaincra en réalisant son plan pour devenir le maître du monde – et ensuite refusez de répondre à cette question jusqu'à la dernière bobine du film.

On peut tester la fiabilité de cette technique – aussi bien que l'hypothèse selon laquelle la curiosité est la glu qui tient le public collé à l'écran – en éteignant le projecteur juste avant que la dernière bobine démêle tout. Le public se lèvera comme un seul homme et demandera à savoir si et comment l'agent secret a sauvé le monde. Car ce sont les questions relativement auxquelles a été organisée son activité spectatorielle.

Ce que Hume appelle un « secret », nous pouvons plus prosaïquement nous y référer comme une question ou une batterie de questions qui demandent des réponses aux yeux du public. Et, développant cette idée, nous pouvons proposer une explication de la manière dont la clôture est assurée, ou, plus familièrement, de la manière dont le cinéaste « emballe le tout ». Il emballe le tout quand il a répondu à toutes les questions qui ont entretenu la curiosité du public. Ces questions, cela va sans dire, ne viennent pas de nulle part. Elles ont été introduites par le cinéaste d'une manière qui,
136 idéalement, doit saisir l'attention. Elles | sont supposées ne jamais relâcher leur emprise sur nous à mesure que l'histoire progresse. La clôture se produit lorsque toutes les questions qui ont été explicitement posées par le récit ont trouvé leurs réponses. C'est le point à partir duquel le public peut supposer que tout le monde a vécu, après, heureux et en rester là.

Le film *Tsotsi* [G. Hood, 2005] tourne autour de la question de savoir si le bébé qui a été accidentellement kidnappé par Tsotsi sera rendu à ses parents. Lorsque nous apprenons qu'elle est la réponse à la question, le film est fini. Nous ne nous demandons pas si l'enfant ira à Harvard, car ce n'est pas la question que le film nous amène à poser. L'impression de complétude qui arrive avec la clôture dérive de notre sentiment selon lequel les questions qui nous intéressent ont trouvé leurs réponses.

Davantage, cette explication de la clôture nous fournit un indice important sur les principes élémentaires de la manière selon laquelle les intrigues sont construites dans les films. Elles sont construites en engendrant des questions à propos du monde diégétique propre au film et auxquelles ce film, ensuite, va répondre. A un niveau, l'intrigue est un réseau d'événements et d'états de choses tenus ensemble par le ciment du lien de causalité. Mais, à un autre niveau – à savoir celui de la structure rhétorique –, un film narratif type est un réseau de questions et de réponses, où les questions sont auto-engendrées mais en fin de compte résolues.

Afin de pénétrer la structure narrative d'un film-type, il est utile de commencer par la fin. Vérifiez quelles sont les questions auxquelles il a été répondu dans la conclusion du film et, ensuite, faites marche arrière jusqu'aux scènes et séquences où ces questions ont été introduites, où il y a été partiellement répondu, où par ailleurs elles ont été alimentées, affinées, transformées, modifiées, etc. Ce qui en résulte est le squelette de l'intrigue avec les questions qui animent celle-ci et qui fonctionnent plutôt comme des articulations.

Des scènes et séquences exposent les conditions nécessaires pour que
 certaines questions puissent surgir. Ces scènes elles-mêmes, incluant la plupart des scènes introductives ou ayant valeur d'exposition dans un film, impliquent en général qu'on y réponde à des questions qui surgissent en liaison ave la description ou représentation de tout un ensemble de circonstances : où l'action est située et quand, qui sont ces gens et quelles sont leurs relations, ce qu'ils veulent, pour qui et contre qui ils sont, pourquoi ils se comportent de telle façon, et ainsi de suite.

Des scènes suscitent des questions; d'autres répondent directement aux questions. Il y a encore d'autres scènes ou séquences qui *nourrissent* des questions antérieures : l'échec pour appréhender le prisonnier évadé fait qu'on se demande encore s'il sera capturé dans une scène ultérieure. Parfois, nos questions trouvent des réponses incomplètes : nous apprenons que le coupable boite, mais nous ne savons pas encore qui c'est.

Une question trouve sa réponse d'une manière qui introduit une nouvelle question ou une nouvelle série de questions. La question de savoir si King Kong peut être arrêté trouve sa réponse lorsqu'il est endormi par des gaz sur
Skull Island, mais cela fait surgir | la question de savoir ce qui adviendra 137
une fois qu'il sera expédié à New York [*King Kong*, M. C. Cooper et E. B. Schoedsack, 1933]. De même, après la scène de la douche de *Psychose*, la question de savoir si Marion peut remettre un peu d'ordre dans sa vie est

remplacée par les questions de savoir si son assassinat sera découvert et le meurtrier appréhendé [1].

Toutes les questions et réponses qui appartiennent au réseau unifiant d'un film ne sont pas du même ordre. Des questions orientent notre attention sur l'histoire qui progresse, de fait, du début à la fin; d'autres organisent de grandes parties de l'histoire, mais pas l'histoire dans sa totalité, et d'autres sont d'un calibre encore plus petit. Les questions qui structurent un texte tout entier, ou du moins sa plus grande partie, nous pouvons les appeler les macro-questions directrices. Deux des questions directrices de *Moby Dick* [J. Huston, 1956] sont : « Achab et son équipage trouveront-ils la baleine blanche ? » et « Si c'est le cas, seront-ils capables de la détruire ? »

Lorsque le Pequod rencontre d'autres bateaux qui savent où se trouve la baleine blanche, ces scènes contribuent à nous garder rivés à l'histoire; elles soutiennent les macro-questions directrices. Lorsque, en fin de compte, on nous montre la confrontation mortelle et que nous voyons que tout l'équipage du Pequod a péri, à l'exception d'un homme, l'histoire est close, fermée. Nous ne nous demandons pas si Ishmael ouvrira une épicerie à Gloucester, puisque le film (et le roman) n'ont pas suscité chez nous de questions sur Ismaël ne se rapportant pas à la chasse à la baleine blanche.

Bien sûr, les récits cinématographiques sont fondés, à chaque instant, par autre chose que seulement des macro-questions directrices. Dans la poursuite d'un but prédominant, le protagoniste peut être confronté à un obstacle local – par exemple, pour sauver Christendom des machinations de Satan, l'héroïne peut avoir à retrouver une fiole d'eau bénite, perchée d'une manière précaire sur un rebord, dans une cave protégée par des gargouilles. Sera-t-elle capable ou non d'atteindre le perchoir sur lequel se trouve l'eau bénite ? La solution à ce problème est liée au projet, plus large, du protagoniste, comme l'est un moyen à sa fin. Les questions de cette envergure, qui gouvernent la structure d'une ou deux séquences, nous pouvons les appeler des micro-questions. Ce sont des questions dont la réponse contribuera finalement à répondre à une macro-question directrice, mais qui, par elles-mêmes, ne répondent pas directement et complètement à la macro-question directrice.

1. N. Carroll a détaillé cette typologie des scènes dans *Theorizing the Moving Image*, New York, Cambridge U. P., 1996, p. 87-114. On en trouvera un résumé commenté dans L. Jullier, *L'Analyse de séquences*, Paris, Armand Colin, 3è éd., 2011, p. 47-50 [N.D.T.].

Entre les macro-questions directrices et les micro-questions, il peut y avoir des questions qui organisent de grandes parties du film, mais n'organisent pas l'intrigue comme un tout. A cause de leur envergure, nous pouvons les appeler des macro-questions, mais pas des macro-questions *directrices*. Dans *Psychose*, la question de savoir si Marion sera attrapée organise un certain nombre de scènes, mais ce n'est pas au bout du compte une des macro-questions directrices du film.

| Il y a clairement une relation hiérarchique entre les questions posées 138
durant le cours du récit cinématographique. Les micro-questions sont en général subordonnées aux macro-questions directrices, et la clôture a lieu lorsque toutes les macro-questions directrices et toutes ou la plupart des micro-questions utiles pour régler les macro-questions ont trouvé une réponse. D'ailleurs, depuis que la fonction des scènes et séquences est de garder le public rivé à ce circuit de questions et de réponses, le cadrage variable, dans chaque séquence, veut opérer en général, dans le film-type, d'une façon telle que l'élément ou les éléments qui, les premiers, retiennent notre attention dans les plans successifs, sont ceux qui sont les plus pertinents pour susciter, nourrir, affiner, transformer ou répondre aux questions qui guident la scène.

le modèle problèmes/solutions

Une alternative au modèle question/réponse pour conceptualiser le récit érotétique fait appel au vocabulaire des *problèmes* et des *solutions*. La clôture, dans cette façon de parler, advient lorsque les protagonistes ont résolu tous les problèmes dont le film les a accablés – par exemple, lorsque le cowboy en blanc a abattu le méchant et tous ses sbires et, juste à temps, délivré l'héroïne attachée sur les rails de la voie ferrée, la sauvant ainsi du danger d'être broyée par la locomotive qui arrive. Evidemment, le modèle problème / solution s'applique à un très grand nombre de cas. Mais le modèle question / réponse est sans doute supérieur pour plusieurs raisons.

Premièrement, le cadre question / réponse s'appliquera à tous les cas où le modèle problème / solution fonctionne, puisque nous pouvons toujours dire : le protagoniste résoudra-t-il ses problèmes ou pas ? Néanmoins, il y a aussi des cas où le modèle question/réponse convient, mais où le modèle problème / solution semble inadéquat. Cela fait-il vraiment sens de considérer la question de savoir si deux individus tomberont amoureux comme un problème ? Assurément, le fait qu'ils tombent amoureux peut impliquer des problèmes – des obstacles, comme les parents ou les rivaux, qui doivent

198

être surmontés, etc. Mais ce n'est pas nécessaire. Bien que tous les problèmes puissent être traduits en termes de questions, il n'est pas évident que toutes les questions puissent être traduites en termes de problèmes[1]. Ainsi, le modèle question/réponse semble avoir plus d'extension que le modèle problème/solution.

139 | Le modèle problème/solution est de surcroît approprié pour traiter de cas où le problème ne trouve pas de solution – là où, par exemple, les aliens héritent de la Terre comme dans le remake, de 1978, de *L'Invasion des profanateurs* [P. Kaufman]. Il apparaît donc, encore une fois, avoir plus de portée que le modèle problème/solution, et, pour cette raison, doit avoir notre préférence.

flashes-back et flashes-forward

Il est de fait que dans à la narration d'une histoire, le temps de la narration n'a pas besoin de correspondre au temps de l'histoire. Voilà qui est vrai pour les films comme pour tout autre sorte de récit. Bien que l'histoire soit montrée d'une manière linéaire, dans un temps réel, avec le générique d'ouverture précédant le générique de fin, les événements que comprend l'histoire n'ont pas besoin d'être ordonnés d'une telle manière consécutive. Il peut y avoir des flashes-back et des flashes-forward.

L'ordre temporel dans lequel les événements sont révélés dans un film peut diverger de l'ordre dans lequel ils surgissent au sein du monde diégétique. Par exemple, dans *Boulevard du crépuscule* [B. Wilder, 1950], nous apprenons que Joe Gillis a été assassiné avant d'apprendre qui l'a tué et pourquoi. Néanmoins, l'ordonnance temporelle de la narration de l'histoire n'est pas en général disjointe de la structure érotétique du film. Car les flashes-back et les flashes-forward jouent habituellement un rôle dans l'émergence des questions, le développement qu'on leur donne et la réponse qu'on y apporte. Le flash-back de *Boulevard du crépuscule* explique comment Gillis est mort. De même les flashes-back à la fin de *L'Illusionniste* [N. Burger, 2006], raccordés avec la prise de conscience par l'inspecteur que, avec tous les autres, il a été trompé, répondent à nos questions relatives à la manière dont l'arnaque d'Eisenheim a été réalisée.

1. Dans *Volver* [P. Almodovar, 2006], la voisine veut savoir si sa mère est morte ou non. Il semble plus naturel de décrire sa demande d'information comme une question plutôt que comme un problème. En outre, cela devient une question dont nous découvrons que la réponse est importante pour assurer la clôture de *Volver*.

Les flashes-forward eux aussi s'insèrent habituellement dans la structure érotétique de la narration. La moto qui brûle dans *Easy Rider* [D. Hopper, 1969] nous invite à demander qui est mort et comment, tout comme le flash-forward de *Ne vous retournez pas* [N. Roeg, 1973] soulève la question de savoir de qui il s'agit dans les funérailles qu'on voit. Et ces questions dont l'orientation est rétrospective font que nous restons collés à leur récit respectif.

comment les films peuvent-ils poser des questions ?

Il peut paraître étrange de prétendre que les récits cinématographiques procèdent en posant des questions. Après tout, si cela a un tant soit peu de sens d'attribuer une structure grammaticale aux images cinématographiques (et ce n'est probablement pas le cas), la plupart des images cinématographiques, sans que soient stipulées les autres conventions, devraient être classifiées, le cas échéant, comme déclaratives ou indicatives. Les images cinématographiques, si l'on fait abstraction des dialogues ou des intertitres, ne posent pas de questions ou ne donnent pas d'ordres. Cela fait-il alors sens de dire que les films posent des questions ?

| Au nom du modèle question/réponse, la première chose à remarquer est 140
que les questions peuvent provenir et proviennent très souvent de phrases déclaratives. Quand on nous dit que le maire vient d'échapper à un enlèvement, il est normal de se demander qui a tenté de le kidnapper et pourquoi. D'une manière analogue, lorsque nous recevons une information par un média autre que le langage, des questions s'ensuivent fréquemment. Quand nous voyons une photographie de nos parents debout à côté de gens que nous ne reconnaissons pas, nous nous demandons qui ils sont.

La formation d'une question sur la base de l'information reçue est un *processus de pensée naturel*. Elle joue un rôle dans toutes les espèces d'investigation. En ce qui concerne la narration cinématographique érotétique, nous utilisons les questions évoquées par le récit pour organiser et garder une trace des représentations des événements ou situations que l'histoire nous présente. La femme d'un jeune agriculteur est violée par des maraudeurs. Il rentre à la maison et la trouve morte. Nous nous demandons ce qu'il va faire. Il sort une élégante paire de revolvers de sa cachette et la met à sa ceinture. Nous supposons qu'il est assoiffé de revanche. Et cela suscite alors la question de savoir s'il va réussir, échouer, ou peut-être renoncer – questions qui structurent notre vision de ce qui va arriver.

L'évocation de telles questions est l'affaire d'un processus de pensée naturel. Bien que nous parlions ici de questions, nous ne revenons pas à une variation du modèle qui assimile le cinéma à un langage. Comme nous l'avons déjà soutenu vigoureusement, il n'y a pas de grammaire du film. Dans la vie ordinaire, lorsque nous voyons notre porte d'entrée entr'ouverte, nous nous demandons naturellement qui l'a ouverte. D'une manière analogue, dans un film, lorsqu'on nous montre que, dans la maison de l'héroïne, la serrure de la porte d'entrée a été forcée, nous voulons savoir qui a fait cela et pour quelle raison. Ce n'est pas que le film ait une structure syntaxique qui serait isomorphe à la phrase interrogative dans le langage. C'est le récit qui soulève la question – et non pas une phrase en celluloïd. Car les événements et situations narratives, dans les films de fiction, peuvent provoquer des questions, tout comme les événements et les situations de la vie ordinaire peuvent le faire.

Afin de comprendre comment les événements et situations représentés par les scènes et séquences des films narratifs peuvent susciter des questions chez les spectateurs, il est utile de se souvenir que beaucoup de ces événements et situations se trouvent dans diverses relations causales les uns par rapport aux autres, bien qu'il s'agisse de relations causales de forces
différentes. Certains des événements antérieurs du monde diégétique sont seulement des conditions causales nécessaires des développements ultérieurs; du coup, plutôt que d'être totalement déterministes quant aux développements futurs de l'intrigue, ils ouvrent plutôt un éventail d'issues possibles. Par exemple, une fois que le pont est miné, ou bien il explose ou bien il n'explosera pas lorsque l'ennemi le traversera; mais nous ne savons pas quel membre de l'alternative l'emportera. Ainsi, nous en venons tout naturellement à nous demander ce qui se passera.

141 | La véritable insuffisance de beaucoup de connexions causales dans la plupart des narrations cinématographiques suscite notre curiosité à propos de ce qui va se passer. Car, bien qu'elle soit imprévisible, on suppose qu'il y a une issue en vue. Et il est naturel de se demander, même si c'est seulement d'une manière tacite, ce qu'elle sera.

Ce sont essentiellement les rapports causaux au sens large qui, dans les récits érotétiques, soulèvent les macro-questions directrices et les micro-questions pressantes dont les réponses garantissent la clôture dans les films-types. Un personnage forme un dessein, il a un désir, un besoin, un but, un objectif ou un plan; ou bien il a un engagement ou un idéal, ou il fait une promesse. Ces types de motivation font partie des conditions causales de son action. Ils produisent donc des questions au sujet desquelles l'on se demande si les intentions du personnage, ses désirs, ses motifs, ses buts, ses objectifs et/ou plans seront réalisés. Peut-il se mettre en accord avec ses engagements, ses idéaux et ses promesses? Certains obstacles, défis ou problèmes surgissent. Ceux-ci aussi structurent le contexte causal de son action. Peut-il les surmonter ou bien l'emporteront-ils?

Un vol suscite une poursuite, un enlèvement suscite une tentative de sauvetage, un préjudice un désir de vengeance. Les voleurs seront-ils pris, la personne enlevée sera-t-elle sauvée, l'affront sera-t-il réparé? Quelqu'un se trouve dans une situation financière désespérée – sa bicyclette a été volée et il n'a pas les moyens d'en acheter une autre. Mais il a besoin d'une nouvelle bicyclette pour trouver du travail afin d'aider sa famille. Que va-t-il faire?

Les personnages forment des croyances sur les situations dans lesquelles ils se trouvent eux-mêmes. Ils interprètent les circonstances. Othello, poussé par Iago, en arrive à croire que Desdemone a été infidèle. Identifiant la croyance d'Othello, nous nous demandons : « Que va-t-il faire? » « Va-t-il la tuer? »

 Jusqu'à présent, ces exemples ont utilisé les états mentaux de personnages fictionnels comme les éléments causaux essentiels qui, souvent, produisent les espèces de questions dont les réponses conduiront finalement à la clôture. Néanmoins, il n'y a pas de raison pour restreindre les éléments causaux pertinents à des états subjectifs. Dans le film *La Marche de l'empereur* [L. Jacquet, 2005], la température qui baisse rapidement produit la macro-question directrice de savoir si les pingouins et leur progéniture survivront.

Bien sûr, il n'y a pas que les éléments causaux qui peuvent faire surgir des macro-questions, mais aussi les effets. Présentés d'une manière forte avec certains effets, comme les cercles dans les champs de blé de *Signes* [M. Night Shyamalan, 2002], nous attendons des réponses quant à leur origine. Ainsi, en plus des éléments causaux, des macro-questions directrices ou à grande envergure peuvent être lancées par des événements morcelés. Voilà qui est, bien sûr, la voie des films classiques de détective. A peine le meurtre est-il découvert que nous nous demandons : qui l'a fait? Bref, toute question qui surgit du nexus causal de l'histoire peut fonctionner comme un élément de la structure érotétique du film. Par exemple, *Citizen
Kane* (O. Welles, 1941) | commence avec la question de savoir ce que le mot 142
« rosebud » signifie, alors que *Le Roman de Mildred Pierce* [M. Curtiz, 1945] commence avec la question de savoir qui a tué le mari du personnage-titre.

De plus, c'est le rôle du cadrage variable, à chaque plan, de faire remarquer l'élément ou les éléments de la séquence qui animent le réseau de questions et de réponses qui contraint notre attention. Par exemple, le gros plan vers la fin dans *L'Illusionniste* qui indexe, change l'échelle et sélectionne, Eisenheim prenant les pierres précieuses de la lame de l'épée de l'Archiduc, répond à notre question relative à la manière dont l'héritier du trône a été victime d'un coup monté. A son tour, la séquence dans laquelle cette scène est enchâssée a pour fonction de donner une réponse à la question insistante que le spectateur se pose à propos de la scène antérieure dans laquelle Eisenheim et l'un de ses acolytes fomentaient un complot. De quoi était-il question dans ce complot ? Voilà ce que le flash-back avec l'inspecteur à la gare dévoile.

Bien sûr, tous les films n'ont pas un récit de ce type. Les films ne sont même pas tous des récits à part entière, des récits érotétiques. Car, bien qu'il fassent surgir des questions, les programmations hebdomadaires du type de films d'antan qu'on nommait les *serials* ainsi que les épisodes quotidiens des *soaps opéras* d'aujourd'hui s'abstiennent soigneusement de répondre à toutes les macro-questions directrices afin de garantir que les spectateurs reviendront pour le prochain *round* de l'intrigue.

Par opposition aux films d'horreur américains, qui tentent de lier entre eux tous les détails (même s'il y a des intrusions dans la physique fantastique), les récents films asiatiques – comme *Ring* de Hideo Nakata [1998] et *Ju-on* de Takashi Shimizu [2000] – font une grande place aux forces surnaturelles et les laissent inexpliquées, le refus de répondre aux questions des spectateurs engendrant ainsi une espèce de malaise métaphysique relatif au mystère des choses qui est beaucoup plus glaçant et beaucoup moins rassurant que les films de fantôme des Etats-Unis, où le spectre est finalement renvoyé en enfer dès que l'on a compris comment il est venu ici pour occuper le devant de la scène.

Ou, sur un plan supérieur, on peut esquiver la clôture dans le but d'atteindre un point thématique plus élevé, comme le fait Kurosawa dans *Rashomon* [1950], où, en ne dévoilant pas ce qui est arrivé du point de vue d'un narrateur omniscient, le réalisateur encourage le spectateur à envisager le perspectivisme comme la meilleure interprétation du film et, peut-être, aussi bien des relations interpersonnelles en général. Des films comme *L'Avventura* [1960] de Michelangelo Antonioni peuvent ne pas répondre aux questions qu'ils formulent, afin de suggérer que toutes nos questions n'ont pas de réponses – l'absence de sens existentielle est une possibilité véritable.

D'une manière similaire, *Nashville* [1975], de Robert Altman, contrevient à la clôture – sa fin venant de nulle part –, afin de suggérer la totale inintelligibilité de l'Amérique dans les années soixante-dix. Autrement dit, l'incomplétude narrative = le chaos.

| Les scènes de *Satyricon* [F. Fellini, 1969] ne sont pas attachées par un 143
réseau de questions et de réponses, mais c'est cela, bien sûr, qui constitue le facteur déterminant qui provoque cette qualité exotique recherchée par Fellini quand il a créé ce qu'il appelait un film de « science-fiction » du passé. D'une manière analogue *Le Procès*, d'Orson Welles (1962), passe abruptement d'une scène à l'autre, afin de produire une impression d'arbitraire sur le spectateur qui est incité à faire un parallèle avec la situation critique du protagoniste piégé dans un système légal incompréhensible.

En outre, la structure question/réponse n'est pas seulement susceptible d'être relâchée dans un but expressif. Elle peut aussi être ralentie par amour du réalisme. Souvent des films réalistes, tel *Amarcord* de Fellini [1973], constituent des récits à épisodes. Les scènes ne sont pas liées du point de
204 | vue érotétique, mais par des principes de pure contiguïté temporelle et souvent de proximité géographique. Ce type de narration trouve souvent sa cause dans le désir de transmettre une impression holistique d'un milieu spécifique en répertoriant et additionnant les détails de la vie d'une certaine culture ou subculture à un moment donné.

De plus, les films modernes, comme *L'Année dernière à Marienbad* [A. Resnais, 1961] ou *India Song* [M. Duras, 1975], défient littéralement le modèle érotétique. Car ils sont autant de questions sans réponses. Dans certains cas, le véritable point d'*avant-garde** de films comme ceux-ci est de mettre à nu, d'une manière réflexive, les structures qui font de l'expérience du film narratif normal ce qu'elle est. Ces films sont des exemples de méta-cinéma ; ce sont des films sur les films. *L'Année dernière à Marienbad*, par exemple, provoque une série de questions – comme celle de savoir si certains des personnages étaient à Marienbad pendant l'année antérieure –, mais refuse d'y répondre, afin de révéler au spectateur aperceptif le degré auquel le récit cinématographique s'élève en suscitant nos attentes (c'est-à-dire nos questions). Autrement dit, en frustrant nos attentes sur ces

* En français dans le texte.

questions, l'intrigue fait surgir chez le spectateur la reconnaissance du fait que nous sommes accoutumés à ce que toutes les questions qui nous taraudent quant au monde diégétique trouvent leurs réponses avant que la lumière se rallume dans la salle. En subvertissant ces attentes, le film nous procure une conscience de la manière dont ces attentes nous permettent de suivre et d'organiser le film tel qu'il se déroule.

Encore une fois : il ne faut pas croire que tout le cinéma ni même que tout le « cinoche » relève du récit érotétique. Mais c'est le cas d'une grande partie. En réalité, je me risquerais à affirmer que, de loin, la grande majorité des longs métrages sortis en salle (sans parler des drames et des comédies TV) relèvent de cette forme de narration. A vrai dire, c'est probablement une des cartes de visite principales du cinéma populaire – un des éléments essentiels qui rendent le cinéma grand public si attrayant pour beaucoup. Car, si la narration érotétique est liée au cadrage variable d'une manière telle que, dans un plan donné, le premier élément ou groupe d'éléments que saisit l'œil du spectateur est quelque chose qui est important pour étayer le réseau
144 question/réponse pertinent, le récit visuel qui en résulte | a un niveau d'intelligibilité et une clarté épurée rarement atteints. Les neurologistes ont commencé à établir la préférence du cerveau pour la clarté. A cet égard, les
films constituent une nourriture appétissante pour le cerveau.

Le monde diégétique donne l'impression de faire totalement sens. D'un point de vue narratif, tout ce qui a été porté à notre attention est expliqué. La fiction a une complétude et une compréhensibilité qui excèdent de loin l'expérience ordinaire. Ainsi, le souhait d'un sens cohérent qui si souvent nous échappe dans la vie peut être exaucé dans les films grâce à la coordination du cadrage variable dans les séquences et de la narration érotétique qui lie celles-ci.

De plus, la notion de narration érotétique ne se contente pas de nous donner un aperçu sur la capacité qu'ont les films de tenir en leur pouvoir un large public. Elle peut également proposer d'importants indices relatifs à la manière dont fonctionnent d'autres structures de l'intrigue.

Rappelez-vous l'examen qui précède et qui porte sur certains des effets pouvant résulter des films qui renoncent à la narration érotétique. Dans certains cas, le résultat implique qu'on conduise le public à se lancer dans des interprétations – des interprétations thématiques dans le cas de *Rashomon*, des interprétations réflexives en ce qui concerne *L'Année dernière à Marienbad*. Nous avons aussi remarqué que la perte de la structure érotétique d'un récit cinématographique pouvait également résulter d'effets expressifs ou bien réalistes.

Dans ces cas, la structure érotétique semble capturer quelque chose comme une de nos attentes présomptives dès qu'il est question de récits de n'importe quel ordre – à savoir que ces récits ont souscrit à la promesse de répondre à nos questions, même si ces réponses sont généralement imprévisibles. Mais si cette attente présomptive n'est pas exaucée par l'histoire, nous sommes tentés de chercher d'autres sources d'explication du cas que nous rencontrons, incluant l'interprétation, l'expression ou le réalisme.

Autrement dit, quand nous avons des raisons de suspecter que l'irrégularité érotétique du film n'est pas une erreur, mais qu'elle est intentionnelle, nous la traitons comme une invitation ou une demande euristiques pour chercher une signification qui soit autre que narrative. Bref, le manque de clôture érotétique assurée est ce qui, dans certains cas, peut rendre possible des dimensions de signification autres que narratives. C'est-à-dire que le récit érotétique est la structure sur laquelle beaucoup de structures narratives apparemment plus sophistiquées font des variations et des constructions.

lectures suggérées

Les titres qui prétendent que le cinéma est un type de langage sont souvent cités. Par exemple, pensez à Raymond Spottiswode, *A Grammar of the Film : Basic Film Techniques* (Londres, 1935). Comme ce fut indiqué dans les chapitres précédents, une des sources de l'idée | que le montage est un langage est V.I. Poudovkine, *Film* 145
Acting and Film Technique (Londres, Vision Press, 1958). Afin toutefois d'être équitable avec Poudovkine, il faut reconnaître qu'il n'a pas élaboré cette hypothèse dans ses véritables développements techniques. Pour lui, c'était davantage de l'ordre d'une suggestion programmatique. A vrai dire, la même chose peut être dite de la plupart des théoriciens qui ont émis cette idée, y compris beaucoup de sémioticiens.

Cependant, Brian Henderson semble strictement engagé dans un tel projet avec sa *Critique of Film Theory* (New York, Dutton, 1980). L'approche de Henderson est critiquée par George Wilson dans « Morals for Method », *Philosophy of Film and Motion Picture*, dirigé par Noël Carroll et Jinhee Choi (Oxford, Blackwell Publishing, 2006).

John M. Carroll, utilisant le cadre, élaboré par Chomsky, de la grammaire transformationnelle, a tenté de développer d'un point de vue technique la notion de montage entendu comme un langage. Voyez Carroll, *Towards a Structural Psychology of Cinema* (La Hague, Mouton Publishers, 1980). Une approche des images en général (incluant les films) d'après les actes de langage est proposée par Soren Kjorup, « George Inness and the Battle of Hastings, or Doing Things with Pictures », *The Monist* n° 58 (avril 1974), p. 216-235, et, du même auteur, « Pictorial Speech Acts », *Erkenntnis* vol.12, n° 1 (janvier 1978), p. 55-71. Comme l'indiquent les dates de publication des trois dernières références, la conception du cinéma comme un langage n'a plus aujourd'hui l'influence qu'elle a eue dans la dernière partie du XXe siècle.

La critique philosophique de cette conception comprend Gilbert Harman, « Semiotics of the Cinema : Metz and Wollen », *Quaterly Review of Film and Video Studies* vol. 2, n° 1 (1977), p. 15-24. Comme nous l'avons noté dans un chapitre précédent, Gregory Currie a récusé le lien entre cinéma et langage dans « The Long Goodbye : The Imaginary Language of Film », *British Journal of Aesthetics* vol. 33, n° 3 (juillet 1993), p. 207-219.

L'approche de la construction cinématique de la séquence comme une manière de gérer l'attention est développée par Noël Carroll, « Film, Attention, Communication : a Naturalistic Approach », *Engaging the Moving Image* (New Haven, Yale University Press, 2003).

La citation de David Hume concernant le récit provient de « Of Tragedy », *David Hume : Selected Essays* (Oxford, Oxford University Press, 1993). On trouve une
impressionnante vue d'ensemble des structures narratives dans le cinéma chez 207
David Bordwell, *Narration in the Fiction Film* (Madison, University of Wisconsin Press, 1985). David Bordwell a écrit une « suite » de ce livre – qui fournit une discussion très à jour avec un examen des pratiques narratives contemporaines dans le cinéma commercial : *The Way Hollywood Tells It : Story and Style in Modern Movies* (Berkeley, CA, University of California Press, 2006). La notion de récit érotétique est défendue plus longuement dans Noël Carroll, « Narrative Closure », *Philosophical Studies* vol. 135, n° 1, août 2007, p. 17-25.

Une question fréquente qui revient dans la discussion philosophique très animée relative au récit cinématique est de savoir si tous les films ont des narrateurs fictionnels. Bien que ce débat particulier ne soit pas introduit dans le présent livre, il mérite toutefois le détour.

La conception selon laquelle toutes les fictions, y compris les fictions cinématographiques, ont des narrateurs fictionnels, est soutenue par Seymour Chatman dans *Coming to Terms* (Ithaca, N.Y., Cornell University Press, 1990), et par Kendall Walton dans *Mimesis as Make-Believe* (Cambridge, MA, Harvard University
146 Press, 1990). Cette affirmation | est récusée par David Bordwell dans *Narration in the Fiction Film* et par Gregory Currie dans *Image and Mind*.

Le débat est habilement résumé par George Wilson dans « *Le Grand Imagier* Steps out : The Primitive Basis of Film Narration », *Philosophical Topics* vol.25, n° 1 (Printemps 1997), p. 295-318. Wilson lui-même se prononce en faveur de la thèse selon laquelle tous les films de fiction ont des narrateurs fictionnels. Cette thèse est contestée par : Berys Gaut, « The Movies : Cinematic Narration », *The Blackwell Guide to Aesthetics*, dirigé par Peter Kivy (Oxford, Blackwell Publishing, 2004) ; Andrew Kania, « Against the Ubiquity of Fictional Narrators », *Journal of Aesthetics and Art Criticism* vol. 63, n° 1 (Hiver 2005), p. 47-54 ; et Noël Carroll, « Film Narrative/ Narration : Introduction », *The Philosophy of Film and Motion Pictures*, dirigé par Carroll et Choi.

chapitre 6

l'affect et les images animées

147 | Il existe indéniablement une connexion entre les images animées et notre vie affective. Bien des genres cinématographiques, dans le circuit courant, ont reçu leur nom des types d'affects ou de sentiments qu'ils sont censés faire naître en nous – film de suspense, horreur, mélo ou thriller[1]. En plus d'être des images qui bougent, les films aspirent en général à être aussi des images qui remuent. Ils ne donnent pas seulement une impression de mouvement, ils nous touchent.

En fait, l'une des principales raisons de la popularité de cette sorte particulière de fiction que nous appelons films (outre toutes sortes de qualificatifs affectueux, comme « se faire une toile »), est sa propension à provoquer en nous des réactions affectives. Après une journée d'ennuyeux train-train, nous mourons d'envie d'être remués – un petit suspense, peut-être, ou de l'horreur, de la peur ? Et si je pleurais un bon coup ? Ou plutôt, si

1. « Mélo » remplace improprement, ici, « tire-larmes » (*tearjerker*). « Thriller » provient de *thrill*, qui signifie « frisson ». Sans équivalent français, « *mystery* » a été ôté de l'énumération – il désigne en général un film policier qui excite la curiosité de ses spectateurs [N.D.T.].

je m'offrais quelques fous rires? Les fictions sur écran permettent d'expérimenter imaginairement, sans en payer le prix, les conditions particulières qui favorisent usuellement ces types de réponse. Pour laisser échapper des larmes de tristesse devant un film, en effet, nul besoin d'être affecté par la perte réelle d'un être cher.

Les films de fiction nous donnent l'occasion d'éprouver des émotions en nous évitant le pire, c'est-à-dire une exposition aux périls qui sont censés les engendrer. Même s'il existe des films qui ne suscitent aucune émotion – la bande d'enregistrement de surveillance d'un parking vide, par exemple –, solliciter notre système affectif est si essentiel dans l'entreprise cinématographique toute entière qu'aucune assertion philosophique concernant les images animées ne peut s'en passer.

Bien sûr, les films ne tirent pas seulement leur valeur de la capacité qu'ils ont de produire en nous des émotions. Cette capacité n'a d'ailleurs pas forcément de correspondant ailleurs qu'au cinéma, comme dans les cas où nous sommes bouleversés par ce qui se passe sur l'écran, alors que la même chose nous laisse de marbre quand elle est vraie – ainsi le triste sort des
ouvriers exploités dans | les pays en voie de développement[1]. Une autre 148
210 particularité de ce système est également de nous permettre, devant certains films, d'éveiller en nous des sentiments jamais encore ressentis et de produire en nous le recul nécessaire pour les examiner de manière aperceptive[2]. Mais que ce soit pour faire de l'exercice affectif ou pour agrandir la gamme de nos émois – et qu'il s'agisse de le faire socialement ou bien de manière introspective -, le lien entre l'image animée et la vie affective n'est plus à prouver.

Ce n'est pas pour autant que cet engagement affectif est monolithique; toutes sortes de réactions affectives sont possibles au cinéma. Non seulement parce que les films émettent sur plusieurs canaux les informations susceptibles de déclencher en nous des émotions[3], mais parce que le répertoire qu'ils couvrent de la sorte est très étendu. S'il l'est, ce n'est pas

1. Sans parler du fait, cela va sans dire, que certains films peuvent être particulièrement dangereux en excitant la haine raciale.

2. Cette théorie est développée par Descartes dans son *Traité des passions* et dans le *Natyashastra*, le « Traité des émotions » de la religion hindoue; voir application au cinéma dans L. Jullier, *Interdit aux moins de 18 ans. Morale, sexe et violence au cinéma*, Paris, Armand-Colin, p. 131-138 [N.D.T.].

3. Cette façon de parler rappelle la position de Lev Vygotski, qui dès la fin des années 1910 voyait l'art comme une « technique sociale du sentiment » et un moyen de transmettre de l'information affective; *cf.* Vygotski, *Psychologie de l'art*, Paris, La Dispute, 2005, p. 18 *sq.* [N.D.T.].

seulement parce que le nombre de stimuli disponibles est très grand, c'est aussi, dans l'autre sens, parce qu'il existe une multitudes d'affects à stimuler. Le terme d'« affects » inclut ici les réflexes, les phobies, les scripts affectifs, les émotions cognitives et les humeurs. Si certains auteurs, en guise d'étiquette typologique, préfèrent utiliser « émotions », je réserve ce terme à certaines occurrences affectives, pour des raisons que l'on verra exposées plus loin.

Le présent chapitre entend explorer, à divers degrés, des phénomènes affectifs reliés à un éventail de structures de l'image animée. Mais puisqu'il y a pléthore, à la fois, d'affects et de structures, j'introduirai un semblant d'ordre en y ménageant deux parties. Elles correspondent à une distinction sommaire, sinon artificielle, je le reconnais, entre deux niveaux d'adresse filmique.

La première partie concernera les réactions affectives du public au niveau de la dépiction, tandis que la seconde s'attardera spécifiquement sur ses réponses aux personnages, et notamment au binôme gentils-méchants. Ou disons, pour présenter cette bipartition de manière un peu plus perspicace, que la seconde partie du chapitre concernera les relations d'ordre affectif que nous entretenons avec les personnages, tandis que la première embrassera non seulement cette dimension mais l'*ensemble* des relations unissant les affects spectatoriels aux structures de l'image. La seconde n'est donc pas opposée à la première ; elle est simplement centrée sur l'étude d'un des leviers les plus puissants dont disposent les films pour nous toucher.

public et affect

la gamme des affects

149 | Par "affect", je fais référence aux états corporels ressentis qui mettent en jeu des sentiments ou des sensations. L'éventail des affects est large ; il comprend entre autres les réactions réflexes automatiques (sursauter, par exemple), des sensations comme le plaisir et la douleur ou l'excitation sexuelle, les phobies et les désirs, les états mentaux connectés au sentiment comme la peur, l'angoisse ou la jalousie, sans parler des humeurs. Or par le biais de divers procédés et de diverses stratégies, les films ont le pouvoir d'élire et même d'exacerber certains de ces états corporels ressentis. Examinons d'abord, dans cette section, en quoi consiste ce pouvoir, en sélectionnant certaines expériences affectives courantes au cinéma.

En manipulant les images et les sons, les créateurs d'un film peuvent induire des changements dans notre propre corps. En leur temps, les plongeons de caméra de *Place au Cinérama* [M.C. Cooper & G. Von Fritsch, 1952] passaient pour avoir donné aux spectateurs des creux au ventre comparables à ce qu'on ressent sur les montagnes russes, et les *cuts* violents de *Bullitt* [P. Yates, 1968] nous ont retourné l'estomac. Plus encore, l'image animée a le pouvoir de déclencher automatiquement, par le biais de mécanismes cognitivement impénétrables, des réactions réflexes. Les sons à forte dynamique, par exemple, qu'il s'agisse de bruits ou de musique, ont ce pouvoir de provoquer des réponses instinctives parmi les spectateurs.
Une explosion soudaine, même si l'on s'attendait à ce qu'elle survienne, est capable de nous faire sursauter sur notre fauteuil. Une telle réponse est cognitivement impénétrable en ceci qu'en dépit de la certitude de savoir que nous sommes à l'abri du danger, nous ne pouvons empêcher notre corps de réagir en nous préparant (pour rien) à la fuite et autres comportements auto-protecteurs – ni empêcher l'adrénaline de jaillir pour nous préparer à une action qui n'aura pas lieu. Mais force est de constater que cet excès d'excitation nous plaît quelquefois, au point que nous le savourons, pour

peu que nous soyions certains de ne courir aucun danger.
Les sursauts-réflexes de ce genre constituent une composante innée de l'organisme humain. Toutes choses étant égales, le flux d'adrénaline causé par une fiction est agréable, comme dans le cas d'un feu d'artifice et par opposition à un bombardement sur un champ de bataille. Voilà pourquoi tant de films qui arrivent avec les vacances d'été ressemblent à des spectacles pyrotechniques ; ils excitent littéralement leurs spectateurs en appuyant sur des détentes perceptivo-hormonales qui les propulsent dans des états affectifs plus tranchés que d'ordinaire. Bon nombre de genres sont d'ailleurs dévolus à cette entreprise, du film-catastrophe au film de guerre, que l'histoire se déroule sur terre, au fin fond de l'espace, dans un monde parallèle (la saga *Narnia*) ou dans le futur (*La Planète des singes* [F.J. Schaffner, 1968] et *La machine à remonter le temps* [G. Pal, 1960]).
| Bien entendu les sursauts-réflexes ne sont pas provoqués que par les sons 150
à forte dynamique. Les mouvements rapides, ceux de la caméra ou ceux des objets filmés – pourvu qu'ils traversent le cadre latéralement et à toute vitesse – peuvent mettre le corps en état d'alerte. Qu'un requin géant surgisse, prêt à nous engloutir, et nous reculons brusquement au fond du fauteuil. L'écran accueille quantité de phénomènes visuels dont les variables – taille, altitude et vitesse entre autres – sont susceptibles de

solliciter des réactions automatiques intenses de notre corps, au même titre que la dynamique et le rythme en ce qui concerne la bande-son.

C'est pourquoi, aussi, tant de films sont pleins à craquer d'action. Percevoir de telles quantités de mouvement, les recevoir intensément, nous est agréable. En ce sens, ces films nous tiennent affectivement sous perfusion, de la séquence d'ouverture au générique de fin. Les films d'action de l'été y aspirent en tout cas, qui se présentent construits selon une théorie de la mise en scène que certains critiques français appellent la théorie « boum-boum ».

En plus des réflexes, l'organisme humain standard arrive équipé d'un certain nombre de phobies largement partagées, comme la crainte des insectes et des serpents. Les créateurs de films les exploitent de multiples façons ; le nombre de films qui doivent leur titre même aux bestioles qu'ils mettent en scène est colossal, de *La Révolte des abeilles* [C. Harrington, 1974] à *Earth vs. the Spider* [S. Ziehl, 2001] en passant par *Anaconda* [L. Llosa, 1997]. Quelquefois la phobie est exacerbée par le gigantisme inattendu de la bête, comme dans *Le Scorpion noir* [E. Ludwig, 1957], ou par sa multiplication, comme celle des fourmis-soldats de *Quand la Marabunta gronde* [1954]. Ou par les deux, taille et nombre, comme dans l'épisode de la fosse grouillante du *King Kong* de Peter Jackson [2005].

La fiction horrifique, bien entendu, compte parmi ses spécialités l'emploi de créatures déclenchant des phobies. Notre aversion naturelle pour les choses mortes ou pourrissantes est exploitée par une brochette insensée de monstres dont les noms, n'en doutons pas, couvrent tout l'alphabet (avec Z pour zombies). Dans tous ces cas, nous apprécions le frisson que ces horreurs nous procurent, du moment que nous sommes certains de ne pas finir pour de bon dévorés ou infectés. Il s'agit, une fois encore, de vivre affectivement plus fort sans en payer le prix. Mais les films d'horreur ne sont pas les seuls à jouer avec nos réactions phobiques. Le vertige qui nous saisit instinctivement dès que le vide s'inscrit au-dessous de nous joue un rôle dans quantité de films d'action, et c'est sans doute pourquoi tant d'entre eux mettent en scène poursuites sur les toits, escalades de falaises et autres avions menaçant de s'écraser.

François Truffaut voyait Alfred Hitchcock de cette façon : comme un metteur en scène tablant ouvertement sur des réponses d'ordre phobique. Dans *La Mort aux trousses*, par exemple, Hitchcock passe pour avoir joué avec l'agoraphobie (la peur des grands espaces) pour ce qui est de la scène du champ de maïs ; sans parler de *Sueurs froides*, dont le titre original même

(*Vertigo*) désigne la phobie que le film entend simuler à l'écran. Le récent *Des Serpents dans l'avion* [D.R. Ellis 2005], lui, exploite plusieurs phobies à la fois : on y voit en effet des vipères lâchées dans un avion en plein vol, ce qui ajoute à la peur des serpents les affres du vertige et de la claustrophobie.
| Inutile enfin de détailler comment les films peuvent provoquer de 151
l'excitation sexuelle ; je laisse ce côté-là de l'enquête à mes lecteurs.

les émotions

Les réponses affectives que nous avons rencontrées jusqu'ici ont quelque chose de rigide. Ce sont des *réponses spécialisées* – elles sont liées de manière fixe à un type précis de stimulus. Le remarquer n'est pas dévaluer leur importance en ce qui concerne à la fois les réflexes de survie et les sorties au cinéma ; après tout elles nous ont été apportées par l'évolution de manière à nous éviter de nous aventurer dans des environnements hostiles, et puisque le cinéma nous permet d'en jouir sans qu'elles soient causées par un vrai danger, pourquoi s'en plaindre ?

Néanmoins, en plus de ces réponses en quelque sorte primitives, notre corps dispose de ressources incluant un peu plus de discernement au sein même de leur activation – nous sommes un tantinet plus malins, si vous

préférez. Ces ressources, que nous appellerons les *émotions* proprement dites, peuvent servir à détecter le danger non pas seulement dans ce genre d'explosions dont nous avons vu qu'elles faisaient immanquablement sursauter, mais aussi dans des propos chuchotés qui connotent une menace ou dans le rire par trop appuyé qu'adresse une épouse à un nouveau venu par trop séduisant.

Les émotions, en quelque sorte, proposent un agrandissement de la situation. Elles ressortent de réponses différenciées, et non plus seulement spécialisées, arrivant parfois dès le stade perceptif, parfois avec un léger décalage dû au temps de computation nécessaire à leur élaboration, que celle-ci se fasse consciemment ou non. Elles peuvent engager le cortex frontal ou passer outre de manière plus béhavioriste. Leur fonction, quel que soit le type d'élaboration qui a présidé à leur naissance, consiste à évaluer la situation en fonction d'un certain nombre d'invariants existentiels propres à l'être humain (la perte, le deuil, par exemple), de manière à nous préparer à agir convenablement.

Mettons que le stimulus apparaisse blessant : l'organisme qui l'aura détecté est censé choisir un comportement de fuite ou d'évitement. Cette réponse convient bien entendu à ce que nous appelons « peur ». De même, si la situation apparaît telle qu'elle nous a causé du tort, à nous ou à nos proches, ou simplement à nos intérêts, nous allons être prêts à demander réparation, sinon à nous venger. Cette fois la réponse convient à ce que nous appelons « colère ». Dans cette palette-là, on trouve aussi le chagrin, la pitié, l'indignation, le respect, la loyauté, l'amour, la haine, la honte, l'embarras, la culpabilité, l'humiliation, l'amusement, etc. Bref, tout le spectre des émotions.

Une émotion relève de ces affects au sein desquels un traitement cognitif sur la base de certains intérêts engendre un sentiment viscéral propre à
152 *préparer* l'action comportementale. Ou, pour le dire de façon imagée, | la perception d'un danger (quelque mastodonte se profilant aux alentours) fait naître un frisson le long de ma colonne vertébrale (c'est le sentiment viscéral) qui me cloue sur place (je me prépare à fuir). Ensemble, ces éléments mènent à une instance qui est l'état émotionnel de peur. Même si, comme on l'a vu, il y a d'autres sortes d'affects structurellement plus archaïques, comme le comportement réflexe, nous réserverons le label « émotions » à ces affects dont la structure comprend de tels éléments et intègrent aux sentiments, de manière à préparer une réponse dédiée, une part de computation.

Du point de vue de l'évolution, les émotions sont une bonne chose. Comparées au processus de délibération conscient et rationnel, elles apparaissent comme des routines de prises de décision au ras des pâquerettes mais rapides. Elles permettent une saisie d'ensemble de la situation et préparent, souvent en un clin d'œil, l'organisme à réagir. Une aubaine quand la situation est tendue. Même si bien sûr il leur arrive de survenir à torts et à travers. Ce qui a pu me faire au premier abord, cette nuit-là, l'impression d'un dangereux mastodonte tapi dans l'ombre, s'est avéré l'instant d'après n'être qu'un buisson aux formes extravagantes. Cependant, si l'on se réfère à la dangerosité des savanes africaines au sein desquelles les émotions ont évolué, on se rend bien compte qu'il vaut mieux se sentir en sécurité que regretter.

Les émotions ont évolué en premier lieu, via la sélection naturelle, pour répondre immédiatement à la situation : si j'ai *cru* que la forme dans l'ombre correspondait à celle d'une créature dangereuse, j'ai ressenti de la peur quand bien même le stimulus revenait à la présence d'un simple buisson.

Si tant est que les émotions fonctionnent de cette façon, il reste à se demander de quelle manière elles peuvent, pour le meilleur ou le pire, se trouver déclenchées par des œuvres de fiction, et en particulier par des films. Car, toute déférence gardée envers de telles œuvres, le spectateur sait bien que les extraterrestres de *La Guerre des mondes* [2005] sont des créations qui ne le menacent en aucune manière, ni lui ni ceux auxquels il tient. Le film a été fabriqué de A à Z : comment se peut-il que s'exerce, devant des créatures dont nous savons bien qu'elles sont signées Spielberg, notre propension d'organismes évolués à ressentir de la peur en certaines circonstances ? Nous savons qu'il s'agit de fiction ; bien sûr qu'aucune invasion de la terre n'est en cours. De surcroît nous avons payé pour voir de la fiction, pas pour servir de cibles à des monstres venus de l'espace.

On ne paie pas pour courir un danger, mais parce que cela peut se révéler agréable. Soit, mais la question de savoir pourquoi quelque chose qui n'existe pas peut nous faire peur ne s'en trouve pas résolue pour autant. On calme l'enfant inquiet en lui disant que les fantômes n'ont pas la moindre
réalité ; | et cela perdrait subitement toute efficacité, chez des adultes qui 153
plus est, à propos des envahisseurs venus de l'espace ?

Le problème excède la seule peur. Comment pouvons-nous ressentir de la tristesse, devant un mélodrame, quand l'héroïne perd son aimé, alors
216 même que ce couple n'existe pas ? Nous savons bien que « ce n'est qu'une
histoire », et pourtant les larmes nous viennent à regarder cette actrice, très connue pourtant, jouer le chagrin comme si elle avait vraiment perdu un être cher. Notre comportement, à des moments pareils, ne défie-t-il pas la raison ?

Certains philosophes ont trouvé cette devinette intrigante ; ils ont même émis l'hypothèse selon laquelle se laisser émouvoir par une fiction trahit quelque accès temporaire d'irrationalité (on deviendrait un peu fou le temps du film, pour le dire crûment). C'est ce qui s'appelle le « paradoxe de la fiction » – le tour de passe-passe en vertu duquel quelqu'un peut se trouver bouleversé par une chose dont il sait fort bien qu'elle n'existe pas. Cependant, sur la base de la compréhension du fonctionnement naturel des émotions tel qu'il a été exposé, il semble difficile d'agréer à ce paradoxe, et encore plus difficile de s'en tirer en concluant de façon un peu désespérée que le spectateur a perdu la raison.

Contre l'hypothèse de la déraison temporaire, avançons d'abord qu'un certain nombre d'états affectifs, comme les réflexes et les phobies, peuvent survenir hors de toute croyance. Nous sursautons au bruit d'un ballon qui éclate même en sachant que nous ne risquons rien : personne n'y voit un comportement irrationnel. Et puisque les émotions sont en quelque sorte les cousins de ces états affectifs archaïques, n'est-il pas vraisemblable qu'elles aussi puissent se dispenser d'une croyance pour s'épanouir en nous ? Il ne serait pas paradoxal, dès lors, qu'une fiction provoque ce genre de cours-circuits qui passent outre les centres cognitifs du cerveau.

De surcroît, s'il est vrai qu'un état émotionnel puisse être initié par un état cognitif (et cela se produit souvent), ce dernier est incapable à lui seul de provoquer des états affectifs comme la peur ou la colère. Nous pouvons également nous contenter de prendre acte de l'émotion qui arrive avec une situation imaginaire : il n'y a absolument rien d'anormal ou d'irrationnel à cela. Considérons la situation suivante : nous sommes sur le point de demander au patron un jour de congé pour aller au chevet d'un proche parent qui se meurt. Mais les choses pourraient mal se passer. Nous y pensons. Nous imaginons déjà son refus, assorti d'une remarque cassante. La colère monte, quoiqu'au sens propre nous ne pensions pas que le patron a déjà dit non ou proféré quelque chose de blessant. Nous n'avons fait qu'imaginer le pire, mais cela a suffi à mettre en branle le mécanisme des
154 émotions… Ou alors | cette autre situation : dans un moment de frustration, nous savourons l'idée d'envoyer au diable, d'un mot, une personne diminuée dont nous avons la charge, qui dépend de nous et nous adore ; mais la honte nous saisit bientôt, conduisant nos lèvres à demeurer obstinément closes.

Une croyance – quelque proposition x dont nous validons mentalement le contenu assertif – peut déclencher une émotion. Mais ce pouvoir est aussi à la portée d'une proposition totalement imaginaire, pas le moins du monde assertive. En d'autres termes, dans les circonstances appropriées, "croire que x" et "imaginer que x" possèdent tous les deux la faculté de produire un état émotionnel.

Or l'avantage adaptatif lié au pouvoir que possède l'imagination de susciter des émotions est considérable. Nous pouvons par exemple améliorer l'espérance de vie de nos semblables en liant la peur à quelque expérience de pensée contrefactuelle : c'est ce qui arrive lorsqu'on entraîne les enfants à se méfier des étrangers, en leur racontant ce qui pourrait arriver s'ils montaient dans la voiture du premier venu.

Ici, bien sûr, se profile une connexion évidente entre l'histoire naturelle de nos émotions et nos réponses affectives aux fictions. Les histoires que l'on raconte très tôt aux petits enfants, en mots ou en images, ne sont-elles pas des fictions contrefactuelles préventives ? Que l'on songe à ce qui arrive au Pinocchio de Disney quand il se met en cheville avec les individus à la langue bien pendue qu'il rencontre sur le chemin de l'école. Notre capacité à nous investir affectivement dans des fictions, autrement dit, prend racine dans cet avantage adaptatif qu'est la capacité de répondre émotionnellement à la fois à ce que nous croyons *et* à ce que nous imaginons[1].

Les fictions cinématographiques, en ce sens, sont des véhicules porteurs de sens qui suggèrent à leur public d'imaginer les situations dont ils font la dépiction audiovisuelle. Devant *Capitaine sans peur* (R. Walsh, 1951), nous
voyons dans l'acteur Gregory Peck, | ici coiffé d'un tricorne, le héros épo- 155
nyme du film qui tire sa frégate des périls les plus insensés, *parce que* c'est ce que nous demandent de faire Raoul Walsh et son équipe. Le cadre de la fiction cinématographique suppose en effet de recevoir certaines propositions de manière non assertive – il nous pousse à *imaginer* que le capitaine Hornblower essuie un tir de mitraille, à *supposer* que son bateau va exploser, ou à *entretenir l'hypothèse non vérifiée* (plutôt que la croyance) selon laquelle il va une nouvelle fois sortir indemne de l'attaque ennemie.

C'est à condition d'entretenir cet état des choses imaginaire qu'il y aura du suspense et que nous tremblerons pour Hornblower et son équipage. L'institution culturelle de la fiction, qui comprend ce genre de films, joue sur notre capacité innée à être émus par des représentations d'événements contrefactuels. Rien de paradoxal ni d'irrationnel ici – rien que de très naturel[2].

Les états émotionnels, de surcroît, comme la peur, la pitié, la tristesse, la colère, l'insouciance, etc., peuvent être produits, non seulement par des états mentaux comme croire que *x* ou imaginer que x, mais aussi par des états non-propositionnels, comme des modèles d'attention ou de

1. Le talent qu'a l'imagination de faire naître des émotions est connecté aussi avec la faculté de faire des projets. Nous pouvons envisager des futurs alternatifs et ressentir avec un indéniable profit ce qui y seraient nos réponses affectives. Imaginer comment nos enfants pourraient se blesser en jouant à la maison est un excellent moteur pour décider d'améliorer la sécurité domestique. Sans cette capacité d'habiter un futur imaginaire, l'espèce humaine n'aurait probablement jamais atteint le stade qu'elle a atteint aujourd'hui. On pourrait même faire l'hypothèse suivante : les émotions sont réceptives aux situations imaginaires justement parce que ces situations comprennent les futurs possibles dont il nous est indispensable d'évaluer les intérêts qu'ils pourraient avoir pour nous. C'est dire si qualifier d'« irrationnel » ce talent que nous avons est de peu d'intérêt.

2. Cependant, me direz-vous, qu'en est-il des cas où nous réprimons les peurs de l'enfant en lui assurant que ses croyances sont fausses ? Ne prouvent-ils pas que les émotions requièrent un terreau de croyances pour s'épanouir? Non, car il faut compter avec la combinaison inverse. Par exemple, nous pouvons surmonter notre déception d'avoir failli dans notre entreprise du jour en imaginant que nous y réussirons demain. (Je dois cette remarque à Rianna Oelofson).

conscience perceptives. Identifier par exemple la présence d'un tigre mangeur d'hommes dans mon champ de vision, et par conséquent le croire dangereux, déclenchera une crainte qui me fera trembler. De la même manière, sur la foi de ce qui se passe sur l'écran j'imagine que le predator existe, et connaissant ses extraordinaires capacités de nuisance, j'en ressens une répulsion viscérale. Mieux, enfin, une réaction émotionnelle peut se déclencher en moi avant même que je sois arrivé au bout de la computation qui me permettra de reconnaître ou d'identifier exactement ce qui se tient devant moi.

Il suffit en effet d'un profil très général pour correspondre à ce qui attire l'attention en tant que stimulus *potentiellement dangereux*. Cela signifie que nous pouvons ignorer ce qu'est exactement x, mais si du strict point de vue perceptif x est très gros et avance rapidement vers nous, tant pis pour l'identification, la peur déclenche l'alerte rouge en attendant plus ample investigation. Bien sûr, si celle-ci mène à la reconnaissance d'un éléphant
156 furieux qui fonce vers nous, | l'alarme aura retenti à bon escient et la peur s'en trouvera accentuée. Mais même si l'alarme a été donnée pour rien, l'important est de noter qu'il y a assez d'informations au départ du processus pour faire naître de la terreur quand bien même la menace n'a pas encore reçu de nom.

Les émotions peuvent donc naître très près du niveau perceptif, avant toute vélléité computative : dès que le groom glisse sur la peau de banane le rire se déclenche. Ou alors elles n'arrivent qu'à l'issue d'un processus cognitif complet, conscient ou non. L'envie, dans le cadre du travail, ressentie pour les privilèges du collègue qui possède la clé des toilettes VIP, exige beaucoup de pensée. Quant aux films, bien sûr, ils offrent l'opportunité d'éprouver des émotions de bien des façons, quelquefois en impliquant une réflexion consciente, d'autres fois une réflexion implicite ou même une réaction immédiate. D'un côté, les grandes ombres qui se déplacent vite peuvent faire naître à elles seules un frisson glacé le long de l'épine dorsale sans que nous ayons besoin d'examiner plus avant de quoi elles sont les ombres. De l'autre, pour ressentir de l'admiration devant la bravoure du héros, nous devons apprécier cognitivement ses actions à l'aune de la notion de courage, de manière à voir si elles satisfont à nos critères. Bien entendu, savoir si un film, pour déclencher des émotions, a davantage recours à des courts-circuits archaïques qu'à des computations, demande une analyse au coup par coup.

Ce que tous ces états émotionnels ont en commun, cependant, est que leur appréciation se base sur certains thèmes récurrents et très humains, comme la dignité de la personne. Le samouraï, par exemple, conçoit comme un affront une éclaboussure de boue sur les sandales de son frère ; cela fait bouillir son sang, et le pousse à faire parler le fer, avec toutes les conséquences tragiques que cela suppose. Bien sûr, côté spectateur, la part comportementale de tels scripts affectifs est bien mince – en ce sens que même si nous agréons à la réaction du personnage, l'affront en question restera imaginaire. C'est pour de faux, de ce côté-là de l'écran, que les sandales ont été salies ; personne n'a réellement été insulté, ce qui fait que *nous* n'avons aucune raison d'agir.

Un fait remarquable est que les films sont capables de faire converger des publics très variés vers la même sorte de réponse émotionnelle. Prenons l'exemple courant du couple qui se dispute à un coin de rue ; la plupart du temps, en guise de réponse affective, les passants s'en moquent comme de l'an quarante. Mais que ce couple se trouve à l'écran, alors bien au contraire
la plupart d'entre nous s'indignent | des insultes qui pleuvent sur l'héroïne. 157
Que nous habitions Madras ou Manhattan, que nous soyons athées, de
220 confession luthérienne ou de confession juive, de droite ou de gauche,
quelle que soit la distance qui nous sépare, l'émotion que le film entendait faire naître aura des chances de s'épanouir en nous. Comment est-ce possible ?

Pour commencer, rappelons que les émotions sont appréciatives – elles apprécient la situation en fonction de certains intérêts. La peur ressort d'une évaluation de ce qui se passe devant nous en fonction de notre propre sécurité et de la protection de nos proches. Elle repose sur une préoccupation des dommages éventuels – sans la perspective d'être blessé, pas de peur. Dès que les circonstances comprennent du danger, la peur prend le dessus. C'est comme un phare qui dirigerait notre attention, organisant les détails de notre environnement de façon gestaltiste, en blocs signifiants. Il y a d'abord une mise en relief – on perçoit bien mieux le couteau du détrousseur que le motif sur sa cravate –, puis un effet de guide dans l'investigation de la scène, qui nous fait remarquer dans l'ombre des complices pareillement armés et menaçants.

L'état émotionnel ne sélectionne pas ces détails au petit bonheur. Ils sont mis en relief parce qu'ils sont pertinents au regard du niveau de danger auquel nous sommes confrontés – ici, la peur organise la scène en fonction des éléments qui signifient « blessure à craindre ». Mais les émotions autres que la peur fonctionnent aussi à l'aide de tels critères sélectifs. Pour être en colère, je dois croire que j'ai été mené en bateau ou que les miens ont été trompés. Pour avoir pitié de quelqu'un je dois tenir pour vrai qu'il n'a pas eu de chance. L'envie, quant à elle, a comme préalable la pensée qu'autrui possède ce que je convoite. Etc. Les sensations physiques que provoque cet état émotionnel, en retour, organisent notre appréhension de la situation en accord avec les critères qui gouvernent l'émotion prévalente. D'abord notre colère attire notre attention sur le sourire du voyou qui vient de lancer l'insulte, ensuite elle nous pousse à regarder les visages ricanants qui nous entourent.

158 | C'est ainsi que les émotions fonctionnent dans la vie de tous les jours. Mais au cinéma? Surtout, y a-t-il là quelque chose qui pourrait expliquer la faculté des films à disposer émotionnellement de la même façon d'une grande partie de leur public, au point par exemple que la plupart d'entre nous vont s'inquiéter en même temps de savoir si le héros un peu malingre va réussir à intégrer l'équipe de football de ses rêves ou si ce boxeur sur le retour a la moindre chance devant Apollo Creed?

Dans la vie nos émotions doivent sélectionner les objets pertinents parmi une pléthore de stimuli grandement inorganisés. Dans le monde des fictions, incluant celui des films, il n'en va pas de même, et nos émotions n'organisent pas un monde intouché. Ce monde est, bien davantage que celui du quotidien, pré-structuré par les personnes qui ont fait le film. Nous ne dépendons pas de nos émotions, usuellement, pour sélectionner ce qui compte dans les événements et les situations fictionnelles. Ceux-ci, quand ils nous arrivent, ont déjà été en quelque sorte *pré-digérés* par les créateurs. Ils ont été sculptés de manière à faire ressortir des caractéristiques allant dans le sens de la réponse émotionnelle souhaitée par ces créateurs. Un filtrage, une hiérarchisation a déjà prévalu au sein du dialogue, de la scénographie, des couleurs, de l'accompagnement musical, du jeu des acteurs, du dialogue et la structure du script ou de la narration (incluant les processus d'indexation, de variations d'échelle et de partage entre champ et hors-champ discutés dans le chapitre précédent). Cette pré-focalisation est faite pour que ce qui compte nous saute littéralement aux yeux.

159 | Quelquefois, dans la vie de tous les jours, confrontés pourtant à une remarque blessante, nous ne ressentons pas de colère parce que nous prenons en compte la possibilité que cette remarque soit une maladresse proférée sans penser à mal. Si la remarque est faite à nouveau, la colère naissante nous inclinera à y découvrir une volonté de nuire. Dans un film de

fiction courant, cependant, nous n'avons pas à attendre aussi longtemps. Les personnages affichent l'éventuelle intention de nuire qui les anime, et comme si cela ne suffisait pas, il nous est également permis d'accéder aux jugements désapprobateurs des héros qui leur font face.

Il est bien difficile, en tant que spectateur, de ne pas réagir défavorablement aux discours éructés d'une voix cassante par le dictateur de *V pour Vendetta* (*V for Vendetta*, J. McTeigue 2005), d'autant qu'ils sont filmés en gros plans oppressants et interprétés de main de maître par John Hurt, qui les crache avec une hargne calculée. Tout est fait pour initier une réaction à l'estomac de défiance politique, d'aversion et même de dégoût. Le travail de détection que nos émotions demandent s'en trouve par là-même, dans ce film et bien d'autres, minimisé. La pré-digestion, l'amorçage ont pris les devants, ôtant tout détail susceptible de distraire l'œil et amenant au premier plan, non sans exagérer souvent, tout élément en accord avec la réaction affective demandée. Le dictateur de *V pour Vendetta*, pour revenir à lui, a été conçu de manière à privilégier le dégoût. Ou, pour le dire autrement, son personnage a été conçu comme un personnage émotionnellement prédigéré ou amorcé à notre endroit. Et sa représentation a été faite de façon à en expurger les

détails risquant de nous détourner de l'émotion qu'il est censé faire naître en nous, au profit de ceux qui concourent à la faire naître.

Mais que signifie exactement, pour un personnage, une scène ou une séquence, être émotionnellement amorcé ? Rappelons-nous que les émotions sont gouvernées par des critères. Pour que je me réjouisse de ce qui arrive à mon cousin, je dois croire que ce qui lui arrive va dans le sens de son bonheur. Si c'était un malheur, toutes choses étant égales, ma joie serait bien étrange. De plus, si le caractère approprié ou non des émotions du quotidien est gouverné par certains critères, les émotions déclenchées par les fictions sont réglées de manière similaire. Voilà qui signifie qu'un film est amorcé au niveau de l'émotion en l'étant aussi *au niveau des critères*, c'est-à-dire en étant si structuré que les descriptions et les dépictions des objets qui retiennent notre attention durant la projection satisfont précisément aux critères correspondant aux états émotionnels voulus par ses créateurs.

| Les responsables d'un film de momies veulent créer en nous un état 160
émotionnel d'horreur. L'horreur est une émotion mixte, impliquant peur et dégoût. Comme nous l'avons vu, la malfaisance est un critère intervenant dans la peur. L'impureté, elle, intervient dans le dégoût. Donc, pour provoquer une réponse horrifiée, le cinéaste doit mettre l'accent sur certaines des

propriétés de la momie, en premier lieu celles qui effraient et celles qui dégoûtent. Sa capacité à la malfaisance, bien sûr, se manifestera par l'attention immodérée accordée à ses assassinats de gens innocents, tandis que son impureté se verra établie par le caractère putrescent, en attente urgente de régénération, de ses chairs mortes.

De la même façon, le suspense peut volontiers être vu comme une émotion à deux critères – improbabilité et désir de voir triompher le bien. Quand l'infâme complot d'un Lex Luthor jette deux trains lancés à pleine vitesse l'un vers l'autre, il devient vite quasi impossible d'éviter la collision. De surcroît, il y a quelque chose de diabolique à faire mourir tous ces gens sympathiques. Superman lui-même pourrait-il leur sauver la mise ? Récit et montage s'acharnent à diriger notre attention de façon qu'il nous soit impossible de ne pas comprendre combien faibles sont les chances qu'il y a de voir tout cela se terminer bien. De là, toutes choses étant égales et pour un spectateur normal, résulte le suspense.

Une fois que nous avons perçu les objets de notre attention suivant les catégories correspondant aux critères – comme la malfaisance *et* le dégoût dans les films d'horreur, ou l'improbabilité d'une issue heureuse dans le cas d'un suspense –, l'émotion voulue est susceptible de faire surface en nous. En guise de résultat de cet entretien par le film des appréciations appropriées – généralement celles qui sont impliquées dans l'amorçage des critères –, nous tendons à éprouver la réponse physique que les auteurs ont imaginée : rire, pleurer, se tortiller dans son siège.

Bien sûr, tous les films ne visent pas à évoquer des réponses aussi élémentaires que mes exemples l'ont suggéré jusque ici. Certains films peuvent aspirer à induire des états émotionnels plus complexes, ambigus, nuancés et même plus ambivalents que ceux de l'horreur et du suspense. Ce n'est pas, si le cas se présente, qu'on les a privés de tout processus d'amorçage au niveau des critères, mais plutôt que leur monde fictionnel a été construit de manière à satisfaire simultanément à plusieurs conditions émotionnelles, y compris celles qui peuvent entrer en conflit. Il est aussi des cas où la satisfaction des critères pertinents de l'émotion se trouve subtilement insinuée ; le public conçoit alors le besoin d'y réfléchir et de passer en revue les détails de l'image avant d'arriver à la réponse émotionnelle voulue par les auteurs. Tous ces cas existent parce que les films traitent aussi bien des émotions subtiles que des violentes.

quelques relations affectives entre spectateurs et personnages dans les films populaires

| La structure des sollicitations émotionnelles, appelée plus haut amorçage 161
au niveau des critères, peut s'effectuer au regard de situations comprenant ou non des personnages. Filmer et montrer une nuit d'orage sans qu'on n'y voie âme qui vive peut faire naître quelque appréhension dans le public, pour peu que la scène satisfasse aux critères de l'endroit inhospitalier et potentiellement dangereux. Cependant, même si de tels cas existent, les moyens les plus performants de faire naître une réponse affective chez les spectateurs, surtout dans les films grand public, passent par notre relation aux personnages, notamment les héros et leurs ennemis[1]. Afin de boucler notre exploration introductive et non-exhaustive des modes de discours affectif utilisé par le cinéma, consacrons donc une section aux liens qui nous lient aux personnages de fiction. Ainsi qu'on l'a vu dans la section précédente, il n'y a pas qu'un canal de discours affectif, mais plusieurs. Dans cette partie du chapitre, nous examinerons d'abord la façon qu'ont les films de favoriser notre connexion *émotionnelle* aux personnages, puis nous conclurons en discutant des « réflexes miroirs », un mode de discours que le cinéma ne partage pas avec la littérature.

identification

Un point évident pour commencer une discussion sur la relation émotionnelle aux personnages nous est donné par la notion d'identification. Il y a plusieurs raisons à cela. En premier lieu, quand on les interroge à propos de la relation aux personnages, bien des spectateurs parlent spontanément d'identification, surtout quand il est question des héros. En outre, l'identification est probablement la mention la plus ancienne de la tradition occidentale s'agissant de notre relation affective aux personnages, car elle a d'abord été émise par Platon – il craignait que ses précieux concitoyens fussent possédés par d'indésirables émotions, ainsi la peur de mourir, en allant voir sur scène des acteurs tremblant d'effroi à l'évocation d'Hadès. Un tel état d'esprit seyait bien mal à ces réservistes toujours prêts à combattre qu'étaient les concitoyens en question.

1. Carroll utilise *protagonists* et *antagonists*, mais la traduction littérale serait source de confusion; quant à « adjuvants et opposants », la tournure renvoie de manière trop explicite au structuralisme. La restriction des exemples aux films populaires facilite par ailleurs le recours à « héros » [N.D.T.].

De nos jours, ces craintes chères à Platon circulent encore, sous-tendant le soupçon récurrent selon lequel la peinture que font certains films des turpitudes sexuelles et des diverses formes de violence contamine le cœur
162 des spectateurs, en particulier celui des adolescents. Mais l'identification | n'est plus vraiment vue comme une source de tendances antisociales. Plus souvent qu'à son tour, même, elle est caractérisée positivement, car elle est devenue ce qui nous lie à ceux des personnages qui jouissent du maximum de crédit, les héros.

On suppose communément que s'identifier à un personnage suppose de ressentir ce qu'il ressent. En habitant pour ainsi dire à l'intérieur de lui, nous adoptons son point de vue et son monde devient le nôtre. En se rapprochant de lui, surtout s'il est le héros, notre cœur bat à l'unisson du sien, et l'identification est en d'autres termes le secret du lien qui nous unit à lui. Un reproche adressé couramment à un film populaire qu'on n'a pas aimé – nous aurons l'occasion de voir qu'il est mal formulé – consiste d'ailleurs à dire : « je n'ai pas pu m'identifier au personnage » [1].

Bien sûr le terme d'« identification », dans la conversation courante, est quelque peu ambigu. Il peut signifier beaucoup de choses, auxquelles je n'ai d'ailleurs rien à redire. Cependant, l'acception que j'en retiendrai ici est
très spécifique. Elle implique un lien affectif liant le spectateur au personnage tel que le premier ressent des sentiments *identiques* à ceux qu'éprouve le second. Or ce n'est probablement pas ce qu'ont les gens en tête lorsqu'ils assurent s'être identifiés au héros.

Ainsi, l'identité de sentiments n'est pas souvent évoquée. Quand je déclare m'être identifié à Aquaman, je peux signifier par là que je souhaiterais acquérir son intrépidité, moi qui en réalité ne sait pas nager et ai peur de l'eau. Il n'est pas donc question, ici, qu'Aquaman et moi éprouvions la même chose au sujet de la grande bleue – c'est simplement un souhait de ma part. Sans doute ne faudrait-il pas appeler cela de l'identification, mais du désir fantasmatique. Et quoiqu'il en soit, se permettre de concevoir un tel rêve éveillé en cours de projection sans perdre le fil de l'histoire est on ne peut plus improbable.

1. Comme il le deviendra évident après la discussion de la notion de sympathie, je pense que des assertions comme « je n'ai pas pu m'identifier avec le personnage x » devraient s'exprimer sous la forme « je ne me suis pas soucié de x, ou on ne m'a pas laissé le faire ». Ou plus familièrement « je me souciais comme d'une guigne de ce qui pouvait lui arriver ».

La plupart du temps, le commun des mortels et surtout les jeunes, en prétendant s'être identifiés au personnage, ne disent rien de plus que : ce personnage est « *cool* ». Mais vous pouvez être un *nerd* – et vivre et penser comme un *nerd* – et continuer à penser que Rico et Sonny sont décidément très *cool*[1]. D'autres fois, ils ne mentionnent rien de plus, en parlant d'identification, qu'une similarité dans l'expérience – par exemple ils ont déjà été jetés à terre comme le héros. C'est là seulement le signe d'une connivence avec le personnage, | et non celui d'une authentique contamination par le 163
sentiment qu'a éprouvé ce dernier. Le terme d'« affinité », ici, ne serait-il pas plus approprié que celui d'« identification » ?

Par ailleurs, « identification » est souvent compris comme le fait de se mettre à la place du personnage. Non pas de chausser ses bottes, comme on dit, mais de le faire entrer dans les miennes. Mais pourquoi en déduire que cela implique, chez lui et moi, une identité d'état affectif ? Ne devrions nous pas parler, ici, de « projection » au lieu d'« identification » ?

Je présupposerai désormais que le cœur du concept d'identification – et par bien des côtés, de celui d'empathie aussi – est la présence chez le spectateur d'un état émotionnel identique par le type à celui dont il postule la présence
 chez le personnage. Le héros est-il indigné par tel traitement infligé aux minorités ? Nous aussi. L'héroïne est-elle soulagée en apercevant son Sauveur, terrifiée en apercevant le monstre ? Nous aussi. Cela n'empêche pas que l'idée d'identité par le type ne suffit pas encore à constituer correctement le concept d'identification. Pourquoi ?

Soit les supporters d'un match de football. Admettons qu'ils soient tous dans le même état émotionnel, en l'occurrence la haine de l'équipe adverse. Nous n'appellerions pas cela de l'identification. A qui s'identifient-ils ? Bien qu'il puissent brûler d'une même haine pour ceux d'en face, ils ne s'identifient pas les uns aux autres – sans doute ne font-ils même pas attention à la présence d'autrui, plongés qu'il sont dans le match qui se déroule devant eux. Imaginons qu'ils regardent ce match seuls, chacun devant sa télé – cette fois ils pourraient encore moins s'identifier avec tous ces inconnus ressentant la même chose qu'eux.

1. Un *nerd* est une personne dont l'intelligence, en étant dirigée un peu trop exclusivement vers les sciences et les techniques, la transforme en solitaire introverti ; affectivement et socialement tout le contraire, donc, des deux héros de la série américaine *Miami Vice*, Rico et Sonny [N.D.T.]

Il serait encore moins plausible de penser que ces supporters s'identifient avec leurs joueurs préférés. Les joueurs en question sont probablement trop occupés eux aussi, sur le terrain, pour ressentir quelque émotion que ce soit, et dans tous les cas bien peu d'entre eux *haïssent* réellement leurs adversaires d'un soir. Ce genre de sentiment est celui des supporters, pas celui des professionnels.

Que doit-on, dans ces conditions, ajouter à l'idée d'état émotionnel identique par le type pour la rendre viable ? Une condition : l'état émotionnel du spectateur doit être causé par la pensée selon laquelle le personnage le partage avec lui. En ce sens, je m'identifie à Ann Darrow quand j'ai peur de King Kong *parce qu*'elle a peur aussi, ou que je pense qu'elle a peur. En résumé : un spectateur x s'identifie à un personnage y si et seulement si (1) x
164 se trouve dans le même type d'état émotionnel | qu'y et (2) parce qu'y se
trouve dans ce type d'état – ou parce que x imagine qu'y s'y trouve. Pour le dire de façon imagée, le spectateur a été « « contaminé » par l'état émotionnel dans lequel se trouve ostensiblement plongé le personnage. Par commodité, nous nous réfèrerons désormais à ce modèle comme au *modèle contaminationnel de l'identification*.

le modèle contaminationnel de l'identification

Cette acception de l'identification, je le soupçonne, est ce que les gens ont principalement en tête, de nos jours, quand ils parlent de s'identifier aux personnages, et surtout aux héros. Elle désigne l'état émotionnel dont les spectateurs et les professionnels du cinéma, à l'unisson, pensent qu'il explique pourquoi nous nous intéressons tant aux principaux protagonistes du film.

Je n'ai par ailleurs aucune raison de croire que quelque chose comme le phénomène de la contamination affective ne se produise jamais, surtout dans la *vraie* vie. Il y a des évidences empiriques selon lesquelles les bébés ressentent de la détresse quand ils en détectent chez les adultes qui s'occupent d'eux. Mais je doute qu'il s'agisse d'un état émotionnel digne de ce nom ; c'est plutôt un certain type de réflexe affectif, appelé réflexe miroir et qui sera discuté en fin de chapitre.

Quoiqu'il en soit, ce n'est pas la validité au quotidien du modèle contaminationnel qui importe ici. Demandons-nous plutôt s'il est à la hauteur de la tâche qu'on lui assigne dans ce chapitre, en l'occurrence la description des relations émotionnelles qui nous connectent aux personnages des fictions populaires. Décrit-il vraiment le cas le plus commun de ces relations ?

des émotions asymétriques

En fait, même un rapide passage en revue indique que ce modèle peine à décrire, et même à approcher nos relations aux personnages. Imaginons que l'homme politique se rengorge devant les hourras qui saluent sa candidature à la présidence, mais que nous savons qu'il se tient à portée du fusil sophistiqué, à visée laser, d'un tueur à gages qui ne lui laissera aucune chance. Nous ne ressentons pas le frisson de bonheur du candidat, mais bien plutôt de l'inquiétude devant le suspense mis en place. Notre état émotionnel n'est donc pas du même type que celui du personnage sur l'estrade. Et il n'a pas à l'être, puisque le film entend nous faire éprouver de la peur pour ce personnage.

En outre, les asymétries affectives de cette sorte sont tout à fait courantes au sein du cinéma comique. Chaque fois que le soupirant est surpris dans une situation compromettante, | nous nous en amusons, cependant que sa 165
déconfiture l'accable. Il suffit de se souvenir de *Mon beau-père et moi* [J. Roach, 2000] – ou de la série de la BBC *Jeeves and Wooster*, où chaque fois que Bertie s'empêtre nous jubilons.

Les situations dans lesquelles les états émotionnels du public divergent de ceux des personnages abondent dans toutes sortes de fictions. Dans une romance, par exemple, la fille bien-aimée, qui donnait jusque là toute satisfaction à ses parents, a perdu la tête pour un bel étranger ; mais nous ne partageons pas son émoi, sachant qu'elle a affaire à un voyou sans scrupules. La raison pour laquelle cette situation revient si souvent dans les films réside dans la distribution inégale du savoir entre nous et les personnages, laquelle engendre bien entendu une différence dans ce qui est ressenti d'un côté et de l'autre de l'écran. Bien souvent nous en savons plus que les personnages ; nous tremblons pour eux quand ils foncent tête baissée, ignorants du péril qui les guette. La curiosité les pousse à entrer dans quelque sombre manoir, à explorer le grenier, la cave ou que sais-je, alors que nous savons ce qui s'y tapit. L'ignorance les rend insouciants, tandis que nous tremblons déjà d'effroi. Par ailleurs, l'asymétrie peut aller en sens inverse : jamais nous ne partageons l'aplomb de Sherlock Holmes, car il en sait toujours plus que nous.

Cela arrive souvent. Il y a donc assez de cas d'asymétrie affective pour établir que le modèle de contamination émotionnelle n'est guère efficace pour décrire empiriquement ce qui se passe. De plus, conceptuellement, ce modèle est tout aussi inadéquat. Dans bien des cas, en effet, la cause et l'effet de l'état émotionnel du public diffèrent de ceux de la condition affective du personnage. Nous prenons connaissance de la situation de Martha, recluse dans le chagrin depuis que son fils Henry est mort l'année dernière. L'objet de son chagrin est Henry. Mais l'objet de la tristesse des spectateurs, lui, est Martha, et sa cause est le deuil qu'elle porte.

Notre émotion organise volontiers de façon gestaltiste une situation plus large que celle qui a changé Martha en mère éplorée, car elle inclut l'objet de son chagrin en tant que constituant. De surcroît, notre émotion relève de la pitié à son endroit, et non du chagrin, car Henry n'est pour nous personne de particulier. C'est à la mère que nous avons tenu compagnie tout au long du film, tandis que le fils était maintenu hors-champ. Nous ne connaissons Henry qu'à travers Martha.

Comme le montre cet exemple, nos états émotionnels relèvent souvent d'objets et de causes étrangers à ceux qu'articulent les états supposés des
166 personnages. Par conséquent, l'hypothèse selon laquelle nos émotions | se marient souvent, sinon toujours, à celles des personnages, est plus que douteuse. En fait, il y a des cas, sans doute nombreux, où l'état émotionnel
du spectateur peut plausiblement passer pour celui d'un témoin de la scène plutôt que pour celui d'un de ses acteurs. Lorsque nous nous rongeons les ongles en nous demandant si le héros qui rampe avec difficulté arrivera à se mettre à l'abri à temps, nous sommes les seuls à éprouver ce suspense. Lui, est probablement bien trop concentré sur ses actes pour se permettre d'avoir peur.

Ma propre expérience des situations extrêmes, acquise par exemple en dérapant sur la chaussée verglacée au volant de ma voiture, passe par une sorte d'anesthésie affective. Au lieu de paniquer, je fais ce que mon moniteur m'a appris il y a des dizaines d'années pour négocier le virage. Si j'étais torturé par la perspective de l'accident, le ventre tordu par le suspense, j'irais me fracasser sur le bas-côté. Mes passagers peuvent s'offrir un petit suspense, mais pas moi. N'est-ce pas la même chose au cinéma, en particulier dans les films d'action ?

Certes, le sympathisant du modèle d'identification par contamination pourra rétorquer qu'au-delà des cas d'asymétrie affective, bon nombre de situations font converger les états émotionnels du public et des personnages. Quand le héros recule d'effroi devant les manœuvres du bourreau d'enfants, nous aussi : symétrie affective. Cependant, pour valider dans ces cas comme celui-ci le modèle d'identification par contamination, il nous est nécessaire d'introduire une distinction entre émotions communes et émotions partagées en vertu d'une relation causale.

états émotionnels coïncidants *versus* états émotionnels connectés

Les bombardiers de l'US Air Force ont échappé à tous les systèmes de sécurité en place et foncent en direction de Pékin. Bardés d'ogives nucléaires, ils vont faire des millions de morts en déversant leur chargement. Le Président des Etats-Unis lui-même ne sait que faire, pétrifié de terreur tout autant que nous. N'est-ce pas un cas qui échappe au modèle d'identification par contamination?

| Non. Et pourquoi? Rappelons-nous que le modèle d'identification par 167
contamination requiert non seulement une communauté d'émotions avec les personnages, mais aussi une connexion causale – nous devons être dans cet état parce qu'ils y sont. Mais il existe bien des cas où nous sommes arrivés à cet état émotionnel par nos propres moyens. Le précédent en est un : c'est à la perspective d'un Armageddon nucléaire faisant des millions de morts que nous sommes anxieux.

Disons, pour appuyer cette affirmation, que dans notre exemple le récit pourrait se passer de toute référence aux états d'âme du Président sans que nous soyons moins inquiets. Quand bien même il serait fait de bois, je suis convaincu que nous ressentirions tout de même l'effet du suspense. Et ceci parce que la situation fictionnelle a été structurée en ce sens, avec une mise en avant de certains de ses composants aptes à causer la peur – par exemple la mention réitérée du nombre de mégatonnes totalisées par les ogives, celle de la faculté qu'ont les bombardiers d'échapper aux radars et de se jouer des systèmes de sécurité, sans parler des mauvaises relations diplomatiques entre la Chine et les Etats-Unis.

Disons autrement, dans le vocabulaire utilisé au début de ce chapitre, le film a été structuré émotionnellement en terme d'amorçage au niveau des critères. Ce qui signifie que par divers moyens représentationnels et/ou verbaux, les circonstances ont été organisées de façon à provoquer les émotions voulues par les auteurs.

Dans la séquences des escaliers d'Odessa du *Cuirassé Potemkine* [1925], Eisenstein sélectionne des personnes dans le flot des émeutiers, pour faire ressortir ce qu'a d'odieux leur assassinat : des vieillards, une femme et son fils, une autre femme et son bébé. Bref, il sélectionne ces personnes

culturellement représentées comme sans défense et inoffensives. Cette sélection – après tout, il ne filme pas les nuages qui passent au-dessus du massacre – entendait solliciter l'indignation morale du public. A moins d'être un Cosaque, peut-être, tout spectateur comprend la séquence comme la peinture de l'exercice du mal et en ressent une sorte de détresse viscérale. Plus souvent, du moins en fais-je l'hypothèse, la congruence des sentiments de chaque côté de l'écran résulte donc d'un amorçage au niveau des critères
168 | et non d'une identification par contamination. La différence est que dans le premier cas, la correspondance est le fruit d'une coïncidence et non d'un processus causal. C'est-à-dire que le public a été conduit à éprouver une émotion qui peut être complètement indépendante de ce que ressentent les personnages, pour autant qu'ils ressentent quoi que ce soit. En fait, il me semble que le modèle de l'identification par contamination porte avec lui un excès de bagage théorique – si l'on veut, il viole le principe de parcimonie. Pour autant que ce soit le cas dans les exemples examinés jusqu'ici, en revanche, la notion d'amorçage au niveau des critères fournit une description amplement suffisante des situations de congruence des sentiments.

Bien sûr on pourra remarquer que la façon dont les situations du film sont
régies par l'amorçage au niveau des critères tendent à être parallèles à la 231
façon dont les personnages principaux voient les choses. Même dans le cas d'un narrateur omniscient qui ne canalise pas l'information par personnage interposé, les cinéastes choisissent souvent de décrire le monde fictionnel du point de vue de ces personnages-là. Le rendu poisseux des décors, par exemple, fait écho à l'appréhension du héros qui pénètre dans l'antre de Lord Voldemort.

Tout ceci est indéniable, mais n'est pas suffisant pour remettre en lice le modèle de l'identification contaminationnelle. En premier lieu, le spectateur n'a pas besoin de savoir qu'il partage le point de vue du personnage ; il suppose plutôt que la perspective qu'on lui offre sur les événements est celle de l'instance narrative (de quelque façon qu'il conçoive celle-ci). En second lieu, l'amorçage au niveau des critères fonctionne ici de la même façon, que le point de vue soit construit *ou non* sur ce que pense le héros.

Il est intéressant, dès lors, de réfléchir aux cas où la fiction établit ouvertement que l'amorçage au niveau des critères concernant les événements présentés est congruent avec les états émotionnels des héros. Les plans subjectifs et les raccords-regards en offrent l'exemple frappant. Le personnage regarde en direction du hors-champ, une expression d'horreur déformant son visage ; puis vient un plan sur ce qu'il voit – quelque créature

suppurante aux allures d'un reptile | mâtiné d'araignée et d'avocat, qui plus 169 est coiffée d'un jabot en forme de tronçonneuse. A notre tour nous sommes horrifiés : n'est-ce pas un cas patent d'identification par contamination ?
A nouveau je réponds par la négative. Car nous ressentirions probablement le même sentiment d'horreur si la séquence ne comprenait pas le moindre raccord-regard. Une expérience intéressante consisterait d'ailleurs à ôter tous les plans subjectifs d'un film comme *The Descent* (Neil Marshall 2006), de manière à montrer que notre répulsion à la vue des créatures cavernicoles qu'il met en scène, albinos et gluantes, n'en dépend pas.
Bien sûr, cela laisse ouverte la question de savoir à quelles fins les plans subjectifs et autres stratégies de restriction du point de vue sont utilisés. La réponse courte, je pense, consiste à dire qu'ils constituent une manière de suggérer en gros au spectateur, sinon de lui communiquer, quel genre d'affect, euphorique ou dysphorique, il doit se préparer à reporter sur les objets, les personnes ou les situations qu'il est sur le point de rencontrer. Dans cette perspective, les raccords-regards renforcent l'information affective en provenance de l'écran. Mais je vais en dire plus sur cette forme de communication, puisqu'elle a maille à partir avec les réflexes miroirs.

des états émotionnels qui convergent vectoriellement

Si la deuxième condition du modèle de l'identification par contagion désolidarise l'état émotionnel du spectateur de celui du personnage, c'est pour permettre d'affirmer que nous arrivons par nos propres moyens à l'état en question. Autrement dit, lorsque les bombardiers volent vers Pékin, je crains pour le salut de l'humanité parce que la fiction m'y pousse et non pas parce que le Président craint de son côté aussi pour le salut de l'humanité. Nos peurs coïncident, c'est tout. Ou tout au moins c'est ce qui semble se passer dans la plupart des cas.
Il est néanmoins indispensable de bien interpréter cet exemple. Loin de moi l'idée d'affirmer que nous sommes toujours à l'abri de l'influence de l'état émotionnel des personnages – surtout quand il s'agit de héros envers lesquels nous sommes favorablement disposés. A la fin de *La Ruée vers l'or*, par exemple, le prospecteur tombe fortuitement sur Georgia, la femme de ses rêves. Ils s'étreignent, s'embrassent, et disparaissent au pays où l'on vit heureux pour toujours. Comme ils s'aiment, cette rencontre imprévue nous réjouit – les scènes de ce genre sont monnaie courante dans les fictions populaires. Nos objections initiales au modèle de l'identification par

170 contagion | tiennent cependant toujours dans des cas comme ceux-là, qui n'exemplifient absolument pas ce modèle.

Certes, les états émotionnels des personnages nous rendent euphoriques. Mais cette euphorie n'est pas du même type que celle des amoureux. Une attirance éperdue les lie, tandis que nous sommes simplement heureux pour eux. Je ne suis pas amoureux de Georgia pas plus que je ne m'identifie à ce qui pousse le Vagabond vers elle. Si j'étais amoureux d'elle, d'ailleurs, ces retrouvailles ne me réjouiraient guère et je deviendrais jaloux du vagabond. Je ne suis donc pas dans un état d'identification par contagion.

Cependant je suis dans un état émotionnel de valence à peu près comparable aux leurs. Nous sommes tous trois euphoriques – nos états émotionnels, même si donc ils diffèrent, appartiennent au même côté de l'échelle des émotions, celui qui est chargé positivement. Nous sommes, autrement dit, dans un état émotionnel vectoriellement convergent avec celui dont nous imaginons qu'il est le leur.

A l'inverse, quand le monstre subit les foudres de sa promise réanimée à la dernière bobine de *La Fiancée de Frankenstein* [J. Whale 1935], nous sommes désolés pour lui. Notre émotion ne recouvre pas la sienne : nous ne ressentons nullement la peine consécutive à un amour non partagé. En fait je doute
même qu'un quelconque spectateur, même au trente-sixième dessous, conçoive quelque désir pour le cadavre électrifié aux cheveux frisés joué par Elsa Lanchester. Pourtant nous répondons au chagrin du monstre par de la pitié, et c'est dans ce sens que nous partageons sa misère, même si c'est lui qui se sent délaissé et pas nous.

Misère et pitié, bien sûr, relèvent des émotions dysphoriques. Nous sommes donc à nouveau du même côté de l'échelle, celle des valences négatives – les émotions du monstre et les nôtres convergent bien. Mais là non plus cette convergence ne ressort pas du modèle de l'identification par contagion, à supposer que le terme d'identification signifie plus qu'un sentiment polarisé dans la même direction. Pourquoi d'ailleurs mobiliser la notion d'*identité* pour décrire ce phénomène ?

la théorie de la simulation

Il est indéniable que les liens qui nous lient aux fictions s'établissent principalement par le biais des personnages qui les peuplent, et particulièrement leurs héros. Mais quelle est la nature de ces liens, au moins en général ? Nous avons montré que le concept d'identification ne leur rendait pas justice. Peut-être faut-il se résoudre à parler de ces liens en terme de ce qu'il est désormais convenu d'appeler « simulation ».

| La simulation est un concept que l'esthétique a récemment importé de la 171
philosophie de l'esprit. Elle y désigne au départ notre faculté à comprendre et à expliquer nos semblables, à identifier leurs intentions et à prédire leur comportement, en les simulant. C'est-à-dire que nous entrons leurs désirs et leurs croyances en nous, dans notre système cognitivo-conatif *off-line*[1]. Nous le faisons parce qu'*ex hypothesi* ce système est le même chez nous et chez eux, ou, si l'on préfère la métaphore informatique, parce que leur logiciel est capable de tourner dans notre unité centrale. Ainsi nous faisons-nous une idée de ce que les « gens comme nous » (une expression qui vient tout droit de la psychologie du sens commun) pensent, veulent, projettent et ainsi de suite. Nous mettons leurs croyances et leurs désirs dans la boîte noire d'où sortent nos émotions, nos décisions et nos comportements, sur la foi du présupposé selon lequel nous sommes en gros, structurellement, les mêmes.

Cette théorie, appelée *théorie de la simulation*, est concurrencée en philosophie de l'esprit par la *théorie de la théorie*, hypothèse alternative qui
 voudrait que nous comprenions nos semblables en employant à propos de leur comportement quelque chose comme une théorie scientifique. Le problème est que le déploiement théorique qu'elle supposerait, si elle était en jeu quand il s'agit de lire ce qu'autrui a dans la tête, serait monumentalement compliqué. Après tout, il lui faudrait être plus complète et meilleure que toutes les théories sociales dont nos scientifiques disposent : pensons-nous vraiment que quelqu'un parmi nous dispose d'une théorie aussi adéquate ? Et si oui, comment se fait-il que les sciences sociales soient incapables d'y accéder explicitement ? Cela économiserait pourtant bien des efforts dans les laboratoires de recherche.

Par ailleurs, même en admettant que le commun des mortels dispose d'un tel mammouth théorique, et même qu'il n'en dispose que *sub voce*, son application en temps réel à des cas particuliers serait sans doute immensément fastidieuse – ne serait-ce que trouver sous la coupe de quelles lois tombe le cas à examiner et en quelles proportions elles s'appliquent à, voilà

1. *Off-line* signifie que ce système, où s'élaborent les raisonnements, les computations et les motivations, est « débranché », en l'occurrence en retrait par rapport à l'environnement immédiat du sujet, dont le traitement est laissé au système perceptivo-cognitif [N.D.T.].

qui prendrait un temps fou. Or ça n'est manifestement pas ce qui se passe quand, au quotidien, nous lisons l'esprit de nos congénères. La plupart du temps, nous captons en une pensée-éclair leur humeur et leurs intentions ; nous ne passons pas des heures à élaborer pied à pied quelque théorie que ce soit. C'est du moins ce qu'affirment les partisans de la simulation.

Mais en quoi tout cela concerne-t-il le cinéma, et surtout la question qui nous préoccupe, celles de nos relations avec les héros des films populaires?
172 | Le lien est évident : ces relations sont en effet comparables à celles que nous entretenons avec les autres gens une fois sortis de la salle. La fiction cinématographique nous invite à comprendre les personnages, à appréhender leurs sentiments et leurs intentions, à spéculer sur ce qu'ils feront l'instant d'après, or c'est ce que nous faisons au quotidien avec nos congénères. Du moins quand il s'agit des personnages principaux – il est peu plausible de supposer que nous utilisons la simulation pour échafauder ce qui se passe dans la tête et dans le cœur des personnages secondaires, ni que nous ayons particulièrement envie de le faire (par exemple, pour imaginer à quoi pense l'avocat dans les toilettes du premier volet de *Jurassic Park* [S. Spielberg, 1993]).

Quand nous simulons un personnage comme Spider-Man, nous sommes | 235
donc censés entrer ses croyances et ses désirs dans notre système cognitivo-conatif, et par là même nous aligner sur ce qu'il pense et ce qu'il ressent. De ce point de vue nos émotions nous engagent relativement aux films (comme elles le font relativement aux autres fictions), et nous sommes immergés dans un processus à peu près continu de duplication des émotions et des désirs des personnages, et surtout des principaux d'entre eux.

A l'inverse de son collègue partisan de la contagion, le défenseur de la simulation ne prétend pas que les émotions supposément reproduites en nous à cette occasion soient tout ou partie identiques à celles qui se trouvent attribuées au héros. Au mieux, elles en sont une approximation. Cependant, cela laisse le défenseur de la simulation exposé à la même objection que son collègue, en l'occurrence l'inadéquation du modèle face au nombre colossal de cas où les émotions des spectateurs ne sont pas – et n'ont pas à être – celles que ressentent les personnages.

Revient ici, donc, le problème de l'asymétrie. Quand le héros rentre précipitamment chez lui pour annoncer à son épouse qu'il vient d'être augmenté, alors que les spectateurs savent déjà qu'en ouvrant la porte il découvrira sa famille sauvagement massacrée, l'abattement que ces derniers ressentent n'a aucun rapport avec son humeur à lui. En outre, si à ce moment-là, sur le trajet qui le ramène chez lui, nous simulions sa joie, nous ne nous comporterions pas de façon adéquate au regard du récit, lequel nous demande de ressentir de la pitié.

Bien sûr, comme nous l'avons concédé plus tôt, les émotions ressenties de chaque côté de l'écran convergent parfois. Mr. Smith est | outragé par 173
la corruption qui règne au Sénat et nous aussi. Peut-être la simulation explique-t-elle ces cas de convergence? C'est peu probable. L'un de ses avantages est qu'elle apparaît plus immédiatement disponible, dans les situations courantes où il s'agit de se débrouiller pour savoir ce que pense autrui, que sa concurrente la théorie de la théorie. Mais la simulation prend du temps elle aussi, et comment pourrait-on s'en accommoder dans un environnement comme le film, avec son montage rapide ?

Un problème supplémentaire posé par la simulation est la difficulté bien établie qu'ont les gens à identifier leurs propres émotions et leurs propres intentions. Par quel miracle des sujets aussi inconstants se trouveraient-ils soudain capables d'extrapoler à partir de leur propre cas celui des autres ?

De surcroît, il est peu vraisemblable que, confrontés au héros d'un film, nous ressentions le besoin d'user de simulations pour prédire ce qu'il va

faire. Les héros dignes de ce nom ne manquent jamais à leur devoir, même face à une supériorité écrasante. Encerclé, Rambo fonce dans le tas. Or combien d'entre nous, sachant quel genre de boîte noire cognitivo-conative nous équipe, prendraient-ils la même décision? Compte tenu de ses croyances selon lesquelles ses adversaires sont des méchants et de sa dévotion à la justice, Rambo s'engage sur le sentier de la guerre. Nous autres, humblement, nous déciderions bien plutôt d'être arrêtés; mais en tant que spectateurs nous anticipons le fait que Rambo agira différemment. Or il est peu probable que cette anticipation requière une simulation, car celle-ci aboutirait – on vient de le voir – à nous faire penser que Rambo préfèrera se rendre calmement.

Mais une question plus fondamentale encore à propos du rôle de la simulation dans les cas de ce genre est la fréquence de son apparition. Je soutiens pour ma part que la simulation intervient rarement, au moins dans les films populaires. Pourquoi cela ?

La théorie de la simulation, en philosophie de l'esprit, décrit la façon dont nous nous accommodons au quotidien du manque de transparence de nos congénères et de la difficulté à les sonder pour prédire leur comportement. Mais les films populaires ne ressemblent pas à la vie de tous les jours. Ils sont expressément conçus pour être compris – en fait, ils sont conçus pour être compris vite et bien par des publics non-initiés[1].

Cette aspiration, cela va sans dire, déborde sur la façon dont les personnages sont construits. Nul doute que dans la vraie vie les agissements de nos semblables nous soient si opaques qu'il faille user de simulation à
174 leur endroit. | J'ignore si cela arrive tous les jours, mais cela doit probablement bien se produire de temps en temps. Néanmoins, les personnages de cinéma, eux, portent leurs sentiments et leurs pensées cousues sur les manches. Il est par conséquent de peu d'utilité de faire l'hypothèse d'une simulation chez les spectateurs qui les regardent agir – ces spectateurs vont bien trop vite à deviner ce qu'ils vont faire pour mettre en branle un quelconque processus de simulation.

Est-il bien raisonnable de penser que l'on puisse pénétrer aussi aisément dans le cœur d'un personnage de fiction? Faisons, pour monter que c'est bien le cas, un bref détour par le les fictions littéraires avant de revenir au cinéma. Beaucoup d'entre elles, pour commencer, emploient le procédé du discours indirect libre. Cela signifie que l'auteur peut raconter ce que pense et ressent son personnage à la fois de l'extérieur et de l'intérieur. Son environnement nous est décrit – souvent en des termes déjà chargés d'émotion –, la façon dont il se sent dans son corps aussi, sans parler de ses pensées les plus privées. Bref nous n'ignorons plus rien de ses sentiments. Peut-être certains lecteurs utilisent-ils ce texte comme un script permettant de provoquer en eux ces mêmes sentiments. Pour ma part je ne le fais pas, mais je refuse de m'avancer au-delà de mon cas. Quoiqu'il en soit, il est clair qu'il n'y a nulle urgence à appliquer la théorie de la simulation à des cas comme ceux-là – des cas où nous sommes amenés à saisir ce que pense et ressent le personnage, tout bonnement, parce qu'on nous le dit noir sur blanc.

Bien sûr, cette caractéristique des récits littéraires est moins courante au cinéma – quoiqu'il y ait des exceptions, du *Journal d'un curé de campagne* [R. Bresson, 1951] à *La quatrième dimension* [série télévisée, 1959-1964]. C'est-à-dire qu'en général nous n'entrons pas dans la tête des personnages de films aussi souvent que dans celle de leurs homologues de papier. Cependant les premiers peuvent aussi nous dire ce qu'ils pensent, la plupart

1. Carroll utilise ici la notion d'*untutored audience*, qu'il a développée dans sa *Philosophy of mass art*. Les spectateurs, y explique-t-il, n'ont pas besoin d'être initiés pour apprécier le cinéma grand public (exotérique) mais ont besoin de l'être pour apprécier le cinéma d'art et essai (ésotérique) [N.D.T.].

du temps par le biais des dialogues. Et même s'ils n'en profitent pas pour exposer leurs états d'âme, je serais tout de même tenté de dire qu'ils les manifestent assez ouvertement pour qu'une quelconque simulation soit frappée d'inutilité.

Comment cela est-il possible? Peut-être un moyen de le comprendre consiste-t-il à abandonner à la fois la théorie de la simulation et la théorie de la théorie, pour faire l'hypothèse selon laquelle, la plupart du temps, l'accès aux pensées et aux sentiments d'autrui se fait sur la base de schémas, modèles, prototypes, indices contextuels, exemplifications et autres outils heuristiques, plutôt que par le moyen | d'une simulation. Ce sont ces 175
stratagèmes-là qui nous donnent une idée de l'état intérieur d'autrui.

Confrontés à un collègue qui vient de se faire renvoyer ou à une ami qui vient de perdre un proche, nous inférons sur la base de modèles culturels communs, toutes choses étant égales par ailleurs, que leur moral est au plus bas. Si leurs épaules tombent et que leurs yeux sont cernés, nous reconnaissons ces éléments comme des signes de détresse en vertu du prototype « détresse » que nous avons en mémoire. Inutile pour ce faire de recourir à une simulation, car au travers d'expériences nous avons amassé un répertoire de schémas, modèles, prototypes et indices contextuels de reconnaissance, entre autres procédures heuristiques, pour nous guider vers les états intérieurs de nos congénères.

Quand nous apprenons qu'un parent a été promu au poste qu'il convoitait, toutes choses étant égales par ailleurs, nous le supposons heureux et nous nous réjouissons pour lui. Nul besoin là non plus de simulation. Une fois de plus nous avons recours à un ensemble de prototypes combinant des réponses émotionnelles en contexte à des expressions faciales et des postures corporelles. Ce ne sont pas là des lois qui s'appliquent par réduction à des cas particuliers, comme l'aurait voulu la théorie de la théorie, mais bien plutôt des prototypes employés *par analogie*. Dans la vie courante, de telles stratégies constituent des moyens fiables pour remonter aux états émotionnels et aux pensées de nos congénères, et pour ma part au moins je préfère dépendre d'elles que de la simulation, laquelle prendrait de toute façon trop de temps.

De surcroît, si les choses se passent bien ainsi, nous pouvons en tirer la leçon pour ce qui est du cinéma. Pour autant que les films grand public sont conçus pour maximiser l'accessibilité, ils reposent naturellement sur l'usage des outils heuristiques mentionnés ci-dessus, lesquels sont très répandus dans les cultures des publics qu'ils ciblent. C'est d'ailleurs une part non négligeable de l'art de construire un personnage à destination du grand marché que de savoir rationaliser son caractère de manière qu'il sollicite presque automatiquement les modèles, schémas et autres indices de reconnaissance appropriés à la situation.

Dans la série *Sex in the city*, le personnage de Samantha colle parfaitement au schéma de la mondaine sensuelle qui aime le sexe à la façon de la bourgeoise de Bath[1]. Quand elle ouvre grand les yeux pour regarder son bel amant s'avancer vers elle, il nous est inutile de simuler Samantha de manière à déterminer son état intérieur. Nous l'inférons en un clin d'œil, sur la base de notre prototype de la femme charnelle et des indices de reconnaissance
176 que fournit le personnage. | De plus, dans le cas particulier de cette série télé, nos conjectures s'avèreront presque toujours confirmées par les malicieuses confidences à répétition de Samantha à ses amies Carrie, Miranda et Charlotte. Loin de moi l'intention de dire qu'il s'agit là d'un cas particulier : au contraire, on a ici la norme de fonctionnement des personnages dans les récits audiovisuels les plus vus de la planète.

Peut-être pouvons-nous appuyer cette hypothèse sur la façon dont nous réagissons aux méchants de cinéma. Les plus terribles d'entre eux, les tueurs en série à la Michael Myers [*Halloween*, J. Carpenter, 1978], sont pro- 239
bablement parmi les êtres humains les plus opaques qui se puissent rencontrer. Nous devrions donc être obligés, à leur égard, de recourir à la simulation. Mais je fais l'hypothèse que nous nous en abstenons. Pourquoi ? Parce que nous les rendons intelligibles en vertu de nos schémas de rôdeurs-assassins, quand bien même ces schémas viennent plus sûrement (Dieu merci) du cinéma que de l'expérience quotidienne.

Mettre l'accent sur ces opérations heuristiques revient donc à minimiser l'importance de la simulation, non pas dans la vie de tous les jours mais au moins dans les films populaires, puisque ceux-ci exploitent les indices et les prototypes sur lesquels se fondent ces opérations. Les auteurs de ces films, en effet, sculptent leurs personnages à l'économie, pour qu'ils déclenchent la mobilisation de tel ou tel modèle de reconnaissance. Nul besoin de simulation ici, en effet.

1. Allusion à *The Wife of Bath's Tale*, l'un des *Contes de Canterbury* écrit par Chaucer au XIVe siècle. L'un des chevaliers de la Table Ronde y est envoyé en mission pour trouver « ce que veulent vraiment les femmes » – la réponse est la souveraineté sur leur mari [N.D.T.].

Cependant, pourrait objecter un partisan de la théorie de la simulation, qu'en est-il des autres styles de cinéma, comme le film d'art européen des années 1960 par exemple? Les personnages n'y montrent pas avec autant d'imperturbabilité leur psychologie la plus intime : n'offrent-ils pas comme seule solution la simulation? J'en doute, là aussi – pour la simple raison que la plupart de ces personnages sont justement trop opaques pour nous permettre de simuler quoi que ce soit. Leurs croyances et leurs désirs sont souvent trop obscurs pour que l'on puisse les entrer dans notre système cognitivo-conatif. Il faudrait pour cela que nous sachions mieux en quoi ils consistent, or ce n'est pas la cas. Cela ne signifie pas que ces films d'art ont un défaut, mais simplement que leur propos est souvent de montrer que le cœur humain consiste en quelque chose de trop mystérieux pour être sondé. Là encore, cependant, on a vu que ce n'était pas une raison suffisante pour dire que la simulation prend la relève.

Si nous ne simulons pas les émotions des personnages, donc, | cela signifie 177
que nous ne sommes pas obligés de partager toujours les sentiments qui sont les leurs. Mais dans ces conditions, que se passe-t-il exactement en matière d'émotions?

la sympathie

Si nous sommes émotionnellement impliqués dans les films, c'est dans une large mesure par le biais de leurs personnages. Mais ni le modèle de l'identification par contamination ni celui de la simulation n'expliquent de manière satisfaisante la structure générale de cette implication. Quand bien même il y aurait de la contamination et de la simulation, elles interviendraient moins souvent qu'on ne le suppose. Par ailleurs, on l'a vu, elles n'offrent pas une description satisfaisante du mode d'adresse affective des personnages de films, parce que la relation qui nous unit à eux n'a pas la symétrie qu'elles présupposent, l'une comme l'autre. Nous devons donc commencer par poser qu'une description correcte de ce qui se passe doit entériner le fait que le ressenti supposé des personnages est catégoriellement différent du nôtre.

Une bonne candidate, dans cette perspective, sera la notion de sympathie. La sympathie n'est pas un état émotionnel dont on attribue l'origine à soi-même, mais par définition un état dirigé vers autrui. Pour les besoins de la démonstration, concevons-la de manière simple, comme un intérêt nonéphémère pour autrui, un souci des autres[1], une posture conative dirigée vers nos semblables au sens large (incluant donc les personnages et tous les êtres un tant soi peut anthropomorphes des fictions). En tant qu'émotion, la sympathie est une réponse de soutien. Elle tend à faire accomplir une action bienveillante à l'égard des personnes pour qui nous l'éprouvons, même si bien sûr cette inclination ne se traduit pas toujours par des actes, souvent à cause d'un conflit de leurs intérêts avec les nôtres. Inutile de dire que dans le cas des héros de fiction, l'élan n'a pas à se transformer en acte. D'ailleurs, peut-être cet évitement de toute mise en concurrence de nos intérêts avec les leurs est-il l'une des raisons pour lesquelles la sympathie à leur égard nous vient aussi facilement – une facilité qu'en leur temps des moralistes comme Augustin et Rousseau ont critiquée.

En tous les cas, la sympathie conçue comme émotion implique un sentiment viscéral de détresse quand les objets de notre sollicitude se trouvent en danger, et un sentiment satisfaisant de ravissement et d'achèvement quand
178 leur bien-être est assuré. Elle comprend, en effet, | le désir que tout aille bien pour ceux de qui on se soucie. Pour être l'objet de cette attention bienveillante, les personnes en question doivent s'en montrer dignes, à la lumière de nos intérêts, projets, valeurs, allégeances, fidélités et/ou engagement moraux. Quand un personnage de fiction se révèle mériter le souci qu'on a de son bien-être, nous sommes à son égard dans l'état émotionnel que j'appelle « sympathie ». Et si le terme vous semble par trop mièvre, sentez-vous libre de le remplacer par « bienveillance » ou par « inclination conative ».

Quoique la sympathie puisse initialement n'apparaître que comme un autre exemple d'état vectoriellement convergent, il est important de noter que cette condition ne lui est pas nécessaire. Car avoir de la sympathie ne suppose pas de dupliquer le sentiment ressenti par l'être humain auquel on la prête, ni même d'aller dans le même sens pour ce qui est de la valence. En effet, la sympathie concerne ce que l'on croit être le bonheur du personnage. Si l'héroïne perd la tête pour un coureur de jupons mondain, elle pourra être aux anges autant qu'elle voudra, notre réponse informée par la sympathie que nous lui portons sera pleine d'appréhension, certains que

1. C'est la traduction de *care* que propose Sandra Laugier et Patricia Paperman dans *Le souci des autres. Ethique et politique du care*, Paris, Éditions de l'EHESS, 2006. Pour une application aux fictions audiovisuelles grand public, voir L. Jullier, B. Laborde, *Grey's Anatomy. Du cœur au care*, Paris, PUF, 2012. [N.D.T.].

nous sommes de la voir courir à la catastrophe. Ce n'est pas toujours comme cela, et quelquefois les émotions convergent, mais cette convergence n'est pas indispensable à la sympathie.

Jusqu'ici, cependant, on n'a fait qu'effleurer le rôle de la sympathie dans le lien qui nous unit aux personnages. Il est temps d'affirmer que la sympathie – de concert avec l'antipathie, dont il sera question dans un instant – constitue le principal ciment émotionnel entre le public et certains personnages. Pourquoi lui accorder ce rôle majeur ?

Manifestement, au cours du récit filmique, le spectateur traverse bon nombre d'états émotionnels. Il est en colère, triste puis joyeux, le voilà empoigné par le suspense, un éclat de rire survient brusquement, des larmes sont versées, enfin retour au bonheur. Parfois la sympathie pour le héros est si forte que nous la ressentons presque physiquement; d'autres fois elle passe à l'arrière-plan, le temps par exemple d'un interlude comique. Dans ces conditions, pourquoi alors lui donner la première place ?

La première raison pourrait être appelée sa pérennité. La sympathie pour le héros est l'émotion la plus pénétrante sur la longueur du film. Dès qu'elle est établie, et à moins qu'elle soit intentionnellement neutralisée par le

créateur du film, elle reste en alerte, connectée à ce qui arrive de bien ou de mal au héros, avec le plaisir attenant dans un cas et la tristesse dans l'autre.

| Une fois obtenue, la sympathie est sollicitée du début à la fin du film. Nulle 179
autre posture émotionnelle, en règle générale, ne dure aussi longtemps, hors l'antipathie pour le méchant. Quand le geôlier revêche gifle le héros, l'indignation nous saisit et s'estompe. Mais pas notre sympathie pour celui qui est giflé. L'optique affective qu'elle entraîne nous sert à examiner le récit du début à la fin. La plupart du temps, en effet, tous les événements de l'histoire sont soupesés en fonction de notre sympathie pour le héros; chacun d'entre eux soulève la question de savoir s'il va dans le sens de ses intérêts ou s'il le détourne de sa bonne fortune, et ceci même si dans certains cas la réponse est ni l'un ni l'autre.

Les protagonistes des films ont des buts et des intérêts à côté desquels il est difficile de passer. La trajectoire narrative implique usuellement la réalisation de leurs projets par-delà les obstacles qui s'y opposaient. Nous suivons la quête qui les y mène par le biais de la sympathie, saluant les avancées du héros quand elles se produisent et concevant de la consternation quand sa résolution est ébranlée. Bien sûr, comme on l'a vu, notre sympathie nous conduit parfois à nous désynchroniser de lui – ainsi les cas où il fait confiance à quelqu'un dont nous savons (mais pas lui) qu'il s'agit d'un vaurien. Mais jamais nous n'abandonnons le point de vue sympathique qui nous fait nous soucier de ce que nous pensons être ses intérêts.

Non seulement la sympathie a suffisamment de pérennité pour se déployer à l'échelle du film, mais elle possède aussi ce qu'on pourrait appeler une profondeur particulière. Car c'est notre sympathie pour le héros qui donne le ton de la façon dont nous percevons l'action. Quand nous nous offusquons de la façon dont l'héroïne est traitée, cette colère qui monte est subsidiaire au regard de la sympathie que nous lui portons. Elle est sous-tendue et renforcée par elle. C'est bien notre sympathie qui nous pousse à voir de l'injustice dans la situation où le personnage se trouve, une injustice perpétrée à l'encontre de quelqu'un « comme nous ». Ces émotions négatives que nous ressentons dès qu'un personnage qui nous est cher a des revers de fortune apparaissent comme une fonction de notre sympathie pour lui. La sympathie *fonde* ces émotions, en l'occurrence, ce qui nous permet de dire qu'elle est dotée d'une profondeur particulière.

Deux considérations peuvent maintenant être introduites pour appuyer l'affirmation selon laquelle la sympathie a plus d'ampleur et de profondeur que les autres liens émotionnels qui peuvent nous lier aux personnages de fiction. L'exception évidente, ici, est peut-être l'antipathie, la haine et le dégoût que nous vouons aux méchants de cinéma. Cependant, et avant d'en dire plus à ce propos, si l'antipathie pour les personnages malfaisants est la
180 face opposée | – et, en fait, la fonction – de la sympathie que nous vouons aux protagonistes qui leur font face, le cas de l'antipathie offre moins un contre-exemple à notre hypothèse qu'un corollaire.

En admettant que la sympathie soit le ciment qui nous connecte émotionnellement aux héros, il reste à savoir exactement comment les films la sollicitent. Dans la vie réelle, notre altruisme et nos bonnes dispositions envers autrui dépendent de facteurs comme le lien de parenté, l'appartenance au groupe et les intérêts de la communauté. Bien sûr, à la fois pour des raisons artistiques et financières, les créateurs d'un film visent un public plus large que celui d'une simple famille ; bien plus souvent ils tablent sur la venue de groupes dont les limites dépassent celles des régions, des nations, des ethnies et des religions. Et même si leur cible n'est pas aussi globale, ils prennent garde à ne pas déclencher quelque réflexe sectariste toujours prêt à naître du sentiment d'appartenance à un groupe. Ce qui leur pose bien entendu un problème : comment obtenir d'un public de masse au sein duquel règnent les différences et les conflits d'intérêts, une adhésion unanime à la quête du héros et une sympathie inébranlable pour sa personne ?

Si la sympathie est bien le point nodal de notre relation aux protagonistes principaux, comment est-elle mobilisée ? Dans la vie quotidienne, nous étendons notre sympathie aux personnes avec qui nous partageons des intérêts, des projets, ou à qui nous sommes fidèles, ainsi qu'à celles qui exemplifient des valeurs qui ont notre approbation et à celles qui tombent sous la protection de certains principes moraux. Mais ces intérêts et ces fidélités sont pour la plupart spécifiques à notre propre cas ; il va sans dire que les professionnels du cinéma n'y ont pas accès. Il leur faut donc en trouver à un niveau plus générique. Il leur faut tabler sur un terreau commun, une pierre de touche qui mettrait tous les publics d'accord pour se soucier de ce qui arrive au héros et le trouver digne de leur soutien.

C'est un problème de conception qui se pose aux cinéastes. Ils doivent trouver le moyen de provoquer au sein d'un public hétéroclite le désir convergent de la réussite des projets du héros – c'est-à-dire faire naître la conviction selon laquelle ce serait bien qu'il arrive à ses fins, ou qu'il mérite d'y arriver. Comment résoudre un tel problème ?

244 En guise de généralisation empirique, je fais l'hypothèse d'une résolution par le choix exclusif de protagonistes qui demandent l'aval *moral* du public. En d'autres termes, la moralité, définie à très grands traits, fournit au scénariste un intérêt, un projet ou une fidélité que toutes sortes de spectateurs très différents les uns des autres peuvent considérer de manière convergente. | Ce scénariste pourra de surcroît compter sur certaines 181
pierres de touche morales très partagées pour gagner l'allégeance qu'il convoite.

En présentant un héros moralement attirant, en effet, les professionnels du cinéma s'assurent les ressources nécessaires à la garantie de voir le public absorbé par l'histoire sous couvert de la sympathie qu'il prête à ce héros. Ce n'est pas un hasard si les héros de cinéma sont finalement de braves gens. C'est précisément ainsi que les voulait leur créateur, confronté qu'il était à l'hétérogénéité d'un public potentiel. Par exemple, tout le monde ou presque tombera d'accord pour trouver que Maximus subit un préjudice quand sa famille est massacrée dans *Gladiator* [R. Scott, 2000], ou que Cendrillon est maltraitée par sa belle-mère et ses filles, ou que Superman est un garçon bien, ou encore que Story dans *La Jeune fille de l'eau* [M. Night Shyamalan 2006] ne mérite pas d'être mangée par le scrunt.

La moralité, spécialement celle qui est souvent partagée à un niveau presque universel, fournit donc une aide précieuse au scénariste désireux de faire converger des publics. Les héros, par exemple, font typiquement un détour pour aller secourir l'estropié et le blessé, la veuve et l'orphelin, qu'ils traiteront toujours dans le respect et la dignité. Ils manifestent invariablement un sens de la justice, de l'honneur, de la loyauté, de la bonté et de l'honnêteté, qui se combine avec une tendance à la sociabilité et une sensibilité à la famille (en principe, même s'ils sont célibataires), à tout le moins si la famille en question est bien sous tout rapport (je ne parle pas du clan de *Massacre à la tronçonneuse* [T. Hooper, 1974]). Ils disent la vérité et tiennent les promesses qu'ils font aux gens bien, car eux-mêmes sont ce que nous appelons des *gens bien*.

Il est indéniable qu'un grand nombre de héros de cinéma sont dans ce cas. Il y a certes des anti-héros, mais dans leur cas les compromis qu'ils font avec l'ordre moral sont sous-tendus par un sens profond de la rectitude. Au-delà de leur abord refroidissant, les détectives durs à cuire semblent toujours découvrir que la société est encore moins honorable qu'eux-mêmes. A la fin, confronté à sa petite amie, Sam Spade manifeste un sens du devoir
quasiment kantien. De même, les pistoleros flegmatiques protègent les 245
petits éleveurs des exactions des barons du bétail, des magnats du chemin de fer ou, comme dans *Les 7 Mercenaires* [J. Sturges, 1960], des seigneurs de la guerre itinérants. Les adolescents mal disposés, eux aussi, ont beau être en proie aux affres de l'âge ingrat, ils s'intéressent à des problèmes à propos desquels la société des adultes se rend coupable de négligence. Et ainsi
182 de suite. Peu importe | qu'ils apparaissent de prime abord comme des êtres anti-sociaux, on verra qu'au fond d'eux-mêmes c'est le contraire. Il ne saurait en aller autrement si la moralité, dans l'acception la plus libérale du terme, doit réunir les suffrages d'une audience hétéroclite.

Par « acception libérale », je ne dis pas simplement que les spectateurs ne partagent que de frustes routines psychologiques, mais qu'ils partagent aussi un sens de ce qui compte comme étant vertueux. Les héros décrochent notre approbation et de ce fait notre sympathie, parce qu'ils sont typiquement dépeints comme des personnes qui font preuve de diverses vertus. La reconnaissance de celles-ci fait naître au sein des spectateurs l'aspiration à voir réussir les projets de ceux qui agissent bien, et échouer leurs rivaux qui, eux, n'agissent pas bien. Notre désir en la matière est si fort que nous restons parfois jusqu'à la fin du film sous le seul prétexte de vérifier que tout est bien qui finit bien.

Bien sûr il faut admettre que les protagonistes sur lesquels nous nous alignons ne sont pas toujours ce qu'il est convenu d'appeler des êtres moralement droits; et pourtant ils attirent notre sympathie. Les films de casse, par exemple, sont construits de manière que les participants qui montent et exécutent le coup soient ceux qui montrent le plus de vertus. Les concurrents qu'ils pourraient avoir dans la société ordinaire sont repoussés hors-champ, et les seuls membres de cette société autorisés à intervenir dans l'histoire sont des êtres vénaux ou inexcusablement stupides. C'est-à-dire que dans le cas où l'univers diégétique a pour norme l'immoralité, comme dans la série des *Sopranos*, même un personnage comme Tony peut compter sur notre sympathie, car même s'il est dépourvu de moralité au sens strict, il est environné, dans ce New Jersey de fiction où se déroule son existence, de gens pires que lui.

la solidarité

Si la sympathie est si centrale à notre réponse émotionnelle aux personnages, comme on vient de le voir, les cas d'identification par contagion doivent se compter sur les doigts de la main. Les élans de sympathie, en effet, ne sont pas des émotions que l'on partage avec ceux qui en sont l'objet; ils sont dirigés vers autrui. D'ailleurs, si le héros avait de la sympathie pour lui-même il perdrait probablement la nôtre. Cependant tout ne se résume pas à la sympathie dans notre rapport aux personnages, quand bien même cette dimension est importante. S'y ajoute généralement un autre état émotionnel que nous pouvons qualifier de *solidarité*.

Certaines fictions n'ont que des héros. Le film *Lucky Girl* (D. Petrie, 2006) tombe dans cette catégorie. Il met en scène deux personnages principaux,
Ashley Albright et Jake | Hardin. Leurs noms sont des indices conduisant à 183
leurs qualités les plus importantes[1]. Ashley bénéficie toujours d'une chance insensée : quand elle sort de chez elle sans parapluie, il cesse immédiatement de pleuvoir : quand elle a besoin d'un taxi, il arrive de nulle part. Jake est tout le contraire : s'il s'accroupit, son pantalon se déchire; s'il ramasse un billet de cinq dollars, c'est un billet souillé d'excréments canins. Mais la chance tourne quand ils s'embrassent sans se connaître, à l'occasion d'un bal costumé. A partir de là, tout ce qu'entreprend Ashley échoue

1. Il s'agit de variations onomastiques, qu'on pourrait traduire en français par « Mlle Aupoil et M. Duraille » [N.D.T.].

lamentablement tandis que Jake devient enfin un producteur à succès. Le reste de l'histoire montre Ashley poursuivre Jake en lui réclamant sa bonne fortune à l'aide d'un autre baiser, avant qu'ils tombent bientôt amoureux et trouvent à coups de baisers un équilibre providentiel en matière de chance. Ils vivront dès lors heureux et malheureux en proportion convenable, jusqu'à la fin de leurs jours.

Ce qui étonnant dans *Lucky Girl* – et c'est vrai aussi de bien d'autres comédies romantiques – est l'absence de tout méchant. Il y a bien des gens qui représentent un obstacle temporaire sur la course de nos deux héros, mais nul opposant pur sucre. Les seuls candidats n'ont pas un temps de présence à l'écran suffisamment long pour causer notre antipathie, et de toute façon il s'avère à la fin qu'ils n'étaient pas si négatifs qu'on le croyait.

La majorité des films, cependant, ne sont pas dans ce cas. Leurs héros doivent s'y mesurer à de vrais adversaires, au contraire d'Ashley et de Jake. Autrement dit, nous n'y sommes pas seulement sommés d'enrôler les gens bien sous la bannière « nous », encore faut-il ranger leurs adversaires sous la bannière « eux ». En outre, « eux » ne sont pas seulement présentés comme l'équipe adversaire, mais comme un groupe de personnes à détester, et que souvent d'ailleurs on *adorera* détester.

Si la sympathie envers « nous » est typiquement obtenue en montrant combien les héros sont moralement bons, l'antipathie envers « eux » est généralement produite en exhibant les flétrissures morales de leurs adversaires. Quand le gentil se montre bon envers les braves gens, le méchant, à tout le moins, rudoie ceux qu'il perçoit comme ses inférieurs. Et généralement il leur fait bien pire ; il vole, triche, ment, pille, viole, tue, etc. Quand le héros caresse le vieux chien assoupi devant la porte, le méchant de service l'écarte d'un coup de botte.

Les films, en général, sont donc politiques au sens que donne au mot le philosophe Carl Schmitt. Leur population fictive, en effet, est partagée de façon standard entre amis et ennemis – entre Nous et Eux. La sympathie, motivée par la bonne moralité, nous dispose à placer les héros parmi Nous.
184 | Cette assimilation est renforcée par l'introduction d'ennemis que les films construisent comme de méchantes personnes. Le concept de « solidarité » tel que je l'utilise ici réunit donc, au sein d'une relation émotionnelle complexe, la sympathie-pour-les-héros à l'antipathie-pour-leurs-ennemis. il s'agit là d'une condition psychologique que les films s'efforcent de faire naître au sein de leur public. Ils aspirent à ce que nous sentions bien disposés à l'égard de leurs protagonistes, et à ce que nous refusions cette

alliance émotionnelle à leurs antogonistes, lesquels sont conçus de façon à provoquer en nous la colère, l'indignation, la haine et quelque fois le dégoût moral.

Alors que dans la vie de tous les jours, toutes choses étant égales par ailleurs, nous sommes prompts à étendre par défaut notre sympathie à tous ceux qui nous entourent, les personnages de films doivent la gagner. La meilleure façon pour se faire est pour eux d'apparaître moralement enviables. Ensuite, il n'y a plus qu'à disposer autour d'eux une constellation de « méchants » que leurs défauts (de la sale manie au vice cruel) rendent à nos yeux repoussants. Je soupçonne d'ailleurs que notre antipathie pour ces « méchants » est causée par la détection de leurs vices, tandis que la sympathie pour les « bons » vient d'abord du caractère extraordinairement évidents de leurs vertus.

Cependant, les personnages peuvent quelquefois s'attirer notre sympathie « par rebond », pour ainsi dire. Cela signifie que le méchant fait un tel effet sur nous que nous accordons notre sollicitude et notre souci à quiconque tombe sous ses griffes. En d'autres termes la solidarité dans les films vient parfois d'un phénomène de type « l'ennemi-de-mon-ennemi-est-mon-ami ». Ce phénomène explique d'ailleurs pourquoi il arrive que nous nous retrouvions à soutenir des personnages dont la morale, en d'autres circonstances, nous répugnerait. C'est la cas d'Hannibal Lecter, avec lequel nous sympathisons parce que, dans le *Hannibal* de Rodley Scot [2001], des ennemis encore plus dépravés que lui veulent le faire dévorer tout cru par des porcs.

La solidarité implique la sympathie et l'antipathie se ressent viscéralement. Alors que nos sentiments de sollicitude à l'endroit des protagonistes ne sont pas partagés par ceux-ci, notre haine à l'égard des antagonistes l'est souvent. Mais nous ne détestons pas les antagonistes simplement parce que les protagonistes le font. Bien plutôt, nous détectons nous-même les traits moralement délétères que les protagonistes ont de leur côté détectés aussi. Cette congruence entre notre détestation du méchant et celle que manifeste aussi le héros à son endroit renforce notre complicité avec ce dernier. Mais en premier lieu, si chacun de nous peut à égalité donner libre cours à sa haine, c'est que de notre côté la détestation a d'abord été provoquées par un amorçage au niveau des critères.

les réflexes miroirs

185 | Nous avons exploré différentes sortes de relations émotionnelles entre public et personnages. Cela comprenait des circonstances dans lesquelles (1) nos émotions peuvent être du même type que celles des héros, mais cela en vertu seulement de notre propre appréciation de la situation, en réponse à son amorçage au niveau des critères; (2) nos émotions convergent vectoriellement en direction des états émotionnels des personnages; (3) nous sympathisons avec les personnages, ceux-ci étant bien sûr (mais pas obligatoirement) une instance d'émotion convergente; et (4) nous sommes émus par solidarité envers les protagonistes (le composant de l'antipathie pouvant être une réponse congruente avec les pensées que nous leur prêtons, une fois que nous avons par nous-mêmes jugé de la situation). Aucun de ces cas ne correspond au modèle pourtant courant de l'identification par contamination, qui suppose une identité de type des états émotionnels de chaque côté de l'écran, celui du spectateur étant causé par celui du personnage. Mais concluons plutôt par le bref examen d'une cinquième relation affective – une relation qui s'approche du modèle de l'identification par contamination, et dont l'existence pourrait expliquer le grand crédit usuellement prêté à la notion d'identification aux personnages.

Ce à quoi nous pensons ici est ce qu'il est possible d'appeler les *réflexes miroirs*. En les qualifiant de « réflexes », j'entends signaler qu'ils ne sont pas des états émotionnels dignes de ce nom, donc qu'ils ne corroborent aucunement le modèle de l'identification par contamination. Cependant, aucune description sérieuse de notre rapport affectif aux films ne saurait s'en passer. Que sont donc ces réflexes miroirs?

En bavardant avec une personne, à l'occasion, nous nous rendons brusquement compte que nous avons adopté l'expression qui se peignait sur son visage. Elle fronce les sourcils, nous commençons à le faire; elle sourit, nous esquissons un sourire. Nous tendons immanquablement, c'est un fait, à singer quelque peu nos interlocuteurs – à leur offrir un miroir. C'est le cas non seulement avec les expressions faciales, mais avec les gestes et les postures aussi. Nous tendons à marcher du même pas que les personnes avec lesquelles nous partageons notre existence; quand elles allongent le pas, nous faisons de même. Si un collègue plisse le front d'un air conspirateur pour nous parler, nous inclinons en réponse à le plisser aussi. Au baseball, quand nous regardons le voltigeur sur le point d'intercepter difficilement la balle, les muscles de notre bras se tendent. Et ainsi de suite.

Nous avons une tendance involontaire à incarner le miroir du comportement, et surtout le comportement expressif, de nos congénères.
A priori nous le faisons dans le but de donner du sens à ce qu'ils ressentent. En configurant notre propre expression faciale d'après celle de | notre 186
interlocutrice, grimaçant si elle grimace, nous concevons un aperçu de ce qu'elle a en tête. L'effet en retour de la disposition de nos muscles faciaux, on le voit, transmet à notre système nerveux autonome, d'une manière qu'il est permis de présumer isomorphique, ce qui se passe dans son système à elle, aussi longtemps qu'elle garde cette expression qu'on a copiée. Cela ne nous donne pas accès de plain-pied à son état émotionnel, mais en constitue un bon indicateur, produisant quelque chose comme un fac-similé de ce qu'elle ressent physiquement. Ce qu'elle pense précisément de l'objet qui cause ce ressenti nous échappe, bien entendu, mais au moins dispose-t-on d'un bon relais en direction de l'effet que lui fait ce qu'elle en pense.
De même, gestes et postures donnent lieu à des actions mimétiques – même si dans la plupart des cas ces actions sont tronquées – visant à recueillir des informations au sujet de ce qui préoccupe nos congénères. Si tout le monde autour de nous commence à regarder en l'air, nous aussi allons lever la tête.

Le mimétisme est dans la majorité des cas automatique, et non intentionnel. Il provient probablement de notre héritage biologique.
Les petits enfants sur les genoux des adultes qui s'occupent d'eux les copient en abondance. Ce comportement constitue clairement un avantage en matière d'acquisition du répertoire émotionnel d'une culture – et pas seulement émotionnel. Car il permet à l'enfant de distinguer entre les situations que l'adulte associe à des sentiments de détresse et celles qui provoquent en lui de l'enthousiasme. Entre adultes, les réflexes miroirs représentent aussi un avantage adaptatif, en tant qu'ils facilitent la communication sociale. De façon presque subliminale, on peut ainsi sentir intuitivement, même si c'est lâche et fugace, l'état d'esprit du public ou l'humeur du conjoint, simplement en utilisant son corps comme un détecteur du genre de sensations internes susceptibles d'être associées avec les expressions manifestes des personnes présentes. Ces avantages dans la communication sont si importants que leur caractère génétiquement prédéterminé ne fait guère de doute.
Quand, par mimétisme, je saisis au vol des vibrations négatives ou un sentiment de malaise, j'étudie immédiatement l'environnement dans le but de trouver la cause de cet inconfort. Cette intuition m'alerte au sein de ma propre musculature sur l'éventualité prochaine d'une mobilisation

d'émotion convergente, peur ou colère peut-être. Mais les réflexes miroirs, qui *pourraient* se trouver liés à ce qu'en neurosciences on appelle les neurones-miroirs, n'ont pas seulement de l'intérêt pour glaner de l'information à propos de ce qui préoccupe les personnes présentes. En relayant à l'intérieur de nous un peu de ce qu'elles ressentent, ils nous aident à coopérer les uns avec les autres. Grâce à eux, on sent tout de suite qu'aujourd'hui n'est pas le bon jour pour demander une augmentation, parce que le patron est d'une humeur massacrante. Ils sont aussi une aide précieuse dans la coordination des activités de groupe – pour mettre les soldats en ordre de marche et les faire monter au front comme un seul homme. Bref, la capacité humaine des réflexes miroirs est un avantage décisif du point de vue de la sélection naturelle, en tant que moyens de
187 recueillir des informations affectives auprès de nos | semblables et de mettre au point des actions collectives, depuis les conversations en face à face jusqu'aux défilés de majorettes en passant par les manœuvres militaires.

Le champ de l'esthétique est informé du phénomène des réflexes miroirs au moins depuis les écrits de Theodor Lipps, quoique celui-ci n'emploie pas le terme. S.M. Eisenstein a d'ailleurs explicitement tenté de tirer parti des avancées de Lipps à la fois dans ses articles et dans ses films. A coups de gros
plans d'expressions stéréotypées et de parties du corps comme des poings dressés, il entendait provoquer chez ses spectateurs le comportement mimétique qui les conduirait viscéralement vers l'état émotionnel qu'il espérait les voir éprouver. Des metteurs en scène moins imprégnés de théorie ont également découvert, mais de façon intuitive, ce pouvoir du modelage affectif, devenu par là même un fonds de commerce du cinéma populaire depuis les années vingt, et dont a hérité la télévision un peu plus tard. Indubitablement, une part non négligeable des affects induits par l'industrie de l'*entertainment* est désormais connectée à cette technique d'éducation du mimétisme musculaire appliquée aux publics.

Regardant *Riverdance*[1] à la télé, le spectateur ne peut s'empêcher de marquer du pied le tempo qui synchronise les danseurs entre eux et à la musique. Quand Bruno, dans *L'Inconnu du Nord-Express* [A. Hitchcock, 1951] essaie d'attraper le briquet qu'il a fait tomber au travers de la bouche d'égout, les muscles de nos bras tendent à se bander d'une manière semblable à la sienne, comme si nous sentions son intention à travers notre propre corps.

1. Spectacle irlandais de danses et de chants [N.D.T.].

Ce n'est pas que nous nous identifions moralement ou émotionnellement avec Bruno ; nous singeons seulement son geste pour faciliter notre accès à ce qu'il ressent de son côté. Etonnamment, la fin d'*Alien, la résurrection* [J.P. Jeunet, 1997], à savoir la peine du monstre trahi par sa propre mère, nous touche, non parce que nous nous identifions avec la progéniture de Ripley, mais parce qu'involontairement nous tendons à mimer l'expression sur son visage[1].

Et avant même de voir apparaître le monstre à l'écran, le visage hurlant de sa victime, pétri d'horreur et décliné en gros plans successifs, nous amène à tendre les muscles du visage de manière à nous signaler à travers ceux-ci que les choses vont vite devenir très déplaisantes. Ainsi échantillonnons-nous, en quelque sorte, les informations sur l'état interne des personnages. Quoique le résultat ne puisse être confondu avec de véritables émotions, mais qu'il apparaisse plutôt sous forme de sensations sans objets ni appréciations de ceux-ci, il constitue un point d'appui solide à partir duquel les films nous saisissent affectivement, et ceci de deux manières au moins.

| En premier lieu, ces réflexes miroirs contribuent à maintenir l'excitation 188
de nos corps à un niveau élevé, tenant par là l'une des promesses les plus

constantes du cinéma populaire. En second lieu, ils rendent disponibles des informations que l'on peut intégrer à celles de nos réponses émotionnelles qui incluent les personnages. Si nous relayons en nous, par imitation sélective, les sensations physiques du personnage, nous pouvons en utiliser l'effet comme indice de reconnaissance de l'émotion qui convient à son comportement. Par exemple la tristesse apparaîtra comme une réponse appropriée une fois que la souffrance du personnage aura été détectée par mimétisme moteur. Les réflexes miroirs fonctionnent donc comme des sous-routines, nous alertant non seulement à propos de la valence positive ou négative des états mentaux des personnages, mais aussi calibrant le genre de passion que nous devons renvoyer à leur endroit.

Les réflexes miroirs ne sont cependant pas des exemples d'identification émotionnelle, car ils n'impliquent pas de dupliquer les sentiments des personnages, mais seulement d'aller vectoriellement dans la même direction qu'eux. Ils ne relèvent pas davantage de ce qu'il est convenu d'appeler de nos jours la simulation des états mentaux, car ils ne comprennent ni désirs ni croyances. Bien plutôt, ils relèvent en premier

1. Je suis redevable de cet exemple à Amy Coplan.

lieu de l'adresse affective du film. Ils peuvent nous faire vibrer en présence de certains personnages, et, plus important, faciliter notre reconnaissance de ce qui se passe émotionnellement chez eux de manière que nous modulions notre réponse en en tenant compte. Ce sont des ressources dont l'audiovisuel narratif dispose, en matière de gestion des réponses affectives, et dont la littérature reste privée, qu'elle soit populaire ou non.

Cette capacité est sans doute encore plus évidente au sein d'une figure déjà mentionnée plusieurs fois dans ce chapitre, le raccord-regard. Cette figure comprend au minimum deux plans : celui du regardant et celui du regardé. Le premier montre un personnage jetant un regard plus ou moins long et appuyé vers le hors-champ, tandis que le second nous dévoile ce qu'il regarde. Le héros de *Fenêtre sur cour* (A. Hitchcock, 1954) regarde du côté de la caméra, probablement vers la cour intérieure où se déroule l'histoire ; ensuite à la faveur d'un *cut* nous accédons à ce qu'il y voit, en l'occurrence sa propre fiancée molestée par l'occupant de l'appartement d'en face.

Le raccord-regard est susceptible de fonctionner dans un sens et dans
189 l'autre (raccord-regard rétroactif). Il peut | aussi être réitéré, le monteur introduisant une progression dans sa répétition et/ou une rétroaction. Dans le cinéma des premiers temps, quand il arrivait aux cinéastes de craindre que leur public ne comprenne pas un tel raccord, ils n'hésitaient pas à le répéter. De nos jours cela arrive moins souvent, sauf quand un effet dramatique est recherché.

La limpidité d'un raccord-regard repose en premier lieu sur certaines tendances biologiques communes à tous les mammifères, en l'occurrence le tropisme qui nous pousse à suivre la direction du regard de nos congénères jusqu'à sa cible. C'est là une façon de se faire une idée de ce qui se passe dans la tête d'autrui – quand la maîtresse de maison, un soir de réception, ne cesse de jeter à la dérobée des coups d'œil inquiets, nous remontons à l'origine de son regard, c'est-à-dire la porte, pour en déduire qu'elle attend l'arrivée de quelqu'un. Ce tropisme est naturel : un bébé sur les genoux de sa mère tourne la tête vers ce qu'elle regarde, une conduite que le schème conceptuel de culture renforce à son tour.

Le raccord-regard n'exploite pas seulement notre tendance innée à suivre les regards d'autrui, mais mobilise les réflexes miroirs à des fins communicatives. Lorsque le visage du personnage apparaît en gros plan, en effet, le spectateur tend automatiquement à imiter son expression, obtenant ainsi un aperçu de son état intérieur. Si ce mimétisme cause, par exemple, quelque agitation déplaisante, nous nous préparons, en calibrant nos attentes, à faire appel à une émotion dysphorique, comme la peur ou l'horreur. Le gros plan inclus dans un raccord-regard fonctionne donc comme une sorte de télémètre qui renseignerait sur la valence des émotions appropriées, suggérant en gros de quelles émotions nous allons avoir besoin pour répondre. A cet égard, le raccord-regard bénéficie des dividendes d'un avantage adaptatif acquis des centaines de milliers d'années avant la naissance du cinéma.

Quoique les films soient une invention culturelle, il est donc utile de ne jamais perdre de vue le fait que leur succès vient en partie du fait qu'ils puisent à profusion dans notre héritage biologique. Ni le cinéma ni l'art en général ne sont qu'affaire d'esprit. Ils s'adressent aussi à nos corps, et même si nous avons mis ce phénomène en évidence dans les chapitres qui précèdent, il n'est sans doute jamais aussi flagrant qu'au sein de l'empire
que les films exercent parfois | sur nos vie affectives, notamment en déclen- 190
chant des émotions, lesquelles constituent le point nodal des connexions entre l'esprit et le corps.

Les films, en quelque sorte, peuvent passer sous la peau pour aller solliciter nos sentiments. Les cinéastes, à cet égard comme aux autres, sont des psy-
 chologues amateurs, menant intuitivement des expériences sur le *sensorium* ; menées pour divers motifs, l'art, la gloire, l'argent, ces expériences aboutissent quelquefois à des résultats qui éclairent la façon dont nous fonctionnons. On n'en conclura pas que les films se réduisent à des assemblage de procédés biomécaniques – ce sont bien des créations d'ordre culturel. Mais il est important de ne pas perdre de vue que la culture, en un sens assez large pour y inclure notre vie affective et émotionnelle, est basée sur les possibilités biologiques sélectionnées naturellement, souvent à des fins jamais envisagées – loin s'en faut – dans les savanes primitives où cette sélection a eu lieu.

lectures suggérées

L'ouvrage de référence en ce qui concerne émotion et films est *Passionate Views*, Carl Plantinga & Gregory Smith, dir. (Baltimore, MD, Johns Hopkins University Press, 1999). Quoiqu'il ne soit pas dévolu à la dimension affective des films en particulier mais à l'émotion dans les arts en général, un autre ouvrage important est *Emotion and the Arts*, Mette Hjort & Sue Laver dir. (Oxford, Oxford University Press, 1997). A propos de l'affect et des films, voir Jinhee Choi, « Fits and Startles :

Cognitivism Revisited », *Journal of Aesthetics and Art Criticism* vol. 61, n° 2 (printemps 2003), p. 149-57.

Le débat contemporain à propos du paradoxe de la fiction a été lancé par Colin Radford dans « How Can We Be Moved by the Fate of Anna Karenina? », *Proceedings of the Aristotelian Society*, supplément 49 (1975), p. 67-81. L'une des tentatives les plus importantes pour résoudre le paradoxe de la fiction est due à Kendall Walton dans « Fearing Fictions », *Journal of Philosophy* vol. 75, n° 1 (Janvier 1978), p. 5-27. Cet article a produit par ailleurs d'intéressants commentaires, comme ceux d'Alex Neill, « Fear, Fiction and Make Believe », *Journal of Aesthetics and Art Criticism* vol. 49, n° 1 (Hiver 1991), p. 47-56, et de Richard Moran, « The Expression of Feeling in Imagination », *The Philosophical Review* vol. 103, n° 1 (Janvier 1994), p. 75-106. Walton y répond dans *Emotion and the Arts*.

Concernant la relation entre émotions et genres cinématographiques, mentionnons Flo Leibowitz, « Apt feelings, or Why Women's Films Aren't Trivial », *Post-Theory: Reconstructing Film Studies*, D. Bordwell & N. Carroll dir., (Madison, University of Wisconsin Press, 1996), et *The Philosophy of Horror*, N. Carroll (New York, Routledge, 1990). La façon dont Carroll voit les choses est critiquée à différents endroits, dont Berys Gaut, « The Enjoyment of Horror : A Response to Carroll », *British Journal of Aesthetics* vol. 35, n° 3 (Juillet 1995), p. 284-9. A propos du
191 suspense, voir N. Carroll, « The | Paradox of Suspense », *Beyond Aesthetics: Philosophical Essays*, N. Carroll dir. (Cambridge, Cambridge University Press, 2001).
A propos de l'identification, voir Amy Coplan, « Empathic Engagement in Narrative Fictions », *Journal of Aesthetics and Art Criticism* vol. 62, n° 2 (Printemps 2004), p. 141-52. Voir aussi Berys Gaut, « Identification and Emotion in Narrative Film », *Passionate Views*, Plantinga & Smith dir. Une critique de Gaut et Coplan se trouve dans N. Carroll, « Sympathy for the Devil », *Philosophy and the Sopranos*, Richard Greene ed. (LaSalle, Ill., Open Court, 2004), et N. Carroll, « On the Ties that Bind : Characters, the Emotions, and Popular Fictions », *Philosophy and the Interpretation of Popular Culture*, William lnvin & Jorge Garcia dir. (Lanham, Md., Rowman & Littlefield, 2006).

Les deux articles séminaux par excellence à propos de la théorie de la simulation en matière d'esthétique sont ceux de Gregory Currie, « The Moral Psychology of Fiction », *Australasian Journal of Philosophy* vol. 73, n° 2 (1995), p. 250-9, et « Imagination and Simulation : Aesthetics Meets Cognitive Science », *Mental Simulation*, Martin Davies & Tony Stone dir. (Oxford, Blackwell Publishing, 1995). La critique de cette approche peut être trouvée dans Aaron Meskin & Jonathan Weinberg, « Emotion, Fiction and Cognitive Architecture », *British Journal of Aesthetics* vol. 43, n° 1 (Janvier 2003), p. 18-34. Voir aussi N. Carroll, « On the Ties that Bind » et « Simulation, Emotions, and Morality », dans *Beyond Aesthetics*. A l'échelle d'un livre entier, le travail majeur en matière de relations émotionnelles entre public et personnages est celui de Murray Smith, *Engaging Characters* (Oxford, Clarendon Press, 1995).

Sur les réflexes miroirs, voir Carl Plantinga, « The Scene of Empathy and the Human Face », *Passionate Views*, Plantinga & Smith dir. Pour l'arrière-plan psychologique de ce phénomène, se référer à Elaine Hatfield, Jolm T. Cacioppo & Richard L. Rapson, *Emotional Contagion* (Cambridge, Cambridge University Press, 1994), en particulier le chap. 2.

Pour une discussion des dernières avancées philosophiques en matière d'émotions, voir Jesse Prinz, *Gut Reactions* (Oxford, Oxford University Press, 2004). Sur l'art et les émotions, voir Jenefer Robinson, *Deeper Than Reason* (Oxford, Oxford University Press, 2005).

Un aspect affectif non discuté dans ce chapitre est celui de l'humeur – le sentiment général des scènes. Une introduction à cet aspect se trouve dans N. Carroll, « Art and Mood » *The Monist* vol. 84, n° 4 (Oct. 2004), p. 521-55. Voir aussi Gregory Smith, *Film Structure and the Emotion System* (Cambridge, Cambridge University Press, 2003).

chapitre 7
évaluation

192 | Dans le chapitre précédent et dans la quasi-totalité de ce livre, nous nous sommes intéressés à la relation entre différentes structures de film et les expériences correspondantes que ces structures produisent chez le public. Nous sommes donc, pour ainsi dire, restés à l'intérieur de la salle de cinéma. Mais maintenant, sortons plutôt marcher dans la rue et écoutons la manière dont nous parlons des films après les avoir vus.

Vous rencontrez une amie. Elle dit qu'elle vient tout juste de voir un film – disons *Caché* [M. Haneke, 2005]. Que dites-vous ? Que demandez-vous ? À supposer que vous sachiez que c'est un film récent, il y a des chances pour que vous répondiez en disant quelque chose comme : « Comment était-ce ? » ou « Qu'est-ce que ça valait ? ». C'est-à-dire qu'avant même de vous enquérir des détails de l'histoire, il est probable que vous commenciez par demander une évaluation. De plus, votre amie sera heureuse de vous donner satisfaction, car évaluer des films est une activité qu'apprécient la plupart des gens. Nous n'allons pas au cinéma seulement par anticipation de l'expérience cinématographique ; nombre d'entre nous se réjouissent de juger ensuite la valeur de cette expérience, puis de comparer leur évaluation avec celles d'autres spectateurs.

Peut-être que quand vous commencez à réfléchir à l'évaluation des films, vous êtes initialement enclin à penser aux critiques de cinéma. Ceux-ci sont des gens dont le travail consiste à se prononcer sur la valeur de films. Il y a tellement de films à voir et si peu de temps que nous devons presque tous nous replier de temps à autre sur les conseils des critiques de cinéma pour choisir un billet en connaissance de cause.

Un critique de cinéma peut jouer son rôle de différentes manières. Les deux manières les plus courantes consistent d'un côté à être un journaliste-consommateur, de l'autre à être un créateur du goût [*taste-maker*]. Les journalistes-consommateurs tentent de prédire quels films la plupart de leurs lecteurs aimeront et lesquels ils détesteront. Pour de tels lecteurs, ces critiques sont des guides du consommateur. Les critiques de ce type se considèrent eux-mêmes comme des détecteurs vivants, présumant que les choses qu'ils aiment seront aimées également de leurs lecteurs. Les critiques qui aspirent à la fonction de journalistes-consommateurs expriment
la *vox populi*. Il est probable que, non pas tous, mais la | plupart des 193
journalistes-critiques de cinéma souhaitent être de cette sorte. Ou c'est du moins ce qu'attendent d'eux un grand nombre de leurs lecteurs.

258 Il y a d'autres critiques qui veulent être des créateurs du goût. Ils ne prétendent pas refléter les inclinations des autres ; au contraire, ils espèrent former le goût de leurs lecteurs. Ils sont toujours à la recherche des films exceptionnels, même si – et peut-être parfois surtout si – ils ne le sont pas de façon manifeste ; et, dans le meilleur des cas, ces critiques suggèrent aussi que nous pourrions apprendre à apprécier nous aussi ces films extraordinaires.

Bien évidemment, les créateurs du goût et les guides du consommateur sont souvent en désaccord les uns avec les autres, étant donné leurs objectifs respectifs. Ce qu'un guide du consommateur rejette comme étant ennuyeux, le créateur du goût peut le reconnaître comme étant une stratégie délibérée qui en réalité articule le thème de la vacuité de la vie moderne, comme cela est le cas dans *La Nuit* [1961] de Michelangelo Antonioni.

Les lecteurs préférant voir leurs goûts confirmés s'intéresseront aux guides du consommateur. Ceux qui souhaitent étendre leurs goûts sont susceptibles d'aller chercher et admirer les critiques capables d'assimiler les réussites cinématographiques les plus audacieuses, de les contextualiser et de les expliquer.

Cependant, bien que le rôle d'un critique de cinéma soit très important dans des cultures comme la nôtre, continuellement inondées de films (au cinéma, à la télévision, en cassettes vidéo et en DVD, sur les ordinateurs et même sur les téléphones mobiles), ce serait une grave erreur, ainsi que nous l'avons suggéré plus haut, de penser l'évaluation des films uniquement en termes professionnels. Évaluer les films est quelque chose que nous faisons tout le temps.

Je ne veux pas dire par là seulement que nous formons automatiquement des préférences pour certains films que nous regardons et que nous les classons comme meilleurs que le reste. En tant qu'humains, nous avons naturellement tendance à en faire autant avec la plupart de nos expériences. Mais en ce qui concerne le fait d'aller au cinéma, ce n'est pas quelque chose qui, simplement, nous arrive de façon automatique. Cela constitue même une activité que nous menons avec avidité. Réfléchissez à cela : quand nous parlons des films avec les autres, la plupart des personnes passent surtout leur temps à exprimer leurs évaluations des films plutôt qu'à les résumer, encore moins à les analyser.

Et quand nous discutons avec nos connaissances sur les films que nous avons vus, la plus grande part de notre énergie est consacrée à échanger les évaluations, les comparer, parfois à les partager, et souvent à se disputer à
leur propos. Mary dit que le jeu d'untel était formidable ; Marty répond : | 259
« Si c'est ça, l'accent irlandais, je mange mon *shillelagh*[1] ». En effet, lire des critiques après avoir vu le film signifie souvent entrer en des conversations imaginaires, parfois en étant d'accord – nous félicitons alors le critique pour son intelligence et sa sensitivité extraordinaires –, mais parfois aussi en nous demandant de quelle galaxie il peut bien venir.

194 | Le fait d'aller au cinéma est souvent décrit comme une transaction solitaire, où chaque spectateur individuel communie avec un écran éclairé à l'intérieur d'une pièce obscure. Mais aller au cinéma, cet acte désormais bien intégré aux mœurs contemporaines, suppose une sociabilité bien plus grande que ne le suggère l'esquisse ci-dessus. C'est une partie de notre vie sociale. Après avoir vu un film, nous voulons en parler avec les autres. Nous voulons leur dire ce que nous avons vu, échanger nos idées avec ceux qui ont vu les mêmes films, et débattre de nos réactions respectives. Aller au cinéma organise nos conversations quotidiennes ; c'est un prétexte virtuellement naturel de la sociabilité. De temps en temps, nous pouvons même partager nos opinions sur le cinéma avec des étrangers. Et, comme cela

1. Une arme traditionnelle irlandaise, une sorte de gourdin [N.D.T.].

devrait être clair après une brève réflexion, l'évaluation est cruciale pour cette forme élémentaire d'échange et de consolidation sociaux. C'est à travers de telles rencontres que beaucoup d'entre nous s'expriment et se développent en tant qu'êtres culturels.

Tout cela est hautement abstrait. Mais ce que j'ai à l'esprit peut être clarifié en rappelant une expérience très courante. Vous assistez à une projection d'un film avec des amis. Plus tard, comme c'est souvent le cas, vous sortez pour prendre un thé ou un café, des gâteaux ou un verre. Vous parlez du film que vous venez de voir, en faisant des remarques sur des moments que vous avez appréciés ou détestés. Mais, bien sûr, assez souvent, la conversation ne se termine pas simplement par un sommaire de préférences personnelles. La question est bien plus souvent de savoir si le film était bon ou s'il fonctionnait bien. C'est-à-dire qu'il y a là une tendance presque inéluctable à ce que la conversation dérive des comptes-rendus subjectifs d'amusement ou de léthargie vers la question de l'évaluation objective.

Les expériences de ce type font partie de la pratique typique de cinéma – ce qui veut dire que l'évaluation est constitutive du cœur de cette pratique pour la plupart d'entre nous. Voilà qui ajoute quelque chose à l'activité même d'aller au cinéma, un quelque chose dont le public cinéphile ordinaire se soucie profondément. C'est quelque chose que les spectateurs souhaitent faire et qu'ils veulent faire correctement. Ceci est aussi l'une des raisons pour lesquelles le public lit les critiques de cinéma – non seulement pour y trouver des conseils sur ce qu'il faut voir, mais également des modèles pour parler de ce qu'ils regardent et pour le conceptualiser.

Et pourtant, c'est un aspect de la pratique des films à propos duquel les philosophes contemporains et les théoriciens du cinéma, dans les faits, restent silencieux. Par conséquent, dans ce dernier chapitre, rejoignons le public cinéphile là où il vit et parle de l'évaluation des films.

évaluation du cinéma en tant que problème philosophique

Jusqu'à présent, j'ai soutenu que l'évaluation des films est quelque chose à quoi nous parvenons de façon presque naturelle. Vous pourriez donc demander : qu'est-ce que la philosophie a à faire dans ce contexte ? « Du vent, la philo ! », entend-on déjà.

195 | Afin de motiver l'intrusion de la philosophie dans le débat, retournons à la conversation entre vous et vos amis que nous avons commencée deux paragraphes plus haut.

Imaginez que nous venons de voir un film ensemble – disons, *L'Homme de l'intérieur* de Spike Lee [2006]. Vous l'aimez; moi pas. Le plus souvent, la conversation ne s'arrêtera pas là, comme ce serait probablement le cas si nous comparions nos préférences relatives aux condiments – je vote bruyamment pour la moutarde alors que vous optez avec enthousiasme pour le ketchup. Au contraire, vous êtes susceptible d'insister et de défendre le fait d'avoir aimé l'*Homme de l'intérieur* parce qu'il est bon – en assertant ainsi, en d'autres mots, que votre penchant pour ce film est justifié.

Je réponds que je ne nie pas que vous avez aimé le film – je concède que ceci est un fait psychologique vous concernant. Je vous crois sur parole. Je reconnais votre autorité dans le domaine de ce que vous aimez et de ce que vous n'aimez pas. Mais j'ajoute que le fait que vous l'aimiez ne prouve pas que *L'Homme de l'intérieur* soit un bon film. Car l'idée selon laquelle quelqu'un aime une fiction et que cette fiction soit en même temps mauvaise, même abominable, est éminemment cohérente. Par exemple, j'ai toujours eu un faible pour les romans d'Edgar Rice Burroughs, pourtant, entre nous*, ils sont pour la plupart affreux.

Logiquement, il n'y aucune connexion fiable entre le fait qu'une personne aime x et le fait que x soit potentiellement bon. La corrélation entre ce qui est aimé par les gens et ce qui vaut objectivement la peine est radicalement contingente. Nombreux sont ceux qui aiment le *fast food*, pourtant nutritionnellement douteux. Donc, j'accepte que votre penchant pour *L'Homme de l'intérieur* soit sincère, mais dans ce cas, je réplique aussitôt qu'il est parfaitement compatible avec le fait que *L'Homme de l'intérieur* soit un mauvais film. En effet, je fais monter la barre plus haut; je maintiens que *L'Homme de l'intérieur* est réellement défectueux, et cela de façon irréparable.

Toutefois, à ce point de notre dialogue, remarquez que nous avons abandonné la simple conversation sur ce que nous aimons ou ce que nous n'aimons pas. Nous parlons alors en idiome de bon et mauvais. En conséquence, nous sommes entrés dans le royaume de l'évaluation objective. En effet, vous prétendez que tout spectateur raisonnable, informé et disposant

* En français dans le texte.

d'un contexte culturel approprié devrait considérer *L'Homme de l'intérieur* comme étant un bon film, alors que moi, c'est précisément ce que je nie.

Avant tout, regardez : nous nous *disputons*. Il n'y aurait pas de raison de nous disputer à propos de ce que nous aimons. Vous aimez le ketchup; moi, j'aime bien la moutarde. C'est tout. Point. Rien à ajouter. Nous acceptons nos préférences respectives en tant que faits; je ne suppose pas qu'il serait très raisonnable de tenter de vous convaincre d'abandonner votre attrait pour le ketchup. En effet, quelles sortes de raisons pourrais-je apporter ici ? Cependant, et par opposition à ce qui précède, nous nous *disputons* à propos de *L'Homme de l'intérieur*. Cela suppose, par ailleurs, que notre discussion soit dirigée sur les *raisons* qui devraient, selon nous, faire pencher les autres, sinon les forcer, vers notre point de vue. C'est simplement cela –
notre appel implicite aux tierces parties et à leurs | standards de preuves et 196
d'inférence – qui désigne notre échange comme objectif. Car nous avons l'intention de jouer selon les règles inter-subjectives, ou, au moins selon des protocoles divers et vérifiables de rationalité.

Comme cela a été déjà largement souligné, un rapport subjectif à ce qu'on aime ou n'aime pas est un fait psychologique nous concernant. Il n'est pas

question de se disputer à propos de ce que vous aimez, bien que la chose puisse être biscornue, tel le goût pour les toasts carbonisés. Car l'expression d'une préférence de ce genre n'aspire pas, à première vue, à exiger l'acquiescement des autres. Si vous n'aimez pas le brocoli, cela ne constitue pas pour moi une raison pour ne pas aimer le brocoli, puisque les raisons – par opposition aux simples goûts – sont objectives.

Les raisons sont présentées aux autres accompagnées d'un appel implicite à les approuver. Ainsi, si vous fournissez une raison pour dire que *L'Homme de l'intérieur* est un bon film et si cette raison est pertinente et acceptable, alors vous vous attendez, avec un garantie raisonnable, que les autres soient d'accord avec votre appréciation. Dans notre discussion sur *L'Homme de l'intérieur*, notre comportement – notre échange de raisons putatives – donne tout à fait l'impression de vouloir être objectif. Vous n'êtes pas, visage rubicond, en train de frapper sur la table en criant : « Mais je l'aime bien ! » Au lieu de cela, vous essayez de trouver les raisons objectives qui convaincront les autres, moi notamment, que votre appréciation est *correcte*.

En conséquence, vous avez quitté le domaine de la psychologie pour entrer dans celui de la normativité. Confronté au désaccord, vous êtes à présent, dans la conversation, en train d'établir que, pour *toute personne* ayant des yeux pour voir, des oreilles pour entendre et un esprit convenablement préparé pour l'apprécier, *L'Homme de l'intérieur* est un bon film. Cependant, comme nous en avons tous eu l'expérience, nos raisons ne parviennent pas toujours à dissoudre les désaccords relatifs aux films aussi facilement qu'un déshumidificateur fait disparaître l'humidité. Alors, comment résout-on de telles disputes ?

Nous avons ici, condensé, un problème particulièrement agaçant. La possibilité même de l'objectivité de l'évaluation d'un film (une sous-espèce de l'évaluation artistique en général) est un défi conceptuel qui invite, voire fait entrer, la philosophie sur scène. Car il incombe à la philosophie de traiter et de résoudre le fait apparemment irrémédiablement tenace d'un tel désaccord. Autrement dit, nous ne faisons pas que diverger dans nos préférences pour les films. Nous pensons aussi que ces divergences, au moins dans des cas importants, peuvent être négociées, au moins à un certain moment, en termes d'évaluations objectives. Mais comment cela peut-il se faire ? C'est la tâche de la philosophie des films, puisqu'elle constitue une branche de la philosophie de l'art, comme cela a été établi dans le premier chapitre de ce livre, que de s'attaquer à des questions comme celles-ci.

Nous croyons que nos opinions divergentes peuvent être en dernier recours
soutenues par des raisons que les autres – en réalité, presque tous parmi les
autres pertinents – devraient trouver probantes. Nous ne pensons pas que
197 nous sommes seulement en train de communiquer nos caprices | ou de
confesser des plaisirs coupables quand nous disons que *La Règle du jeu* [1939] de Renoir est meilleur que *Devine qui vient dîner?* [1967] de Stanley Kramer. Nous pensons qu'un désaccord comme celui-ci peut être résolu rationnellement – autrement dit, à l'aide de raisons. Des *raisons* dignes de ce nom présagent l'objectivité. Néanmoins, d'où viennent-elles et sur quoi sont-elles fondées ? Tout investigateur désirerait pouvoir répondre à ces questions, et un tel désir n'est certainement pas pervers. De toute évidence, il est de la responsabilité de la philosophie de traiter cette question urgente et de trancher un désaccord apparemment sans issue.

Afin de combattre rationnellement cette absence apparente d'issue, développons un peu notre dispute imaginaire antérieure, celle qui concernait *L'Homme de l'intérieur*. Vous dites que *L'Homme de l'intérieur* est bon ; moi, je dis qu'il est mauvais. Qu'est-ce qui se passe ensuite ? Très souvent, nous commençons à citer d'autres films. Vous évoquez d'autres films à suspense comparable (comprenant une prise d'otages), tels que, par exemple, *La Maison des otages* [1955] de William Wyler et/ou *Un après-midi de chien* [1975] de Sydney Lumet, ou le *Négociateur* [1998] de F. Gary Gray.

Votre objectif, ici, pourrait être de me convaincre que ce sont des bons films ; car, si je concède que ce sont de bons films, alors vous allez soutenir que la cohérence (le test fondamental de la rationalité objective) exige que j'admette que *L'Homme de l'intérieur* est, lui aussi, bon. En effet, en admettant la prémisse – selon laquelle *L'Homme de l'intérieur* partage des caractéristiques essentielles avec ces autres thrillers à suspense que j'ai supposément déjà acceptés comme étant bons –, je suis contraint par l'analogie logique de juger que *L'Homme de l'intérieur* est également bon.

À cette étape, le débat pourrait prendre plusieurs directions. Je pourrais nier l'analogie entre *L'Homme de l'intérieur* et les trois exemples de thrillers à suspense que vous avez présentés, ou je pourrais rejeter la classification dans la catégorie « bon » de tous les films que vous avez posés comme paradigmatiques. Si j'adopte la première option, je dois montrer que les analogies que vous tentez de dresser sont soit inessentielles soit improbables ; cela deviendra, forcément, l'objet d'une analyse approfondie.

Mais imaginons que j'accepte vos analogies et que je choisisse plutôt la seconde option : je nie que les films que vous avez soumis à l'appui de *L'Homme de l'intérieur* soient eux-mêmes de bons films. En conséquence,
 même si *L'Homme de l'intérieur* est strictement analogue à vos paradigmes hypothétiques de tous les points de vue essentiels, cette prémisse ne fournit pas pour autant de support dans notre débat portant sur votre assertion selon laquelle *L'Homme de l'intérieur* est bon, car, en ce qui nous concerne, aucun des autres films cités n'a rien pour lui non plus. Donc le fait que *L'Homme de l'intérieur* leur ressemble ne compte nullement.

Cependant, si je rejette tous vos paradigmes à ce point, vous aurez certainement le droit de me demander d'en produire d'autres. Quel serait
alors selon moi, | demanderez vous, un exemple de bon film ? Imaginez que 198
je dise *Fast, Cheap & Out of Control* [1997] d'Errol Morris.

Sans doute, cela va vous déconcentrer. Car, même si vous êtes d'accord pour dire que *Fast, Cheap & Out of Control* est un bon film, vous ne pouvez pas vous empêcher de sentir que j'ai manqué quelque chose d'essentiel. Pourquoi ? Parce que ce n'est pas le même genre de film que *L'Homme de l'intérieur*. *Fast, Cheap & Out of Control* est un film-essai – un documentaire à structure ouverte qui encourage le spectateur à contempler la fine séparation entre le génie et l'obsession loufoque, et celle entre l'apparition de l'intelligence et la réaction massivement identique. Quelle pertinence possible peut avoir un film de non fiction méditatif comme *Fast, Cheap & Out of Control* pour estimer la qualité d'un exercice de fiction relevant du thriller à suspense tel

L'Homme de l'intérieur? *L'Homme de l'intérieur* et *Fast, Cheap & Out of Control* appartiennent à des catégories très différentes – ils ont des objectifs qui diffèrent, et, en conséquence, ils exigent l'utilisation de modèles d'évaluation différents. Il ne faut pas confondre, comme on dit, les torchons et les serviettes. Sûrement, dévaluer *L'Homme de l'intérieur* parce qu'il n'est pas comme *Fast, Cheap & Out of Control* nous apparaît à tous comme une sorte de grand *non sequitur*.

L'une des caractéristiques de l'évaluation illustrée par le débat ci-dessus est le degré jusqu'auquel notre appréciation des mérites d'un film dépend de son assignation à une certaine catégorie. Par exemple, nous situons *L'Homme de l'intérieur* dans la catégorie des thrillers à suspense afin de mesurer sa valeur. Réfléchir ainsi constitue un fait psychologique caractéristique de l'être humain : afin d'évaluer, nous catégorisons. La justification en est que les catégories sont généralement liées à des usages reconnus qui, à leur tour, fournissent des modèles d'évaluation. Par exemple, quand nous catégorisons un couvert comme un couteau à viande, nous identifions son usage comme étant de trancher proprement d'épais morceaux de bœuf, et, en conséquence, que la caractéristique qui rend un tel outil bon est le fait qu'il coupe bien. Cette caractéristique, en d'autres mots, constitue le modèle d'adéquation des couteaux à viande à leur objectif. De cette façon, les catégories, les usages et les modèles d'évaluation forment une matrice.

Quand nous regardons un film, nous procédons également – ce qui donc relève de notre structure psychologique – à la catégorisation; cela forme nos attentes, et, de ce fait, mobilise un certain ensemble de modèles. Notre désaccord concernant *L'Homme de l'intérieur*, en ce moment, tourne autour du fait que vous avez situé *L'Homme de l'intérieur* dans une catégorie ou dans une classe de comparaison alors qu'il semble tout à fait probable que moi, je l'aie situé dans une autre.

Que l'évaluation soit attachée à la catégorisation concerne, comme cela a déjà été noté, la psychologie et non pas la logique. Ainsi, nous ne résolvons pas la question de savoir si *L'Homme de l'intérieur* est ou n'est pas bon simplement en citant les différentes catégories dans lesquelles nous
199 sommes prêts à l'insérer. Cela peut clarifier nos différences en | indiquant précisément pourquoi nous les avons, mais ne règle pas notre dispute. Car notre débat ne sera rationnement tranché qu'au moment où nous serons capables de déterminer laquelle parmi nos catégories est *correcte* (ou, ou moins, la plus correcte). Pour décider qui a raison concernant la qualité de

L'Homme de l'intérieur, nous devons établir lequel d'entre nous deux a trouvé la catégorie qui est la bonne (ou majoritairement bonne).

Notez que notre désaccord relatif à la question de savoir si *L'Homme de l'intérieur* est bon ou mauvais s'est pour ainsi dire amplifié pour devenir un débat portant sur les catégories. Quelle(s) catégorie ou catégories est / sont appropriée(s) ou correcte(s) pour ce cas ? Donc, notre dispute semble pouvoir être conduite vers une conclusion raisonnable seulement si nous pouvons établir quelle est la catégorie appropriée dont relève *L'Homme de l'intérieur.*

En effet, un grand nombre de problèmes relatifs à l'évaluation des films – mais pas tous – pourraient être résolus si seulement nous savions comment déterminer une catégorie ou des catégories correctes pour mesurer le film en question. Mais comment trouvons nous la catégorie correcte ? C'est la question à un million de dollars, car sans pourvoir y répondre, il semble que notre dispute sur la manière appropriée de catégoriser *L'Homme de l'intérieur* est aussi irrésolvable, du point de vue rationnel, que la question de savoir si ce film est, ou n'est pas, bon.

la solution classique

Comme nous venons de le voir, l'un des problèmes philosophiques centraux de l'évaluation des films est ce que nous pouvons qualifier de « problème de la catégorie correcte ». Bien que ce problème n'ait pas préoccupé un grand nombre de théoriciens contemporains du cinéma, il a été d'une importance majeure pour ce que nous pourrions appeler la « théorie classique du film » – ce qui signifie, en gros, la théorie du film antérieure à l'avènement de la sémiologie et du post-structuralisme. C'est un genre de théorie que nous avons déjà rencontré dans le chapitre consacré à la spécificité des médias. Des figures comme celles de Rudolf Arnheim et des apologues soviétiques du montage sont représentatives de ce qui pourrait être considéré comme la première génération de théoriciens du cinéma, alors que les réalistes, tels qu'André Bazin et Siegfried Kracauer, appartiendraient à la seconde.

L'une des façons de caractériser la théorie classique du film c'est d'abord par sa quête incessante de l'essence du cinéma, laquelle, comme cela a été dit dans le chapitre 2, gagne à se voir appelé *cinématique*. Le *cinématique*, comme nous l'avons vu plus tôt, est ce qui, selon cette théorie, distingue le film des autres formes d'art comme le théâtre ou la peinture. Qui plus est, les théoriciens du film classiques ne cherchent pas seulement à trouver

200 quelle(s) propriété | ou propriétés distinguent effectivement le film des autres formes d'art. Les *differentiae* recherchées sont en outre souvent assumées dans leurs implications normatives. Autrement dit, les théoriciens classiques du cinéma sont à la recherche de la manière dont le film *doit* se distinguer des autres arts.

En somme, les théoriciens classiques ont maintenu que le cinéma qui, pour eux, voulait dire *film*, devait être cinématique. Bien sûr, les théoriciens classiques du cinéma définissent ce qu'ils entendent par le cinématique de façons variées, parfois même antagonistes. Cependant, dans l'ensemble, chacun a une conception de ce qui compte comme cinématique, et ils s'accordent généralement sur le point que les films doivent aspirer à être les plus cinématiques possible. Pour un théoricien classique, un film qui échoue à être cinématique, quelle que soit la construction de cette notion, est défectueux.

Mais quel est le lien entre le discours sur le cinématique et le problème de la catégorie correcte ? Il est simple : en effet, pour les théoriciens classiques du cinéma, *tous les films* – ou, au moins, tous les films dont nous aimerions parler du point de vue artistique – appartiennent à une catégorie unique que nous pourrions nommer *film en tant que film*. En conséquence, les débats portant sur la question de savoir si un film donné est bon ou mauvais peuvent être ramenés à celle de savoir si le spécimen examiné est, ou n'est pas, cinématique – autrement dit, s'il est un exemplaire correct de la catégorie du film en tant que film. Ainsi, afin de déterminer si *L'Homme de l'intérieur* est un bon film, nous devrions démontrer qu'il est cinématique.

Un avantage manifeste de l'approche classique du problème de la catégorie correcte est qu'il fait de l'évaluation des films une pratique extrêmement unifiée. La notion de cinématique, dans les mains d'un théoricien classique donné, fournit une échelle simple conformément à laquelle tous les films peuvent être pesés et comparés. Que le film soit bon (relativement à la catégorie du film en tant que film), cela peut être établi en montrant qu'il est cinématique – et le degré auquel ce film est bon peut être estimé en vertu de son degré de cinématique. De la même façon, on peut dire qu'un film est mauvais quand il n'est pas cinématique, ou qu'il est imparfait – imperfection corrélative du degré jusqu'auquel les éléments non cinématiques font intrusion dans son style. Qui plus est, les films peuvent être comparés, ou même classés comme bons, mauvais, meilleurs et pires conformément à une seule mesure : leur degré de cinématicité.

C'est indubitablement un programme très bien conçu. Il fournirait une manière rationnelle de négocier tous les désaccords concernant l'évaluation des films, si seulement nous étions capables de caractériser de façon satisfaisante ce qui constitue le cinématique. Mais il y a là comme un cheveu dans la soupe. Car les théoriciens classiques du film, on l'a vu, ont eu tendance à défendre diverses conceptions du cinématique, souvent antinomiques (ou non convergentes), et dont aucune, à vrai dire, n'a survécu indemne.

| Les premiers théoriciens du film, en particulier ceux qui étaient proches 201
du cinéma muet, avaient tendance à définir le cinématique en termes de deux contrastes – celui qui différenciait les films du théâtre d'un côté, et celui qui différenciait le film de l'enregistrement servile de la réalité de l'autre. Comme nous l'avons vu dans le premier chapitre, ils soulignaient la différence entre le film digne de ce nom et le simple enregistrement, afin d'établir les propriétés qui font du film une forme d'art – autrement dit, quelque chose qui ne se réduit pas à dupliquer la réalité, mais qui est capable de la reconstruire expressivement, formellement et/ou créativement.

 Mais les premiers théoriciens du film souhaitaient également différencier le film et le théâtre. Il s'agissait, alors, de démontrer que le cinéma était une forme d'art unique, une catégorie artistique en soi – celle du film en tant que film. Ces théoriciens, représentés notamment par Arnheim, soutenaient que le film digne de ce nom n'était ni une imitation de la nature ni une imitation d'une autre forme d'art, en particulier le théâtre.

Alors que la narration théâtrale s'appuie typiquement sur les mots, la narration cinématique, nous l'avons vu, pouvait et devait mettre l'accent sur le mouvement, l'image, l'action, et les points de vue qui changent rapidement. Si le théâtre est avant tout verbal dans son mode d'expression typique, le cinéma, idéalement, est surtout visuel. De même, le cinéma a des ressources, le montage en particulier, qui permettent aux cinéastes de manipuler les transitions spatiales et temporelles avec plus de fluidité que l'on en rencontre d'ordinaire au théâtre. Ainsi, le montage a été généralement célébré comme la caractéristique essentielle du cinéma. Dans cette logique, l'image animée est essentiellement visuelle, le sujet qu'elle représente naturellement est l'action animée, et le montage constitue son moyen d'expression principal.

D'autres techniques ont également été considérées comme cinématiques : le gros plan, le choix expressif de la distance focale, les trucages, les dispositifs visuels tels que les fondus, les volets et les surimpressions, les mouvements de caméra, et ainsi de suite. Tout comme le montage, ces techniques ont été prisées, parce que, non seulement elles attestaient de la différence entre le film et le théâtre (dans la mesure où les effets exemplifiés par ces procédés ne pouvaient pas facilement être réalisés au théâtre), mais elles permettaient de s'écarter d'une prise de vue « directe » capturant la réalité. En d'autres mots, l'usage de ces dispositifs indiquait de façon normative que le film différait du théâtre et de ce qui était vu comme un simple enregistrement mécanique de la réalité (lequel était parfois mis en équivalence, étrangement, avec ce qu'on qualifiait alors de « perception normale »). Ces techniques, en d'autres mots, montraient le film comme une catégorie artistique unique – film en tant que film.

Le film se caractérisait ainsi par le fait d'être cinématique tant qu'il déployait les techniques liées aux capacités supposément uniques du
202 cinéma. Les caractéristiques stylistiques | qui échouaient à le faire – l'usage
de longs dialogues ou d'interminables plans-tableaux – n'étaient pas cinématiques. Le recours excessif aux mots au détriment de l'action animée, ou à la position unique d'une caméra enregistrant la déclamation d'un dialogue verbeux (au lieu d'exploiter le pouvoir du montage), était vu comme non-cinématique, et, de surcroît, théâtral. Or être théâtral ou non-cinématique allait à l'encontre des modèles canoniques du film en tant que film. Les films théâtraux ou non-cinématiques étaient mauvais, échouant à intégrer la catégorie du film en tant que film.

Un film tel que *L'Homme de l'intérieur* s'inscrit élégamment dans cette conception du cinéma. Le dialogue est ici principalement au service de l'action – le film en renferme une quantité importante –, et l'action, à son tour, est élégamment articulée grâce au montage. La caméra change fréquemment de point de vue, sans le moindre angle mort. En face, *Fast, Cheap & Out of Control* n'aurait pas autant de succès, car une bonne partie du film consiste simplement en des interviews. Ainsi, cette approche de l'évaluation des films pourrait trancher rapidement notre dispute antérieure, si seulement nous trouvions que sa description de l'essence du cinéma est convaincante.

Mais cette conception n'est nullement incontestable. De fait, elle a été contestée par d'autres théoriciens de la tradition classique, notamment par Bazin et Kracauer. Ces théoriciens ont souvent été qualifiés de réalistes, parce qu'ils pensaient que la caractéristique essentielle du cinéma était la photographie (cinématographie) et que cette caractéristique impliquait que le cinéma dût respecter certaines normes liées à l'enregistrement et à la révélation de la réalité.

Partant, là où les premiers théoriciens classiques, comme Arnheim, pensaient que le faculté du film à se distinguer d'un enregistrement de la réalité entraînait l'emploi des procédés propres au cinéma (comme le montage) pour reconstituer la réalité, les théoriciens réalistes, comme Kracauer, regardaient d'un œil plus favorable la provenance photographique du cinéma, et en inféraient la valeur de l'usage réaliste du film. En effet, Bazin a même soutenu que les origines supposément réalistes du cinéma privilégiaient certaines techniques, comme le plan-séquence et les scénographies s'étalant du premier plan à l'arrière-plan à la faveur d'une grande profondeur de champ, adoptées par la suite par des réalisateurs comme Hou Hsiao-Hsien, contre d'autres pratiques, tel le montage rapide plébiscité par les cinéastes soviétiques des années 1920 comme Alexandre Dovjenko.

Il s'avère ainsi souvent, dans des débats comme celui-ci, que le « refoulé » de la première génération des théoriciens non seulement revient, mais se trouve valorisé par une vague ultérieure de théoriciens. Toutefois, les deux vagues – représentées par Arnheim et les Soviétiques d'un côté, et par
270 Kracauer et Bazin de l'autre – incluaient les théoriciens classiques du film, puisque le *cinématique* avait les faveurs des deux groupes. Ils divergeaient
simplement sur | le choix des standards permettant de constituer cette 203
catégorie, et par là-même permettant d'évaluer convenablement les films en tant que films.

En réalité, leurs théories les ont orientés vers des directions opposées. Des films très stylisés, comme *Le Dernier des hommes* [F. W. Murnau, 1924], *Variétés* [E. A. Dupont, 1925] et *Les Damnés de l'océan* [J. v. Sternberg, 1928], qu'Arnheim a privilégiés, étaient susceptibles d'être dévalués par la deuxième génération des théoriciens à cause de leur mépris pour les canons du réalisme.

Et dans tous les cas, dans la perspective de Kracauer, un film comme *L'Homme de l'intérieur* serait critiqué comme non cinématique à cause des multiples façons qu'il a de violer la conception kracauerienne de l'essence (normative) du cinéma. Par exemple, Kracauer pense que le réalisme cinématique dispose à utiliser les structures narratives ouvertes, de sorte que le monde diégétique de *L'Homme de l'intérieur*, avec ses astucieux coups de théâtre, représenterait ce qu'il écarterait comme « clos » et, en conséquence, comme fabriqué de façon irréaliste. *L'Homme de l'intérieur* serait alors un genre de thriller à suspense contenant une part important de mystère – non pas du type « qui l'a fait ? », mais plutôt du type : « comment l'ont-ils fait et pourquoi ? » – dont les réponses arrivant pile à la dernière seconde du compte à rebours sont bien trop convenues. Or, selon Siegfried Kracauer, les films qui utilisent la clôture sont génériquement non-cinématiques. D'un autre côté, ne serait-ce que parce qu'il s'agit d'un documentaire, *Fast, Cheap & Out of Control* aurait probablement reçu de sa part des notes bien meilleures.

Dans le débat sur le cinématique, les partisans de la première position, selon laquelle le film devrait reconstituer la réalité, et les tenants de la seconde, les réalistes, pourraient tous marquer des points les uns contre les autres. Chaque parti peut soutenir que l'autre équipe échoue à proposer une théorie complète de la nature de l'image animée, parce que chacun croit que l'autre est insensible à certains genres de performances cinématiques. Le défenseur du réalisme peut prétendre que les théoriciens comme Arnheim ignorent les réussites des films dont le style gravite plutôt autour de l'enregistrement, tel le travail des néo-réalistes italiens (dont l'aspiration, bien sûr, pourrait être élégamment expliquée du point de vue réaliste).

D'un autre côté, ceux qui préfèrent une stylisation assertive basée sur le montage sont à même de tirer le meilleur parti d'expériences d'avant-garde
qui sont tout sauf réalistes. Les deux partis prétendent être des théories complètes de la nature du film, mais les opposants de chaque parti peuvent affirmer que l'autre a négligé ou a tenté de nier, de façon extrêmement autoritaire et *ad hoc*, des quantités massives de données de l'histoire du film.

Qui plus est, il ne semble pas possible de résoudre ce problème en
combinant les deux écoles de pensée de la théorie classique, car elles se
204 contredisent l'une et l'autre sur des points importants. Ajouter | les deux
théories l'une à l'autre ne conduirait pas vers une théorie plus complète,
mais plutôt vers une théorie incohérente.

Une explication des raisons pour lesquelles ces deux courants de la théorie classique du cinéma n'ont pas rempli leurs promesses est que, bien que chacun se présentât sous les allures d'une théorie complète de tous les films, ce n'était pourtant pas le cas. Les deux courants étaient bien plutôt des caractérisations critiques – présentées comme des théories – des tendances stylistiques différentes qui cristallisaient des points différents dans l'histoire du cinéma. Les théoriciens tels qu'Arnheim et les apologues soviétiques du montage, comme V. I. Poudovkine et Lev Koulechov, étaient particulièrement sensibles aux développements stylistiques propres à la période du cinéma muet, alors que les réalistes – notamment Bazin et Kracauer – étaient surtout attirés par les développements stylistiques du film sonore dans les années 1940 et au début des années 1950.

En d'autres mots, les deux parties se sont trompées en pensant que certains développements dans l'histoire du film propres à des périodes particulières révèlaient l'essence du cinéma. C'est pourquoi leurs théories conviennent à certains corpus, tout en échouant immanquablement à discerner les réussites des autres traditions stylistiques. Alors que la théorie de la nature des films devrait s'appliquer aux films de tous les styles, ces théories privilégiaient certains styles à d'autres – en allant jusqu'à déprécier certains accomplissements cinématiques précisément en vertu d'une prétendue non-cinématicité. Ainsi, leurs théories échouaient à être complètes parce qu'elles étaient biaisées ou stylistiquement partisanes.

Une autre façon de le formuler, bien moins flatteuse du point de vue logique, serait bien sûr de remarquer que ces théoriciens ont proposé de démontrer que certaines options de la stylisation filmique n'étaient pas cinématiques à partir d'une déduction de l'essence du cinéma. Mais ce qu'ils faisaient réellement était de laisser leurs préférences stylistiques
272 déterminer – en pratique, contaminer – leurs conception de l'essence du cinéma. Kracauer affirme que la photographie est *la* caractéristique essentielle du cinéma. Mais comment sait-il que la photographie, plutôt que, disons, le montage, en est la propriété essentielle ? La réponse réelle est qu'il présume déjà que le cinéma réaliste délimite un corpus reconnu de réussites dans le médium, qu'une théorie, comme la sienne, doit valider. Autrement dit, ses « données » ont été construites pour valider sa conclusion. Mais cela, bien évidemment, pose problème, puisque Kracauer a déjà « sélectionné » les « preuves » qui *induisent* sa « conclusion ».

Bien sûr, Koulechov pourrait écoper du même genre d'interrogations. Comment sait-il que le montage constitue la caractéristique essentielle du cinéma ? En effet, la position de Koulechov est de façon presque évidente l'image inversée de certaines positions réalistes. Les idées de Koulechov, tout comme celles de Kracauer, ne vont pas de soi. Elles relèvent bien plutôt
| d'un type de raisonnement spécieux qui court tout au long du corpus de la 205
théorie classique du film.

Une tentative astucieuse de réconcilier les différences entre différentes écoles de la théorie classique du film peut être trouvée dans l'ouvrage brillant de Victor Perkins, *Film as Film* [1]. Ce texte est particulièrement intéressant pour nous, relativement à ce qui nous occupe dans ce chapitre, parce qu'il constitue l'un des seuls efforts explicites de fournir une fondation rationnelle de l'évaluation des films. Bien que Perkins se fût probablement cabré devant une telle suggestion, son livre demeure bel et bien un exemple de la théorie classique du film, comme l'indique d'ailleurs son titre, *Le Film en tant que film*. Tout comme les autres théoriciens classiques, Perkins essaie de développer un canon d'évaluation unifié pour tous les films, indépendamment du genre ou de la période.

Perkins fait évoluer son canon d'évaluation des films en combinant de façon logiquement scrupuleuse certaines intuitions – tels celles d'Arnheim, l'apologue du montage, et du réaliste Kracauer – en une seule formule non contradictoire. Selon Perkins, pour être bon, un film doit respecter certains standards réalistes de vérisimilitude. De cette façon, Perkins rend hommage à la tradition théorique d'un Kracauer et d'un Bazin. Mais Perkins honore également la tradition de la stylisation dominante de la théorie classique du film. Il maintient en effet qu'un crédit supplémentaire (au-delà du classement minimal comme « bon » qu'il reçoit en vertu de son réalisme) devrait être ajouté à la description du film relativement à son degré de stylisation, *via* le montage, la scénographie, la focale de l'objectif, les mouvements de caméra, les costumes, et ainsi de suite, tant que cette stylisation est articulée dans les cadres du réalisme.

Autrement dit, un film en tant que film est bon purement et simplement s'il joue selon les règles du réalisme telles qu'elles sont établies par Perkins. Le degré selon lequel il est bon – ou selon lequel il est meilleur – dépend donc de la manière dont cela est artistiquement stylisé, tant que la stylisation reste réaliste. Par exemple, un film tel qu'*Elmer Gantry le charlatan* [R. Brooks, 1960] peut déployer les métaphores hyperactives de montage et mériter malgré tout l'appréciation de Perkins, car ces métaphores sont motivées par le réalisme au sein d'un monde de fiction.

Dans la théorie de Perkins, le réalisme et la stylisation ne se contredisent pas l'un et l'autre, mais réussissent à coexister en paix, et ces deux tendances coopèrent en vertu du principe selon lequel le réalisme limite l'étendue légitime de la stylisation. Autrement dit, le réalisme et la stylisation sont coordonnés par la règle selon laquelle un bon film contient

1. Penguin, 1972.

les deux, mais n'est bon que dans la mesure où la stylisation se conforme à la discipline du réalisme. Dans *Elmer Gantry*, l'opposition expressive du montage entre un feu qui envahit tout et le débit incontrôlé du sermon « du feu et du soufre » est cinématiquement admirable, parce que le feu qui commente le prêche frénétique ne fait qu'un avec | les données naturalistes 206
et le développement du monde diégétique. Pour ainsi dire, cela trouve sa motivation à l'intérieur de l'univers diégétique d'*Elmer Gantry*.

Dans *Elmer Gantry*, l'histoire nous fait comprendre que le feu commence littéralement derrière la scène, là où se trouve la chaire ; un ouvrier a jeté un mégot sur quelque chose d'inflammable qui s'enflamme au fur et à mesure de la montée du prêche. Ainsi le feu est donné comme quelque chose qui advient dans le monde diégétique, ce n'est pas simplement un commentaire qui vient d'ailleurs. Cet usage du montage s'oppose aux séquences montées d'Eisenstein, lequel recourt aux métaphores, qui font intrusion dans le découpage, de l'extérieur des données de la fiction. Autrement dit, lorsqu'Eisenstein, dans *Octobre* [1928], compare Kerenski au paon, il n'établit pas pour autant que le paon, en tant qu'artefact réel, se trouve dans le même endroit ou même le même univers diégétique que Kerenski.

274 En formulant l'exigence selon laquelle la stylisation devrait être limitée par le réalisme, Perkins propose une manière fondamentale pour les films d'exploiter les deux tendances défendues par les courants antagonistes de la théorie classique du film. Il offre une solution de compromis extrêmement séduisante intellectuellement pour régler les différences entre les deux camps opposés au sein de la théorie classique – des camps qui, il est important de le noter, ont proposé la meilleure réflexion sur l'image animée produite jusqu'alors. De cette manière, l'approche de Perkins paraît réaliser le rêve de la théorie classique du film : résoudre le problème de la catégorie correcte en découvrant un standard d'évaluation applicable à tous les films.

Néanmoins, si l'approche de Perkins est l'un des moments les plus forts de la théorique classique du film, elle reste elle aussi, malheureusement (je le regrette vraiment, car je souhaiterais qu'il en fût autrement), exposable aux critiques qui en ont réfuté les versions antérieures. Nous avons déjà observé que l'échec récurrent des théoriciens classiques du cinéma était dû au fait qu'ils hypostasiaient certains styles cinématographiques historiquement ancrés, à leur tendance à prendre ces styles pour l'essence même du cinéma. Ironiquement, le même problème menace le projet de Perkins.

Perkins prend l'analyse de la stylisation au sein du cadre réaliste comme étant l'essence du film en tant que film. Pourquoi supposer toutefois que cette tendance est d'une manière quelconque plus représentative de l'essence du film que les expérimentations de l'irréalisme d'avant-garde? Autrement dit, pourquoi penser que *Carmen Jones* d'Otto Preminger [1954] est davantage cinématique que *One + One* [1968] de Jean-Luc Godard, ou que du même *2 ou 3 choses que je sais d'elle* [1966] ?

Quand on examine les données de base de la théorie de Perkins, les raisons pour lesquelles il a placé Preminger au panthéon cinématique s'imposent
207 d'elles-mêmes. Car les exemples qui soutiennent sa théorie | proviennent en grande partie des films hollywoodiens des années 1950 et 1960. Pendant cette période, la stylisation contraignante à l'intérieur d'un cadre réaliste constituait, pour ainsi dire, la règle du jeu habituelle à Hollywood, à tel point qu'on pourrait parler à ce propos de réalisme expressif. Mais de ce point de vue, Perkins, comme Arnheim, les Soviétiques, Kracauer et Bazin avant lui, n'ont fait qu'ériger à tort une caractéristique essentielle (ou fondamentale) d'une période, avec sa pratique stylistique, en essence du cinéma dans son ensemble. Autrement dit, la préférence de Perkins pour un certain genre du cinéma a biaisé sa description de la nature de ce qu'il appelle le *film en tant que film*.

L'une des plus grandes promesses de la théorie classique du film était celle de résoudre le problème de la catégorie correcte. Si nous pouvions faire fonctionner la théorie classique du film, en effet, nous disposerions de la seule catégorie dont nous avons besoin pour évaluer les films. En identifiant l'essence du film, laquelle a un impact normatif, nous aurions un modèle à proposer pour résoudre rationnellement la plupart des désaccords sur la qualité des films. Mais, comme nous l'avons vu, la recherche de ce type d'essence – appelons cela la pierre philosophale de la théorie du film – s'est révélée être aussi chimérique que la pierre philosophale originale.

Dans la plupart de cas, les théoriciens classiques ont procédé d'une façon qui n'allait nullement de soi. Ils ont construit leurs préférences stylistiques comme prémisses de leurs prétendues déductions des impératifs stylistiques et des standards cinématiques. Cela ressemble aux agissements d'un magicien qui met un lapin dans son chapeau et le fait ensuite sortir. Mais ce qui n'est pas réellement de la magie n'est pas non plus logique.

Malheureusement, ce type d'erreur est récurrent dans le corpus de la théorie classique du film, même dans les travaux de ses représentants les plus sophistiqués, comme Perkins. Donc, à moins de réparer ce dysfonctionnement, les perspectives de résoudre le problème de la catégorie correcte au moyen des stratégies de la théorie classique du film paraissent bouchées. Ceci appelle à explorer d'autres solutions.

une alternative à l'évaluation classique de l'image animée : l'approche pluri-catégorielle

Nous avons espéré que la théorie du film classique nous fournirait la solution du problème de la catégorie correcte. Ce problème est urgent pour l'évaluation des films, parce que, si nous étions capables de trouver une manière d'établir la catégorie correcte permettant d'évaluer un film donné, nous serions alors au moins sur le | chemin pour résoudre, non pas tous, 208
mais de nombreux désaccords qui surgissent quand nous essayons d'évaluer les films. Hélas, nous avons vu que la théorie classique du film a échoué de ce point de vue. Donc, tant qu'elle ne remplit pas ses promesses, nous devons explorer d'autres issues.

Indéniablement, l'échec de la théorie classique du film est instructif. Il nous montre quelque chose, mais nous devons être vigilants quant à ce que nous croyons qu'il révèle. Il ne s'ensuit pas qu'il ne peut pas y avoir de catégories

correctes pour évaluer les films. Car cet échec ne fait plutôt que suggérer qu'il est peu probable que nous puissions faire émerger une théorie unitaire d'évaluation fondée sur une *seule* catégorie, telle que le film en tant que film. Autrement dit, au mieux, l'échec de la théorie classique du film ne peut qu'indiquer qu'il n'y a pas de test révélateur universel – telle la cinématique – pour savoir si les films sont bons. Mais l'échec de la théorie classique n'implique pas que les catégories en tant que telles soient non pertinentes pour évaluer les films.

Les défauts de la théorie classique du film peuvent nous faire douter de l'existence d'une catégorie d'évaluation unique qui subsume tous les films. Mais ils ne devraient pas nous rendre sceptiques quant à la possibilité que les films appartiennent à de multiples catégories, dont bon nombre offrent déjà des standards d'évaluation parfaitement respectables. Que les pratiques filmiques soient trop diverses pour être productivement assimilées à une sorte de catégorie essentialiste que les théoriciens classiques ont essayé de déterminer, n'interdit certes pas aux films d'être catégorisés.

En fait, n'est-il pas évident que les films puissent être catégorisés ? Nous avons un grand nombre de catégories pour les films, et en effet, elles sont pour une grande partie incontestables : films à suspense, horreur, films structurels, mélodrames, films à suspense, thrillers, films de transe, films d'action, films de guerre, *platoon films*, films expressionnistes allemands, films de science fiction, films néoréalistes, *biopics*, comédies, films mytho-poétiques, films artistiques, westerns, films du réalisme socialiste, films de ninja, films d'*heroïc-fantasy*, films musicaux, films surréalistes, films de Bollywood, films de costumes, *New Talkies*, films de Fluxus, *anime*, ou films des Nouvelles Vagues variées (ajoutez ici le pays de votre choix – France, Allemagne, Taiwan, Hong-Kong, Corée du Sud, etc.). Bien sûr, je ne fais ici que commencer ; je pourrais continuer sur plusieurs pages.

Certaines de ces catégories sont moins connues que d'autres, bien qu'on les trouve à l'occasion dans les programmes de cinéma et de télévision de nos quotidiens aussi bien que sur les étagères des magasins de vidéo. Certaines peuvent être des genres, comme les *soap operas*, alors que d'autres sont plutôt des mouvements, comme le *New American Cinema*, ou bien des styles, comme dans le cas du film noir ou des films de montage.

Bien évidemment, ces catégories ne sont pas nécessairement exclusives ; elles peuvent être combinées, comme dans *Outland* [P. Hyams, 1981], qui
209 reprend *Le train sifflera trois fois* [F. Zinnemann, 1952] sur | une lune volcanique de Jupiter, Io. Cependant, il y a toute raison de penser que considérer certains films comme appartenant à certaines catégories plutôt qu'à d'autres est souvent correct. *La Cible humaine* [H. King, 1950] est un western et non un film musical. *Au hasard Balthazar* [R. Bresson, 1966] est un film artistique, non une comédie romantique. *L'Âge d'or* [L. Buñuel, 1930] relève du surréalisme, pas du réalisme socialiste. Et ainsi de suite.

Qui plus est, plusieurs des catégories citées plus haut (et toutes celles qui n'ont pas été mentionnées) apparaissent avec des objectifs implicites et des modèles d'excellence qui leur sont attachés. Par exemple, certains films sont rigoureusement catégorisés comme mélodrames. Or une partie de l'idée d'un mélodrame est d'inciter le public à ressentir – au moins pendant une partie du film – de la tristesse ou de la pitié pour l'un ou plusieurs des protagonistes. Un mélodrame rigoureusement catégorisé qui a échoué de ce point de vue serait *prima facie* défectueux. Un film rigoureusement classé comme mélodrame, par opposition à une parodie de mélodrame qui nous ferait rire aux mésaventures des protagonistes – on pense au *Lien sacré* [1939] de John Cromwell avec son trop-plein de malheurs qui s'enchaînent -, serait un désastre. Mais un mélodrame, comme *Histoire d'un amour* (*Back Street*, D. Miller, 1961), dont la détresse de ses héros nous fait pleurer, est un bon mélodrame.

De façon similaire, un film policier rigoureusement identifié qui échoue à provoquer des spéculations sur « qui-a-fait-le-coup? » – peut être parce que la réponse du majordome le désigne d'une manière trop évidente dès le départ – ou une comédie dont les gags sont tellement mal placés que chaque blague tombe à plat, sont tous les deux des échecs présumés. En effet, ils ne sont pas à la hauteur des modèles des catégories auxquelles nous *savons* qu'ils appartiennent. Si on ne peut justifier les manières dont ces films dévient des critères d'évaluation propres aux catégories par lesquels elles sont judicieusement décrites, nous pouvons alors fonder rationnellement notre jugement négatif à leur propos.

Pour revenir à la question de *L'Homme de l'intérieur* : vous avez dit qu'il était bon; j'ai dit qu'il était mauvais. Toutefois, au cours de la discussion, il est devenu clair que les raisons probables de mon appréciation négative de *L'Homme de l'intérieur* sont liées au fait que je l'ai placé dans une mauvaise catégorie. Je l'ai situé dans le même rang que *Fast, Cheap & Out of Control*, un documentaire-essai dans la lignée de Werner Herzog, caractérisé par l'ambition d'être méditatif et d'inviter le spectateur à explorer activement certains problèmes philosophiques. Cependant, il est clair que les visées et

les modèles pertinents pour ce type de documentaires diffèrent radicalement de ceux qui sont propres aux thrillers à suspense (et particulièrement aux films de casses et d'otages). Les essais documentaires méditatifs, entre autres caractéristiques, sont conçus de manière à susciter une rumination abstraite, et, bien que certains films de fiction à suspense soient également capables de le faire (pensez ici à *Vertigo* [A. Hitchcock, 1958]), l'incitation explicite à la rumination philosophique ne constitue pas l'attente standard que nous pouvons avoir face à tous (ou même à quelques) thrillers à suspense *qua* thrillers.

| Un documentaire méditatif doit inciter à la philosophie. Le fait qu'un film 210
à suspense ne soit pas philosophiquement excitant – comme c'est le cas de *L'Homme de l'intérieur* – ne devrait pas jouer en sa défaveur (étant donné sa catégorie). Si en revanche un thriller à suspense est philosophiquement intéressant, c'est une cerise sur le gâteau, comme on dit (bien que la « cerise » doive être philosophiquement interrogée, aussi effrayant que cela puisse paraître). D'un autre côté, imaginons un prétendu thriller philosophiquement ambitieux, mais sans aucun suspense; nous le trouverions déficient et nous le rejetterions probablement comme un film mortellement ennuyeux, n'est-ce pas?

Dans tous les cas de figure, l'incapacité à produire de la philosophie n'est pourtant pas un critère pour déclarer comme étant mauvais un film rigoureusement classé comme un thriller à suspense, puisque la philosophie n'est pas ce en quoi consiste en premier lieu l'excellence du genre suspense. Par conséquent, si vous pouvez présenter des raisons objectivement honorables de catégoriser *L'Homme de l'intérieur* comme un exercice de thriller à suspense, tout en faisant échec à ma tentative de l'inclure dans les documentaires méditatifs, alors vous avez un point de départ raisonnable pour rejeter ma critique de ce film. Et si je ne parviens pas à saper votre catégorisation ni à défendre la mienne, je devrai (rationnellement) admettre votre point de vue.

Dans cet exemple, une grande importance a été accordée au rôle des raisons dans le soutien ou le rejet des catégorisations. Ce qui peut paraître quelque peu obscur. Quelles sont ces raisons et dans quel sens sont-elles objectives ? D'où viennent-elles ? De ce point de vue, trois types de raisons, le plus souvent, entrent en jeu pour classifier les films.

Le premier type de raison se rapporte à la structure de l'œuvre : si celle-ci se distingue par un grand nombre de caractéristiques typiques des films appartenant à une certaine catégorie, alors il y a de fortes raisons de la subsumer, par exemple, sous la catégorie du thriller à suspense. En revanche, moins le film contient de caractéristiques typiques relevant d'une certaine catégorie, moins il est susceptible d'appartenir à cette catégorie. *L'Homme de l'intérieur*, par exemple, a un grand nombre de caractéristiques communes aux thrillers à suspense – comme oser fuir contre toute probabilité – tout en ayant très peu de caractéristiques saillantes des documentaires méditatifs (puisque, par exemple, il n'est ni documentaire ni méditatif). Il est donc bien plus raisonnable de regarder *L'Homme de l'intérieur* comme un thriller à suspense et de lui accorder des notes correctes pour avoir été bon dans son genre.

La quantité de caractéristiques structurelles pertinentes qu'un film possède ou qu'il manque, tout comme le degré d'évidence de ces propriétés, fournissent quelquefois trop peu de raisons de conclure en faveur d'une catégorisation plutôt qu'une autre, mais le cas n'est pas si fréquent. Qui plus est, ces
211 raisons sont objectives au sens suivant : | que le film possède ou non un certain nombre de caractéristiques clairement définies, typiques d'une certaine catégorie de films, voilà un fait qui peut être intersubjectivement vérifié. Que *L'Homme de l'intérieur* raconte une audacieuse évasion n'est pas le produit d'une opinion personnelle : ce point n'est pas controversé. Que

les évasions audacieuses constituent une marque des thrillers à suspense peut également être historiquement confirmé.

L'intention autoriale constitue un autre type de raison qui est pertinent relativement à la question de la catégorisation correcte d'un film. La manière dont un cinéaste ou un groupe de cinéastes souhaitent que leur travail soit classifié suffit à la plupart des gens pour se faire une bonne idée de cette classification, et, à tout le moins, c'est là une hypothèse plausible de catégorisation. Nous savons ainsi avec certitude que Martin Scorsese souhaitait que *The Aviator* [2004] soit, au moins, un film biographique.

De nos jours, cependant, de nombreux chercheurs en sciences humaines se méfient de l'attribution d'intentions aux artistes, y compris aux réalisateurs de cinéma. Mais leurs inquiétudes sont généralement déplacées. Il n'y a rien de particulièrement aléatoire dans la reconnaissance des intentions des cinéastes – en particulier les intentions relatives à la catégorisation –, surtout par comparaison à nos spéculations sur les intentions d'autrui dans la vie de tous les jours. Tout comme il ne nous viendrait pas à l'idée de douter que le contrôleur dans un train tend sa main avec une autre intention que celle de prendre notre billet, il est difficile de douter que Howard Hawks avait l'intention, avec *L'Impossible Monsieur Bébé* [1938], de faire une comédie, ni que Henri-Georges Clouzot, avec *Les Diaboliques* (1955), avait celle de faire un thriller. Dans un grand nombre de cas, il n'y a rien d'obscur dans la détermination des intentions catégoriales du cinéaste. Une certaine mode académique, seule, tente de le faire croire.

Bien évidemment, les intentions autoriales peuvent quelquefois échouer à fournir des raisons concluantes en faveur d'une catégorisation particulière. Nous soupçonnons alors les auteurs de faire semblant (voilà ce qu'on dit souvent à propos de ce qu'on appelle les *snuff movies* [1]) ou peut-être d'être confus. Ou bien les preuves peuvent être indéterminés. Néanmoins, très souvent notre information est suffisamment adéquate pour justifier la présupposition en faveur de l'une ou l'autre catégorisation. Et lorsque les preuves de l'intention autoriale peuvent être associées à celles qui viennent de la structure du film, il devient plus fondé de préférer rationnellement telle catégorisation à telle autre.

Des raisons supplémentaires en faveur de la catégorisation d'un film peuvent être recueillies à partir du contexte historique et/ou culturel de

1. Un *snuff movie* est un film qui prétend avoir enregistré des meurtres effectivement commis [N.D.T.].

l'émergence de cette catégorie. Autrement dit, si une certaine catégorie cinématographique est effective et répandue dans le contexte historique et/ou culturel dans lequel le film a été produit (en particulier quand les catégories concurrentes ne le sont pas), les raisons augmentent de classifier le film d'une manière plutôt que d'une autre.

212 | Notez que cela est aussi généralement une question de fait. Savoir si un certain genre de films est populaire ou peut être trouvé à telle période dans telle communauté produisant des films compte indubitablement. Est-ce que les westerns spaghetti étaient produits à Hollywood dans les années 1920? Non. S'agit-il là uniquement de mon opinion? Non. Ce sont des données historiques et vérifiables.

Puisque les thrillers à suspense sont un fondement de l'enclave culturelle hollywoodienne, le cinéma de masse d'où *L'Homme de l'intérieur* tire ses origines nous donne une certaine garantie pour penser que le thriller à suspense est la catégorie, ou la classe comparative, à laquelle il appartient, en particulier par opposition avec la suggestion de l'évaluer en tant que documentaire méditatif de l'espèce de *Fast, Cheap & Out of Control*. Car les documentaires méditatifs ne naissent pas dans le contexte du cinéma populaire pour lequel *L'Homme de l'intérieur* a été créé et distribué; leur public est même plus spécialisé que celui des laïus de Michael Moore. Bien sûr, les raisons historiques et/ou culturelles de ce type ne sont pas absolument concluantes, mais tout comme les raisons structurelles et intentionnelles, elles nous procurent des motivations rationnelles pour choisir une classification plutôt qu'une autre, surtout là où des classifications rivales sont moins convaincantes historiquement et/ou contextuellement.

Ainsi, les considérations structurelles, intentionnelles et contextuelles nous fournissent des raisons, souvent assez fortes, pour catégoriser les films d'une certaine manière. La force combinée de ces trois types de raisons peut parfois se montrer aussi concluante que les choses peuvent l'être dans une telle vallée de larmes. Souvent, d'ailleurs, ces types de raisons se rejoignent. Par exemple, les considérations contextuelles comptent souvent comme preuves de l'intention autoriale (et elles renforcent l'idée d'une attribution autoriale), étant donné que les cinéastes ont habituellement intérêt à s'adresser au public au moyen de catégories avec lesquelles il est familier. La plupart des cinéastes (sauf quelques avant-gardistes) ne dépensent pas leur énergie à créer de la confusion chez le public qu'ils ciblent. Qui plus est, les cinéastes signalent couramment la catégorie qu'ils ont à l'esprit en exhibant des caractéristiques structurelles bien établies et facilement reconnaissables dans leurs films, associables au type du film présenté. C'est pourquoi tant de films d'horreur commencent? avec des nuits noires et orageuses, tandis que les westerns s'ouvrent en plan général avec une musique très expansive.

Bien évidemment, dans certains cas, nos catégorisations peuvent ne pas dépendre des trois types de raisons à la fois. Parfois, les raisons structurelles (*ou* autoriales *ou* contextuelles) seules seront suffisantes. Cela peut être particulièrement le cas quand aucune des raisons opposées n'est assez convaincante pour soutenir des catégorisations concurrentes.

Où en sommes-nous dans notre discussion sur la catégorisation des films? Premièrement, se trouve fortifiée notre conviction antérieure selon laquelle il existe | des fondements objectifs pour catégoriser les films d'une manière 213
plutôt que d'une autre. Ainsi, si l'évaluation objective des films s'appuie sur notre capacité à catégoriser les films rigoureusement, nous aurons montré que cette exigence peut être parfois, sinon souvent, satisfaite. Qui plus est, si nous avons des moyens pour catégoriser correctement – et pour défendre certaines catégorisations contre d'autres –, nous pouvons trancher rationnellement certains – et même à mon sens de nombreux – désaccords relatifs

à l'évaluation des films.

Afin de défendre nos propres évaluations des films contre d'autres, nous procédons souvent en démontrant que notre évaluation est fondée sur une catégorisation correcte, tout en soutenant que les évaluations rivales dépendent de catégorisation incorrectes, improbables, ou à tout le moins manquant de plausibilité. Par ailleurs, dans la mesure où cette façon d'invoquer les catégorisations objectives nous rend capables de résoudre un nombre significatif de disputes liées à l'évaluation, il apparaît que l'évaluation des films est, à ce stade au moins, une activité gouvernée par la raison. Qualifions cette procédure d'*approche pluri-catégorielle*, puisqu'elle dépend de l'acceptation de l'existence de plusieurs catégories des films différentes.

Il faut admettre que l'approche pluri-catégorielle ne fera pas disparaître tous les désaccords quant à l'évaluation des films. Même si une catégorie correcte est identifiée, il peut y avoir des débats sur son application – des disputes, par exemple, sur la façon dont un film donné correspond à la catégorie ou aux catégories en question; des désaccords concernant la manière de mesurer la pertinence des standards relatifs à la catégorie ou aux catégories en jeu, et les débats sur les normes qui sous-tendent ces dernières. Peut-être sera-t-on le plus souvent amenés à traiter ces controverses au cas par cas (ce qui ne veut pas dire qu'elles ne pourront jamais être résolues de façon objective). Certains problèmes supplémentaires, engageant des classements entre les catégories – dont nous allons parler dans la partie suivante de ce chapitre – exigent en outre une approche différente du pluralisme des catégories. Néanmoins, il reste qu'un grand nombre de nos disputes portant sur les mérites des films peuvent être tranchées en établissant la catégorie correcte, comme quand le mari déprécie un film parce qu'il manque de fusillades, alors que son épouse signale qu'il s'agit là d'une comédie d'ados légère et aérienne (plutôt que, disons, d'une comédie noire comme le récent *Mr. & Mrs. Smith* [D. Liman, 2005]).

Une objection à l'approche pluraliste des catégories est son caractère intrinsèquement formaliste, puisqu'elle engage avant tout l'estimation d'un film en vertu de son genre, en rapportant son évaluation aux canons figés de certaines catégories, qu'elles correspondent à des genres, mouvements, styles (périodes, etc), et ainsi de suite. Une des idées de cette critique est que si les films sont évalués en termes de catégories, ils seront soustraits à
214 l'évaluation cognitive, | morale ou politique en faveur de ce qui est compris comme les modèles internes de la catégorie.

Cette crainte est toutefois mal fondée pour au moins deux raisons. Premièrement, un grand nombre de catégories filmiques présupposent assez clairement des critères d'excellence cognitive, morale et politique. Par exemple, de nombreux films de non-fiction, en vertu du genre de documentaire qu'ils incarnent, s'engagent à éduquer leurs publics du point de vue cognitif, et souvent à les cultiver moralement et politiquement. Un film portant sur un problème social qui a échoué à décrire l'injustice de façon effective serait dans ces conditions un spécimen défectueux de cette catégorie.

Qui plus est, même dans les cas où les catégories en question ne seraient pas si directement connectées à des critères d'excellence autres que les critères formalistes, les considérations cognitives, morales, sociales, politiques, spirituelles, et autres considérations « extra-esthétiques » ont habituellement une certaine pertinence pour l'évaluation des films qui se rangent dans ces catégories. Les films à suspense, par exemple, à la suite de ce qui a été avancé au chapitre précédent, devront adopter une éthique clairement pro-sociale, s'ils aspirent à faire naître au sein de leur public-type quelque souci pour des protagonistes qu'on laisse suspendus à des falaises. Les mélodrames devront nous montrer que ceux dont nous sommes censés avoir pitié sont moralement méritants; la plupart de spectateurs normaux ne pleureront pas sur un commandant nazi dépourvu de remords qui meurt dans un accident de voiture en tentant de rouler sur une gentille grand-mère et son bambin de petit-fils ; plusieurs même applaudiront. Dans des cas comme ceux-ci, les perspectives moralement répréhensibles du film joueront sans doute contre celui-ci.

De même, les gaffes cognitives peuvent également constituer une faute dans une œuvre qui n'est pourtant pas ouvertement pédagogique, comme dans le cas d'un film d'aventures où le héros annonce qu'il n'a plus de balles mais continue à mitrailler pendant les trente-six minutes qui suivent. Être un film d'action ne vous donne pas automatiquement d'autorisation à être résolument bête. Bref, les choses telles que les défauts cognitifs et moraux peuvent entrer dans nos délibérations, non seulement relativement aux catégories filmiques conçues pour résoudre directement ces problèmes, mais également relativement à l'évaluation des films dans de nombreuses autres catégories.

Une autre objection à l'égard de l'approche pluri-catégorielle est qu'elle commet une erreur ontologique fondamentale. Cette approche semble supposer qu'il ne peut y avoir qu'une seule et unique catégorie dans laquelle chaque film tomberait parfaitement, sans rien laisser derrière ; ce qui est tout simplement faux. Toutefois, bien entendu, nous admettrons volontiers que les films peuvent appartenir à plus d'une catégorie. Cependant, cela n'implique pas que l'approche soit défectueuse ; la seule conséquence de cette remarque est que l'évaluation peut s'avérer plus compliquée que les
exemples cités jusqu'ici. Les films peuvent associer | des catégories et, de ce 215
fait, peuvent avoir besoin d'être évalués à la lumière de plusieurs genres cinématographiques. *La Fiancée de Frankenstein* [J. Whale, 1935], par exemple, est un mélange d'horreur et de comédie noire. C'est un cas où l'association est presque parfaite. Cependant, cette association de catégories peut également conduire à des résultats variables. Un film peut s'avérer bon relativement à l'une des deux catégories à laquelle il appartient, et mauvais relativement à l'autre. La dimension humoristique d'un film à suspense comique comme *La Volonté du mort* [P. Leni, 1927], peut être admirable alors que sa dimension mystérieuse est absolument nulle et déçoit.

Ce genre de situations, toutefois, ne devrait pas nous surprendre. Les résultats variables apparaissent souvent dans nos appréciations des films. Même relativement à une catégorie, il se peut qu'il y ait plus d'un critère d'excellence pertinent pour l'évaluation. Plusieurs adaptations de *Batman* ont été particulièrement remarquables du point de vue de leur conception stylistique tout en étant lourdes du point de vue narratif. Bien évidemment, quand nous y pensons, la plupart de nos appréciations des films – et même des œuvres d'art dans leur ensemble, sauf peut-être quelques chefs-d'œuvre indiscutables – sont selon toute vraisemblance variables. Les résultats variables sont simplement quelque chose avec quoi – tout comme la gravitation – ceux d'entre nous qui évaluent les films doivent apprendre à vivre. Ainsi, le fait que l'évaluation des films basée sur une approche pluraliste des catégories conduise à des résultats variables ne devrait pas être pris comme un défaut. En réalité, sa capacité à clarifier les sources des résultats mixtes devrait probablement lui accorder des points.

Se fier autant aux catégories filmiques pourrait apparaître comme une attitude trop conservative. Cela semble présumer, en effet, que les catégories pertinentes sont fixes. Pourtant, les catégories filmiques peuvent changer elles aussi. Certaines disparaissent, d'autres se transforment (en intégrant à l'occasion la catégorie voisine), et parfois même de nouvelles catégories surgissent. Est-ce que l'approche au moyen des catégories est susceptible de rendre compte des films surgissant dans un processus d'évolution, sans mentionner ceux qui annoncent le début de nouveaux genres ? Inévitablement, cela fait peser le doute.

L'approche pluraliste des catégories n'ignore pas que de tels phénomènes
existent. Pour défendre cette approche, il est important de se rappeler que les catégories pertinentes, tout comme les films qui se rangent sous leurs concepts généraux, ne viennent pas de nulle part. De nouvelles catégories surgissent des précédentes grâce aux processus de développement déjà bien rôdés, comme l'hybridation, l'amplification, le rejet, et ainsi de suite. En conséquence, il est possible de suivre la trace des catégories émergentes avec leurs desseins et leurs normes implicites *in medias res*.

Il se peut que cela ait l'air plus contestable quand il s'agit de l'avant-garde. Cependant, en ce qui concerne ce cinéma, l'identification de nouvelles
216 catégories, | de leurs desseins et de leurs critères corrélatifs d'accomplissement, est habituellement simplifiée par l'existence de manifestes (signalant les intentions autoriales), par la culture cinématographique effective qui entoure ce type de production (fournissant ainsi une information historique et contextuelle pertinente), et aussi, souvent, par des informations venant de l'existence d'aspirations parallèles (et des caractéristiques structurelles similaires) qu'on trouve dans les formes d'art adjacentes, comme la peinture ou la musique, qui tracent les raisons sous-tendant les nouveaux développements dans le cinéma (esquissant ainsi une toile de fond historique et contextuelle encore plus informative).

Par exemple, la catégorie avant-gardiste du New Talkie – qui a émergé vers la fin des années 1970 et au début des années 1980 – a été effectivement comprise au moment de l'arrivée de ses premières illustrations, grâce aux manifestes et au discours qui les entouraient. Ainsi, il n'y a guère de raison de craindre que le discours sur les catégories exclue par avance la réceptivité aux formes nouvelles du cinéma, même face aux défis que lancent sans cesse les visionnaires de l'avant-garde. Il existe toujours un contexte social qui prépare « l'inattendu ». Quand quelque chose est qualifié d'« inattendu » ou de « sans précédent » dans le monde du cinéma, il s'agit plus souvent d'une expression promotionnelle que d'une description.

La défense de l'approche pluri-catégorielle dans le paragraphe précédent pourrait bien déclencher la colère de ceux qui pensent qu'il existe des films inclassables – et dont le caractère unique exigerait qu'ils fondent un genre à eux seuls. Mais il y a des raisons d'être extrêmement sceptique face à une telle position. Un film qui serait réellement, ontologiquement incomparable à aucun autre, serait, honnêtement, un artefact tout autant incompréhensible. La croyance en la possibilité de l'existence d'un film parfaitement singulier dérive de la fantaisie romantico-moderniste du génie. Mais la

chose dont ces philosophies ont rêvé est une impossibilité psychologique. Aucun artiste ne vient de nulle part. Et, dans tous les cas, l'artiste pensé selon l'image d'un jeune enfant sauvage ou d'un apprenti de Kaspar Hauser serait indiscutablement incapable de faire un film.

Une série récente de films a été présentée comme un défi à l'approche par catégories : *Cremaster* de Matthew Barney [1994-2002]. C'est un travail brillant et tentaculaire, puisant dans l'imaginaire insaisissable de l'univers gay et mettant en œuvre des juxtapositions radicales. Mais il correspond à une tradition, et appartient en effet à une catégorie, à savoir, celle du cinéma mytho-poétique, selon le terme de P. Adams Sitney, incluant *Inauguration of the Pleasure Dome* [1954] de Kenneth Anger, *Heaven and Earth Magic* [1962] de Harry Smith, *Dog Star Man* [1961-1964] de Stan Brakhage, etc. Cette catégorie ne vient assurément pas aux lèvres de tous les spectateurs – par opposition, par exemple, à celle de la comédie musicale. Mais | l'obscurité 217
de la catégorie ne compromet ni sa réalité ni sa pertinence.

De ce point de vue, il est utile de noter que l'une des fonctions que les critiques de cinéma peuvent exercer vis-à-vis du public est de l'informer de l'existence des catégories peu connues et d'expliquer leurs raisons d'être, leurs desseins et leurs vertus. Il est regrettable que la critique de cinéma dans les journaux soit souvent confiée à des écrivains dont la seule ambition est d'écrire – ceci présumant que quiconque peut écrire sur les films. Cependant, un critique de cinéma vraiment accompli devrait avoir une connaissance et une compréhension de l'histoire du cinéma suffisamment larges pour poser un regard d'ensemble sur l'étonnante diversité des catégories, sous-genres, mouvements visionnaires, et autres tendances stylistiques. L'un des services les plus importants qu'un critique de cinéma pourrait rendre est de permettre aux spectateurs de situer un travail troublant dans des catégories auxquelles ils ne sont pas habitués, surtout quand la qualité du film ne devient perceptible qu'après l'élucidation des desseins sous-tendant les catégories en question.

Clairement, l'approche pluraliste des catégories pour l'évaluation des films, comme son nom l'indique, n'est pas si unifiée que l'approche proposée par la théorie classique du film. Puisque celle-ci ne reconnaissait qu'une catégorie, elle fournissait en même temps une mesure unique, selon laquelle tout film, genre ou style pouvait être classé selon la même échelle. C'est-à-dire que tous les films pouvaient être comparés relativement à leur degré de cinémacité. L'approche pluraliste des catégories est bien plus fragmentaire, puisqu'elle soutient, de façon assez honorable dirais-je, qu'il existe de nombreuses catégories différentes que nous pouvons – et nous le
devons en effet – évoquer afin d'évaluer des types différents de films.

Certains peuvent trouver cela décourageant. Ils pourraient vouloir déplorer le fait que l'approche pluraliste rend impossible la comparaison qualitative des films appartenant à de différentes catégories. Certes, une telle limitation est décevante quand on pense à la capacité qu'avait la tradition classique de classer tous les films selon une seule grille. Mais ces récriminations peuvent sembler exagérées d'un côté, et utopiques de l'autre.

L'objection selon laquelle l'approche pluraliste des catégories rend impossible toute comparaison entre les films appartenant à des catégories différentes est hyperbolique pour au moins deux raisons. Premièrement, comme on l'a noté plus haut, beaucoup de films appartiennent à plus d'une catégorie. En conséquence, un film d'espionnage plein d'esprit peut être qualitativement comparé à une comédie *simpliciter* en termes d'humour. Qui plus est, il n'y a aucune raison de supposer qu'il existe des dimensions transversales de l'évaluation qui ne sont jamais partagées, telles que la cohérence narrative ou la manipulation plus ou moins adroite des structures relatives au point de vue.

218 | En même temps, le désir de pouvoir comparer chaque film à tous les autres est franchement irréaliste. Pourquoi imaginer qu'un film de danse presque

parfait comme *Nine Variations* d'Hilary Harris [1966/1967] puisse être confronté à un drame social estimable du genre de *L'Âme des guerriers* [L. Tamahori, 1994] ? Même en supposant qu'on puisse trouver quelques points tangents entre les deux films, il faut souligner que, quel que soit le point de vue que l'on adopte sur ces réussites cinématographiques et aussi fructueux soit-il, les deux candidats sont en réalité incommensurables.

Parfois, la tentative de comparer certains films avec d'autres de façon transversale semble presque sotte. Quand j'étais jeune, je participais avec mes amis à des échanges frénétiques sur la question de savoir si Sherlock Holmes était plus brillant que le Capitaine Nemo, ou si Super Souris était plus coriace que Superman ou – mon sujet préféré – si le Monstre de Frankenstein était capable de battre Godzilla. Tout cela était assez plaisant pour égayer un après-midi d'été, mais, de fait, ces querelles étaient ridicules, puisque nous comparions des fictions qui ne se chevauchaient pas, et dont les mondes imaginaires étaient parfaitement déconnectés. De façon similaire, mais pour d'autres raisons, tenter de juger tous les films en suivant le même axe est souvent un simple non-sens.

Une telle incongruité est particulièrement manifeste en ce qui concerne les chefs-d'œuvre. Lequel est plus impressionnant : *Le Songe d'une nuit d'été* (la pièce) ou les *Variations Goldberg*? Qui le sait? Comment procéderiez-vous pour en décider? Et, plus fondamentalement, qui cela intéresse-t-il? À un certain niveau de réussite, essayer d'analyser la différence de qualité précise entre des chefs-d'œuvre, même si on en admet la possibilité, paraît inepte. Les deux travaux cités appartiennent à la strate la plus élevée de l'excellence artistique; calibrer un écart entre eux ressemble à l'envie de déterminer si Captain America est plus fort que Batman. Les deux œuvres d'art sont simplement « haut de gamme ».

Tout comme Captain America et Batman incarnent le *nec plus ultra* du guerrier humain dans leurs mondes diégétiques respectifs et ontologiquement disjoints, *Le Songe d'une nuit d'été* (la pièce) et les *Variations Goldberg* occupent les sommets de catégories artistiques au mieux faiblement comparables. En se tournant vers les films, juger si *Certains l'aiment chaud* [B. Wilder, 1959] est meilleur que *Le Faucon maltais* de John Huston [1941] semble hors de propos. Reste ouverte la question de savoir si cela peut être fait, comment le faire, et, avant tout, pourquoi cela doit ou devrait être tenté.

Etant donné qu'il n'y a aucun sens à comparer n'importe quel film à l'aune de n'importe quel autre, l'incapacité d'y parvenir ne peut pas être considérée comme l'échec de l'approche pluri-catégorielle. Il est possible que ce prétendu défaut soit en réalité un reflet du bon sens sous-jacent à cette approche.

mais...

219 | Sans doute est-il quelquefois, et même souvent, stupide ou inutile d'essayer d'évaluer, tant cette évaluation relève de l'impondérable, certaines œuvres appartenant à des catégories radicalement disjointes et virtuellement incommensurables. Mais pas toujours. N'y a-t-il pas des cas où nous comparons en toute impunité des œuvres éloignées en tous points l'une de l'autre? Qui donc rechignerait à avancer que *Tokyo Story* [Y. Ozu, 1953] est un meilleur film que *The Big Broadcast of 1938* [M. Leisen, 1938] ou que *Pather Panchali* [S. Ray, 1955] surclasse *Glen or Glenda* [E. Wood, 1953]? Cependant ce n'est pas le genre d'évaluations que l'approche pluri-catégorielle favorise, tant il peut sembler stérile d'essayer de placer des couples de films comme ceux-là dans une ou plusieurs catégories semblables. Par conséquent, notre approche a besoin d'un complément, ne serait-ce que pour se débrouiller dans les cas de cette espèce (et probablement dans d'autres cas aussi).

Une philosophie de la pratique, y compris quand la pratique en question consiste à évaluer des films, a d'abord pour tâche de réussir à poser les prémisses sur lesquels se base le raisonnement qui prélude à cette pratique. Nous avons vu précédemment qu'une bonne part de l'évaluation des films consiste à placer ceux-ci dans la bonne catégorie (ou dans *les* bonnes). Mais on ne saurait décemment s'arrêter là, sachant que de nombreuses évaluations se passent de cette étape. A quelle catégorie commune pourraient bien appartenir, d'une part *Voyage à Tokyo* et *The Big Broadcast of 1938*, et d'autre part *La Complainte du sentier* et *Glen ou Glenda*?

Il n'est pourtant pas difficile, à propos de ces exemples, de voir sur quel principe se base l'évaluation. *Voyage à Tokyo* et *La Complainte du sentier* comptent au nombre des plus grandes réussites de leurs catégories respectives, tandis que *The Big Broadcast of 1938* est dans les profondeurs du classement, *Glen ou Glenda* faisant pire encore. En réalité nous comparons ces couples de films non pas au sein d'une catégorie commune où nous pourrions les ranger, mais en vertu des positions respectives qu'ils occupent chacun de leur côté dans leur propre catégorie. Quand nous savons qu'un film exemplifie parfaitement la qualité au sein de son type tandis qu'un autre n'y arrive pas, nous n'hésitons donc pas, toutes choses étant égales par ailleurs, à classer le premier devant le second.

Ce n'est pas pour autant, cependant, que le tour de la question est fait. N'est-il pas raisonnable de penser que les spectateurs les mieux informés | se trouveraient disposés sans mal à mettre *Le Voleur de bicyclette* [V. de Sica, 220
1948] devant *Beetlejuice* [T. Burton, 1988] ? On a pourtant ici deux films qui gravitent chacun aux cimes de leur catégorie respective – le réalisme humaniste pour le premier et la comédie horrifique pour le second. Deux films dont la narration apparaît sans failles et les performances d'acteur parfaites. Il serait tentant, dès lors, de botter en touche ; il suffirait de dire qu'il s'agit de l'un de ces cas où départager de grands films a quelque chose de vain et de prétentieux. Et pourtant cela ne paraît pas stupide ni exagéré de maintenir que *Le Voleur de bicyclette* est meilleur que *Beetlejuice* – même de la part de quelqu'un comme moi qui adore *Beetlejuice*. Pourquoi donc ?

La valeur d'un film est liée aux desseins qu'il affiche, et son absence de valeur pareillement. Comme nous l'avons vu, tout film appartient à diverses catégories, lesquelles sont dévolues à la réalisation de certains buts. Celui qui les réalise effectivement accomplit en quelque sorte son programme. Un film à suspense, par exemple, qui parvient à maintenir la tension en nous sans faiblir remplit ses engagements et doit être apprécié pour cela.

Néanmoins, assigner un film à sa seule appartenance catégorielle ne renseigne aucunement sur la valeur du but que la catégorie visée entend atteindre. Affirmons bien plutôt qu'une évaluation surplombante, de type « prenons tout en compte », a pour obligation de tenir compte non seulement de la capacité du film considéré à remplir son objectif catégoriel, mais aussi de la valeur (ou de l'absence de valeur) de cet objectif proprement dit. Car certains desseins que l'on réussit à accomplir ont plus de prix que d'autres. Par exemple, découvrir le vaccin anti-polio vaut mieux que ma réussite à sortir du lit ce matin (ou tout autre matin, en l'occurrence). De même, l'auteur dramatique qui réussit à amener au jour les mécanismes cachés de la rancune produit quelque chose de plus précieux que le dessinateur du *New Yorker* qui croque à la perfection la propension des bobos de Greenwich Village à critiquer les bagels fabriqués hors de Manhattan. Dans les deux cas ce sont des réussites en leur genre, mais nous classons les ambitions de l'un au-dessus des ambitions de l'autre.

Pour revenir au couple *Le Voleur de bicyclette*-*Beetlejuice*, il semble que nous inclinions à mettre le premier plus haut parce que, toutes choses étant égales par ailleurs à commencer par la réussite catégorielle des films

considérés, le réalisme humaniste a plus de prix que la comédie horrifique. En revanche, nous serons peut-être réticents à hiérarchiser *Le Voleur de bicyclette* et *La Grande illusion* [J. Renoir, 1937], en tant qu'ils réussissent
221 l'un et l'autre à réaliser leurs buts | *et* que les buts en question nous semblent pareillement estimables.

Les catégories au sein desquelles nous classons les films incluent genres, sous-genres, styles, écoles, sagas, etc. Certaines d'entre elles sont propres au cinéma, comme le *slasher*, mais la plupart se retrouvent dans d'autres arts, ainsi le mélodrame. Quelle qu'elle soit, cependant, c'est d'abord sous sa houlette que le film s'organise, puis à son aune que l'on mesure la réussite artistique du projet. Cette mesure peut se voir qualifiée d'*évaluation filmique* proprement dit, car elle est liée à toutes les sortes de films qui existent et qui ont existé. Elle est très courante chez les critiques de cinéma et les connaisseurs, car elle s'appuie sur une connaissance quelquefois sophistiquée de l'histoire du cinéma et des déclinaisons de ses principales catégories.

Cependant, comme on l'a vu, nous tendons dans la vie courante à y superposer une hiérarchie des valeurs attachées à chacune de ces catégories. Et pourquoi le faisons-nous ? En raccourci, nous le faisons pour des raisons culturelles. On parlera à ce propos, quand par exemple *Le Voleur de bicyclette* arrive devant *Beetlejuice*, d'*évaluation cinématographique*. Il s'agit ici d'exprimer *ceteris paribus* le fait que le premier, à réussite égale, arrive devant l'autre parce que les buts de sa catégorie reflètent des intérêts culturels plus importants que ceux de la comédie horrifique.

Cette forme de hiérarchisation se retrouve d'ailleurs au sein d'une même catégorie : nous sommes toujours prêts à y favoriser le film qui, à réussite catégorielle équivalente, poursuit les desseins les plus nobles. Par exemple, il est fréquent de préférer, pour ce motif, *Sueurs froides* à *Une Femme disparaît* [A. Hitchcock, 1938], quand bien même les deux réussissent admirablement à maintenir le suspense, le premier fait naître en nous, en plus de la montée d'adrénaline réglementaire, des intuitions relatives à la philosophie de l'amour romantique.

Quand nous manifestons ce genre de préférences, bien entendu, nous n'appartenons plus au monde érudit des critiques et des connaisseurs bardés de connaissances spécialisées. Eux, qui préfèrent l'évaluation filmi-
222 que, | sont capables de nous dire ce qui fait un bon *splatter*, mais n'ont pas plus autorité que n'importe lequel d'entre nous pour comparer *Halloween-1* à une satire de l'hypocrisie politique américaine comme *Team America*-

Police du monde [T. Parker & M. Stone 2005]. Commencer à discuter des intérêts que servent les différentes catégories de films, ou même d'ailleurs des films singuliers, c'est introduire des questions d'axiologie générale. Affirmer par exemple, *ceteris paribus*, qu'un *splatter* très réussi aura toujours moins de valeur qu'une satire sociale tout aussi réussie que lui, c'est prendre parti sur l'état, les buts et les besoins de la civilisation qui sert de cadre de référence à la discussion. Ce qui suppose de bifurquer, partant de la critique de films, en direction de la critique culturelle – et donc des interlocuteurs non seulement au courant de l'histoire du cinéma, mais également bien informés intellectuellement.

Que la meilleure évaluation possible d'un film requière une connaissance affirmée de l'histoire du cinéma n'implique pas d'en rester à cette étroitesse de vue. C'est tout le contraire, en fait. Il y aurait quelque étrangeté, même, à s'en tenir mordicus au cadre de l'histoire du cinéma quand il s'agit d'évaluer un film. Car le cinéma imprègne intimement la culture – et il le fait de tant des façons qu'on ne voit pas comment le discours axiologique pourrait s'en tenir au seul niveau de l'histoire du cinéma. Outre des connaissances spécialisées, ce discours appelle indubitablement à mettre un pied dans la vie réelle et à prendre en compte la civilisation entière au sein de laquelle elle s'épanouit.

Quelquefois, donc, décider de la valeur d'un film suppose à la fois une évaluation catégorielle et une évaluation de la valeur sociale des buts servis par la catégorie considérée. Pour revenir au *Voleur de bicyclette* et à *Beetlejuice*, imaginons, de façon grossière et uniquement à des fins heuristiques, qu'il nous faille les noter le long d'une échelle de -10 à +10. Tous deux recevraient un résultat de +9,9 à l'évaluation catégorielle, mais sur l'échelle de l'importance culturelle le premier décrocherait à nouveau un +9,9 tandis que le second écoperait d'un +6. En additionnant les deux notes, on se retrouverait à +19,8 contre +15,9, la différence étant imputable au poids culturel de leurs catégories respectives.

Quoiqu'il ne soit pas facile quelquefois de l'admettre, ce genre de hiérarchies basées sur l'intérêt civilisationnel nous est familier. C'est là le terreau même de nos évaluations. D'ailleurs, quel autre terreau pourrait-on lui substituer ? | La seule raison pour laquelle nous nous sentons parfois peu 223
à l'aise au moment de l'admettre, c'est que beaucoup d'entre nous sont encore prisonniers de l'idéologie de l'art autonome (l'art au sens large, celui du cinéma compris), laquelle considère comme étant quelque peu déplacée, sinon inconvenante, la prise en compte de la dimension sociale.

Devrions-nous cesser de résister à l'appel de cette idéologie? Certainement pas. En présence de deux chefs-d'œuvre appartenant à des catégories disparates mais d'importance sociale équivalente, différant de manière impondérable, vouloir à tout prix départager a certes quelque chose d'un peu idiot ou de vain. Bien sûr, aussi, comme l'a vu plus haut, il est des cas où le poids culturel assigné aux catégories donne matière à une discussion qui tourne rapidement en rond, quand bien même ce sont des gens de qualité qui en décousent. Néanmoins, il n'y a aucune raison de penser qu'absolument aucun de nos désaccords en la matière ne sera jamais résolu, et qu'il faut faire une croix sur la dimension sociale pour s'en tenir à la parfaite autonomie des œuvres d'art et à la seule *évaluation filmique*. En tant que dessin animé, *Bambi meets Godzilla* [M. Newland, 1969] est parfaitement délicieux, mais personne ne peut sérieusement affirmer qu'il a l'importance culturelle de films comme *Shoah* [C. Lanzmann, 1985].

Bien des disputes évaluatives à propos des films, sinon la plupart, retomberont. D'autres finiront par paraître hors-sujet. Personne, enfin, ne viendra à bout de certaines autres. Mais ces dernières, à elles seules, ne constituent pas une raison suffisante pour penser que les désaccords en matière de valeur des œuvres cinématographiques souffrent d'une faiblesse
particulière au regard d'entreprises cognitives du même type. D'ailleurs nous n'avons réussi à résoudre toutes les querelles, jusqu'ici, dans aucun autre champ d'investigation intellectuelle.

la valeur du cinéma ?

Jusqu'ici, la question de l'évaluation a été circonscrite à des films particuliers. Cependant, bon nombre de théoriciens et de philosophes ont plaidé pour accorder de la valeur au cinéma en général – même si par là ils entendaient surtout « les films ». Bazin par exemple, pensait que nous
224 accordons de la valeur au film | parce qu'il fonctionne comme un masque mortuaire garantissant une forme d'immortalité (le visage de Garbo a gagné l'éternité en se trouvant fixé sur pellicule). Kracauer, lui, parlait d'une « rédemption de la réalité physique » assurée par le cinéma au bénéfice d'une civilisation perdue dans sa propre abstraction. Stanley Cavell, enfin, assure que les films peuvent servir de symboles ou de talismans pour affronter les angoisses du solipsisme, en tant qu'ils nous montrent un monde passé qui persiste en dépit de notre absence.

Ce serait merveilleux de conclure le présent livre avec de tels vivats. Cependant, comme les arguments que j'ai avancés tout au long le suggèrent, il n'existe nulle valeur unique ni singulière dont le film, pour ne pas dire les images animées en général, serait le dépositaire. Contrairement à Bazin, Kracauer et Cavell, nous avons défini notre objet d'études en termes fonctionnels et non comme un médium spécifique. Sa fonctionnalité consiste à produire l'impression du mouvement, ce que l'on retrouve dans quantité de médias, le cinéma évidemment mais aussi la vidéo, les émissions de télé en direct, les images de synthèse et autres inventions à venir.

L'imagerie animée, en retour, peut servir à quantité de choses; elle peut constituer un document au sein d'expériences scientifiques, analyser le mouvement, relever de la surveillance en circuit fermé ou servir aux entraîneurs de football à imaginer des stratégies, être le support de tests balistiques ou de prévisions météorologiques, appartenir au monde des jeux vidéo ou à celui de la publicité, servir la propagande ou donner les nouvelles du soir... et aussi, bien sûr, se décliner en films de fiction. Chaque fois les buts sont différents et l'imagerie pourra, selon les cas, permettre ou non de les atteindre. Mais en aucun cas on ne pourra dire qu'elle possède une fin en soi. L'imagerie animée n'est qu'un moyen, et chacune de ses utilisations n'a de valeur qu'en fonction de la facilité qu'elle offre d'atteindre les buts qu'on lui fixe.

Personne ne regarde une image animée pour la seule raison qu'elle offre l'opportunité de voir du mouvement sur un écran. C'est à compter de cette qualité, seulement, étant entendu que le mouvement est le préalable, que la valeur peut se manifester.

Du point de vue historique, la capacité, au sein des images animées, de produire des longs-métrages narratifs fictionnels et projetés, a été la capacité à laquelle la culture occidentale – mais pas seulement elle – a accordé la plus grande valeur. Tout au long du XXe siècle, raconter une histoire en images, qu'il s'agisse d'art aussi bien que de divertissement, de « cinématographe » aussi bien que de « cinoche », a été le moteur de l'évolution des images animées et le principal facteur d'amélioration de ses capacités techniques. Voilà pourquoi une part si importante du présent livre a été dévolue à la question de l'art de raconter. Une philosophie de la pratique, logiquement, ne doit pas perdre de vue en quoi consiste précisément cette pratique.

225 | Certes les choses changent. Les films n'existent plus seulement dans les salles de cinéma. Ils arrivent à la maison (TV), au bureau (ordinateurs) et même au fond de la poche (téléphones). Ils pullulent non seulement dans notre vie mais dans celle de nos enfants (jeux vidéo). Dans certaines grandes villes, les panneaux publicitaires vantant le dernier long-métrage en vogue s'étalent des entrées du métro aux grands carrefours; dans les avions les hôtesses laissent désormais aux moniteurs placés à l'arrière des sièges le soin de communiquer les instructions de sécurité; si nous achetons un ordinateur en kit c'est un DVD qui nous montrera comment l'assembler. Et j'en passe.

Les images animées ne sont plus réservées au samedi soir ni aux dimanches après-midis pluvieux. Elles sont partout, en permanence. Notre culture devient une culture des images animées, non seulement parce que les films représentent notre forme majoritaire d'art et/ou de distraction, mais au sens où elles commencent à jouer un rôle dans un éventail toujours plus grand de nos activités communicationnelles. Un jour peut-être y aura-t-il des images animées dans chacun des canaux que nous ouvrirons pour échanger les uns avec les autres.

Il s'en suivra que la philosophie des images animées aura à couvrir un front bien plus large que celui qui a été couvert par ce livre.

lectures suggérées

Comme nous l'avons indiqué dans le présent chapitre, le problème de l'évaluation des films n'a pas été au centre des discussions philosophiques et/ou théoriques récentes[1]. Néanmoins, parfois de façon explicite mais souvent implicitement, la question de l'évaluation des films dans sa relation à la notion de cinématique a pris beaucoup de place dans la théorie du film telle qu'elle se faisait dans les années 1960, au sein de ce qu'on pourrait qualifier de tradition classique; *cf.* les lectures suggérées à la fin du chapitre 2, où sont cités certains textes les plus pertinent.

Victor F. Perskins a été l'un des participants les plus intéressés par cet échange concernant les fondations de l'évaluation rationnelle du film. Son livre, *Film as Film : Understanding and Judging Movies* (Baltimore, MD, Penguin, 1972) constitue probablement la tentative la plus ambitieuse et réfléchie de s'attaquer à cette question.

[1] . Citons cependant pour la France : Laurent Jullier, *Qu'est-ce qu'un bon film?*, Paris, La dispute, 2002, 2è éd. remanié, 2012; Éric Dufour, *La valeur des films*, Paris, Armand Colin, 2014 (à paraître).

La discussion sur la pertinence des catégories pour l'évaluation des films a été inspirée par l'article éminent de Kendall Walton, « Categories of Art », *The Philosophical Review* n° 79 (1970), p. 334-367. Une version plus ancienne de l'approche pluraliste des catégories peut être trouvée dans Noël Carroll, « Introducing Film Evaluation », in *Engaging the Moving Image* (New Haven, CT, Yale University Press, 2003). Une réponse utile à ceci se trouve dans le texte de Cynthia Freeland « Evaluating Film » (*Film Studies* n° 8 (été 2006), p. 154-160).

| Daniel Kaufman a récemment publié un travail pionnier sur la philosophie de 226
l'évaluation, *cf.* ses « Normative Criticism and the Objective Value of Artworks », *Journal of Aesthetics and Art Criticism* vol. 60, n° 2 (Printemps 2002), p. 150-166 et « Critical Justification and Critical Laws », *British Journal of Aesthetics* vol. 43, n° 4 (Octobre 2004), p. 393-400. Ces deux articles sont hautement recommandés à tout lecteur qui voudrait approfondir les sujets mentionnés dans le présent chapitre.

Une perspective très influente sur la critique de cinéma qui n'a pas été mentionnée ici est ce qu'on qualifie de théories des auteurs. Initiée en France par les membres de la Nouvelle Vague, elle a été importée aux États-Unis par certains critiques, en particulier par Andrew Sarris.

Le texte fondateur de cette tendance a été l'article d'Alexandre Astruc intitulé « Naissance d'une nouvelle avant-garde : la caméra stylo », (*L'Écran français* n° 144, le 30 mars 1948, repris dans son *Du stylo à la caméra – et de la caméra au*
296 | *stylo : écrits 1942-1984*, Paris, L'Archipel, 1992). Pour d'autres formulations de cette théorie, *cf.* le volume *New Wave* édité par Peter Graham (New York, Doubleday, 1968). Une variante de cette position dans sa version structuraliste peut être trouvée dans Peter Wollen, *Signs and Meaning in the Cinema* (Bloomington, IN, Indiana University Press, 1972).

Pour la version de l'auteurisme probablement la plus influente sur les critiques des États-Unis, *cf.* Andrew Sarris, « Notes on the Auteur Theory in 1962 » dans *Film Theory and Criticism*, 3ᵉ édition, dirigé Marshall Cohen et Gerald Mast (New York, Oxford University Press, 1985). Pauline Kael critique cette approche dans son « Circles and Squares » dans le même volume. La théorie auteuriste est également critiquée dans l'introduction par Noël Carroll à *Interpreting the Moving Image* (New York, Cambridge University Press, 1998).

Le sujet du désaccord évaluatif qui constitue la motivation pour une grande partie de ce chapitre trouve son *locus classicus* « De la règle du goût » de David Hume (essai XXIII ; *Of the Standard of Taste*, in *Essais et traités sur plusieurs sujets : Essais moraux, politiques et littéraires*, vol. 1, trad. fr. Michel Malherbe, Paris, Vrin, 1999, p. 265-283). Pour une vue synoptique sur le débat au sein de la philosophie analytique du XXᵉ siècle concernant l'évaluation de l'art et, par ailleurs, pour une théorie provocatrice de l'évaluation de l'art, *cf.* George Dickie, *Evaluating Art* (Philadelphia, PA, Temple University Press, 1988).

bibliographie sélective

ALLEN Richard, *Projecting Illusion*, Cambridge, Cambridge University Press, 1996.

— & SMITH Murray (dir.), *Film Theory and Philosophy*, Oxford,New York, Oxford University Press, 1997.

ANDERSON Joseph, *The Reality of Illusion*, Carbondale, Southern Illinois University Press, 1996.

ARNHEIM Rudolf, *Film as Art*, Berkeley, University of California Press, 1956; trad. fr. par Françoise Pinel, *Le cinéma est un art*, Paris, L'Arche, 1989.

ASTRUC Alexandre, « Naissance d'une nouvelle avant-garde : la caméra-stylo », *L'Écran français* du 30 mars 1948; trad. am. « The Birth of the Avant-Garde : La Camera Stylo », *in* Peter Graham (dir.), *The New Wave*, Garden City N.J., Doubleday, 1968.

BALÁZS Bêla, *Theory of Film*, new York, Dover Publishers, 1952. Pour une trad. fr., par Claude Maillard, des concepts utilisés ici, voir *L'homme visible et l'esprit du cinéma*, Paris, Circé, 2010.

BAZIN André, *Qu'est-ce que le cinéma ?*, Paris, Cerf, 1976; trad. am. *What is Cinema ?*, 2 vols., Berkeley, University of California Press, 1967.

BENJAMIN Walter, « The Work of Art in the Age of Mechanical Reproduction », in Hannah Arendt (dir.) *Illuminations*, New York, Schocken Books, 1968; trad. fr. « L'œuvre d'art à l'époque de sa reproductibilité technique », *Œuvres* III, Paris, Gallimard, 2000.

DAVID Bordwell, *Narration in the Fiction Film*, Madison, University of Wisconsin Press, 1985.

— *Making Meaning*, Cambridge Ma., Harvard University Press, 1989.

– & CARROLL Noël (dir.), *Post-Theory: Reconstructing Film Studies*, Madison, University of Wisconsin Press, 1996.

CARROLL John M., *Towards a Structural Psychology of Cinema*, The Hague, Mouton Publishers, 1980.

CARROLL Noël, « Address to the Heathen », *October* vol. 23, n. °3 (1982), p. 89-163.

– « The Power of Movies », *Daedalus* vol. 114, n° 1 (1985), p. 79-103.

– *Mystifying Movies*, New York, Columbia University Press, 1988.

– *Philosophical Problems of Classical Film Theory*, Princeton, Princeton University Press, 1988.

– *The Philosophy of Horror*, New York, Routledge, 1990.

– *Theorizing the Moving Image*, Cambridge, Cambridge University Press, 1996.

– *Philosophy of Mass Art*, Oxford, Oxford University Press, 1998.

– *Interpreting the Moving Image*, Cambridge, Cambridge University Press, 1998.

– *Philosophy of Art : A Contemporary Introduction*, New York, Routledge, 1999.

– *Beyond Aesthetics : Philosophical Essays*, Cambridge, Cambridge University Press, 2001.

– « The Wheel of Virtue », *Journal of Aesthetics and Art Criticism* vol. 60, n° 1 (2002), p. 3-26.

– *Engaging the Moving Image*, New Haven, Yale University Press, 2003.

– *Comedy Incarnate*, Oxford, Blackwell Publishing, 2007.

– « On the Ties That Bind : Characters, the Emotions and Popular Fictions », *in* William Irwin & Jorge Garcia (dir.), *Philosophy and the Interpretation of Popular Culture*, Rowman & Littlefield, 2006.

– « The Problem with Movie Stars », *in* Scott Walden (dir.), *Photography and Philosophy. Essays on the Pencil of Nature*, Oxford, Blackwell Publishing, 2008.

– & Choi Jinhee (dir.), *Philosophy of Film and Motion Pictures*, Oxford, Blackwell Publishing, 2006.

CASEBIER Allan, *Film and Phenomenology*, Cambridge, Cambridge University Press, 1991.

CAVELL Stanley, *The World Viewed*, éd. augmentée, Cambridge Ma., Harvard University Press, 1979 ; trad. fr. par Christian Fournier, *La Projection du monde*, Paris, Belin, 1999.

– *Pursuits of Happiness*, Cambridge Ma., Harvard University Press, 1981 ; trad. fr. par Sandra Laugier & Christian Fournier, *À la recherche du bonheur. Hollywood et la comédie du remariage*, Paris, Les Cahiers du cinéma, 1993.

– *Contesting Tears*, Chicago, University of Chicago Press, 1996.

– *Cities of Words*, cambridge Ma., Harvard University Press, 2004.

CHOI Jinhee, « All the Right Responses », *British Journal of Aesthetics* vol. 43, n° 1 (2003), p. 308-321.

– « Fits and Startles : Cognitivism Revisited », *Journal of Aesthetics and Art Criticism* vol. 61, n° 2 (2003), p. 149-57.

– « Leaving it up to the Imagination », *Journal of Aesthetics and Art Criticism* vol. 63, n° 1 (2005), 17-25.

COPLAN Amy, « Empathic Engagement with Narrative Fictions », *Journal of Aesthetics and Art Criticism* vol. 62, n° 2 (2004), p. 447-69.

CRAWFORD Donald, « The Uniqueness of the Medium », *The Personalist* vol. 51 (1970), p. 447-469.

CURRIE Gregory, *Image and Mind : Film, Philosophy, and Cognitive Science*, Cambridge, Cambridge University Press, 1995.

– « The Moral Psychology of Fiction », *Australian Journal of Philosophy* vol. 73, n° 2 (1995), p. 250-259.

– « Visible Traces », *Journal of Aesthetics and Art Criticism* vol. 57, n° 3 (1999), p. 285-297.

DANTO Arthur, « Moving Pictures », *Quarterly Review of Film Studies* vol. 4, n° 1 (1979), p. 1-21.

DELEUZE Gilles, *L'image-mouvement. Cinéma 1* & *L'image-temps. Cinéma 2*, Paris, Les éditions de Minuit, 1983 & 1985; trad. am. *Cinema*, 2 vol., Minneapolis, University of Minnesota Press, 1989.

DEREGOWSKI Jan B., *Illusions, Patterns and Pictures : A Cross-Cultural Perspective* (Academic Press, 1980).

DEVEREAUX Mary, « Beauty and Evil », *in* Jerrold Levinson (dir.), *Aesthetics and Ethics* (Cambridge University Press, 1998).

DICKIE George, *Evaluating Art* (Temple University Press, 1988). Pour une trad. fr., par Barbara Turquier & Pierre Saint-Germier, des concepts utilisés ici, voir « La nouvelle théorie institutionnelle de l'art », *Tracés* n°17, 2009.

ECO Umberto, « On the Contribution of Film to Semiotics », *in* Gerald Mast and Marshall Cohen (dir.), *Film Theory and Film Criticism*, 2e éd., Oxford New-York, Oxford University Press, 1979. Pour une trad. fr. des concepts utilisés ici, voir « Sémiologie des messages visuels », *Communications* vol. 15, n°15, 1970.

EISENSTEIN Sergei, *Selected Works*, London-Bloomington, BFI Publishing/Indiana University Press, 1988. Pour une trad. fr. partielle, voir *Cinématisme*, Éditions Complexe, 1980.

FREELAND Cynthia, *The Naked and the Undead*, Oxford, Westview Press, 2002.

– « Evaluating Film », *Film Studies* n° 8 (2006), p. 154-160.

— & WARTENBERG Thomas (dir.), *Philosophy and Film*, New York, Routledge, 1995.

GAUT Berys, « On Cinema and Perversion », *Film and Philosophy* n° 1 (1994), p. 3-17.

– « The Enjoyment of Horror », *British Journal of Aesthetics* vol. 35, n° 3 (1995), p. 284-289.

– « Cinematic Art », *Journal of Aesthetics and Art Criticism* vol. 60, n° 4 (2002), p. 299-312.

– « Identification and Emotion in Narrative Film », *in* Carl Plantinga & Gregory Smith (dir.), *Passionate Views*, Baltimore, Johns Hopkins University Press, 1999.

– « The Movies : Cinematic Narration », *in* Peter Kivy (dir.), *The Blackwell Guide to Aesthetics*, Oxford, Blackwell Publishing, 2004.

GOLDMAN Alan, « Specificity, Popularity, and Engagement in the Moving Image », *Film and Philosophy* vol. 5, n° 6 (2002), p. 93-99.

HANSON Karen, « Minerva in the Movies », *Persistence of Vision* n°5 (1987), p. 5-11.

HARMAN Gilbert, « Semiotics and the Cinema », *in* Gerald Mast & Marshall Cohen (dir.), *Film Theory and Film Criticism*, 2 e éd., Oxford New York, Oxford University Press, 1979.

– « Eco-location », *in* Gerald Mast & Marshall Cohen (dir.), *Film Theory and Film Criticism*, *op. cit.*

HATFIELD Elaine, CACIOPPO John T. & RAPSON Richard L., *Emotional Contagion*, Cambridge, Cambridge University Press, 1994.

HENDERSON Brian, *Critique of Film Theory*, New York, Dutton, 1980.

HJORT Mette & LAVER Sue (dir.), *Emotion and the Arts*, Oxford, Oxford University Press, 1997.

HOCHBERG Julian & BROOKS Virginia, « Pictorial Recognition as an Unlearned Ability », *American Journal of Psychology* vol. 75, n° 4 (1962), p. 624-628.

HUME David, *Selected Essays*, Oxford, Oxford University Press, 1993;. pour une trad. fr., par M. Malherbe, des concepts utilisés ici, voir *Enquête sur l'entendement humain*, Paris, Vrin, 2008.

JARVIE Ian, *Movies and Society*, New York, Basic Books, 1970.

– *Philosophy of Film*, New York-London, Routledge & Kegan Paul, 1987.

KAEL Pauline, « Circles and Squares », *in* Gerald Mast & Marshall Cohen (dir.), *Film Theory and Film Criticism*, 3 e éd., Oxford-New York, Oxford University Press, 1985.

KANIA Andrew, « The Illusion of Realism in Film », *British Journal of Aesthetics* vol. 42, n° 3 (2002), p. 243-258.

– « Against the Ubiquity of Fictional Narrators », *Journal of Aesthetics and Art Criticism* vol. 63, n° 1 (2005), p. 47-54.

KAUFMAN Daniel, « Normative Criticism and the Objective Value of Artworks », *Journal of Aesthetics and Art Criticism* vol. 60, n° 2 (2002), p. 150-166.

– « Critical Justification and Critical Laws », *British Journal of Aesthetics* vol. 43, n° 3 (2004), p. 393-400.

KHATCHADOURIAN Haig, « Film as Art », *Journal of Aesthetics and Art Criticism* vol. 33, n° 3 (1975), p. 271-284.

– « Movement and Action in Film », *British Journal of Aesthetics* n° 20 (1980), p. 349-355.

KJORUP Soren, « George Inness and the Battle of Hastings, or Doing Things with Pictures », *The Monist* n° 58 (1974), p. 216-235.

– « Pictorial Speech Acts », *Erkenntis* vol. 12, n° 1 (1978), p. 55-71.

KIVY Peter, « Music in the Movies », *in* Richard Allen & Murray Smith (dir.), *Film Theory and Philosophy*, Oxford, Oxford University Press, 1997.

KNIGHT Deborah, « Aristotelians on Speed », *in* Richard Allen & Murray Smith (dir.), *Film Theory and Philosophy*, Oxford, Oxford University Press, 1997.

KRACAUER Siegfried, *Theory of Film*, Oxford, Oxford University Press, 1960; trad. fr. Daniel Blanchard & Claude Orsoni, *Théorie du film. La rédemption de la réalité matérielle*, Paris, Flammarion, 2010.

KUPFER Joseph, *Visions and Virtue in Popular Film*, New York, Westview Press, 1999.

LEBOWITZ Flo, « Apt Feelings, or Why "Women's Films" Aren't Trivial », *in* D. Bordwell & N. Carroll (dir.), *Post-Theory : Reconstructing Film Studies*, op. cit..

LEVINSON Jerrold, « Film Music and Narrative Agency », *in* D. Bordwell & N. Carroll (dir.), *Post- Theory*, *op. cit.*

LIGHT Andrew, *Reel Arguments*, Boulder, Westview Press, 2003.

LIVINGSTON Paisley, « Cinematic Authorship », *in* Richard Allen & Murray Smith (dir.) *Film Theory and Philosophy*, oxford, Oxford University Press, 1997.

MCIVER Lopes Dominic, « The Aesthetics of Photographic Transparency », *Mind* (2003) n° 112, p. 433-448.

MARGOLIS Joseph, « Film as Art », *Millennium FilmJournall n° 14-15* (1984-1985), p. 89-104.

– « Le Signifiant Imaginaire, malgré lui », *Persistence of Vision* n°5 (1987), p. 28-36.

– « Mechanical Reproduction and Cinematic Humanism », *Film and Philosophy* n° 5-6 (2002), p. 114-130.

MAYNARD Patrick, « Drawing and Shooting : Causality in Depiction », *Journal of Aesthetics and Art Criticism* vol. 44, n° 2 (1985/6), p. 115-129.

MESKIN Aaron & COHEN Jonathan, « On the Epistemic Value of Photographs », *Journal of Aesthetics and Art Criticism* vol. 62, n° 2 (2004), p. 197-210.

– « Photographs as Evidence », *in* Scott Walden (dir.), *Photography and Philosophy. Essays on the Pencil of Nature*, Oxford, Blackwell Publishing, 2008.

MESKIN Aaron & WEINBERG Jonathan, « Emotion, Fiction, and Cognitive Architecture », *British Journal of Aesthetics* vol. 43, n° 1 (2003), p. 18-34.

MESSARIS Paul, *Visual Literacy : Image, Mind and Reality*, Boulder, Westview Press, 1994.

MORAN Richard, « The Expression of Feeling in Imagination », *The Philosophical Review* 103 : 1 (1994), p. 75-106.

MÜNSTERBERG Hugo, *The Photoplay : A Psychological Study*, New York, Dover Publishers, 1970 (1916). [En ligne, libre de droits : http://www.manybooks.net].

NEILL Alex, « Fear, Fiction and Make-Believe », *Journal of Aesthetics and Art Criticism* vol. 49, n° 1 (1991), p. 47-56.

– « Empathy and (Fiction) Film », *in* D. Bordwell & N. Carroll (dir.), *Post-Theory*, *op. cit.*

PERKINS Victor, *Film as Film : Understanding and Judging Movies*, harmondsworth, Penguin Books, 1972.

PLANTINGA Carl, *Rhetoric and Representation in Norifiction Film*, Cambridge, Cambridge University Press, 1997.

— & SMITH Gregory (dir.), *Passionate Views*, Baltimore, Johns Hopkins University Press, 1999.

PONECH Trevor, *What Is Non-Fiction Cinema ?*, Boulder, Westview Press, 1999.

PRINZ Jesse, *Gut Reactions*, Oxford, Oxford University Press, 2004.

POUDOVKINE V. I., *Film Acting and Film Technique*, London, Vision Press, 1958.

RADFORD Colin, « How Can We Be Moved by the Fate of Anna Karenina ? », *Proceedings of the Aristotelian Society*, supplément 49 (1975), p. 67-81.

ROBINSON Jenefer, *Deeper Than Reason*, New York, Oxford University Press, 2005.

ROTHMAN William & KEANE Marion, *Reading Cavell's The World Viewed*, Detroit, Wayne State University Press, 2000.

RUSSELL Bruce, « The Philosophical Limits of Film », *in* N. Carroll & J. Choi (dir.), *Philosophy of Film and Motion Picture*, *op. cit.*

SANKOWSKI Edward, « Uniqueness Arguments and Artist's Actions », *Journal of Aesthetics and Art Criticism* vol. 38, n° 1 (1979), p. 61-74.

SARRIS Andrew, « Notes on the Auteur Theory in 1962 », *in* Gerald Mast & Marshall Cohen (dir.), *Film Theory and Film Criticism*, 3 e éd., Oxford, Oxford University Press, 1985).

SCRUTON Roger, « Photography and Representation », *in* N. Carroll & J. Choi (dir.), *Philosophy of Film and Motion Pictures*, *op. cit.*

SESONSKE Alex, « Cinema Space », *in* David Carr & Ed Casey (dir.), *Explorations in Phenomenology*, The Hague, Martinus Nijhoff, 1973.

– « Aesthetics of Film », *Journal of Aesthetics and Art Criticism* vol. 33, n° 1 (1974), p. 51-57.

– « Time and Tense in Cinema », *Journal of Aesthetics and Art Criticism* vol. 38, n° 4 (1980), p. 418-426.

SMITH Gregory, *Film Structure and the Emotion System*, Cambridge, Cambridge University Press, 2003.

SMITH Murray, *Engaging Characters*, Oxford, Oxford University Press, 1995.

SONTAG Susan, « Film and Theater », in *Styles of Radical Will*, New York, Farrar, Straus & Giroux, 1966.

SPARSHOTT Francis, « Vision and Dream in the Cinema », *Philosophic Exchange* n° 1 (1971), p. 111-122.

– « Medium and Convention in Film and Video », *Millenium Film Journal* n° 14-15 (1984-5), p. 72-88.

SWEENEY Kevin, « Constructivism in Cognitive Film Theory », *Film and Philosophy* n° 2 (1995), p. 33-44.

TURVEY Malcolm, « Seeing Theory », *in* R. Allen & M. Smith (dir.), *Film Theory and Philosophy*, *op. cit.*

WALTON Kendall, « Categories of Art », *The Philosophical Review* n° 79 (1970), p. 334-367.

– « Fearing *of* » *Philosophy* vol. 75, n° 1 (1978), p. 5-27.

– « Transparent Pictures. On the Nature of Photographic Realism », *Critical Inquiry* vol; 11, n° 2 (1984), p. 246-277.

– *Mimesis as Make-Believe*, Cambridge Ma., Harvard University Press, 1990.

– « On Pictures and Photographs : Objections answered », *in* R. Allen & M. Smith (dir.), *Film Theory and Philosophy*, *op. cit.*.

WARBURTON Nigel, « Seeing Through "Seeing-Through" Photographs », *Ratio*, Nouvelle série, n° 1(1988), p. 64-77.

WARTENBERG Thomas, *Unlikely Couples*, Boulder, Westview Press, 1999.

– & CURRAN Angela (dir.), *The Philosophy of Film : Introductory Text and Readings*, Oxford, Blackwell Publishing, 2005.

– & SMITH Murray (dir.), *Thinking Through Cinema : Film as Philosophy*, Oxford, Blackwell Publishing, 2006.

WHITTOCK Trevor, *Metaphor and Film*, Cambridge, Cambridge University Press, 1990.

WILSON George, *Narration in Light*, Baltimore-London, Johns Hopkins University Press, 1986.
– « On Film Narrative and Narrative Meaning », *in* R. Allen & M. Smith (dir.), *Film Theory and Philosophy*, *op. cit*.
– « Le Grand lmagier Steps Out : The Primitive Basis of Film Narration », *in* N. Carroll & J. Choi (dir.), *Philosophy of Film and Motion Pictures*, *op. cit.*.
WOLLEN Peter, *Signs and Meaning in the Cinema*, Bloomington, Indiana University Press, 1972.
WOLLHEIM Richard, *Art and its Objects*, Cambridge, Cambridge University Press, 1980.
WORTH Sol, « Pictures Can't Say Ain't », *Vegas* n° 12 (1975), p. 85-108.

table des matières

Achevé d'imprimer par Corlet Numérique - 14110 Condé-sur-Noireau
N° d'Imprimeur : 115211 - Dépôt légal : janvier 2015 - *Imprimé en France*